A Verdade Interior

A Verdade Interior

Um Guia do Trabalho Espiritual da Comunidade de Findhorn

Compilado e editado por
ALEX WALKER

Tradução
Helena Heloisa Wanderley Ribeiro

TRIOM
Centro de Estudos Marina e Martin Harvey

1ª edição
São Paulo - 1998

Título original
The Kingdom Within

Primeira publicação: Findhorn Press, Escócia, 1994

TRIOM - Centro de Estudos Marina e Martin Harvey
Editorial e Comercial Ltda.
Rua Araçari, 208
01453-020 - São Paulo - SP - Brasil
Tel: (011) 820-8380 / Fax: (011) 820-0966
E.mail: cetriom@ibm.net

Tradução: *Helena Heloisa Wanderley Ribeiro*
Revisão: *Dimas David S. Silva e Ruth Cunha Cintra*
Revisão gráfica: *Adriana C. L. da Cunha Cintra*
Capa, diagramação e fotolitos: *Casa de Tipos Bureau e Editora Ltda.*

Dados Internacionais de Catalogação na Publicação (CIP)
(Câmara Brasileira do Livro, SP, Brasil)

A Verdade Interior: um guia do trabalho espiritual da comunidade de Findhorn / compilado e editado por Alex Walker; tradução Helena Heloisa Wanderley Ribeiro. – São Paulo: TRIOM, 1998.

Título original: The Kingdom Within.
Bibliografia.
ISBN 85-464-20-8

1. Comunidade de Findhorn (Escócia) 2. Fundação Findhorn (Escócia) 3. Movimento da Nova Era
I. Walker, Alex, 1956-

98-4945 CDD-299.93

Índices para catálogo sistemático:
1. Comunidade de Findhorn: Religião da Nova Era: Filosofia religiosa de natureza universal 299.93

Dedicado a

Marie Kerr Urquhart

9.1.27 - 9.9.94.

ÍNDICE

Gostaríamos de deixar claro que a "Comunidade de Findhorn" a que se refere este livro é a Fundação Findhorn e sua comunidade, e não o vizinho vilarejo escocês de Findhorn, que tem sua própria história e suas tradições.

As opiniões contidas neste livro são dos autores e não necessariamente as dos curadores da Fundação Findhorn.

Boas Novas

Abaixem suas armas e ouçam as novas.
A guerra foi vencida e conseguimos a trégua.
A chave foi encontrada, o círculo completado.
E o chão mais alto está sob nossos pés.

Como a virada de uma página, como uma mudança de marcha,
Eis aqui uma era nova em folha.
E mesmo enquanto os homens seguem seu destino,
Uma criança mágica se mexe no ventre.

Eu me preparo para o nascimento. Não sou o único.
Sou parte da Terra, sou uma gota caída do sol.
Estou em compasso com as estrelas, em liga com a terra.
Sou uma peça em funcionamento no Plano do Mestre!

Mike Scott 1993
Extraído de *Dream Harder* (Sonhe Mais) pelos Waterboys.

A Fundação Findhorn e outras Dependências da Comunidade

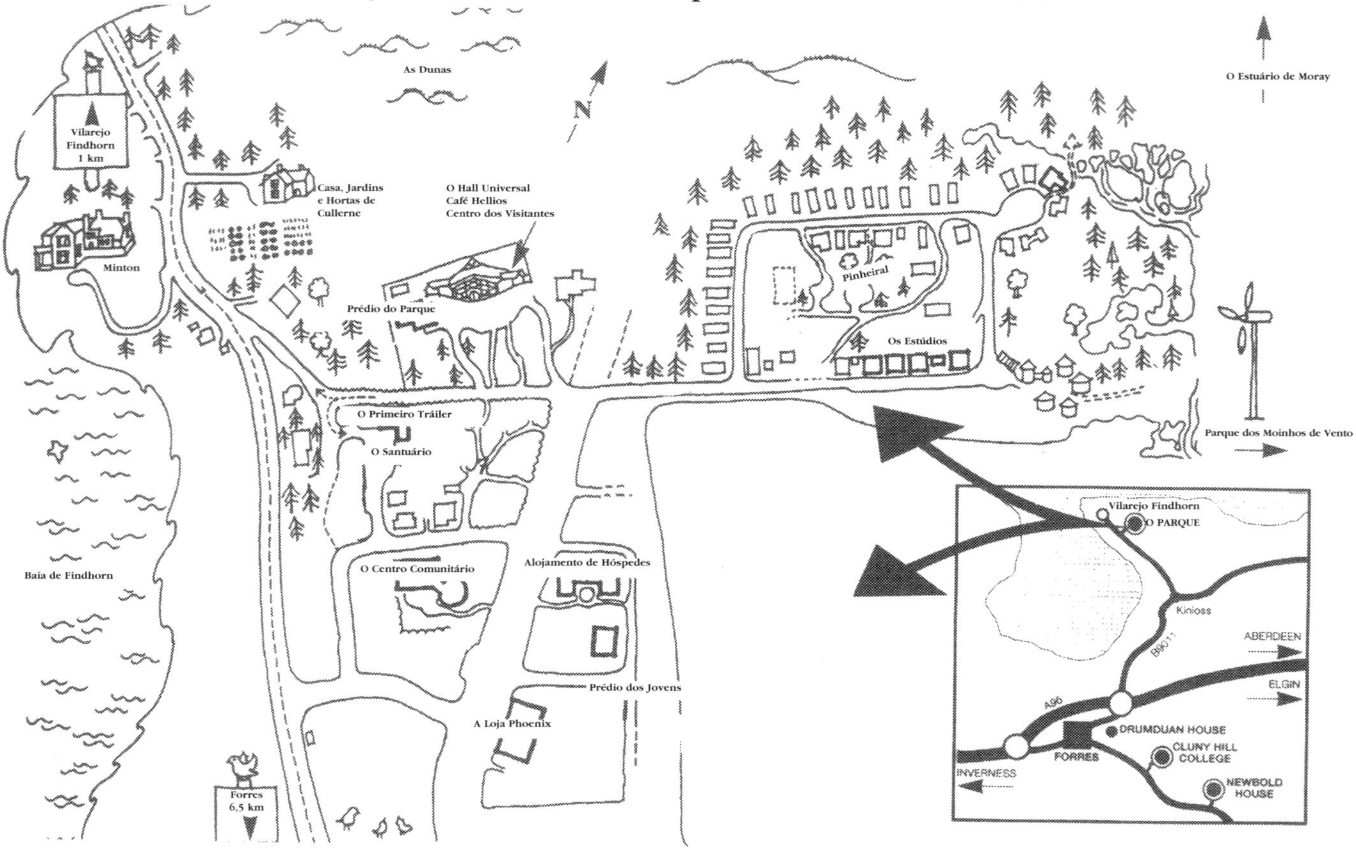

Um

Introdução

Objetivo Deste Livro

Esta antologia visa prover uma base de estudos aos interessados em saber mais sobre a vida e o trabalho na Comunidade de Findhorn.

O material é basicamente de três espécies:

1 - uma seleção das idéias essenciais de fundo filosófico e das crenças espirituais da Comunidade;
2 - algumas informações factuais importantes, particularmente sobre a história da Fundação e a natureza do local onde a Fundação está situada;
3 - guias para leituras posteriores.

Portanto, o conteúdo é em parte de natureza universal, em parte específica da vida na Fundação Findhorn e em sua comunidade associada.

Originalmente escrita para os programas educacionais internos da Fundação, esta antologia está agora disponível em forma de livro. No entanto, apesar da coletânea ter como objetivo uma padronização do conhecimento para a comunidade e para os interessados em saber mais sobre isso, ela não pretende ser a última palavra no assunto, nem exaurí-lo.

Como sublinhado abaixo, nosso trabalho é mais o de encorajar indivíduos a vivenciar o divino, do que o de promover discussões sobre a divindade. Preferimos dar uma base de treinamento para aqueles que buscam compreender e expressar a sua própria e característica espiritualidade, do que um curso para aprendizado de tratados acadêmicos ou dogmas espirituais. Estes artigos são, portanto, uma tentativa de comunicar o que outros estão pensando ou no que acreditam e não de ditar em que o leitor deveria crer.

Além disso, o volume de publicações sobre a comunidade é tão vasto que é improvável que um único indivíduo já tenha lido tudo. A riqueza de material é verdadeiramente surpreendente. Seria, portanto, inútil pretender que as idéias aqui contidas pudessem ser algo além de uma introdução à Fundação e ao seu trabalho, e elas certamente não pretendem ser um resumo geral da Nova Era. A bibliografia apresentada tampouco pretende ser um conjunto completo autorizado, mas sim uma simples introdução.

É também necessário enfatizar que esta série não pretende substituir os estudos originais publicados pela primeira vez nos anos 70 e na sua grande maioria assinados por David Spangler. Eles permanecem como uma parte inestimável da nossa herança e contêm uma quantidade considerável de sabedoria atemporal. Entretanto, vinte anos se passaram desde a sua publicação e o contexto dentro do qual funciona a Fundação - em relação à comunidade espiritual da qual é parte, à comunidade maior de Moray ocidental e à situação planetária como um todo - mudou de tal forma que esta nova série se fez necessária.

Alguns extratos dos artigos originais foram incorporados ao texto aqui apresentado, mas a maioria foi excluída.

Embora esperemos que o material escolhido seja de relevância primordial a esta introdução à vida e ao trabalho da comunidade, isto não implica que o resto tenha deixado de ser relevante. Estudiosos sérios da nossa vida e trabalho são estimulados a buscar essa coleção antiga, cujo índice é apresentado no Apêndice. Também no Apêndice está a descrição de termos como 'estudos originais' e 'primeiros estudos' e, para quem julgue importante esta exatidão, sugerimos consultá-lo antes de prosseguir a leitura.

Finalmente, esta não é uma coleção que tenha sido criada para ser coerente internamente com um alto grau de rigor. Há certos temas em comum e há grandes áreas de concordância entre todos os colaboradores. No entanto, há também algumas diferenças de interpretação e um elemento de sobreposição em assuntos subjetivos. Quem ler de coração aberto as idéias apresentadas, verá com prazer nestes exemplos de discordância uma celebração da diversidade oferecida a quem se aprofunda na exploração da espiritualidade e da relação da humanidade com o cosmos.

O Papel da Fundação e de Seus Membros

Alex Walker

Assim, desde o princípio, a intenção do Conselho não foi a de criar um jardim, nem de erguer uma comunidade, porém de demonstrar uma consciência de harmonização com o elo supremo de toda a humanidade - a Vida de Deus.

David Spangler - *A Transformação de Findhorn*
(um dos primeiros artigos para estudo da Fundação)

A Fundação Findhorn

A Fundação é muitas coisas - um centro de atividade espiritual, uma comunidade, um negócio, um centro beneficente sem fins lucrativos, um foco para certas atividades sociais, entre outras. Cada indivíduo tem sua relação particular com ela, provavelmente com certos elementos únicos. Esta diversidade é parte da sua atração, mas a complexidade às vezes traz um elemento de confusão.

A primeira parte deste artigo é uma tentativa de introduzir alguns pontos fixos de referência aos quais se possa sempre reportar.

A maneira mais fácil de se entender a Fundação é vê-la como uma instituição beneficente, sem fins lucrativos, com determinadas atividades. Esta é, em essência, a definição legal e mais adiante iremos tomar conhecimento de uma forma mais complexa para se entender seu objetivo e papel na comunidade, mas é importante que se parta desta noção inicial.

O estatuto da Fundação lista uma série de objetivos que englobam todas as atividades que podem ser levadas a cabo. As mais significativas são:

- Educação espiritual. O trabalho da Fundação acredita que:
  a) a humanidade está no limiar de um grande passo evolucionário que pode ser alcançado através de uma mudança de consciência;
  b) as verdades essenciais de todas as principais religiões e filosofias espirituais do mundo são de natureza semelhante

- Cooperação com a natureza. O trabalho da Fundação nos jardins foi importante desde o começo, uma necessidade de levar em conta o mundo natural que permeia cada atividade.
- A construção de um ambiente que suporte essas atividades. Um dos principais objetivos da Fundação é a mudança de todos os que estavam em *trailers* no campo original do Parque para edifícios permanentes e entrosados ecologicamente. Concomitantemente, há um sério compromisso com o uso de sistemas de energia renováveis, com a reciclagem, com o tratamento ecológico de lixo e com a educação ambiental.

Embora essas atividades não fizessem formalmente parte do estatuto, tiveram como resultado:

- A criação de uma comunidade consciente de seu papel composta por indivíduos residentes e membros de uma coletividade mundial. Este conceito engloba certamente as muitas comunidades irmãs pelo mundo todo que foram inspiradas no trabalho da Fundação.

Indo um pouco além dessas descrições formais, podemos ver que a Fundação é um centro de educação e de demonstração, que ao mesmo tempo é uma experiência e um modelo de desempenho. Novas formas de agir e de ser estão aí sendo constantemente testadas e, inevitavelmente, nem todas são bem sucedidas. Há uma aceitação de que as pessoas podem aprender tanto (e talvez até mais) dos erros quanto dos acertos.

É também um lugar que tenta encontrar a unidade na diversificação. O principal impulso do trabalho educacional da Fundação é a transmissão de cursos residenciais que demonstram como foi criada uma comunidade funcional incorporando indivíduos de um grande número de países e de diversas religiões. A Fundação mantém muitas conexões internacionais e este trabalho é feito em um contexto mundial. Não é certamente um centro de retiro ou uma 'escola de mistérios' que vive apartada do resto do mundo.

Vale a pena enfatizar um outro ponto neste contexto. Os fundadores da comunidade frequentemente ressaltavam que suas atividades precisavam especializar-se na criação de um futuro positivo mais do que na tentativa de resolver as tensões existentes na sociedade. A frase "Não mude o velho, construa o novo" não é muito ouvida atualmente, mas deve ser óbvio que uma pequena organização não pode esperar resolver todos os problemas do mundo. Saudamos os que lutam por alimentar os necessitados, curar os doentes e abrigar os pobres, mas nosso papel principal é criar soluções operacionais práticas que sustentem comunidades e sociedades espirituais saudáveis e não tentar solucionar dilemas criados por culturas enraizadas no materialismo.

A Fundação, portanto, tem um papel específico a desempenhar, tanto na comunidade que cresceu ao redor dela, quanto no estabelecimento de uma civilização humana melhor e mais holística, mas é importante evitar a vaidade em potencial nessa afirmação, assim como é importante compreender bem a natureza deste papel. Uma descrição da comunidade e da relação que ela tem com a Fundação será encontrada adiante, no fim do capítulo 2.

Afirmações Sobre as Visões

Seria ideal que uma organização tivesse apenas uma afirmação que resumisse seus principais objetivos. A tarefa de fazer essa declaração e de conseguir apoio coletivo para a mesma não é fácil como parece e, no passado, já tivemos algumas usadas pela Fundação. A única que atualmente é aceita, ainda que pouco usada, é:

"A Fundação Findhorn honra a divindade contida em qualquer forma de vida através de serviço ativo voltado para Deus, para a humanidade e para a natureza, a fim de se conseguir a transformação individual e do planeta."

Esta afirmação foi concebida e aceita em 1992. Mais recentemente foi feita uma tentativa para transformá-la em uma série maior e mais abrangente sob o título de 'Fundação Findhorn - Celebrando a Divindade contida em qualquer forma de vida', mas a idéia não conseguiu aprovação geral na reunião da comunidade convocada para discutir o assunto no outono de 1993. Desta forma, a primeira declaração de objetivos permanece válida.

Uma declaração mais antiga, feita pelo Grupo Central em 1989, algumas vezes ainda é usada:

"Somos um centro espiritual de transformação, educação, cura e demonstração, trabalhando com as qualidades do amor e da sabedoria para incorporar uma visão de Deus, da humanidade e da natureza em co-criação e assim oferecendo esperança, visão, inspiração e encorajamento."

Uma declaração ainda mais simples é ocasionalmente mencionada:

"Estamos aqui para criar uma visão positiva para a humanidade e para o planeta."

É importante acrescentar que todas estas são declarações da visão da Fundação. Como entidade definida legalmente, a Fundação pode optar por expandir (ou restringir) suas atividades nesta linha. A comunidade é, no entanto, uma entidade abstrata, sem centro de coordenação ou determinação escolhido pelos membros, pelo menos no presente. A clareza de objetivo da Fundação não é, assim, aplicável à comunidade. Por outro lado, isto possibilita que o objetivo dos participantes da comunidade se expanda para qualquer área para a qual o espírito os levar.

Vale a pena observar neste contexto que muitos dos artigos para estudo originais são, de certa forma, tão aplicáveis à comunidade quanto à Fundação, em particular os que tratam dos impulsos criadores do centro.

Membros

Alex Walker/ David Spangler

Você veio para doar, não para receber.
Dorothy Maclean

O conceito de 'Membro da Fundação', englobando todas as formas de estado residencial, foi o sustentáculo do pessoal da Fundação por mais de vinte anos, desde os anos 70.

Tais definições estão sob constante revisão e esta categoria não se acha mais em uso formal. Atualmente há diversas formas legítimas de participar da vida da comunidade e, certamente, de trabalhar dentro da Fundação. Essas categorias incluem:

- Associado da Fundação - voluntário, essencialmente.
- Estudante da Fundação - pessoa que paga por um período de aprendizado de um a dois anos, geralmente como residente na propriedade da Fundação. Este geralmente passa para uma posição da próxima categoria.
- Pessoal da Fundação - empregado em tempo integral em troca de cama, mesa e um pequeno salário.
- Empregado da Fundação - posição assalariada, que invariavelmente exclui acomodações. Tais posições são em pequeno número e geralmente temporárias.

- Membro da comunidade - categoria livre, sem definição formal, exceto que o indivíduo reivindica ligação de alguma forma com o trabalho espiritual da comunidade. A Fundação tem utilizado um certo número de membros da comunidade atuando nos anos mais recentes como empregados autônomos.

Os desafios administrativos que esta situação cria não são comentados aqui. Mesmo que fosse apropriado, a rapidez com que essas estruturas mudam tornaria qualquer definição desatualizada mesmo antes da tinta secar. É pertinente, no entanto, citar estas palavras de David Spangler que se relacionam com a natureza essencial do papel dos membros mais do que com sua forma oficial.

Basicamente, a comunidade deve ser vista como um local de iniciação, sendo iniciação alguma coisa que fortaleça uma reorganização da vida de uma pessoa. Isto é, uma tal reorganização da psique que a pessoa nunca mais será a mesma. No caso da Comunidade de Findhorn, esta reorganização deveria levar a pessoa a uma comunhão mais profunda com o espírito e com a presença do sagrado. Como um local de iniciação, é um lugar onde podemos encontrar, efetivamente, as qualidades que permeiam o dia a dia e a presença do espírito.

Além de quaisquer significados administrativos que possam ser apropriados, o significado fundamental de membro da comunidade para mim é o seguinte: uma pessoa se torna um membro se ele ou ela se comprometer a entender as qualidades interiores e as bênçãos deste centro e a garantir que este espírito essencial seja incorporado, fortalecido e comunicado claramente a outros que ainda deverão chegar e receber benefícios deste lugar.

Os membros têm, então, de ser responsáveis pelo balde, certificando-se de que o poço esteja pronto e de que a água seja límpida. O membro é muito mais do que um simples bebedor da água.

A Nova Era

Alex Walker

A idéia de que nosso mundo esteja atualmente em um processo de transição de uma era para outra tem muitas fontes de inspiração. Para alguns é principalmente um evento astrológico - o movimento de nosso planeta relativo ao céu, de tal forma que estamos cada vez mais sob a influência do signo de Aquário e menos sob a influência do seu precursor, Peixes. Para outros, implica em mudanças mais profundas nos impulsos espirituais que nos afetam, dos quais os signos do zodíaco são apenas um símbolo parcial.

Alguns vêem isto como se houvesse um aspecto religioso envolvendo a reinterpretação dos ensinamentos das grandes religiões por um Mestre ou Mestres espirituais, talvez também envolvendo o retorno do Cristo ou o aparecimento do Senhor Maitreya da tradição budista. Outros começam a ter a percepção da necessidade de uma mudança radical no coração humano para superar os óbvios desafios da proliferação nuclear, da degradação ambiental, da explosão populacional e do materialismo selvagem, e simplesmente têm fé na intervenção divina e no seu próprio potencial criativo para reformar o mundo. Para muitos indivíduos a visão de uma Nova Era inclui todas estas noções.

No entanto, não é um movimento organizado com membros específicos ou com regras pré-estabelecidas e isto tem inevitavelmente levado a interpretações diferentes quanto à natureza ou origem do conceito. Na realidade, o termo 'Nova Era' tem assumido significados muito diferentes, alguns dos quais sendo mais o resultado de agências de propaganda do que de reflexões espirituais[1].

Na comunidade usamos este termo para descrever uma idéia que inspira os que acreditam que a humanidade está em um determinado ponto da história em que mudanças significativas de cunho cultural e espiritual estão ocorrendo.

Qualquer que seja sua origem, estas mudanças são mais concer-

[1] A descrição feita por jornalistas de alguns grupos de viajantes ingleses como se fossem da 'Nova Era' leva a mais confusão. Até onde sabemos, esses grupos não defendem qualquer causa espiritual. De maneira semelhante, descrições dos cristãos fundamentalistas que tiveram um fim trágico em Waco, Texas, em 1993, como 'Nova Era' parecem um engano lamentável.

nentes à transição de certas crenças que insistem em separações raciais, nacionais e religiosas, para outras crenças que enfatizam nossa identidade comum e a Divindade dentro de qualquer forma de vida. Em resumo, a idéia está relacionada com uma transformação da consciência e, como resultado, um futuro mais positivo para todos nós. Ainda mais sucintamente, se há uma única palavra que possa ser usada para esclarecer o conceito de Nova Era é, talvez, totalidade. A História no passado registrou a ênfase nas diferenças; não só as distinções entre grupos da família humana mas também as diferenças entre, por exemplo, a humanidade e a natureza, o corpo e a alma, os aspectos masculinos e femininos da personalidade e assim por diante.

Nós acreditamos que o futuro será bastante relacionado com a redescoberta e a reconstrução de nossas ligações uns com os outros, com a natureza e com os reinos espirituais não visíveis, de tal forma que poderemos nos completar como indivíduos, como espécie, como planeta mesmo. Realmente, esta busca pela totalidade ou pelas conexões já está tendo um impacto poderoso em muitas áreas de nossa cultura.

Agora é muito mais comum os físicos compararem suas descobertas a respeito da natureza da matéria com as experiências de místicos orientais. Os biólogos estão se tornando cada vez mais preocupados com os sistemas ecológicos e com o comportamento de animais ou espécies. Os matemáticos descobriram a teoria do caos com todas as suas implicações a respeito do equilíbrio delicado entre as próprias atividades e os ciclos do mundo natural, tais como os padrões climáticos.

Existe um crescente interesse em técnicas médicas complementares tais como a homeopatia, a acupuntura e a cura por vidência, todas se baseando em premissas que não são exclusivamente científicas e que tendem a enfatizar diagnósticos intuitivos e tratamentos do indivíduo como um todo, mais do que de um sintoma ou de uma condição específica.

A mudança tem sido menos dramática na política, na economia e na religião até agora, mas mesmo nestes campos é óbvio que o futuro não será uma mera extrapolação do passado. No Hemisfério Norte, as grandes divisões em blocos de poder político da primeira metade do século XX desapareceram e foram substituídas por um sistema de aceitação mútua e de cooperação, mesmo se frequentemente ainda oferecida com relutância. O fato é que ficamos tão acostumados a ouvir falar de pedidos da Rússia por assistência do

Hemisfério Ocidental que corremos o risco de esquecer quão extraordinária essa idéia seria para um indivíduo nos anos oitenta.

Não obstante os eventos trágicos nos países anteriormente comunistas, as regras da lei e da ordem internacional estão lentamente tornando cada vez menos provável que nações usem força militar umas contra as outras da forma que foi muito comum através da História. A esperança está no horizonte, tanto no Oriente Médio quanto na África do Sul.

Negócios que visam um ideal e outros valores, em oposição a negócios voltados puramente para o lucro, são cada vez mais comuns no Ocidente. As tragédias da miséria e da privação no Hemisfério Sul ou no Terceiro Mundo podem parecer tão insolúveis quanto sempre foram, mas a globalização da economia mundial está lentamente trazendo um certo padrão de riqueza e dignidade a partes do Sudeste da Ásia. Avanços recentes na tecnologia de informação provavelmente reverterão o refluxo de capital do Hemisfério Sul para o Hemisfério Norte[2], criando gradualmente um patamar mais equilibrado. Quem sabe que desenvolvimentos mais podem estar nos aguardando?

O movimento Verde pode ter falhado em ganhar poder político significativo, mas poucos políticos podem ignorar a agenda ambiental, mesmo que ainda seja geralmente em um nível de simpatia e de preocupação expressas, mais do que em ação propriamente dita. A reciclagem de recursos é atualmente uma atividade largamente aceita e aprovada.

Na vida religiosa o movimento da fé está ganhando terreno e ninguém se surpreende mais em ouvir autoridades de uma religião sugerindo cooperação com adeptos de outros credos. Embora não seja de forma alguma aceita universalmente, a ordenação de mulheres na igreja anglicana é um símbolo das revoluções que estão sendo experimentadas pelas organizações religiosas em toda parte.

Apesar disso tudo, o conceito de uma Nova Era não tem uma denominação perfeitamente adequada. Pode ser um período de dramática mudança, mas as forças motivadoras subliminares são essencialmente espirituais e as verdades eternas da vida espiritual não são de maneira nenhuma novas!

O que é diferente é a nossa crescente capacidade de compreen-

---

[2] Pagamentos da dívida externa atual dos países do Terceiro Mundo resultam em manter os países mais pobres do mundo como meros contribuintes para a riqueza dos países mais ricos.

der essas verdades e colocá-las em prática de novas formas.

É evidente que a Nova Era não deixa de ter seus críticos, mesmo dentre seus maiores entusiastas, que frequentemente questionam os excessos perpetrados sob esta bandeira. O ecletismo da Nova Era torna-a uma filosofia indigesta para aqueles que têm pontos de vista religiosos fundamentalistas muito sectários. A Nova Era também é vista como uma ameaça por muitos cristãos - um tema que é mais discutido no capítulo 7. No entanto, não vemos nosso movimento como religião. Muito mais do que isso, é um contexto dentro do qual todos os aspectos da vida, inclusive a religião, acontecem.

De um ponto de vista religioso ocidental, talvez as duas principais consequências desta mudança serão:

1 - Uma visão aberta da busca espiritual que tolera o uso de idéias e práticas de mais de uma tradição, mais do que um sistema fechado em que os indivíduos estejam amarrados a uma simples filosofia para todos os propósitos.

2 - Uma ênfase na experiência bem como na fé. Nosso ponto de vista é que estamos entrando em um período em que a compreensão espiritual não é dada somente a alguns teólogos, adeptos, padres ou shamans, mas está disponível para todos[3].

[3] Estas duas características de abertura e experiência são mais comumente parte das práticas religiosas orientais (por exemplo, a maioria dos 30 milhões de shintoístas do mundo são também budistas). Vem daí o ponto de vista largamente aceito de que o movimento da Nova Era está principalmente relacionado com a integração das idéias orientais com a teologia ocidental. No entanto, os padrões de energia em desenvolvimento que estão trazendo estas mudanças para o Ocidente estão também tendo um profundo impacto no Oriente, embora de forma muito diferente.

A Comunidade de Findhorn como um Centro da Nova Era

David Spangler

Por que a Comunidade de Findhorn é um centro da Nova Era?

Há muitas razões de superfície. Uma razão óbvia é que a comunidade se identifica com a visão de uma nova cultura emergente. Esta nova cultura pode ter diversas formas diferentes, mas, na sua essência, está relacionada com maior inspiração na alma, com maior afinidade com o sagrado, é mais holística, compassiva e de criação conjunta do que qualquer coisa que experimentamos antes. Também é uma cultura planetária, que respeita e honra as diferenças locais e individuais, mas que dá espaço à experimentação e expressa a interdependência, a interligação e a unificação - em suma, a identidade - da humanidade e do planeta como um todo.

Uma forma como a comunidade expressa esta visão é sendo um centro planetário. Embora localizada na Escócia, é residência de pessoas de inúmeras nacionalidades e de muitas religiões diferentes, todas vivendo e trabalhando juntas em harmonia e em criação conjunta.

A comunidade também interpreta o significado de 'centro planetário' de outra forma, buscando promover uma conscientização planetária a nível ecológico e espiritual. O desenvolvimento de sua famosa horta pela cooperação com as forças angélicas e elementais da natureza é um exemplo disto. Libertar a sociedade de uma perspectiva super materialista e restaurar o sentido dos mundos interiores do espírito e os caminhos em que possamos cooperar com eles é considerado geralmente parte da conceituação da Nova Era, um elemento da cultura emergente.

Outro exemplo é o esforço atual para criar uma vila ecológica modelo no centro, onde os novos paradigmas de sustentação e de equilíbrio ecológico possam ser demonstrados e testados. De fato, o trabalho da Fundação e da Comunidade de Findhorn em construir uma eco-vila e experimentar novas formas de tecnologia, tais como energia solar e eólia e as 'Máquinas Vivas de John Todd', é uma nova forma de expressar o compromisso original do centro em demonstrar os elementos de uma nova cultura. Certamente é uma manifestação moderna do trabalho cooperativo original com os espíritos da natureza. Como disse John Talbott, o coordenador do projeto da eco-vila, as eco-casas que a comunidade vem construindo são os 'repolhos de 20 quilos dos anos 90'.

Por experiência, a comunidade, como um centro para cooperação entre espécies, interdimensional e internacional, induz em nós uma conscientização viva do planeta com essa totalidade. Podemos começar a compreender o significado da visão de uma cultura planetária emergente como uma manifestação de uma Nova Era.

No entanto, para mim, o que faz da Fundação um centro da Nova Era não é sua comunidade, seu trabalho com novos paradigmas, suas demonstrações ecológicas, nem mesmo sua cooperação com os reinos angélicos, mas sim o fato de que esotericamente ela tem uma conexão com um espírito muito luminoso - que se poderia considerar um anjo - que incorpora as qualidades intrínsecas de uma Nova Era. São as qualidades internas da alma e as qualidades externas da criatividade que são destinadas a se desenvolver na humanidade conforme ela se move através dos próximos estágios de evolução espiritual e cultural.

Este espírito, pela minha compreensão, não é a mesma entidade chamada algumas vezes pela comunidade de 'Anjo de Findhorn'. É um ser planetário, na verdade, sob alguns aspectos, cósmico, de muito amor, luz e sabedoria, que ilumina toda a humanidade e toda a terra como um guardião do próximo padrão emergente.

Eu não sei quais capacidades internas e externas este espírito está trabalhando para estimular e nutrir a humanidade e o planeta como um todo. Provavelmente séculos se passarão antes que seu trabalho completo se torne aparente. No entanto, inicialmente está dando força a duas qualidades relacionadas de energia, ambas profundamente arraigadas e ativas na Fundação e na comunidade. Uma delas é a energia da transformação. Transformação é uma abertura a mudanças essenciais que realmente façam diferença em nossas vidas e em nosso mundo. A energia da transformação nos põe em confronto com aquelas coisas em nós que são bloqueios para nosso desenvolvimento, coisas que precisamos abandonar ou às quais precisamos nos submeter, coisas que precisam ser radicalmente mudadas e não só ajeitadas; no entanto, também nos presenteia com oportunidades de crescimento, de visão nova, e com o fortalecimento que provém da abertura à nova vida e a novas possibilidades. A energia da transformação pode romper hábitos para liberar uma nova visão e a criatividade. Pode acelerar a mudança e o crescimento. A presença desta energia tem sido evidente na comunidade desde o seu início e encontrá-la tem sido frequentemente um dos desafios que as pessoas podem enfrentar quando aí chegam.

A segunda é uma qualidade que eu chamo de 'o espírito do novo'. O 'novo' é uma energia espiritual que age em uma estrutura ou em uma condição para abri-la, para criar espaço, para energizá-la ou vivenciá-la de tal forma que a energia e a vida fluam mais livre e graciosamente. Este fluxo pode então, novamente, revigorar e reinstituir as estruturas e condições existentes, ou pode levar a novas possibilidades e à emergência de algo novo e inesperado. É o fator que permite manter um sistema aberto. O 'novo' não tem o mesmo sentido de 'novidade', que é um fenômeno da forma. Alguma coisa espiritualmente 'nova' pode parecer e funcionar exatamente como algo antigo, que foi renovado e revitalizado e está aberto ao limiar do que está emergindo. 'Novo' é a energia dentro de uma estrutura que mantém o que já é, se isto for apropriado, mas abre um espaço para o que possa vir e para a descoberta.

A transformação pode levar a novas formas, mas o 'novo' conduz a uma abertura vigorosa e criativa, mesmo dentro de formas velhas. O 'novo' não é um evento mas uma condição de ser que é vital e criativa. Pode utilizar processos já muito usados e antigos, mas evita que eles se tornem hábitos. Quando eu procuro me afinar com esta qualidade, geralmente percebo o significado e a força que estão por trás da afirmação existente no Novo Testamento: "Atenção! Eu crio todas as coisas novas".

Tanto a transformação quanto o 'novo' elevam a vida interior de um indivíduo, é a vida tomando um grande gole de cafeína espiritual. Aumentam a energia e a fazem dançar em novas direções. São energias de abertura e de liberação, tornando possível uma nova visão.

Estas duas energias proporcionam uma matriz e uma abertura para as qualidades mais profundas da alma acordarem e emergirem, conforme a necessidade e a capacidade do indivíduo, bem como conforme a capacidade do grupo. São precursoras dos próximos passos da evolução interior.

Embora estas duas qualidades sejam planetárias e possam ser experimentadas em qualquer lugar, é sua presença enfocada, mais a conexão esotérica que proporcionam para a vida interior e para a atividade do espírito da nova cultura emergente que, na minha opinião, tornam este lugar um centro da Nova Era. A comunidade e este centro, por várias razões internas e externas, constituem uma lente interior que eleva a atividade destas energias e o espírito que está por trás delas. Isto tanto é um privilégio de Findhorn e seu presente para o mundo, quanto sua responsabilidade e seu desafio. Ser um centro esotérico da Nova Era não é uma tarefa fácil; pede desapego ao ego e compromisso com o serviço, mas é também uma missão prazeirosa. É esta alegria e a visão criativa que Findhorn inspira que são as grandes oferendas deste centro para as necessidades de nosso mundo nesta época.

A Religião da Nova Era

Peter Russell

Estamos entrando no período mais turbulento, mais excitante, mais desafiador e mais crítico da história da humanidade. Alcançamos um estágio paradoxal da nossa evolução. Nosso desenvolvimento está agora desafiando a continuação de nossa sobrevivência. E, por trás desta crise global, existe uma crise psicológica interna. Tudo o que criamos veio do pensamento humano - e é portanto para o pensamento humano que deveríamos nos voltar se quisermos encontrar a essência do problema.

Ficamos presos na crença de que o mundo material - o mundo que observamos através dos sentidos - é a parte mais importante da nossa realidade. E presos também na crença de que, se quisermos encontrar a felicidade que buscamos, é para este mundo que deveríamos olhar. Se não somos felizes, devemos mudar o mundo que nos cerca. Fazer com que as pessoas tomem mais conhecimento de nós. Criar um futuro mais seguro para nós mesmos. Controlar os fatos. Deduzir que as coisas em que acreditamos nos trarão paz de espírito.

Estas afirmações jazem na base de nosso amor pelo dinheiro - e lembrem-se de que Tomás (1, 6: 10) declarou que o amor pelo dinheiro, e não o dinheiro em si, é a raiz de todo mal - pois o dinheiro nos dá os meios de trocar o que temos pela promessa de uma felicidade maior. São essas afirmações que nos levam a tratar os outros como inimigos, a envenenar o ar que respiramos, a eliminar sem cuidado outras espécies que compartilham conosco o planeta e a pilhar os recursos da Terra viva. Exploramos o mundo buscando preencher o que no máximo é uma ilusão.

Parece que esquecemos que o fato de sermos felizes ou não interiormente é tanto uma função de como vemos o mundo quanto da forma que o mundo é. É uma questão de como interpretamos o que vemos e de como julgamos isto. Pois se julgamos que o que vemos é uma ameaça para nosso bem-estar, isso nos perturbará. É aprendendo a nos libertar de tais julgamentos que nos tornamos capazes de estar em paz, não importando como o mundo possa ser.

Por estranho que pareça, a crença é a antítese do desenvolvimento espiritual. Através de nossas crenças nos fixamos em uma perspectiva particular da realidade. Não é bem 'ver para crer', é mais 'vemos aquilo em que acreditamos'. Tendemos a filtrar as facetas da realidade que não estão de acordo com nossa própria visão de como são as coisas. E, agindo assim, perdemos a percepção da tota-lidade. No entanto, o crescimento espiritual não tem sido sempre uma consciência do todo - uma expansão de nossa consciência?

Livrar nossa mente de suas restrições é, e tem sido sempre, a essência do desenvolvimento espiritual. Ela tenta ajudar-nos a nos livrar de nossos conceitos arraigados - as coisas e as idéias a que nos apegamos. Ainda assim, paradoxalmente - bem como tristemente - esta necessidade de segurança nos leva a transformar os verdadeiros significados da liberação em outras crenças. Transformamos nossas descobertas espirituais em doutrinas e dogmas. Criamos uma nova igreja.

Parafraseando o Buda: "Não acredite só porque eu disse que é assim. Só quando o que eu disse estiver de acordo com a sua própria experiência é que você deve acreditar." O despertar interior tem a ver com um distanciamento das crenças e convicções. Tem a ver com a visão da realidade como ela é e não pelas lentes de idéias preconcebidas.

Eis porque os ensinamentos espirituais frequentemente buscam nos livrar de nossos preconceitos e idéias arraigadas - livrar-nos de nossa crença de que é através da salvação material que encontraremos a paz interior que buscamos - livrar-nos das amarras de nosso ego.

A crença é uma função do ego, não do nosso verdadeiro Eu. O Eu não tem necessidade de crença: ele se conhece perfeitamente. O despertar tem a ver com desprendimento de apegos que porventura tenhamos com nossas crenças - conquanto espirituais possam ser essas crenças - e com experimentar a nós mesmos conforme somos.

Esta é a verdadeira 'Nova Era' a que todos aspiramos. Não uma nova era baseada em uma nova série de crenças - uma nova série de doutrinas e dogmas religiosos - mas uma era em que nossas mentes estejam libertas de preconceitos e nossos corações estejam livres de julgamento. Tal era seria realmente nova.

Nossos agradecimentos à revista Resurgence pela permissão de reimprimir este artigo.

A Filosofia Perene

Alex Walker

Extraído de um comunicado à imprensa feito pela Fundação Findhorn em 1992:

Vemo-nos como um local de encontro para indivíduos com crenças espirituais diferentes e não como uma nova forma de religião ou culto. Visto que muito do que fazemos é basicamente experimental e tem a ver com experiências internas ou subjetivas, muitas vezes é difícil descrevermos nosso trabalho. Confiamos firmemente na noção de que todas as crenças espirituais tendem a incorporar uma prática de meditação em silêncio ou oração. Acreditamos que é fé em Deus, respeito pela natureza e boa vontade para com o próximo que são importantes, não a forma usada para descrever estas idéias.

O estatuto da Fundação também confirma que:

Os objetivos da fundação são o avanço da religião e dos estudos e práticas religiosos em qualquer parte do mundo pelo ensinamento, exemplo e demonstração da validade das verdades essenciais de todas as religiões e ensinamentos espirituais e, por esses meios, encorajar e ajudar os que buscam verdadeiramente a ampliação de seu Conhecimento e o desenvolvimento de seu Ser para alcançar uma compreensão maior do propósito e do significado da vida e da sua relação com o plano universal de Deus.

As declarações acima não são únicas, de maneira nenhuma. Na verdade elas são comuns a diversos grupos espirituais. Por exemplo:

Existe uma religião e muitas fachadas. Cada uma dessas fachadas tem um nome: Cristianismo, Budismo, Judaismo, Islamismo, etc, mas quando você as retira, descobre que só há uma religião. (Hazrat Inayat Khan, fundador da tradição Sufi no Ocidente)

A Europa Ocidental rejeitou a filosofia perene da Renascença e tem sido conduzida passo a passo para a filosofia materialística que rejeita valores humanos fundamentais e

expõe a humanidade às forças contrárias que agem no universo. O único caminho de recuperação é redescobrir a filosofia perene, a sabedoria tradicional que é encontrada em quase todas as religiões antigas e especialmente nas grandes religiões do mundo. Entretanto estas religiões, por sua vez, se tornaram fossilizadas e seria necessário renová-las uma a uma, não só individualmente, mas também em relação umas às outras, para que uma religião cósmica, universal, pudesse emergir, na qual os valores essenciais da religião cristã seriam preservados em viva relação com as outras tradições religiosas do mundo. Esta é uma tarefa para os próximos séculos, à medida que a ordem no mundo atual se rompe e a ordem de um novo mundo emerge das cinzas do velho. (Dom Bede Griffiths, monge beneditino e fundador do ashram Shantivanam)

A Fundação, portanto, se acha em boa companhia e é parte de uma genuína tradição. No entanto, há reais dificuldades com este enfoque, como ressaltou o Rev. Dr. Frank Whaling:

A tese da unidade transcendental de todas as religiões também tende a elevar um aspecto da religião para a supremacia sobre os outros. No caso da filosofia perene e do neo-Vedanta, a ênfase é colocada sobre a espiritualidade mística ou metafísica. De acordo com elas, é disso que trata a verdadeira religião. Todos os outros aspectos, tais como comunidade, ritual, ética, o envolvimento social, textos sagrados, crenças, consciência estética e demais aspectos da espiritualidade são secundários. Em última instância podem mesmo ser não essenciais.

Embora geralmente não haja concessão ou elitismo no enfoque baseado em espiritualidade mística, é difícil poder evitar completamente a conotação de elitismo. Como a hierarquia de interesses encontra seu ápice no espírito, fica claro que a espiritualidade interior deve estar no topo de seu enfoque e que os outros elementos da vida religiosa ficarão cada vez mais em plano secundário. Como a maioria das pessoas religiosas não está suficientemente envolvida na espiritualidade interior (por exemplo, os grupos Sufi e Hassídicos no Islamismo e no Judaismo são bem pequenos), a implicação será de que eles vivem em um nível inferior de vida religiosa.

A unidade transcendente de todas as religiões é, por conseguinte, a unidade transcedental de uma minoria dentro de cada tradição religiosa. E isto é conseguido por uma avaliação hierárquica de religião autêntica na direção da espiritualidade.

Existe por conseguinte um genuíno perigo de que se possa falar de 'fundamentalismo da Nova Era'. É comum a comunidade ouvir indivíduos falando do metafórico caminho da montanha até Deus e, de algum modo, há muitas vezes uma aceitação tácita que, devido a filosofia perene ser uma corrente pura não desordenada pela iconografia religiosa, deve se achar próxima ao topo da escalada[4].

Isto pode ser um erro. A corrente pode ser pura, mas sua posição presente nesta montanha metafórica não pode ser inferida apenas desta característica. Há certamente inúmeros indivíduos lutando bravamente na direção da nascente do rio das tradições formais que estão muito acima de você. Não subestime a sabedoria que eles têm para oferecer. Agir desta forma pode ser uma ilusão - uma distorção do ego que se transformará em um desvio mais do que em uma medalha de mérito.

A filosofia perene como um centro místico do pensamento religioso é a teoria com que você irá trabalhar enquanto viver nesta comunidade. Saber isto não é suficiente. A incorporação de seus ensinamentos é a prática que o levará através do caminho.

4 Por exemplo: "Um compromisso irrevogável com qualquer religião não é só suicídio intelectual; é uma positiva falta de fé porque fecha a mente a qualquer visão nova do mundo". Alan Watts; The Book (O Livro); Vintage; 1972; página 10.

BIBLIOGRAFIA

William Bloom (ed) - *The New Age, Rider*, 1991. Uma visão geral de alguns dos mais importantes contribuintes para o pensamento da Nova Era.

William Bloom & John Button - *The Seeker's Guide:A New Age Resource Book*, Aquarian Press, 1992.

Fritjof Capra - *The Tao of Physics*, Fontana, 1989 (*O Tao da Física - Ed. Cultrix*, 1995). *The Turning Point: Science, Society and the Rising Culture*, Simon e Schuster, 1982.

Marilyn Ferguson - *The Aquarian Conspiracy*, Paladin, 1982 (A Conspiração Aquariana - Ed. Record, 1995).

Dom Bede Griffiths - *A New Vision of Reality*, Collins, 1989. Citação da página 296.

Willis Harman - *Global Mind Change*, Knowledge Systems, 1988.

Hazrat Inayat Khan - *The Unity of Religious Ideals*, Sufi Order Publications, 1979. Citação da página 29.

Peter Russell - *The Awakening Earth*, Routledge, 1982 (O Despertar da Terra - Ed. Cultrix, 1991).

David Spangler - *Revelation - The Birth of a New Age*, Findhorn Press, 1972. Originalmente uma série de palestras, este livro agora está esgotado. Sua mensagem foi o marco decisivo quando a Comunidade deixou de se imaginar em preparativos para uma Nova Era futura, para acreditar-se como incorporação de uma transformação que já tinha começado. Outros títulos do mesmo autor pela Findhorn Press estão relacionados no capítulo 2. *Conversations with John*, Lorian Press, 1981 (Contatos com o Espiritual - Ed. Person). *Further Conversations with John*, Lorian Press, 1982; *The New Age*, Morningtown Press, 1988. Meditações sobre se é ou não apropriado considerar 'o comercialismo ou a loucura que marcam os dois extremos das diversas atividades da Nova Era'. Ele conclui que sim.

David Spangler & William Irwin Thompson - *Re-Imagination of the World*, Bear and Co, 1991. William Irwin 'Bill' Thompson teve uma longa associação com a Comunidade de Findhorn. Acadêmico, poeta e fundador da Associação Lindisfarne, é o autor de muitos outros livros, incluindo:

William Irwin Thompson - *From Nation to Emanation*, Findhorn Press, 1982 (esgotado).

Rev. Dr. Frank Whaling - *Interfaith Dialogue and Comparative Religion*, em *Compassion Through Understanding*, editado por F. Whaling e K. Holmes; Kagyu Samye Ling Inter-Faith Symposium 1988; Dzalendara. Citação da página 157.

Gary Zukav - *The Dancing Wu Li Masters: An Overview of the New Physics*, Rider, 1992 (A Dança dos Mestres Wu Li - Ed. ECE, 1989).

Dois

Breve História da Fundação e da Comunidade de Findhorn

A Preparação dos Fundadores

Alex Walker

A história deste período no desenvolvimento da comunidade é extensivamente documentada e, mais do que repetir por inteiro um história já muito conhecida, este capítulo contém alguns fatos e datas chaves a respeito dos fundadores e dos anos de fundação como fonte de referência.

Eileen Caddy nasceu em Alexandria, no Egito, em 1917, e foi educada em um colégio interno na Irlanda. Em 1939 ela se casou com Andrew Combe, um oficial da Força Aérea, e tiveram cinco filhos. Ele se envolveu no movimento de Rearmamento Moral e Eileen participou de algumas de suas atividades, embora sem entusiasmo. O casal encontrou-se com Peter Caddy pela primeira vez quando estava em Habbanya, no Iraque. Em 1953, quando voltaram para a Inglaterra, Peter e Eileen se apaixonaram um pelo outro. O pedido de divórcio feito por Eileen provocou a sua separação completa de seus filhos. Sua vida tornou-se de repente um pesadelo. Logo em seguida, enquanto visitava uma capela em uma residência em Ashwell Lane, Glastonbury, Eileen ouviu pela primeira vez a voz interior que iria conduzi-la pelo resto de sua vida. As palavras que ela ouviu foram: "Aquiete-se e saiba que Eu sou Deus".

Peter Caddy nasceu em 1917 em Ruislip, mais ou menos a 30 milhas de Londres. Diferentemente de Eileen, o começo de sua vida foi mergulhado no esoterismo, incluindo o trabalho de Helena Blavatsky e a Ordem Rosacruz. Seu primeiro mestre espiritual foi um certo Dr. Sullivan, também conhecido como Aureolis. Ele se casou com Nora Meidling aos 22 anos e logo depois foi comissionado na Força Aérea como Oficial de Alimentação 'tendo sido rejeitado como piloto porque era daltônico'. Foi um campeão de corridas de média distância e quando estava servindo na Índia realizou diversas expedições ao Himalaia, inclusive uma caminhada no Tibet. Logo depois da guerra ele conheceu Sheena Govan e pouco depois ela se tornou sua segunda esposa. Sheena era uma mulher de vontade forte e uma mestra espiritual de origem Quaker, que treinou Peter pelos próximos cinco anos - um treinamento que continuou mesmo depois que Peter e Eileen se casaram.

Dorothy Maclean veio de Ontario, no Canadá, e teve uma educação presbiteriana. Ela formou-se em administração na Universidade de Western Ontario. Durante a segunda grande guerra trabalhou para o Serviço de Informação britânico em Nova York e conheceu Sheena Govan. Mais tarde, enquanto estava no Panamá, ela conheceu e se casou com seu marido John, que a introduziu aos ensinamentos de diversos trabalhos religiosos, inclusive o Bhagavad Gita e os da Ordem Sufi. Mudando-se para Londres, eles conheceram juntos diversos grupos espirituais. Depois de seu divórcio, Dorothy manteve contacto com um desses grupos, organizado por Sheena.

Foi em uma reunião desse grupo que Peter, Eileen e Dorothy se encontraram pela primeira vez. Sob a tutela de Sheena, Eileen e Dorothy começaram a desenvolver sua habilidade em receber e gravar mensagens, enquanto Peter continuava seu próprio treinamento, muito diferente, focado em intuição e obediência. Durante este período Peter arrumou um emprego de administrador da alimentação na Universidade Aérea em Hamble, na Inglaterra. Enquanto lá estava comprou um trailer Bournemouth usado por 650 libras. Os dois primeiros filhos de Peter e Eileen, Christopher e Jonathon, nasceram nesse período, mas o relacionamento de Eileen com Sheena tornou-se cada vez pior. Na verdade a situação ficou tão ruim que Eileen chegou a tentar o suicídio enquanto Peter estava na Irlanda. Ela foi salva por seu irmão e, por um breve período, esteve novamente em contato com Andrew.

Peter continuou seu estilo de vida peripatético, conseguindo emprego nas mais diversas ocupações, inclusive o de vendedor de escovas em Glascow.

Dorothy também entrava e saia de empregos, geralmente como secretária.

Depois de uma série de acontecimentos, inclusive a traumática permanência de Eileen na cabana de Sheena em Mull e as detestáveis atenções da imprensa que vasculhava as Hébridas atrás de histórias sobre os "Inomináveis",[5] Peter finalmente tentou e conseguiu o cargo de gerente do **Hotel Cluny Hill**. Os três adultos e as duas crianças se mudaram para lá em março de 1957.

Cluny Hill era um 'elefante branco', mas durante sua estada eles transformaram as finanças do hotel, conseguindo elevá-lo à categoria de hotel de quatro estrelas, em grande parte seguindo a orientação de Eileen. O terceiro filho de Peter e Eileen, David, nasceu lá. Na segunda temporada, **Lena Lamont**, que eles tinham conhecido em Glascow e que também tinha feito parte do grupo de Sheena, juntou-se a eles. Apesar de separados de Sheena, eles continuavam seu desenvolvimento espiritual e estabeleceram laços telepáticos com centros do mundo inteiro que estavam se sintonizando com o espírito - a Rede da Luz. Um de seus contactos foi com **Naomi Stephens**, que Peter tinha conhecido anos antes nas Filipinas.

É óbvio que eles se sentiam envolvidos em importantes projetos - as mensagens recebidas por Eileen ressaltaram isso em várias ocasiões. No entanto, a gerência da cadeia de hotéis estava determinada a ver o sucesso de Cluny repetido em outros lugares. O grupo recebeu com surpresa a ordem de mudança deles para outro hotel em **The Trossachs**, em Perthshire. Apesar de seus protestos, Peter, Eileen, Dorothy e Lena foram todos transferidos para lá no começo de 1962. O hotel era conhecido como o 'cemitério dos gerentes' e certamente eles sentiram que alguma força maligna estava em ação contra eles. O resultado de Cluny Hill não foi conseguido ali e, no fim de sua primeira temporada, foram despedidos sem maiores explicações, com uma ordem de saída em quatro horas. Peter, Eileen, Dorothy e as três crianças foram se alojar no trailer de Caddy, que então estava estacionado no Findhorn Sands Caravan Park.

Em 13 de outubro Eileen recebeu a seguinte mensagem:

Minha filha, não há razão para você sentir que fracassou completamente em Trossachs. Muitas lições inestimáveis foram aprendidas. Mantenha-se sempre positiva a respeito de seu retorno a Cluny Hill, mas não nesta empresa.

Em 24 de outubro ela recebeu:

[5] Um título inventado por um jornalista frustrado pela não repetição do sensacionalismo que ele buscava. A história original aconteceu depois que um dos seguidores de Sheena abandonou a esposa, na Inglaterra. Quando perguntaram a ele o nome do grupo a que ele ia se juntar, respondeu que 'não tinha nome', daí essa referência infeliz.

Este trailer inteiro está sendo carregado com a mais poderosa força e quando alcançar um certo nível, nada será capaz de impedir as vibrações de irem além e de se ligarem e de se manterem presas à Rede da Luz como um todo.

Este lugar em Findhorn Sands não ficava disponível para ocupação residencial durante o inverno e, depois de um mês de busca, eles encontraram um espaço em uma baixada no **Findhorn Bay Caravan Park**. Nenhum deles ficou impressionado pela qualidade do ambiente, que era um lugar próximo a um depósito de lixo e de uma garagem em ruínas, cercado por mato e arbustos. Apesar disso, era algum refúgio na tempestade e eles mudaram o trailer para lá em 17 de novembro de 1962. Caía um pouco de neve quando eles chegaram.

Os Primeiros Tempos

Dorothy Maclean

Extraído de *To Hear the Angels Sing*, pág 44-52 - em português, A Comunicação com os Anjos e os Devas

Quando chegamos descobrimos que, do outro lado da baía, as últimas partes do único deserto inglês estavam finalmente sendo conquistadas e cultivadas por um sistema que envolvia amontoados de galhos para proteger as sementeiras. O deserto tinha sido uma terra rica para agricultura até algumas centenas de anos atrás. A lenda diz que, da noite para o dia, devido aos temporais que vieram como punição para um proprietário de terras que tinha vendido sua alma ao diabo, centenas de acres de rica terra e muitas habitações foram alagadas.[6] Hoje o deserto Culbin tornou-se a floresta Culbin.

A realidade de nossa situação era o deserto. Os cinco Caddys encheram os dois pequenos aposentos do trailer e eu, graças à bondade do dono de um hotel no vilarejo, pude dormir a mais ou menos uma milha, nos alojamentos do pessoal do hotel, que ficavam fechados durante o inverno. Todo dia eu marchava pelas dunas para passar o dia com os Caddys. Um inverno extremamente frio, temperaturas muito abaixo de zero por seis semanas consecutivas - o que congelou todo o encanamento do trailer no parque - fazia com que fosse necessário voltar ao meu aposento no final das tardes só para ligar meu colchão elétrico. De outra forma eu levaria horas para conseguir me esquentar e poder dormir no quarto sem aquecimento. Apesar do aborrecimento de uma viagem extra para poder ficar com os Caddys algumas horas depois do jantar, estas marchas, seguindo as inúmeras trilhas feitas por animais e por seres humanos, fazendo curvas entre as colinas e as dunas, foram para mim o ponto alto desse período.

Era uma situação estranha para todos nós, três pessoas maduras e ativas, perambulando juntas para lá e para cá sem um propósito definido. Não tínhamos empregos, embora estivéssemos nos esforçando para consegui-los, sem sucesso. Isto já era estranho por si só,

[6] Ver Sinclair Ross, na bibliografia do Capítulo 9, para uma descrição mais detalhada destes acontecimentos.

pois Peter e eu éramos ambos qualificados e nunca antes tínhamos tido qualquer dificuldade para conseguir emprego. Apesar do fato de termos passado por céu e inferno juntos, certamente não ficamos lá por qualquer razão pessoal. A princípio estávamos certos de que passaríamos ali apenas o inverno e então retornaríamos ao hotel quando o mesmo reabrisse na Páscoa. Foi só a confiança em nossa orientação interior que nos manteve naquela situação.

Os primeiros meses passamos consertando o trailer. Seguindo o treinamento de Sheena de fazer qualquer coisa com amor, para a glória de Deus e da forma mais perfeita possível, polimos todas as irregularidades da superfície do trailer por dentro e por fora e conseguimos ótimos resultados. Além do mais, não havia falta de tempo para pressionar-nos a fazer serviços mal feitos. Uma biblioteca circulante nos forneceu livros. Eu lia autobiografias e histórias policiais. Peter, que sempre quis fazer o seu próprio jardim mas teve pouca oportunidade de praticar jardinagem, lia principalmente livros sobre o assunto. Estávamos isolados de tudo e de todos e nossos únicos contactos com o mundo exterior eram as idas a Forres, ali bem perto, quando Peter e eu recebíamos nossos seguros de desemprego da semana. Embora estivéssemos em contacto com o que estava acontecendo no mundo através da televisão e dos noticiários, nosso interesse vital era na mudança da consciência humana, que as notícias raramente mencionavam. De qualquer maneira, a mudança de consciência era uma tarefa individual; estávamos fazendo o melhor que podíamos.

Nosso contínuo trabalho interior teve enfoques diferentes em diferentes períodos. Nos primeiros tempos de Findhorn, e juntamente com outra amiga de idéias semelhantes, Lena, que se juntou a nós na primavera[7], passamos muito tempo contactando telepaticamente a Rede da Luz. Resumidamente, esta rede era como uma tela de comunicações em nível sutil, cobrindo o mundo em padrões triangulares. As 'estações', geralmente conduzidas por um grupo de pessoas dedicadas espiritualmente, existiam na maioria dos países do mundo todo. Esta rede tinha sido mapeada por uma nossa amiga americana, Naomi Stephens, através de telepatia e nós mesmos nos ligamos a ela telepaticamente, algumas vezes recebendo mensagens desses grupos, outras vezes transmitindo a eles, e sempre ligando o

[7] Na verdade existem várias menções nos arquivos da chegada de Lena com mais 3 crianças em novembro de 1962. De qualquer maneira, é um erro pensar neste período como envolvendo 'Peter, Eileen, Dorothy e as três crianças'. Eram, de fato, quatro adultos e seis crianças por quase todo o tempo.

todo pelo amor. Também tínhamos comunicação telepática com seres conhecidos em certos centros esotéricos, como os Mestres dos Sete Raios. Basicamente, estes Mestres são seres humanos altamente desenvolvidos que aceitaram a responsabilidade de ajudar a humanidade. Focalizando nestes seres como eu os conhecia, eu conectava seus comprimentos de ondas, havendo um campo energético perfeitamente distinto para cada um. Eu estava desenvolvendo a faculdade de me sintonizar com eles e de distinguir vibrações sutís.

A Páscoa chegou e Peter não recebeu nenhuma oferta para reassumir a gerência do hotel. Visto que parecia que teríamos de ficar por outro ano naquele lugar, eu encomendei um anexo ao trailer a construtores da região para minha acomodação. Para complementar nosso suprimento de comida e para preencher o seu desejo de ter uma horta próxima ao trailer, Peter começou a cultivar um pedacinho de terra, de dois por três metros e meio, no qual cresceram rapidamente rabanetes e alfaces. Mais tempo se passou sem conseguirmos empregos, enquanto ele continuava o cultivo de mais terreno ao redor do trailer. Não era fácil cultivar sobre dunas de areia em que só crescia urze. Por baixo, havia muita quantidade de pedrisco muito bom para drenagem, mas não para hortas. Peter tirava a camada de cima e Eileen e eu, de vez em quando auxiliadas pelos meninos, tirávamos os pedriscos até mais ou menos 33 centímetros. Em seguida, Peter jogava o mato de cima na cova e nós colocávamos de volta a terra, adicionando o que podíamos encontrar como adubo orgânico, criando assim um composto. Peter então plantou mudas e sementes. Os vários livros de jardinagem que Peter leu eram uma confusa bênção, um livro sugerindo um método e o outro um método diferente - e nenhum deles apropriado para hortas em dunas de areia no norte da Escócia. Nossos dias começaram a ficar centrados na horta e nos esforçávamos na jardinagem com o mesmo cuidado e busca de perfeição que tínhamos aprendido a pôr em tudo o que fazíamos. Era trabalho físico duro, fatigante, mas tornou-se agradável para mim por ser ao ar livre.

Em uma de minhas meditações no começo de maio recebi uma interessante nova orientação de dentro de mim mesma:

Para os que têm uma visão nova da vida, tudo tem sentido. Por exemplo, existe um sentido espiritual por trás do soprar constante do vento, apesar dos muitos resultados desagradáveis que ele possa provocar.

As forças da Natureza são para serem sentidas dentro de você e para serem alcançadas fora de você. Dos traba-

lhos que lhe são reservados, um é sentir as forças da Natureza tais como o vento, perceber sua essência e seu propósito e ser positiva e harmonizar-se com essa essência. Não será tão difícil quanto você imagina, porque esses seres ficarão alegres por sentir uma força amiga. Todas as forças devem ser sentidas dentro de si, até mesmo o sol, a lua, o mar, as árvores, a própria grama. Tudo é parte da minha vida. Tudo é uma vida só.

Aprovei totalmente esta sugestão, pensando que seria uma boa desculpa para passar o tempo em passeios ou debaixo do sol. Eu sempre me senti melhor sozinha em contacto com a Natureza. Para mim, ficar ao sol com a pele o mais exposta possível não só é uma delícia sensual mas também uma experiência espiritual. Sinto-me bem-aventurada, solta no espaço, como se atingisse uma forma de plenitude, e nem mesmo a exposição ao sol do Panamá me curou desse sentimento. Entretanto, quando mostrei esta mensagem a Peter, ele a interpretou dizendo que eu deveria contactar as forças da Natureza para dar a ele informações sobre a horta. Na manhã seguinte eu recebi a seguinte mensagem:

Sim, você pode colaborar na horta. Comece pensando a respeito dos espíritos da natureza, os espíritos da natureza mais sutis, e sintonize-se com eles. Isto será tão estranho quanto atrair seu interesse para cá. Eles ficarão muito contentes por descobrir alguns membros da raça humana ansiosos por sua ajuda. Este é o primeiro passo. Por espíritos mais sutis da natureza eu quero dizer os espíritos de diferentes formas físicas, tais como as nuvens, a chuva, os vegetais. Até os mais ínfimos espíritos individuais da natureza estão sob sua jurisdição. No novo mundo que se aproxima, estes reinos estarão abertos aos humanos - ou melhor, os humanos estarão abertos a eles. Fique apenas aberta e entre nos gloriosos reinos da Natureza com simpatia e compreensão, sabendo que esses seres são da Luz, querem nos ajudar, mas são desconfiados dos seres humanos e alertas quanto ao que é falso. Fique comigo e eles confiarão em você e, assim, todos construirão em direção ao novo.

Fiquei com uma sensação de vazio no estômago. Senti-me totalmente incapaz; como eu poderia me sintonizar com seres a respeito de quem nada sabia? Não pareciam ser nem as fadas da literatura infantil nem criaturas mitológicas. De qualquer forma, eu estava com medo de estar sofrendo de alucinações. Fiquei paralisada, embora soubesse por experiência própria que não poderia nunca deixar de levar em consideração uma orientação interior. Embora eu estivesse cheia de descrença e dúvidas, Peter estava totalmente confiante. Seu treinamento em pensamento positivo não admitia dúvidas. Ele teve sua fé confirmada durante anos seguindo as orientações de Eileen e imediatamente aceitou todas as minhas com plena confiança. Peter, que era totalmente voltado para a ação, esperava o mesmo de nós. Quando eu lhe disse que não poderia cumprir o que a mensagem me sugeria, ele simplesmente respondeu, de sua forma normalmente amigável porém cheia de autoridade: "Que bobagem, é claro que você pode". Isto também me desorientou, pois eu sempre respondi melhor a solicitações do que a ordens.

Com um desejo sincero de ampliar nossa própria confiança na ação, Peter tinha compartilhado com Eileen, Lena e eu uma série de conferências que tinham sido parte do seu treinamento. Numa delas estava o exercício de repetir a frase "Eu sou o Poder". No início eu tive muito problema com este exercício, porque não me agrada o pensamento do poder com suas implicações de força. Eu não repetia a frase, embora não tivesse nenhum escrúpulo em repetir "Eu sou Amor". Então, fazendo uma auto-análise, concluí que a palavra "poder" não era a culpada, mas sim a palavra "Eu". Eu tinha andado pensando sobre a limitada personalidade humana chamada Dorothy como o "Eu", como o "poder", ao invés da ilimitada essência divina dentro de Dorothy. Quando mudei minha identificação, eu pude alegremente repetir aquela frase.

Eu estava um dia repetindo esse exercício, falando "Eu sou o Poder", algumas semanas após a mensagem anterior para contactar as forças da Natureza, quando me senti em uma corrente de força. Fiquei tão identificada com o poder, que senti que poderia fazer qualquer coisa, até mesmo me identificar com a essência dos espíritos da Natureza, como me tinha sido solicitado, pois Eu, como Essência divina, podia ser una com a essência de qualquer parte da criação. Os vegetais tinham sido mencionados em minha mensagem e, como Peter estava interessado em receber orientação relacionada com a horta, decidi escolher as ervilhas, visto que estavam crescendo na horta e eu as conhecia desde a infância. Eu tive a noção clara do que a planta era em termos de cores, forma, flor e gosto, e além do mais eu adorava comer ervilhas. Desenvolvendo minha familiaridade com as ervilhas e meu gosto por elas, imaginei sua essência ou seu espírito interior e me concentrei nele. A resposta foi surpreendentemente imediata:

Eu posso falar com você, humana. Eu sou inteiramente direcionada pelo meu trabalho, que é estabelecido e moldado e que eu simplesmente trago à fruição; ainda assim, você chegou diretamente à minha consciência. Meu trabalho é claro para mim: trazer os campos de força à manifestação apesar dos obstáculos, que são muitos neste mundo infestado de homens. O reino vegetal não tem nenhuma má vontade em relação àqueles a quem alimenta, enquanto que o homem pega o que quer, sem nenhum agradecimento, e isso nos torna estranhamente hostis.

O que eu lhe diria é que, enquanto vamos em frente, nunca nos desviando de nosso curso por nenhum momento em pensamento, sentimento ou ação, você também pode agir assim. Os humanos geralmente não parecem saber onde estão indo, nem porquê. Se soubessem, que energia teriam! Se estivessem em um curso reto, quanto poderíamos cooperar com eles!

Eu lhe expus o que significo e lhe digo adeus.

Embora incerta quanto ao que pudesse significar a cooperação com os espíritos da Natureza, foi uma idéia aceitável, visto que para mim a cooperação sempre foi e é a forma de me relacionar. Quando mostrei a mensagem datilografada a Peter, ele fez uma lista de perguntas para que eu pedisse orientação aos espíritos dos vários vegetais, pois ele percebeu aí diversos desafios.

Assim começou um desdobramento diário em comunicação com as forças da Natureza. Peter, é claro, tentava descobrir por si mesmo um motivo para o não desenvolvimento de uma planta, mas quando não descobria nada ou não sabia o que fazer, ele me fazia perguntas. Então eu ia me sintonizar com o espírito daquele vegetal em particular para obter a resposta. Tendo feito isto uma vez, eu não podia usar a desculpa de que era impossível. De fato, agora eu entendo que a minha crença em nossa limitação (ou a crença de qualquer pessoa em sua limitação) é o maior bloqueio para atingir o resultado. Portanto, as circunstâncias me mantiveram voltada para as forças da Natureza, usando Peter como seu instrumento disponível. Por exemplo, tínhamos duas semeaduras de favas; o primeiro lote não vingou, enquanto o segundo lote parecia promissor. O espírito das favas me disse que o primeiro lote tinha sido semeado muito fundo e antes que o solo estivesse suficientemente nutrido, mas que o outro estava bem e estava sendo trabalhado por ele. O espinafre deu tantos brotos que Peter me perguntou se ele não estava cheio demais. Eu recebi a seguinte mensagem:

Se você quiser um forte crescimento natural da folha, as plantas precisarão estar mais separadas do que estão agora. Deixando-as como estão, você obterá maior volume nas folhas de uma forma geral, talvez um pouco mais tenras mas sem tanta força vital. É claro que eu gosto de ver plantas com sua total potencialidade atendida, mas a escolha é sua.

Mesmo neste estágio inicial, as leis não eram deixadas de lado e o livre arbítrio era total quanto à cooperação. O que quer que perguntássemos, eu recebia alguma resposta de algum tipo, algumas vezes meramente sim ou não, outras vezes uma explanação. Por exemplo, responderam-nos, quando questionados, quando aguar cada planta, onde pôr as novas mudas, quais precisavam de esterco líquido, etc. Nos primeiros anos, até que nos tornamos familiares com esta visão incomum de crescimento da horta, Peter tinha perguntas frequentes. No entanto, ele agia imediatamente após receber a sugestão. De outra forma, acredito eu, a cooperação não teria continuado.

Quanto a quem eram esses seres da Natureza, logo compreendi que não eram os espíritos das plantas individuais mas eram a 'essência superior' das espécies. Descobri que o ser por trás da ervilha mantinha em sua consciência o projeto arquetípico de todas as ervilhas do mundo todo e que buscava seu benefício. Obviamente, tais seres devem funcionar em um plano de mais de três dimensões, mas meus contactos telepáticos anteriores tinham tornado este conceito familiar. Uma ligeira familiaridade com a literatura teosófica, junto com minha disponibilidade interior e uma grande pureza, alegria e exaltação que estes seres emanavam, levaram-me a concluir que eram um certo tipo de anjos. Como o mundo angélico tinha uma imagem muito restrita e estereotipada em minha mente, contrária à impressão de leveza, liberdade e falta de forma dada por estes seres, decidi chamá-los de uma forma geral de 'devas', uma palavra sânscrita que significa 'iluminado'. A palavra era frequentemente usada na Índia, mas não era muito familiar ou convencional para mim.

O Deva das ervilhas foi o primeiro a chegar à minha consciência. O segundo com quem minha orientação interior sugeriu que eu mantivesse contacto foi um ser que iluminava aquela área geográfica em particular. Eu o chamei de Anjo da Paisagem. Eu soube que ele responderia questões gerais referentes ao solo em primeiro lugar e depois agiria como mensageiro de todo o mundo angélico. O Anjo da Paisagem entendia muito a respeito do composto, informando que o homem precisava desempenhar a sua parte nesta cooperação e que não poderíamos esperar que eles fizessem todo o trabalho, em especial fazer crescer vegetais em areia sem nutrientes. O Anjo deu instruções bem detalhadas sobre a produção do composto, quando revirá-lo, se deveria ser misturado ao solo ou deixado em cima como material em decomposição. Imperceptivelmente, o Anjo da Paisagem deu-nos um enfoque mais holístico para a horta, ajudando-nos a vê-la como parte do ambiente maior. Começamos a ver o solo como parte de um organismo vivo e as plantas como elos com seu ambiente, um foco de energia integrada e interagindo com seus arredores. Como disse minha orientação interior:

Quando você lê e tenta compreender aquele livro (Agricultura, de Rudolf Steiner), você passa por aquilo que é chamado de influências cósmicas sobre a Terra, que emana de vários planetas. Pense no planeta como um Ser vivo e também como forças sendo transmitidas por Seres e recebidas por Seres. Não existe matéria morta. Tudo é vida e tudo tem um determinado lugar em minha vida; e essa força vital é mais do que você chama de magnetismo. É uma influência conscientemente dirigida aos níveis mais altos. Você está simplesmente cercada de vida; você é uma força vital se movimentando entre outras forças vitais. Conforme você reconhece isto e se abre para esses Seres, mais você se aproxima deles e se torna una com eles e trabalha juntamente com eles para cumprir os meus propósitos.

O Anjo da Paisagem disse que, como Peter, por meu intermédio, tinha formulado a questão da necessidade de ingredientes adequados para fazer reviver o solo, esses ingredientes seriam mostrados a ele enquanto não tivéssemos dinheiro para comprá-los. E assim foi: grama cortada do estacionamento do trailer; fuligem de um velho monte de entulho usado por limpadores de chaminés locais; algas da praia e esterco de cavalo que juntamos com baldes e pás no campo, para perplexidade tanto dos cavalos quanto das pessoas que por ali passavam. Finalmente obtivemos um preparado bio-dinâmico para o composto.Todos nós, inclusive as crianças, passamos pelo ritual de misturá-lo em um grande tanque, revolvendo-o e revolvendo-o o número de voltas que fosse necessário. Foi um trabalho duro mas divertido; de fato, este período foi de trabalho duro, mas saudável para todos nós.

Construindo a Comunidade

Alex Walker

Pouco tempo depois que eles mudaram o trailer original para seu novo local, que na época eles não sabiam que seria o local definitivo, Eileen recebeu orientação para meditar nos banheiros públicos do parque dos *trailers*[8] para superar as dificuldades de encontrar um lugar quieto no meio da falta de privacidade de seu novo lar. Mais um teste para seu caráter, que provou seu valor, e nos sete anos seguintes ela passou diversas horas lá, à noite, escrevendo as mensagens recebidas de Deus.

Eileen não foi a única a ser testada. Dorothy e Peter tinham frequentes discussões e a renda minúscula do grupo era uma fonte permanente de aflições; ainda assim, de alguma forma, a horta e a miniatura de comunidade prosperavam.

A primeira pessoa a juntar-se aos fundadores foi Naomi, que colocou um *trailer*[9] no lugar onde hoje fica o santuário; isso aconteceu na primavera de 1964. Embora já entrada nos setenta, ela trabalhou duro para desenvolver os elos entre a comunidade inexperiente e a Rede de Luz, e sob sua tutela eles conseguiram alcançar e identificar os centros com mais clareza. Naomi continuou na comunidade até 1966.

A orientação para a horta sugeria:

Vocês devem ter tantas variedades de frutas e vegetais quanto possível. O contacto com os devas é essencial e isto só será possível quando as plantas estiverem crescidas.

Na segunda temporada foram cultivadas 65 espécies vegetais, 21 tipos de frutas e 42 de ervas. Foi também o primeiro ano de brássicas gigantes. Um repolho pesou 17 e outro 19 quilos. Ainda se passariam dois anos até o cultivo das flores.

Essa foi também uma época de muitas histórias de 'manifestações'. Por exemplo, na primavera de 1963, Peter havia planejado um pátio concretado para a área em volta do trailer. Não havia dinheiro

[8] Mais tarde convertido em boticário.

[9] Esse *trailer* - mais tarde denominado "Dorothy", pois ela também o usou como escritório por alguns anos - foi recolocado ao norte do chalé de Doris e finalmente desmontado em 1991.

para o material, porém, poucos dias depois, um vizinho chegou com a notícia de que um caminhão havia deixado sua carga toda de sacos de cimento úmido num buraco do outro lado da estrada. Nas palavras de Peter: "Embora pareça uma incrível coincidência, acontecimentos como esse haviam se tornado normais em nossa vida".[10]

Ainda que o extraordinário crescimento fosse observado por passantes nesse primeiro ano, foi só lá pelo verão de 1965 que o desenvolvimento da horta chamou a atenção de um grupo maior de pessoas.

Em agosto de 1965, Peter partiu numa viagem para Glastonbury, onde conheceu Tudor Pole, o fundador do Chalice Well Trust (Associação do Poço do Cálice) e Liebe Pugh, que havia formado um grupo conhecido como Universal Link (Ligação Universal) em Lytham St. Annes, no noroeste da Inglaterra. Ele retornou trazendo os primeiros hóspedes genuinos da comunidade - Dr. Daniel Fry e senhora, vindos de Glastonbury. Numa outra viagem Peter foi a uma conferência em Attingham Park, presidida por Sir George Trevelyan.[11] É preciso lembrar que, na época, todo o empenho em espiritualidade esotérica no ocidente ainda estava restrito a uma pequena minoria de grupos marginalizados que não se conheciam. Os livros sobre o assunto eram poucos e quase nada tinham em comum. Na atmosfera rarefeita desse encontro, o enfoque de vida de Peter foi considerado por muitos participantes como ousado demais, embora o próprio Sir George tivesse ficado muito impressionado.

Apesar de seu grande esforço, Peter não foi capaz de arranjar nenhum tipo de trabalho, embora Dorothy tivesse conseguido um cargo de secretária em um local próximo. Peter e Eileen presumiam que voltariam a Cluny Hill e se desapontaram quando uma mensagem de Eileen anunciou:

Não há pressa de voltar a Cluny Hill; isto acontecerá quando este lugar for completado e ainda há muito a ser feito aqui.

No mesmo ano Peter e Eileen visitaram a ilha sagrada de Iona, na costa oeste da Escócia, tendo se hospedado no hotel de St.

[10] "Findhorn Garden" - pag. 5.

[11] Avô do movimento da Nova Era na Grã-Bretanha, Sir George foi por algum tempo professor na escola Gordonstown antes de entrar para a vida pública. Fundador do Trust de Wrekin e curador da Fundação Findhorn durante os anos 70 e 80, ele publicou diversos livros, incluindo *Summons to a High Crusade* (Chamada para uma Cruzada Maior), da Findhorn Press, 1986.

Columba. Foi a primeira vez em quase três anos que Eileen se ausentou de Findhorn.[12] Enquanto estava na ilha, ela recebeu uma mensagem que dizia ser muito importante a ligação dos três centros: Glastonbury, Iona e Findhorn. Até hoje são feitas meditações para aprofundar essa ligação.

No outono de 1965 o Assessor para Horticultura do Condado visitou a horta e ficou tão impressionado que convidou Peter para participar de um programa de rádio.

No início de 1966, R. Ogilvie Crombie (Roc), um idoso matemático de Edimburgo, visitou a comunidade pela primeira vez. Ele havia conhecido Peter de forma casual num encontro em Edimburgo e seu interesse pelo que se passava em Findhorn foi despertado. Parece que esta visita despertou habilidades suas há longo tempo adormecidas;[13] pouco depois ele teve seu famoso encontro com o fauno Kurmos (ver o capítulo 3). As conexões de Roc com Pan e os espíritos da natureza foram bem documentadas.

Porém Roc não foi lá só para proporcionar uma perspectiva a mais sobre a jardinagem e a natureza. Também desempenhou um papel importante no desenvolvimento das ciências ocultas na comunidade. É óbvio que ele atuou como conselheiro de Peter em muitas coisas e foi em algumas ocasiões o agente do afastamento de alguns indivíduos que ele julgava perniciosos, consciente ou inconscientemente, ao desenvolvimento da comunidade. Embora Roc fosse um grande apoio para Peter e Dorothy, Eileen resistia a esse papel, já que seu treinamento era mais voltado para permanecer positiva e invocar as energias do Cristo. As mensagens lhe diziam:

Este é um exemplo da necessidade de união na diversidade.

Muito tempo depois, durante as sessões de canalização com David Spangler, a resposta a uma questão algumas vezes era: 'Pergunte ao seu Protetor', que era Roc. Embora Roc nunca tivesse vivido na comunidade, ele continuou a atuar no papel de guardião até sua morte em 1975.

Na primavera de 1966, cinco hóspedes vieram para a Páscoa,

[12] Há indicações de que Peter estava seriamente pensando em viver aí. Exemplo: carta para Kathleen Fleming de 22-10-65, constante dos Arquivos da Fundação.

[13] A ligação de Roc com a natureza é claramente muito mais antiga do que isso. Ele tinha visitado Fairie Glen na ilha Black nos idos de 1903.

inclusive Anthony Brooke[14] e Monica Parrish, da Fundação Universal. Na comemoração de Pentecostes vieram 17 hóspedes. Naquele ano a ligação entre Eileen, Peter e Liebe Pugh foi estreitada e Eileen e Peter a visitaram em Litham St. Annes. Essa visita teve um profundo efeito em Eileen de dois modos. Em primeiro lugar, ela sentiu uma tremenda ligação interior com Liebe e continuou se correspondendo com ela até sua morte, que ocorreu alguns meses depois. Em segundo lugar, foi nessa ocasião que Eileen conheceu Joanie Hartnell Beavis, que tinha trabalhado com Liebe por algum tempo;[15] Joanie se tornaria a melhor amiga de Eileen e seu grande apoio depois que se mudou para Findhorn em 1967.

Na véspera do Natal de 1967 Eileen, Peter e Joanie foram ao 'ponto de poder' de Cluny Hill. Lá Eileen teve uma série de visões dramáticas. Pouco depois ela recebeu a seguinte mensagem:

O dia que muitos aguardavam já chegou. O poder cósmico liberado no momento aprazado, que você e muitos outros sentiram, já começou a reverberar pelo universo. Nada o deterá. Vai ganhar maior importância e poder e com o passar do tempo será percebido por muitos. Alguns podem ficar desapontados por não haver nenhuma manifestação exterior. Nada saiu errado. Acontece que os homens interpretaram mal o que havia sido profetizado. Isso já aconteceu outras vezes. Este é o início de acontecimentos universais. Este lugar se tornará conhecido no mundo todo, pois nada tolherá a expansão do trabalho aqui desenvolvido. Esta liberação de poder cósmico para todo o universo é muito maior do que você possa imaginar. Sua sensação de consciência elevada é o começo de grandes mudanças que serão sentidas individualmente em todo lugar. Vá em frente forjando de força em força com Minha marca profundamente impressa e esteja na paz perfeita.[16]

[14] Anthony Brooke também ficou conhecido como "o último Rajá branco de Sarawak".

[15] O primeiro encontro de Joanie com Liebe Pugh foi sugerido por Robert e Aileen Ross Stewart. Ross, nome pelo qual ficou conhecido, tornou-se o primeiro presidente dos curadores da Fundação.

[16] A confirmação da importância desta época foi feita através da transmissão de *Limitless Love and Truth* (Amor e Verdade sem Limites) de David Spangler. Veja Passages about Earth (Passagens sobre a Terra), de William Irwin Thompson, pág. 160 em diante e também o estudo sobre Sri Aurobindo e a Mãe no capítulo 9.

Em 1968 foi publicado *Deus falou comigo*, seis chalés de cedro foram erigidos para abrigar a comunidade crescente e Peter plantou 600 faias como cerca viva, uma barreira física e psíquica protegendo os jardins. Nesse ano um fiscal do governo, perplexo, decidiu retirar o auxílio desemprego de Peter, mas por essa época o Findhorn Trust* já havia sido formado como uma proteção legal sob a qual as crescentes atividades da comunidade podiam ser organizadas. À mesma época um residente do centro Samye Ling, em Eskdalemuir, visitou a comunidade pela primeira vez - **Craig Gibsone**, destinado mais tarde a ser um focalizador da Fundação.[17]

Esse foi também o ano em que Sir George Trevelyan fez sua primeira visita. Pouco depois disso ele escreveu a Lady Eve Balfour, fundadora da Associação do Solo e autora de *O Solo Vivo*, fazendo um relato entusiasmado de sua visita. Sob a recomendação de Lady Eve, chegou no começo de 1969 um assessor da Associação do Solo, **Professor Lindsay Robb**, o qual, após visitar os jardins com Peter e Roc, escreveu:

O vigor, a saúde e o desabrochar das plantas neste jardim no meio do inverno, numa terra que é quase desértica, composta de areia fina, não podem ser atribuidos ao uso moderado de composto, nem à mera aplicação de métodos orgânicos. Há outros fatores em ação e esses são vitais.

O Santuário do Parque foi construido em 1969 e Eileen recebeu uma mensagem para construir a parte original do Centro Comunitário.[18]

No dia 19 de março um programa da BBC sobre a comunidade foi ao ar e mais de 600 visitantes vieram durante esse ano, dos quais quase 200 como hóspedes residentes.

Um visitante ilustre nesse período foi Richard St. Barbe Baker, o infatigável "Homem das Árvores". Ele foi um dos muito poucos a receber mensagem pessoal do Deva através de Dorothy.

---

*Trust = instituição semelhante a uma Fundação, equivalente a um acordo fiduciário, existente apenas no direito anglo-saxão.(N.T.)

[17] Sua lembrança é de que os jardins, embora lindos e de grande significado, não eram tão extravagantemente atraentes como indicam as primeiras reportagens.

[18] O prédio original compreendia a cozinha, o hall de entrada e a área de serviço junto à cozinha. A sala de jantar principal foi acrescentada nos anos 70 e a extensão circular de dois andares em 1987.

O Colégio

Alex Walker

Nos anos sessenta a comunidade era um lugar mágico, porém as expectativas não passavam de um dia de muito trabalho, sete dias por semana, e um compromisso sério tanto com o trabalho como com a prática espiritual. 1970 viu a chegada de **David Spangler** e **Myrtle Glines** e este evento desencadeou uma nova era na qual a educação, mais do que os jardins, tornou-se o foco das atividades e uma geração mais jovem de novos membros começou a ver as coisas com mais leveza.

David nasceu em Columbus, Ohio, em 1945, porém passou seis anos de sua formação no Marrocos, de 1951 a 1957. Durante esse período ele teve intensas experiências místicas e contactos com seres espirituais. Começou um curso de bioquímica na Universidade do Arizona, porém suas experiências interiores o fizeram abandonar o curso e começar uma carreira como conferencista e filósofo. Sua influência intelectual no desenvolvimento da comunidade nos anos 70 foi enorme. A ele devemos a idéia da comunidade como um colégio e é imensa a riqueza de material escrito e de conferências que ele deixou, fruto de três anos de residência aqui e também em outras ocasiões.

Suas conferências e estudos, inteiramente listados no Apêndice, cobrem uma larga gama de tópicos, incluindo educação, esoterismo, arte, natureza, sexualidade, governo, etc. Segundo um dos primeiros folhetos da Fundação, seu livro *Revelation: the Birth of a New Age* (Revelação: O Nascimento de uma Nova Era), que contém transmissões de uma fonte conhecida como 'Amor e Verdade sem limites', descreve, mais do que qualquer outro, a base filosófica do que está em curso na Fundação. Com toda essa expansão no reino do intelecto, David também nos lembrava constantemente que a vida é a escola, acima de tudo, e que o trabalho e as relações são tão bons professores quanto qualquer sala de aula. David ajudou-nos a expandir nossa consciência e a trazer a ela a noção do papel planetário e universal da comunidade na Nova Era.

O impacto de todo esse trabalho ficou evidente com o crescimento do tamanho da comunidade. Em 1970 havia cerca de 20 membros, em 1972 já eram 120 e em 1974 mais de 150, com 25 hóspedes que chegavam toda semana nos meses de verão. Essas mudanças não foram bem vistas por todos. Lena, por exemplo, uma mulher extremamente tímida, mudou-se primeiro para Pineridge e finalmente partiu de vez da comunidade em 1971.

Ainda em 1971, foi dito a Eileen durante uma meditação que ela deveria parar de passar suas mensagens para a comunidade, atitude essa que perdura, com raras exceções, até hoje.

Em 1972, agindo sob parecer legal de que o objetivo original dos estatutos já não era adequado para abranger o trabalho da comunidade, foi criada a Fundação Findhorn no dia 9 de maio (data em que se comemora o aniversário da Fundação, sendo que o aniversário da comunidade é comemorado a 17 de novembro).

Os primeiros curadores foram o Capitão Robert Ross Stewart, Sir George Trevelyan, Pauline Tawse (que mais tarde doaria o Park Building[19] à Fundação), John Hilton e Joanie Hartnell Beavis. No mesmo ano, uma casa em Iona - **Traigh Bhan**, que significa praia branca - foi doada à Fundação por Jessica Ferrara que lá havia vivido alguns anos.[20]

[19] Na época a residência de Alex e May Gibson, os proprietários do Findhorn Bay Caravan Park (o acampamento dos *trailers*). Depois de venderem o Park Building eles se mudaram para Cullerne House.

[20] Katherine Collis envolveu-se de perto nesse processo e a Fundação continua a honrar a ligação de Traigh Bhan e os Lorian.

A Fundação nos Anos 70 e 80

Carol Riddell

Extratos de seu livro *The Findhorn Community* (A Comunidade de Findhorn), pags 80 - 89.

Direta ou indiretamente, David trouxe a nós muitos jovens, que por sua vez trouxeram guitarras, cabelos longos e um estilo de vida com um jeito californiano bem definido, de maneiras casuais e shorts. Eles beberam do vinho do esoterismo do início da Comunidade de Findhorn e começaram a construir. A maioria deles não ficou por muito tempo. No início dos anos 70, a estada média dos membros parece ter sido de mais ou menos seis meses apenas. Entretanto, outros tomaram seus lugares e muitos dos que ficaram tinham mentes mais práticas. O jeito da comunidade começou a mudar - condições de vida restritas, canções, grupos artísticos, projetos coletivos e uma suave resistência à autoridade são as características deste 'período médio' da Comunidade de Findhorn.

Neste período, uma área chamada Pineridge a nordeste de Caravan Park foi 'colonizada' e transformada, o Centro Comunitário foi ampliado para acomodar os numerosos membros e hóspedes novos, surgiram as oficinas de artesanato21 e o prédio onde hoje fica a editora ficou pronto. A comunidade começou a produzir fitas gravadas e houve uma ênfase acentuada nas artes performáticas. O espírito era de dinamismo e expansão. Por volta de 1974 a disposição física do Park já era bem semelhante à de hoje. Havia 180 membros e um programa de educação estava em andamento.

Por um período de 7 anos, Peter e Eileen se afastaram do controle sobre a comunidade. Em 1972[22], Eileen recebeu orientação para deixar de compartilhar suas mensagens com quaisquer outras pessoas:

Solte-se, afaste-se e deixe que todos na comunidade vivam uma vida guiada e dirigida por Mim. Deixe-os aprender com a experiência a viver de forma positiva, demonstrando as leis da manifestação em suas próprias

---

[21] Em 1971.

[22] Outras fontes, por exemplo, o livro *Flight Into Freedom* (Vôo para a Liberdade), dizem que isso ocorreu em 1971.

vidas. Se isto significar que o trabalho vai ficar suspenso neste período, permita que assim seja. Até que a vida seja vivida, as lições não serão aprendidas e essas lições são muito mais importantes do que expandir-se sem aprender, do que viver baseado no que os outros aprenderam.

Sob o ponto de vista de Eileen, Peter tinha se tornado muito dependente da orientação dela; sua decisão de não compartilhar mais as mensagens foi um desafio para ele. Entretanto, sem esse compartilhar, Eileen ficou insegura do seu papel na comunidade. Um exame de exemplares do Findhorn News, que circulava para patrocinadores da comunidade nesse período, mostra como as mensagens eram importantes. Até 1971 praticamente cada informação era apoiada em uma mensagem. Por volta de agosto de 1971 o trabalho de David Spangler começou a aparecer na revista que Peter editava naquela época. A retirada das mensagens aumentou a brecha no relacionamento de Peter com Eileen, pois a capacidade dela em receber tais mensagens era para ele um dos laços que os uniam. Ele começou a solicitar apoio de outros e também formou um grupo de sete pessoas, o Grupo Central, núcleo de um grupo gerencial, que logo cresceu para 12 membros.[23] No entanto, geralmente a delegação de responsabilidades não produzia os resultados compatíveis com seus padrões pessoais.

Para permitir minha saída da comunidade por breves períodos, decidimos formar um Grupo Central de sete membros que seria responsável pela Comunidade enquanto eu ficasse ausente... Durante os últimos meses eu compartilhei tudo o que acontecia com o Grupo Central e agora estou me afastando gradativamente para possibilitar a eles dirigir a Comunidade.
(de "Vision from the Center", de Peter Caddy - Findhorn News, abril de 1974)

Peter também criou um grupo de focalizadores responsáveis pelos departamentos da comunidade em março de 1974.[24]

---

[23] As histórias podem talvez ser apenas uma metáfora da verdade mais do que uma descrição de verdades absolutas. Pode ser óbvio que as diversas recordações pessoais de nossos passados não se apresentam sempre de forma igual. Foi sugerido que esta sentença não leva em conta o fato de que Eileen continuou a compartilhar as suas mensagens com Peter por algum tempo depois que ela parou de compartilhá-las com a comunidade. Tais mensagens apoiaram a formação do Grupo Central.

[24] Ou na primavera de 1973, em resposta à partida dos Lorians.

As decisões principais eram discutidas nas reuniões da comunidade. Em 1973, como se não bastasse, não só David Spangler, mas também Dorothy Maclean[25] deixaram a comunidade - para organizar logo em seguida a Associação Lorian nos Estados Unidos.

Peter ficou apaixonado por uma jovem sueca a quem ele tinha dado responsabilidades na comunidade. Embora não houvesse relacionamento sexual entre eles, Eileen reagiu duramente. A comunidade foi lançada em um período de incerteza mas não houve nenhum desafio à autoridade geral de Peter. Um editorial em fevereiro de 1975 no Open Letter (Carta Aberta) - que substituiu o Findhorn News - dizia:

Nós da Comunidade de Findhorn estamos começando a primeira etapa de um novo ciclo de nosso desenvolvimento: a fase de construir a fundação da comunidade está chegando ao final e agora estamos nos envolvendo em um compromisso mais profundo e mais consciente com a Nova Era através de treinamento e educação. A totalidade individual vem em primeiro lugar e as mudanças pelas quais Peter e Eileen Caddy estão passando em seu relacionamento se refletem nas mudanças da comunidade inteira.

No começo desse período de transição, em 1973, a decisão de construir nosso "Universal Hall" (originalmente o "University Hall") foi tomada. A orientação de Eileen para o Hall foi clara. Um hall funcional deveria ser construido rapidamente, com o objetivo de alojar adequadamente os membros que viviam em condições muito precárias em trailers. Entretanto, embora esta orientação tivesse sido compartilhada, o Grupo Central estava agora recebendo conselhos e idéias de muitas fontes. A inspiração divina da comunidade de Findhorn precisava do desenvolvimento de sintonização interior dos membros, para que cada um pudesse se harmonizar individualmente com a verdade maior. Contudo, no passado, a comunidade tinha se apoiado em outros para este processo de tomada de decisão e não estava preparada para este nível de trabalho interior. Era muito mais excitante embarcar na cons-trução de um monumento maior, um projeto que acendesse o entusiasmo coletivo dos membros jovens, do que na construção de um hall utilitário. O ponto de

[25] Diversos outros membros proeminentes da comunidade, inclusive Roger e Katherine Collis, Kathi e Milenko Matanovic, também partiram. Alguns estudantes da história da comunidade percebem neste êxodo de talentos o começo dos problemas financeiros e de gerenciamento do final dos anos 70.

vista mais superficialmente atrativo prevaleceu.

Dez anos mais tarde tínhamos o monumento, um soberbo edifício de pedra, belamente mobiliado e decorado, com magníficas pinturas murais. Ele também contribuiu, e bastante, para uma dívida muito grande, e a energia coletiva da comunidade para construir foi exaurida.

No período até 1979, quando ele foi embora, Peter delegou cada vez mais autoridade ao Grupo Central. Este grupo ainda usava meditação e sintonização como base para tomada de decisões, mas, sem a orientação de Eileen, uma corrente mais simples e administrativa de tomada de decisões se tornou mais forte. O Grupo Central era auto-seletivo: quando alguém saía, outra pessoa entrava conforme sintonização feita pelo próprio grupo.

Em um artigo no Open Letter de dezembro de 1975 Nick Rose comentou:

Como o resto da Comunidade de Findhorn, o Grupo Central é divinamente comum. É levado pelos engodos do glamour e da ilusão como qualquer outro grupo. Está lutando para melhorar sua comunicação com a comunidade. Está tentanto não impor uma visão de uma forma cheia de vontade e de propósito para não inibir o desenvolvimento de visões pessoais.

Na Comunidade de Findhorn, o Divino se manifesta sem pressa, sem a aflição e a impaciência que nossas culturas consideram normais. Precisamos reaprender a paciência e o ritmo certo. O Grupo Central propiciou estabilidade durante um certo tempo, quando o índice de mudança de membros era alto e os indivíduos tinham um período menor na comunidade para desenvolvimento espiritual. Só na última parte dos anos 80 emergiu uma nova tendência no gerenciamento.

Expansão e Sedução

Nos anos 70, milhares de hóspedes visitaram a Fundação Findhorn, foram inspirados por ela e, voltando a suas casas, divulgaram sua inspiração através de mudança de vida. Esta é a história simples e verdadeira da Fundação Findhorn e assim continua sendo. Os eventos e os dramas mais detalhados são os palcos onde este processo de transformação e desenvolvimento do amor ocorre.

Peter e Eileen não ficaram isentos dessa mudança. O relacionamento de Peter com Eileen tornou-se cada vez mais distanciado. As prioridades dele estavam mudando e ele deixou a comunidade em 1979 para desenvolver-se através de uma série de novos relacionamentos. Ele tornou a se casar em 1982 e sua nova esposa solicitava dele uma grande participação na criação de seu filho. Já com setenta e tantos anos, Peter era solicitado a aprender os aspectos mais mundanos da paternidade. Através desse casamento ele experimentou os aspectos mais devocionais da religião, tão familiares a Eileen em seus momentos de entrega interior.

Eileen, por sua vez, superou gradativamente sua timidez para tornar-se uma conferencista e guia espiritual, sem medo de enfrentar audiências de milhares de pessoas. A este respeito, o exemplo de Peter e Eileen foi de grande inspiração para nós, pois deles foram exigidos grandes reajustamentos relativamente tarde na vida, quando outros já estariam pensando em se aposentar.

Enquanto estavam ainda juntos, Eileen e Peter receberam a graça de voltar a Cluny Hill, como tinha sido prometido na mensagem de Eileen muitos anos antes. Durante aquele período o hotel tinha decaído muito e a comunidade o comprou pela ínfima quantia de sessenta mil libras.[26] Naquela época, no entanto, foi um passo enorme a ser dado. Foi uma decisão mais ou menos coletiva da comunidade[27], embora o tesoureiro na época tivesse pedido demissão.[28] E assim, o Hotel Cluny Hill tornou-se o **Colégio Cluny Hill**.

A compra de Cluny Hill liberou um impulso para aquisição de propriedades que se tornou uma espada de dois gumes para a comunidade. A orientação de Eileen falava do desenvolvimento de uma 'Vila' crescendo em uma 'Cidade de Luz'. Os membros começaram a sentir que Deus estava guiando o processo, portanto o que precisávamos fazer era comprar e Ele providenciaria os fundos.[29] O

[26] Em 17 de novembro de 1975.

[27] Isto signica que Peter trouxe membros da comunidade a Cluny Hill para tomar conhecimento do andamento do processo e que a comunidade foi apenas informada do processo, mais do que envolvida na decisão. Realmente houve um séria divisão de opiniões a respeito deste assunto. A partir de então, Peter esteve frequentemente viajando. Quando retornava, as resoluções do Grupo Central algumas vezes eram modificadas por ele. Isto foi algum tempo antes que a comunidade como um todo participasse ativamente em decisões mais importantes.

[28] John Hilton, um ex-gerente financeiro que tinha estado em conflito com Peter por algum tempo a respeito dos deficits que a Fundação estava tendo. Seu pedido de demissão não foi imediato, mas veio alguns meses depois.

[29] Diversos indivíduos disseram que este não foi um sentimento unânime, de forma nenhuma. A influência do trabalho de David Spangler em *"New Laws of Manifestation"* (Novas Leis de Manifestação) foi de crucial importância na época e, obviamente, na ausência do autor, diversas interpretações surgiram.

ano decisivo foi 1978. Recebemos a doação de **Drumduan House**, em Forres, e seus jardins foram reformados a um alto custo. Somente em 1987 ela foi finalmente ocupada pela Escola Steiner de Moray. **Station House**, na pequena vila vizinha de Findhorn, foi comprada para acomodação dos membros e restaurada. Em uma decisão mais polêmica, o Grupo Central resolveu comprar **Cullerne House**, vizinha do Parque, e os terrenos em volta.

Um grupo de membros tomou dinheiro emprestado para comprar outra casa velha, **Newbold**, em Forres, perto de Cluny Hill. Aceitamos a custódia de uma ilha chamada **Erraid**, na costa oeste da Escócia, mais ao largo do que a ilha de Mull. Erraid é propriedade de duas famílias holandesas, mas podemos usá-la para uma pequena comunidade durante dez meses do ano.

Estávamos crescendo e nos expandindo, assim como nossas dívidas. No final dos anos 70 estávamos gastando toda a nossa renda e devíamos mais de trezentas mil libras a credores particulares e ao banco.

Olhando para trás, é óbvio que uma interpretação superficial da proteção divina levou à irresponsabilidade e à falta de cuidado, uma espécie de materialismo coletivo parecido com o que aconteceu muito na antiga União Soviética, onde ninguém se sentia responsável pela propriedade, que pertencia a um 'Estado' abstrato. Mesmo em 1985, depois de já se ter implantado há bastante tempo uma nova política financeira de restrições severas, estive no jardim de Drumduan, que estava meio abandonado há dois anos, e encontrei ali quatro cortadores de grama largados, nenhum deles funcionando. Conseguimos recuperar três!

A atração e o glamour das coisas esotéricas também atingiu seu pico no final dos anos 70. David Spangler tinha prevenido a comunidade a respeito do glamour em uma carta aberta escrita da América em 1975:

O glamour é o maior desafio que temos atualmente. Ele nos tira do caminho de equilíbrio e nos leva a becos sem saída. É uma espécie de transe, de enfeitiçamento, de hipnotismo. Gera ilusões (e também é produto delas) e trava a comunicação. De fato, este é seu maior perigo e sua maior característica. O glamour distorce a comunicação e a comunhão de idéias alterando o enfoque de uma única qualidade, de tal forma que outras qualidades não podem mais participar desta comunicação. É como tocar música

muito alto quando você está tentando pensar em silêncio ou conversar com outras pessoas; é como encher demais um pneu de seu automóvel de tal forma que o veículo se desequilibra e não pode andar direito. Ele alimenta a criação de mundos particulares em que nossa atenção fica presa e não deixa que outros consigam real comunicação conosco.

... O Cristo é encontrado nos processos da vida, grandes e pequenos, e não só nos eventos especiais ou em pessoas que possam satisfazer certas necessidades de estímulo e de glamour. A construção da Nova Era não é um caminho de um acontecimento carismático para outro acontecimento carismático, como um viciado ansioso pela sua dose diária. O Cristo, a Nova Era, a transformação planetária não se identificam com dependências; nosso trabalho não é expresso realmente em termos de visões, luzes, sons, medidas de energia e aleluias... SER O CRISTO é um compromisso diário com a vida como ela é e conforme ela se apresenta, para se transformar em uma revelação da Essência Divina, uma vida vista além das afetações do glamour, vivida em reconhecimento da singularidade de cada dia e da Divindade que é a fonte da qual esta singularidade nasce.

(Reflections on the Christ, pags. 102-113)

Apesar dos avisos de David, a comunidade precisou aprender sua lição a respeito do glamour. O problema nos atingiu com o chamado 'incidente do cristal' em 1978. Um pequeno grupo que começou a visitar a comunidade (alguns até se tornaram membros) sentiu que só com certo tipo de decoração e de projeto, e particularmente através do uso de cristais, é que a energia adequada poderia ser devidamente canalizada. Na verdade, não era bem a energia divina, mas sim a energia da antiga civilização mítica da Atlântida que deveria ser incorporada em nosso quase completo Universal Hall por meio de uma configuração especial de cristais e fios. O projeto final não foi apropriadamente comunicado aos membros e a autoridade de Peter ainda era tanta que houve razoável aceitação da nova idéia.

Um cristal de quartzo cortado especialmente, mais ou menos do tamanho de um grapefruit, foi preparado e suspenso com fios de ouro[30] no centro do Hall. Os fios de ouro iam até os pilares de suporte, dos quais fios de prata seguiam até as fundações do prédio. Na

[30] Ou arame.

base, um cristal menor foi incrustrado no piso e um pedaço de ferro de meteorito colocado sobre ele. Um terceiro cristal foi fixado a uma luminária no centro do teto. O Hall ficou fechado durante algum tempo antes que este arranjo secreto fosse terminado e então, por volta do Natal de 1978, uma cerimônia especial de invocação foi feita para inaugurar a transferência de energia. Craig Gibsone se lembra de ter saído da cerimônia e da comunidade[31], tamanho era o seu desgosto. Ele só voltou em 1983.

Um ano e meio depois, durante uma apresentação feita por um visitante da Fundação Edgar Cayce, os fios se romperam e o cristal caiu, espatifando um painel de vidro de duas polegadas de espessura no chão e quase atingindo o conferencista, que providencialmente tinha preferido não ficar no centro do Hall. O cristal se partiu em muitos pedaços, para grande alívio de quase todo mundo. Eileen não estava presente à palestra, mas seu comentário quando informada do sucedido foi: "Graças a Deus".[32] Ela pegou os fragmentos do cristal e, seguindo sua orientação, eles retornaram à terra de onde tinham vindo. Este incidente encerrou um período que ensinou à comunidade algumas duras lições.

O '*glamour* psíquico' está espalhado no movimento da Nova Era nos dias de hoje. Ele atrai as pessoas que não estão satisfeitas com os aspectos não refinados do materialismo, mas que ainda pretendem comprar rapidamente uma transformação pessoal. Tal demanda é preenchida por um grande círculo de 'empresários paranormais' que fazem propaganda de seus produtos nas inúmeras revistas da Nova Era. Muitas pessoas ainda nos visitam expondo suas visões ou novas técnicas, tentando dar-nos a representação de seus produtos. Agradecemos e eles seguem em frente. Estamos nos tornando cada vez mais cônscios da simplicidade e da objetividade da mensagem divina - a de que nosso propósito é encontrar o divino dentro de nós, através da prática e da experiência do amor incondicional. Nosso trabalho é demasiadamente importante para ser desviado de seu caminho.

Início dos Anos 80: Cuidados e Limitações

Como resultado das controvérsias que envolveram a aquisição de propriedades e a distorção do *glamour*, diversos membros dei-

[31] Estes eventos não aconteceram simultaneamente. Diversos meses se passaram antes da partida de Craig.

[32] Embora ela tivesse apoiado a idéia original. Eileen esteve no Grupo Central durante a maior parte dos anos 70.

xaram a comunidade. Entramos em uma fase de precaução e incerteza, como uma criança que foi castigada. Uma contabilidade na ponta do lápis tornou-se um ponto decisivo e o cuidado em nos responsabilizarmos por nossas dívidas e reduzi-las, um objetivo primordial. Ao invés de um caloroso acolhimento a qualquer pessoa que dissesse ter capacidades paranormais, a comunidade tornou-se muito cautelosa em relação às mesmas.

Quando cheguei à Fundação Findhorn em 1983, minha prática do que eu então chamava de 'cura psíquica' e clarividência era vista com considerável desconfiança e eu fui aconselhada a desistir dela por muitos anos enquanto eu me ajustava à comunidade. Em 1984, quando comecei uma horta orgânica em Cullerne, vi um belo cristal de quartzo rosa em um canto do Parque e pensei que seria uma bela peça de decoração para o centro do jardim. Desconhecendo o 'incidente do cristal', fiquei espantada com o problema que esta proposta provocou e tive de abandonar a idéia. Estávamos ainda reagindo contra os cristais, que em si são bastante inofensivos. No entanto, quando o cristal de quartzo rosa foi finalmente colocado em um dos jardins de Cullerne alguns anos mais tarde, os hóspedes começaram a fazer rituais ao redor dele e ele precisou ser removido de novo.

Quando Peter se foi, ele passou a focalização da comunidade para François Duquesne. Foi um tempo crítico. A precaução e o enfoque racional em relação a finanças e organização de François eram essenciais para este período de economia. A comunidade precisava se reconectar com uma visão coerente. François sentiu profundamente a necessidade de transformar a 'Vila' da mensagem de Eileen em realidade. Ele apoiou firmemente a expansão além da Fundação Educacional prevista nos estatutos, para uma comunidade com base espiritual que também englobasse uma atividade empresarial.

A grande oportunidade nesta direção foi a compra do Caravan Park, que François negociou. O Park, onde foi fundada a comunidade, foi posto à venda em 1983. Era óbvio que deveríamos ficar com esse pedaço de terra. Além disso, a manutenção do aspecto comercial do negócio por alguns anos poderia nos dar uma fonte de renda de que dolorosamente precisávamos em nosso estado de endividamento. O proprietário, sabendo que éramos o único comprador provável, fez uma barganha difícil. Foi então lançada uma campanha, em que cada membro assumiu a responsabilidade por conseguir fundos para a aquisição de uma área particular do Park. Isto deu aos indivíduos um interesse direto em levantar fundos. Foram enviadas mensagens de apelos aos membros e visitantes anteriores da comunidade; leilões e eventos para levantar fundos aconteciam um logo após o outro. Conseguimos levantar o que considerávamos um preço adequado para a terra, mas o proprietário queria ainda mais oitenta mil libras. Precisamos nos endividar mais ainda, com a afirmação de que pagaríamos este novo débito dentro de um ano, o que realmente fizemos. O Park foi comprado em novembro de 1983 e este foi o ponto alto do período de François como focalizador.[33]

As Tendências Atuais

A compra do Caravan Park marcou uma virada decididamente positiva. Um programa de redução firme das dívidas foi posto em prática, o número de membros diminuiu e sua idade média começou a aumentar. Os membros ficavam durante mais tempo. Alguns negócios independentes começaram a se formar. As pessoas começaram a vir para viver suas vidas conosco e ao nosso redor sem serem membros da Fundação. Pela primeira vez surgiu uma real distinção entre a comunidade e a Fundação. Houve um movimento em direção à descentralização das responsabilidades, o que significava que os membros individualmente se tornaram menos dependentes de uma liderança centralizada.

Em 1988, membros da Fundação se envolveram em um longo período de sintonização coletiva e individual para criar um novo Grupo Central espiritual. Este processo representa a tentativa mais determinada até hoje para ir em direção a uma democracia espiritual, baseada não meramente em simples votação, mas em contac-

[33] 1983 foi um ano realmente admirável em comparação com os anos anteriores de lutas e de dificuldades. Esse ano viu o esforço de toda uma comunidade assegurar quatro objetivos principais. Estes foram os seguintes:

- a compra do Caravan Park;
- a finalização do Universal Hall, que tinha permanecido semi-acabado desde os meados dos anos 70. A construção e decoração do foyer e do café foram terminadas horas antes do início do Terceiro Congresso Mundial das Regiões Inóspitas, em outubro;
- uma revigoração da vida no Parque, que tinha se tornado quase morto devido à diminuição do número de membros e ao inverno muito duro de 1981/82, que obrigou muita gente a correr em busca do razoável calor de Cluny. No começo de 1983, a equipe encarregada dos jantares de quarta-feira consistia de um único indivíduo, que geralmente deixava uma nota na porta pedindo às quatro ou cinco pessoas que provavelmente iam jantar lá, que lavassem seus pratos;
- a implementação com sucesso de um orçamento equilibrado.

Em nenhum ano subsequente os objetivos foram tão bem identificados e cumpridos.

to com uma visão interior.

Embora nossa crise financeira ainda não tenha terminado, com meios muito limitados a Fundação está começando a construir acomodações permanentes para os membros.

E, por fim, está crescendo uma comunidade de pessoas que querem ter suas vidas centradas no espiritual e que encontram apoio no ambiente da Fundação Findhorn.

Observe-se que o processo da criação de um novo Grupo Central muda com muita frequência. Este assunto é tratado em mais detalhe no capítulo 10.

A Fundação e a Comunidade

Alex Walker

As tendências futuras da Fundação são difíceis de se prever, mas parece provável que o novo projeto do parque dos *trailers*, com prédios permanentes, tomará um tempo e energia consideráveis num futuro previsível. O sucesso dos programas educacionais tem sido comprovado por mais de quinze anos e, embora se requeira um esforço constante para assegurar seu grau de excelência contínua, seu lugar especial na Fundação parece assegurado junto às mentes daqueles que buscam alternativas espirituais. Há, no momento, diversas iniciativas para se desenvolver ligações entre a Fundação e o mundo acadêmico e estas podem vir a ser uma área da maior importância no futuro.

O papel e a natureza da prática espiritual na Fundação também sofre mudanças de tempos em tempos. A atual separação do Grupo Central, com seu enfoque espiritual, do Comitê de Gerenciamento, com seu enfoque administrativo, provavelmente permanecerá por enquanto e poderá ser um ponto de inspiração para uma prática espiritual aberta e de rituais e um renovado interesse nos retiros.

Bem separado desses elementos conscientes de política gerencial, parece haver um elemento de aprendizado menos previsível que acontece no coletivo. Os efeitos desse processo podem ser comparados ao pêndulo de um relógio que balança de um lado para outro. Por exemplo, os excessos financeiros de meados dos anos 70 deram lugar à austeridade do período que se seguiu. Este parece ser um exemplo óbvio de causa e efeito, mas outros exemplos são mais enigmáticos. Haja visto que, nos tempos da 'Escola de Jardinagem de Cullerne' no início dos anos 80, a ética do trabalho era predominante e uma energia fenomenal era colocada nas estruturas físicas. Infelizmente, isso deixava pouco tempo para se lidar com o lado humano das coisas e quando a Escola de Jardinagem fracassou, ela foi rapidamente substituída por um grupo que, por algum tempo, mostrou mais interesse no 'processo' e numa atitude de '*laissez faire*' do que na produtividade, o que foi a antítese das atividades precedentes.

Há muitos outros exemplos - membros demais, membros de menos, acomodações de menos, acomodações demais (este parece ser um ciclo bienal); uma estrutura autoritária versus uma relativa anarquia; ônibus quebrados, novos Mercedes Benz; intensa atividade nos estúdios, estúdios vazios e por aí vai.

Talvez esses sejam eventos comuns e é muito tentador ver-se neles símbolos esotéricos, mas parece haver uma espécie de processo de aprendizado coletivo pelo qual a ênfase tem que ser substituída mais tarde pela sua polaridade, situação essa que é de difícil compreensão a curto prazo.

Entretanto, de 1988 a 1993, a área de expansão da comunidade mais significativa deu-se fora da Fundação e falaremos disso agora.

NFD Ltd.

New Findhorn Directions Ltd, a companhia comercial inteiramente pertencente à Fundação, foi criada em 1979. De 1979 a 1983, sua atividade principal foi a Weatherwise Solar, hoje em dia uma companhia semi-independente chamada AES Ltd. De 1983 a 1987, sua atividade principal era gerenciar a parte comercial do Findhorn Bay Caravan Park (o acampamento dos *trailers*). Desde então, esta companhia tomou a si algumas atividades que eram gerenciadas como departamentos da Fundação, tais como a Findhorn Press (a editora) e a Phoenix Shop (a loja) e acrescentou algumas outras como o Wind Park (os moinhos de vento). Claro que as atividades da companhia continuam de todas as formas muito ligadas à Fundação, como se pode ver pela sua declaração de objetivos descrita abaixo. Não obstante, é significativo que seu resultado exceda hoje o total da renda da Fundação em educação, doações, etc.

Uma recente tendência incentiva um investimento mais abrangente em algumas dessas atividades e no momento da publicação deste livro a Findhorn Press tornou-se independente.

Afirmações sobre a Missão da NFD

"Celebrar os negócios como sagrados".

Para atingir isto:

1 - Comprometemo-nos a integrar a consciência da presença de Deus em todos nossos níveis de atividade, inclusive nos relacionamentos interpessoais e em nossos processos de decisões.

2 - Comprometemo-nos a criar um meio ambiente que propicie o bem estar físico, emocional e espi-

ritual de nossos clientes, empregados, gerentes, fornecedores e acionistas.

3 - Comprometemo-nos a incentivar negócios que promovam a excelência nos seus produtos e serviços, sempre mantendo uma atitude de respeito à Terra.

4 - Comprometemo-nos a levar a cabo o estipulado acima, de maneira a gerar lucros suficientes para o maior desenvolvimento da companhia e apoiar outras áreas da Fundação Findhorn, organizações afins e nossa comunidade local e sermos uma fonte de inspiração para todo o mundo.

A Diretoria
6 de maio de 1992

Nossa 'Declaração de Objetivos' reflete as esperanças e intenções de muitos. Não acreditamos que ela reflita acuradamente como está a situação na NFD, porém mostra como gostaríamos que ela estivesse. É nossa insatisfação com a realidade presente, quando comparada com o que é possível, que nos motiva em direção à excelência e à criação de uma pessoa melhor, uma companhia melhor e um mundo melhor.

Quando a NFD falhar no cumprimento do seu objetivo, como é inevitável que aconteça em algumas ocasiões, não devemos nos desesperar, mas sim aceitar o desafio e juntos trazer nossa realidade para mais próximo de nossa visão.

A Grande Comunidade

Mais crescimento ainda ocorreu na comunidade maior, em parte devido à criação de organizações educacionais como a Newbold Trust, a Escola Steiner de Moray e os programas da Minton House; em grande parte devido a indivíduos que operam companhias pequenas ou agem como autônomos em um grande número de atividades.

A integração desse crescimento não é fácil. Numerosos títulos têm sido dados a diferentes grupos, tais como, membros independentes, associados, etc. e algumas vezes tem surgido confusão quanto ao papel de tais indivíduos em relação a si próprios e à Fundação. Em mais de uma ocasião fomos avisados do perigo de se estarem criando diversas comunidades diferentes e às vezes até antagônicas, mais do que uma só unida com uma visão em comum. Há um movimento de mudança para criar-se uma certa organização da comunidade mas, no momento em que escrevo, ainda não é claro que rumo ela irá tomar. Muito da confusão advém do fato de que a Fundação é proprietária de virtualmente todas as dependências coletivas na comunidade, mas está incapacitada a prover as necessidades de todos. Portanto, opiniões conflitantes quanto ao uso, por exemplo, do Centro Comunitário e do Hall têm surgido.

A Base da Comunidade Espiritual

Quaisquer grupos de indivíduos representam uma rede de interações que uma simples descrição não vai elucidar inteiramente, mas podemos dar tão somente um guia para esse entendimento.

Não obstante, para se compreender a comunidade no seu todo, vamos nos referir ao diagrama de referência, na página que se segue, como auxílio.

Suas características principais são:

- Há um impulso espiritual aqui ao redor do qual todos aqueles que são ligados à comunidade se alinham.
- O núcleo desta comunidade é o 'Grupo Central'. As dependências diretamente associadas a ele são os Santuários, o Jardim da Quietude, Traigh Bhan, etc.
- Junto a esse 'núcleo' há uma variedade de organizações e indivíduos que escolheram apoiar este centro - os programas de construção e educação da Fundação, a NFD, a Escola Steiner de Moray e todos os associados e membros do 'Selecionado'[34] da Fundação fazem parte deste anel interior. Note-se, entretanto, que a sintonização se dá a nível do centro espiritual e não necessariamente da própria Fundação.
- Há os grupos do 'círculo externo', organizações e indivíduos que aqui estão, em parte pelo menos, pelo impulso espiritual central, porém que não desejam necessariamente associar-se formalmente com nosso trabalho, por uma razão ou outra.

[34] 'O Selecionado' é o nome dado ao grupo formado por membros empregados e residentes antigos da comunidade. Ver capítulo 10 para maiores detalhes.

- Além desse círculo de fora metafórico, há, é claro, a comunidade maior da região de West Moray que não tem associação com nosso trabalho.

Não estamos sugerindo que aqueles que estão no círculo externo ou além dele sejam menos espirituais do que aqueles mais próximos ao centro. Eles simplesmente escolheram uma forma diferente da nossa para expressar sua espiritualidade.

A seção acima é um extrato do "Plano Estratégico Quinquenal da Fundação Findhorn", Parte B; relatório da Fundação de 1992, não publicado.

Outros Tópicos de Informações Úteis

Esta seção contém uma breve seleção de informações não incluídas no texto principal, mas que os leitores podem considerar de interesse.

Os Focalizadores da Fundação

Peter Caddy	1962 - 1979
François Duquesne	1979 - 1983
Jay Jerman	1983 - 1987
Craig Gibsone	1987 - 1991
Judy Buhler-Mac Allister	1992 -

Como explicado no capítulo 10, Roger Benson e Joan Jerman foram considerados co-diretores da Fundação durante um certo período na focalização de Craig Gibsone.

Durante o interregno de 1991 - 1992, Judith Bone agiu como focalizadora interina da Fundação.

Os Fundadores Atualmente

Eileen Caddy passa parte de seu tempo em excursões, dando palestras e visitando sua família, que é grande, porém sua casa é com certeza a Fundação Findhorn.

Dorothy Maclean também continua ativa, visitando a comunidade de tempos em tempos. Sua casa fica no Estado de Washington.

Depois que Peter Caddy partiu da comunidade, passou algum tempo nos Estados Unidos, onde se casou com Paula McLaughlin. Tiveram um filho, Daniel. Divorciaram-se depois de algum tempo e mais tarde Peter casou-se com Renata Zurn. Para nossa tristeza, Peter faleceu em um acidente de carro em fevereiro de 1994, pouco depois de completar 77 anos de idade. Suas cinzas foram enterradas

DIAGRAMA ESQUEMÁTICO DA COMUNIDADE ESPIRITUAL

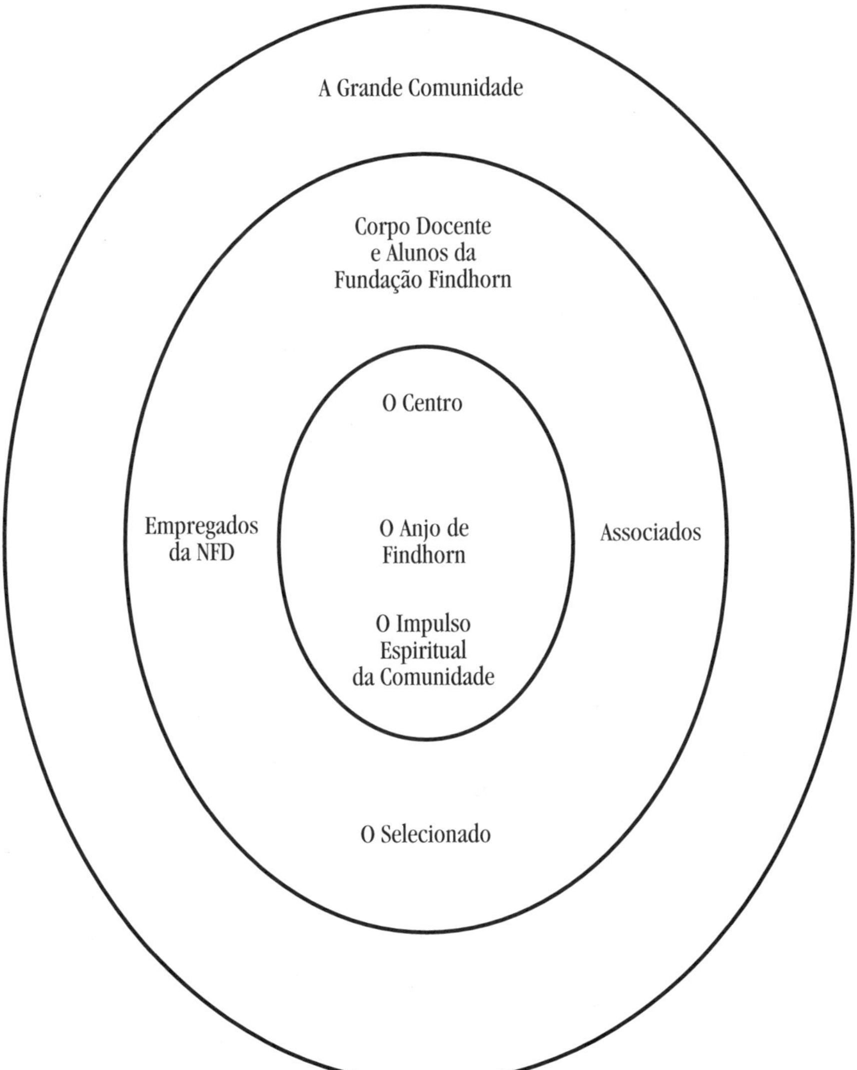

no terreno da casa onde ele e Renata viveram juntos no sul da Alemanha.

Lena Lamont é descrita como um dos 'quatro fundadores' em alguns dos primeiros escritos. Infelizmente, nossos contactos com ela e sua família cessaram desde que ela partiu e não sabemos de seu paradeiro atual.

As Dependências da Comunidade

Minton House - Comprada por Judith Meynell e outros em 1983, Minton já foi sede de vivências e outros eventos nesses mais de dez anos. Em 1994, os planos em andamento são para torná-la sociedade beneficiente - o Minton Trust - para abarcar muitas dessas atividades, em particular retiros, vivências, diálogos ecumênicos e eventos orientados para 'a fé em negócios'. A casa continuará a oferecer acomodações a longo prazo e pernoites com café da manhã.

Escola Steiner de Moray - Fundada como um departamento da Fundação em 1985, originalmente se localizava na 'Family House' em Pineridge e mudou-se para Drumduan em 1987. A escola é agora uma firma independente com objetivos beneficentes sem fins lucrativos. A criação da escola foi um dos mais importantes feitos da administração de Jay Jerman como focalizador.

Newbold House - Após um breve período fazendo parte da Fundação, Newbold tornou-se um Trust independente nos idos de 70. As muitas atividades de Newbold são semelhantes às da Fundação e são descritas detalhadamente no folheto da Fundação para os hóspedes.

AES Ltd. - Conhecida como **Weatherwise Solar**. Weatherwise foi uma das primeiras divisões da NFD sob a direção de Lyle e Liza Schnadt. Tornou-se independente em 1983 retornando para a NFD como subsidiária nos anos 90.

One Earth Magazine - Publica uma grande gama de informações sobre a vida na comunidade. Foi durante algum tempo um departamento da Fundação, porém tornou-se independente em 1990.

Findhorn Bay Holistic Centre - (Centro Holístico da Baía de Findhorn) - Oferece uma gama de serviços de assistência à saúde para a comunidade. Tornou-se independente em 1993 como sociedade beneficente sem fins lucrativos.

Trees For Life - Cujo trabalho está descrito no capítulo 3, também tornou-se sociedade beneficente independente em 1993.

Informações sobre estas organizações e outras dependências da comunidade constam do "Welcome to the Findhorn Foundation" (Benvindos à Fundação Findhorn), um pacote de informações publicado pela Fundação pela primeira vez em 1994 como um guia para os novos membros da comunidade.

BIBLIOGRAFIA

Eileen Caddy: - *God Spoke to Me*, 1971 (Deus Falou Comigo, Ed. Pensamento, 1996); *Footprints on the Path*, 1976; *The Living Word*, 1977; *The Dawn of Change*, 1979; *Opening Doors Within*, 1987 (Abrindo Portas Interiores, Ed. Triom, 1993). Todos publicados pela Findhorn Press. *Flight Into Freedom*, Element Books, 1988 (autobiografia de Eileen. *Foundations of a Spiritual Community*, Findhorn Press, 1991 (publicado originalmente como *Foundations of Findhorn*, 1976) uma seleção de extratos das mensagens de Eileen, editada por Roy MacVicar. Para algumas pessoas, contém a essência da vida espiritual em uma comunidade da Nova Era e talvez fosse um substituto adequado para toda esta coleção inteira de artigos para estudo. *Opening Doors Within* (vídeo), Ironwood Productions, 1991. *The Spirit of Findhorn*, nova edição de 1994 (publicado originalmente por Fowler UK & Harper & Row, USA em 1975).

Peter Caddy - *The Findhorn Story*, rascunho não publicado; 16.11.1971.

Peter Caddy & Jeremy Slocombe - *In Perfect Timing*, autobiografia de Peter, datado de 1993, Findhorn Press, 1996.

Findhorn Community - *Faces of Findhorn*, Findhorn Press, 1980 (esgotado). *The Findhorn Garden*, segunda edição no Reino Unido pela Findhorn Press, 1988. Outros detalhes das publicações aparecem na bibliografia do capítulo 3.

Paul Hawken - *The Magic of Findhorn*, Fontana, 1975. Este livro é agora uma visão muito datada da comunidade, e, embora factualmente acurada, seu estilo é de difícil explanação. É importante observar que, sob o ponto de vista de Dorothy Maclean, Sheena Govan é vista constantemente através da visão de Eileen e a torna um pouco menos sábia e amorosa do que ela realmente era, e que também "simplório da vila" como era conhecido Munion, que ajudou Eileen em Mull, era mais do que um tanto maligno.

Dorothy Maclean - *To Hear the Angels Sing*, publicado pela primeira vez pela Lorian Press, 1980. Agora publicado pela Morningtown Press, USA (A Comunicação com os Anjos e os Devas, Ed. Pensamento, 1993). É a autobiografia de Dorothy.

NFD Team Member Welcome Pack - New Findhorn Directions Ltd, documento interno não publicado, 1993.

Psychic Magazine, *The Findhorn Experience*, por Antoinette May, julho/agosto 1975. Um resumo de quatro páginas dos primeiros tempos.

Carol Riddell - *The Findhorn Community: Creating a Human Identity for the 21st Century*, Findhorn Press, 1990.

David Spangler - *Links with Space*, 1971; *Revelation - The Birth of a New Age*, 1972; *The Little Church*, 1972; *New Age Rhythms*, 1972; *Festivals* *in the New Age*, 1976; *Laws of Manifestation*, 1976; *Towards a Planetary Vision*, 1977; *Vision of Findhorn Anthology*, 1977; *Relationship and Identity*, 1978; *Reflections on the Christ*, 1978; *Explorations*, 1980. Todos publicados pela Findhorn Press e agora esgotados.

William Irwin Thompson - *Passages About Earth: An Exploration of the New Planetary Culture*, Harper and Row, 1973.

Três

Natureza e Ecologia

O homem nunca esteve longe do Éden.
Esteve tão próximo quanto uma batida do coração,
Como uma nova respiração,
como uma mudança de pensamento.
Quando o homem comeu a maçã
Da árvore do bem e do mal,
Ele não partiu do jardim
Simplesmente sucumbiu ao sono.
Se o homem soubesse do bem e do mal,
Precisaria sonhar e ser preenchido
Com a sabedoria do sonhar.
O homem ainda sonha sob aquela árvore,
No Eden.
Permita-lhe agora acordar.

David Spangler, *New Age Rhythms*, pag. 57

Desde seu início, a Comunidade de Findhorn esteve sempre envolvida em experimentos de cooperação com a natureza.

Neste capítulo, o primeiro artigo, de Roc, refere-se a seus primeiros encontros com Pan e outros espíritos da natureza. Foi originalmente publicado no livro The Findhorn Garden.

O segundo artigo, de David Spangler, explora um pouco mais a relação entre a humanidade e a natureza. Faz parte da série original de artigos de estudos da Fundação.

O terceiro artigo, de William Bloom, examina nossa relação contemporânea com os mundos invisíveis e foi escrito especialmente para este livro.

A próxima secção é um apanhado dos desenvolvimentos no campo da ecologia que nos tem influenciado durante todos esses anos.

A parte final relaciona algumas das práticas usadas na comunidade na cooperação com a natureza.

Conversas com Pan

R. Ogilvie Crombie

Originalmente entitulado *"The Nature Spirits"* (Os Espíritos da Natureza); o que se segue foi extraído do livro *"The Findhorn Garden"*, Findhorn Press, 1988, pags. 100 - 125.

Algumas pessoas, possivelmente mais do que imaginamos, falam com suas plantas em seus jardins e casas. Como ninguém gosta de parecer bobo, tomam cuidado para não serem pegas em flagrante e o diálogo é mudo ao invés de falado. É tolice conversar com as plantas? Elas não se movem como os animais e não são articuladas; entretanto, são vivas e, na realidade, têm uma espécie de consciência. Pessoas sensíveis reconhecem isso e têm consideração e cuidado no trato com elas.

É essencial entender-se a verdadeira natureza das plantas que são cultivadas, de maneira a cuidá-las e tratá-las apropriadamente. (A palavra 'planta' é usada aqui incluindo todas as espécies do reino vegetal: árvores, arbustos, flores, frutos, vegetais, etc). Já é um fato bem conhecido que as plantas são sensíveis. Há alguns anos, uma quantidade considerável de pesquisas científicas tem se dedicado à comprovação dessa sensibilidade. Provavelmente um dos primeiros a estudar o assunto foi o notável físico indiano Sir Jagadis Chandra Bose, que realizou seu trabalho na primeira parte deste século. Ele acreditava, por exemplo, que as plantas sofrem um duro choque ao serem transplantadas, o que retarda sua adaptação a um novo local e atrasa seu crescimento. Assim, antes de transplantá-la, ele anestesiava a planta cobrindo-a com um jarro de vidro, dentro do qual ele introduzia vapor de clorofórmio. As plantas tratadas dessa forma imediatamente se davam bem no seu novo meio ambiente, comprovando assim seu argumento. O livro de Cleve Backster e Marcel Vogel, lançado recentemente nos Estados Unidos, demonstrou que as plantas são sensíveis até a pensamentos humanos.

Como os dados reais dessas e de outras investigações realizadas no mundo todo foram amplamente publicados, não há necessidade de descrever aqui os detalhes.

Vital para nós é a implicação desses experimentos. Isto não quer dizer que as pessoas devam dar uma injeção de anestésico nas árvores antes de se cortar um galho, ou que às flores deveria ser dada uma lufada de óxido nítrico antes de serem colhidas. Porém significa sim que plantas devem ser tratadas com cuidado e consideração e, na verdade, com apreciação quanto ao serviço que elas prestam ao homem.

No entanto, a verdadeira natureza das plantas não pode ser descrita somente com dados científicos. Minha experiência com o reino elemental já me demonstrou isso. Entretanto, somente após a publicação das pesquisas sobre a sensibilidade das plantas, proporcionando um entendimento mais profundo da natureza, é que me animei a tornar públicas minhas experiências com os espíritos da natureza, os elementais.

Seu reino é intangível e imaterial e não pode ser percebido pelos cinco sentidos físicos, a não ser em condições de expansão de consciência. A existência do reino elemental não pode ser comprovada como exigiria um cientista, nem as reações de seus habitantes podem ser demonstradas em laboratórios. Ainda assim, para quem tenha sensibilidade mais aguçada, é tão real quanto o mais material dos reinos.

Quando vemos as folhas mudarem de cor no outono, podemos nos questionar como isso acontece. O botânico tem uma explicação, baseada na observação e análise. O reino elemental tem outra, que atribui o fato às formas de energia conhecidas como fadas e elfos. Ambos estão certos. Tudo depende de como se olha o fenômeno.

O que se entende por reino elemental?

Os filósofos antigos e medievais acreditavam que toda matéria era feita pelas diferentes combinações do que eles chamavam os quatro 'elementos' - terra, ar, fogo e água. Acreditavam também que esses elementos eram habitados por seres ou entidades conhecidos como 'elementais'. Embora terra, ar, fogo e água não sejam considerados elementos de acordo com o significado atual da palavra, eles permanecem como conceitos úteis para os ensinamentos esotéricos e ocultos, por terem um significado maior do que o puramente físico. É importante que se entenda a minha interpretação da palavra 'elemental', já que certas escolas de pensamento usam a palavra para designar entidades negativas ou malévolas que se originam do plano astral inferior. Existem tais entidades que, de preferência, deveriam ser denominadas 'pseudo-elementais', já que os verdadeiros elementais se originam de um plano superior e fazem parte da hierarquia angélica.

Meu próprio contacto com tais entidades, em particular com os espíritos da terra, aconteceu pela primeira vez no Royal Botanic Gardens de Edimburgo, em março de 1966. Esse parque, que ocupa uma grande área e contém muitas variedades de arbustos, flores e árvores, tem sido há anos um de meus locais prediletos. Embora tenha sido quase sempre um morador de cidade, com exceção de 10 anos da minha vida, tenho um grande amor pela natureza e, em particular, um profundo sentimento de afinidade com as árvores.

Uma linda tarde, vagava eu pelo jardim de pedras e outros de meus pontos preferidos. A um certo momento, comecei a andar pelo caminho que ladeia a parte norte da Inverleith House, que se situa em uma elevação no centro do parque e que atualmente é a Galeria de Arte Moderna de Edimburgo. Deixando o caminho, cruzei um gramado pontilhado de árvores e arbustos, para sentar-me em um banco sob uma alta faia. Quando me sentei, apoiei os ombros e a cabeça na árvore. De uma certa forma, tornei-me identificado com essa árvore, tornei-me consciente do movimento da seiva no tronco e até do lentíssimo crescimento das raízes. Havia uma clara expansão de consciência e uma sensação de expectativa. Sentia-me completamente desperto e cheio de energia.

Subitamente, vi uma figura dançando ao redor da árvore, a cerca de dezoito metros de distância - uma linda figurinha de aproximadamente um metro de altura. Vi, atônito, que era um fauno, o ser mitológico grego, meio humano e meio animal. Tinha as orelhas e o queixo pontudos e dois chifrinhos na testa. Suas pernas peludas terminavam em cascos fendidos e sua pele era cor de mel. Observei-o, pasmo, não querendo acreditar em meus próprios olhos. Por um momento, eu me questionei se não seria talvez um garoto fantasiado para um espetáculo da escola. Entretanto, não podia ser. Alguma coisa nele decididamente não era humana. Seria uma alucinação? Havia uma ou duas outras pessoas andando por ali. Olhei para elas e, em seguida, de volta para o lindo e pequenino ser. Ele ainda estava lá e parecia ser tão sólido e real quanto as pessoas. Tentei analisar profundamente essa experiência, racionalizá-la e tirá-la da mente. De súbito, a lucidez novamente tomou conta de mim. O que estava eu tentando fazer? Aqui estava uma experiência estranha e maravilhosa. Por que não deveria aceitá-la, ver o que aconteceria e analisá-la mais tarde? Comecei a observar com deleite o pequenino ser enquanto ele rodeava outra árvore. Ele veio dançando até perto de mim, ficou me olhando por um momento e aí sentou-se, de pernas cruzadas, na minha frente. Olhei para ele. Era bem real. Inclinei-me e disse:

"Oi."

Ele deu um pulo, estarrecido e encarou-me.

Você está me vendo?

"Sim."

Não acredito. Humanos não nos vêem.

"Alguns, sim."

Como sou eu?

Eu o descrevi como o via. Ainda parecendo espantado, ele começou a dançar em pequenos círculos.

O que estou fazendo?

Eu lhe disse.

Ele parou de dançar e disse: Você deve estar mesmo me vendo.

Ele cruzou o caminho dançando até o banco, sentou-se ao meu lado, virou-se para mim e olhando-me, disse: *Por que os humanos são tão burros?*

Posso até estar personalizando demais essa criatura. Eu sei que não o via fisicamente com os olhos, embora ele não estivesse mais lá quando eu os fechava. A comunicação entre nós se fazia, sem dúvida, a nível mental ou telepático, por meio de transferência de pensamentos, provavelmente na forma de imagens e símbolos projetados na minha mente inconsciente e traduzida em palavras para meu consciente. Entretanto, não tenho certeza se falei com ele mentalmente ou em voz alta (Hoje, quando encontro essas criaturas, costumo falar alto). Tenho que relatar nossa troca de informações em forma de diálogo, pois é assim que ouço na minha cabeça. Estou consciente de que, num caso como esse, sempre há a possibilidade de minha mente haver colorido um pouco. Entretanto, aplicando meu treino de cientista na observação e na análise objetivas, tento relatar experimentos e experiências tão acuradamente quanto possível.

Voltando à questão de por que os seres humanos são tão burros, eu lhe perguntei: "Burros, como?"

De muitas maneiras. O que eram as peles ou coberturas estranhas que tinham e que podiam ser tiradas? Por que não andavam em seu estado natural, como ele? Eu lhe disse que as 'peles' eram chamadas roupas e que eram usadas para proteção e aquecimento e porque não era considerado correto andar sem elas. Esta última idéia ele não conseguiu entender, de maneira que não me aprofundei no assunto. Conversamos sobre casas, carros, que a ele pareciam caixas sobre rodas nas quais os seres humanos corriam por aí, às vezes se batendo. Era um jogo? - ele queria saber.

Disse-me que vivia no parque. Esta é uma verdade parcial, já que ele também habita em outro plano. Seu trabalho era ajudar o crescimento das árvores. Contou-me também que muitos dos espíritos da natureza tinham perdido o interesse pela raça humana, já que foram forçados a sentir-se desacreditados e rejeitados.

Se vocês, humanos, pensam que podem se dar bem sem nós, tentem!

"Alguns de nós acreditam em vocês e querem sua ajuda; eu, por exemplo."

O aspecto mais fantástico desse encontro foi o sentido de companheirismo. Senti uma surpreendente harmonia com essa criaturinha incrível sentada ao meu lado. A comunicação se realizava entre nós sem necessidade de palavras. Ficamos sentados sem falar por algum tempo. Depois, levantei-me e disse que precisava voltar para casa.

Quando voltar aqui, chame e eu virei até você.

Disse-me que seu nome era Kurmos.

Perguntei-lhe se ele poderia visitar-me.

Sim, se você me convidar.

"Claro. Vou adorar se você vier visitar-me."

Então, você realmente acredita em mim?

"Lógico."

E você gosta de nós?

"Sim, sou muito afeiçoado aos espíritos da natureza."

Era vedade, embora ele fosse o primeiro que eu havia visto na realidade.

Então, vou agora.

No caminho de casa, pelas ruas de Edimburgo, eu me divertia pensando que sensação não teria causado se esse pequeno fauno, estranho e encantador, pudesse ser tão visível aos passantes quanto era para mim.

Entramos no meu apartamento. Tenho uma coleção razoável de livros que se alinham em prateleiras pelas paredes das duas salas principais. Kurmos mostrou grande interesse. O que eram e por que tantos? Expliquei a ele que continham fatos, idéias, especulações e teorias, relatos de fatos passados, histórias inventadas por escritores e por aí em diante, tudo isso escrito, impresso e transformado em livros que podiam ser lidos por outras pessoas. Seu comentário foi:

Por quê? Você pode conseguir todo o conhecimento que deseje, simplesmente querendo.

Disse-lhe que os seres humanos não tinham esse poder, pelo

menos não ainda. Tínhamos que nos contentar em conseguir fatos e conhecimentos através de outras pessoas ou de livros.

Novamente sentamo-nos por algum tempo em silêncio, satisfazendo-nos com a harmonia. Depois ele se levantou: era hora de voltar para o parque. A porta da sala estava aberta e ele saiu no corredor. Eu o segui e, por ele parecer tão sólido e real, abri a porta para o hall. Ele passou através de mim e correu lépido pela escada abaixo. Quando chegou ao último degrau, desapareceu.

Essa foi uma experiência atordoante que certamente eu não poderia ter imaginado. Minha imaginação funciona a nível prosaico e prático e não é inclinada à fantasia. Por que um fauno? Isto me intrigou. Há anos eu não lia mitologia grega.

Na próxima ocasião em que fui ao parque, chamei-o como ele havia me dito que fizesse e imediatamente ele apareceu ao meu lado. De novo, sentamos em silêncio. Embora soubesse que nele se mesclavam sabedoria madura e infinita com a ingenuidade de uma criança, não quis fazer-lhe perguntas; a maravilhosa harmonia e o companheirismo eram suficientes. Intuitivamente sabia que o que fosse certo saber sobre ele, me seria dado no momento apropriado. O que eu não sabia era que esses encontros com Kurmos estavam me conduzindo a algo ainda mais inusitado, que aconteceria um mês depois, no fim de abril. Uma noite, eu tinha visitado uns amigos que moravam na zona sul de Edimburgo. Eram onze horas e eu estava indo para casa a pé. Havia pouca gente por alí e eu pensava como a cidade estava calma naquele momento. Desci a Princes Street, a rua principal de Edimburgo. Quando virei a esquina da rua da National Gallery, entrei em uma 'atmosfera' extraordinária. Eu nunca tinha me deparado com nada seme-lhante. Embora seja difícil de descrever, poderia dizer que era como se não estivesse usando roupas e atravessasse um meio mais denso que o ar, porém não tão denso como a água. Eu podia sentir isso em meu corpo. Produzia uma sensação de calor e formigamento, como uma mistura de alfinetadas e choque elétrico. Isto era acompanhado por uma alteração de consciência e a mesma sensação de expectativa que havia tido no parque antes do primeiro encontro com Kurmos.

Aí dei-me conta de que não estava sozinho. Uma figura - maior do que eu - caminhava a meu lado. Era um fauno, irradiando um tremendo poder. Olhei-o de relance. Na certa não era o meu pequeno fauno que teria crescido de súbito. Continuamos caminhando. Ele virou-se e me fitou.

E aí, não está com medo de mim?

"Não."

Como não? Todo ser humano tem medo de mim.

"Não sinto a presença do mal em você. Não vejo razão para você querer causar-me qualquer dano. Não tenho medo."

Sabe quem sou?

Naquele momento eu soube. "Você é o grande deus Pan."

Então, você deveria ter medo. A palavra 'pânico' vem do medo que minha presença causa.

"Nem sempre. Eu não sinto medo."

Pode dar-me uma boa razão?

"Talvez seja pela afinidade que sinto pelos seus súditos, os espíritos da terra e as criaturas dos bosques."

Você acredita na existência dos meus súditos?

"Sim."

Você ama meus súditos?

"Sim, amo."

Neste caso, você me ama?

"Por que não?"

Você me ama?

"Sim."

Ele olhou-me com um sorriso estranho e um brilho nos olhos. Tinha olhos castanhos profundos e misteriosos.

Você com certeza sabe que eu sou o diabo? Você acaba de dizer que ama o diabo.

"Não, você não é o diabo. Você é o deus dos bosques e dos campos. Não há o mal em você. Você é Pan."

A igreja cristã dos primeiros tempos não me tomou como modelo do diabo? Veja meus cascos fendidos, minhas pernas peludas e os chifres na minha testa.

"A igreja tornou todos os deuses e espíritos pagãos em diabos, malígnos e ímpios."

Então a igreja estava errada?

"A igreja o fez com a melhor das intenções, baseada no seu próprio ponto de vista. Mas estava equivocada. Os antigos deuses não são necessariamente diabos."

Cruzamos a rua Princes e viramos uma esquina. Ele voltou-se para mim:

Como é o meu cheiro?

Desde que ele tinha se juntado a mim, eu havia sentido um forte perfume de pinho da floresta, folhas úmidas, terra revolvida e flores silvestres. Foi o que eu lhe disse.

Eu não tenho cheiro azedo? de bode?

"Não, não tem. Tem um leve cheiro de almíscar, como o pelo de um gato sadio. É agradável, quase como incenso. Você ainda se diz ser o diabo?"

Preciso descobrir sua opinião sobre mim. É importante.

"Por quê?"

Há uma boa razão.

"Não vai contar-me qual é essa razão?"

Agora não. Ficará clara com o tempo.

Continuamos a caminhar. Pan caminhava bem perto de mim.

Você não se importa que eu caminhe ao seu lado?

"Nem um pouco."

Ele colocou seus braços ao redor do meu ombro. Eu sentia o próprio contacto físico.

Você não se importa que eu o toque?

"Não."

Não sente nem repulsa nem medo?

"Nada."

Excelente!

Eu não podia imaginar porque ele fazia esse esforço deliberado para provocar em mim um sinal de medo. Não quero dizer que sou um homem corajoso; há muitas coisas na vida que me apavoram. Porém, por uma razão qualquer, não sentia medo dessa criatura. Respeito temeroso pelo seu poder sim, mas medo não - só amor.

Perguntei-lhe onde estavam suas flautas de Pan. Ele sorriu com a pergunta.

Eu realmente as tenho, sabe?

E ali estava ele, segurando-as entre as mãos. Ele começou a tocar uma melodia curiosa. Eu já a havia escutado antes no bosque e a escuto frequentemente desde então, porém ela é tão fugaz que não consigo lembrá-la depois.

Quando chegamos à porta principal da casa onde moro, ele sumiu. Eu tinha, entretanto, uma forte sensação de que ele ainda permanecia comigo quando entrei.

Não tinha idéia do porquê desse estranho encontro ou porque esse ser havia me escolhido para se mostrar. Parecia que o encontro com o pequeno fauno no Jardim Botânico tinha sido um passo preliminar para que isso acontecesse e me sentia razoavelmente seguro que nenhum desses seres era imaginário. Eu me perguntava o que iria acontecer a seguir.

Quando criança, eu acreditava piamente em fadas e adorava

tanto os mitos gregos quanto os seus equivalentes da mitologia nórdica, cujos deuses pareciam-me muito reais. O Pan que eu conhecia era o ser formidável e lindo do capítulo *The Piper at the Gates of Dawn* (O Gaiteiro às Portas da Aurora) no livro de Kenneth Grahame The Wind in the Willows (O Vento nos Salgueiros). Depois de um certo tempo, esses sentimentos foram suprimidos pela vida escolar e substituidos por uma curiosidade irrefreável de descobrir como e porque as coisas funcionavam, e mais tarde tornaram-se um interesse quase obsessivo por Física e Química.

Quando cheguei aos trinta anos de idade, os males cardíacos crônicos que me haviam sempre impedido de ter um trabalho constante chegaram a um ponto crítico e fui aconselhado a me recolher a um ambiente de quietude completa.

Durante dez anos, vivi em relativo isolamento no campo, pesquisando meus interesses na Ciência e na Literatura e desenvolvendo um contacto mais intenso com a natureza. Apesar de meu interesse pelos assuntos esotéricos e do oculto, não me apercebi da existência de tais seres, como os espíritos da natureza, durante todo o tempo em que lá vivi. Certamente eu teria considerado a crença na existência verdadeira de fadas, gnomos e elfos como superstição, pura imaginação. Na realidade, mesmo depois de ter tido contacto com Pan e o mundo dos espíritos da natureza, passei por um período de dúvidas quanto à sua existência e me parecia que tudo não tinha passado de fantasia, uma projeção de meu inconsciente. Com o tempo, percebi que os espíritos da natureza tinham se mostrado a mim por uma razão específica.

Isto tornou-se claro quando encontrei Pan novamente no início de maio de 1966, em Iona, uma ilha minúscula das Hébridas Interiores, que é considerada um antigo centro de poder espiritual. Peter Caddy e eu estávamos na Cela do Ermitão (Hermit's Cell), um círculo de pedras que é tudo que restou do lugar onde São Columba fazia seus retiros. Em frente, havia uma suave colina gramada que escondia da vista a abadia de Iona, que ficava do outro lado da ilha. Nisso, percebi um grande vulto deitado naquele lugar. Eu o podia ver no meio da grama. Parecia ser um monge, com um hábito marrom, com o capuz na cabeça, o que escondia suas feições. Seus pés apontavam para a Cela. Enquanto eu o observava, ele levantou as mãos e deixou cair o capuz. Era Pan. Levantou-se e, de pé, nos encarou. Sorriu e disse:

Eu sou o servo de Deus Todo Poderoso e eu e meus súditos estamos prontos a ajudar a humanidade, apesar da forma como ela nos tem tratado e como tem abusado da natureza, se ela confirmar sua crença em nós e pedir nosso auxílio.

Era um passo para a reconciliação entre Pan, o mundo dos espíritos da natureza e os homens. Pelo fato de ter sido capaz de responder a ele sem medo, Pan podia comunicar-se comigo e me usar como mediador entre os homens e a natureza. Isto não me torna mais importante - sou simplesmente um canal para esse trabalho.

O aspecto vital para essa reconciliação é o reconhecimento da verdadeira natureza de Pan. É um grande ser, o deus de todo o reino elemental e ainda dos reinos animal, vegetal e mineral. Pode-se sentir incomodado na sua presença devido ao temor respeitoso que ele inspira, porém não há razão para medo. *Todos os seres humanos têm medo de mim, dissera ele no nosso primeiro encontro, não ameaçadoramente, mas com tristeza. A Igreja Cristã não me tomou como modelo para o diabo?* Por isso Pan é temido - por causa da imagem nele projetada. É preciso banir este estigma para restabelecer-se a verdadeira ligação entre os homens e a natureza.

Pan disse preferir não ser representado sob nenhuma forma material. Ainda assim, se preciso for, ele insiste em ser aceito por nossa cultura como o mito grego o exibe, meio humano, meio animal. O simbolismo é bem aplicado. A metade humana representa o intelecto, unido à poderosa, misteriosa e profunda energia representada pela metade inferior animal, uma energia que ainda não foi manifestada nos homens. É importante considerar-se Pan e os espíritos da natureza como são de fato, quando assumem formas semelhantes às humanas e não compará-los com nossa percepção de beleza humana. Alguns presumem que Pan deva ser feio. Longe disso. À sua maneira, ele é um dos seres mais belos que já vi. Somente os cornos na testa, os cascos fendidos e o pelo fino e sedoso sugerem a parte animal. As pernas são humanas, não de animal.

É importante notar-se que, ainda que Pan possa aparecer sob essa forma, não está restrito a um lugar. A palavra "Pan" significa "Tudo", "Em todo lugar". Pan é uma energia universal, uma energia cósmica que se encontra em toda a natureza. Poderia, inclusive, aparecer personificado em diversos lugares ao mesmo tempo e nunca deveria ser percebido como restrito a um canto de jardim, ou sentado no topo de uma colina ao lado de uma urze.

Seria útil especular-se por que Pan e os espíritos da natureza assumem tais formas. Seu estado primário é o que se pode denominar um 'corpo de luz'. É um redemoinho ou um vórtice de energia em constante movimento. Nebuloso como uma névoa fina, brilha com luz colorida, às vezes de uma única cor, às vezes de duas ou mais, que não se misturam, mas permanecem separadas como as cores do arco-íris. Frequentemente muda de cores e geralmente está coberto por uma infinidade de linhas curvas e finas. Parecem fluir como líquido de um cano, formando continuamente padrões cambiáveis de incrível beleza. Esses corpos de luz diferenciam-se em tamanho e brilho, variando de tons pastéis a cores fortes e brilhantes. Todos são lindos, puros e luminosos, brilhando a partir de uma irradiação interior. Podem ser considerados redemoinhos de energia, porém energia inteligente. É possível ver e comunicar-se com esses corpos de luz.

No entanto, os elementais ou espíritos da natureza não conseguem cumprir suas funções nesse corpo puro. Usam para isso energias canalizadas para eles pelos devas, a fim de construirem um 'corpo etérico' ou uma 'contraparte etérica' para cada planta, de acordo com seu padrão arquetípico. A planta cresce e se desenvolve dentro dessa contraparte. Para levar a cabo sua tarefa, os espíritos da natureza também precisam 'vestir' um corpo etérico. No conhecimento esotérico, o plano etérico é feito de uma substância de energia refinada, da qual é criado o molde para todas as formas que vemos manifestadas no plano físico. Cada forma material tem sua contraparte etérica.

Que tal coisa realmente exista, é objeto de questionamento de muitos. No momento, ainda não se pode comprová-la cientificamente, embora não haja dúvidas que isso será possível no futuro.

Nós mesmos sabemos que somos mais do que nossos meros corpos físicos. De acordo com os esotéricos, temos um corpo etérico, assim como outros corpos mais sutis. Somos espíritos encarnados. Assim também as plantas têm pelo menos um corpo etérico, se não outros mais sutis. Por isso o homem tem que ter cuidado ao interferir com o crescimento natural das plantas. Ao tentar alterar a forma através de meios artificiais, geralmente usando a força, o homem pode desviar-se do projeto arquetípico. Além do medo e da dor causados à planta, isso pode também ocasionar um desalinhamento da contraparte esotérica, causando mais desconforto e aflição.

Ao invés de usar a força para produzir mudanças nas plantas, o homem poderia pedir aos espíritos da natureza para tornar essas mudanças possíveis, alterando suas contrapartes esotéricas. Eles farão isso se estiverem convencidos de que a mudança é razoável e uma ajuda à humanidade, não simplesmente por conveniência. No momento, eles estão limitados na sua ação pela descrença generalizada no seu poder e mesmo quanto à sua existência.

E quanto ao corpo etérico dos próprios espíritos da natureza? Em seus mitos, lendas e contos, o homem tem exibido uma vasta galeria daquilo a que se refere como seres 'sobrenaturais'. (Na realidade, 'parafísicos' seria uma palavra mais acurada para descrevê-los). Até que ponto as formas etéricas desses seres foram produto da imaginação criativa do próprio homem ou o resultado de inspiração de uma fonte exterior é difícil de se determinar.

É suficiente dizer que existe o que se pode chamar uma vasta represa de 'formas pensamento', produzida pela existência e persistência dessas histórias. Frequentemente imaginadas e discutidas, essas formas têm sido preservadas tanto oralmente como por escrito. Assim, uma entidade elemental que deseje assumir um corpo, pode 'vestir-se' de qualquer uma dessas 'formas pensamento' e aparecer personificada como um ser em particular - da mitologia grega ou nórdica, como um deus, elfo, gnomo, fauno, fada ou outros. Nos mitos e lendas, esses seres parafísicos aparecem em forma humana e se comportam como humanos. Na verdade, são essencialmente sem forma e somente adotam uma forma e seu comportamento característico quando necessário.

Em setembro de 1966, tive um encontro com Pan que me traria uma compreensão mais profunda de sua natureza e forma. Eu havia feito um curso de fim de semana conduzido por Sir George Trevelyan em Attingham Park. Antes de partir, na segunda feira pela manhã, fui instigado a ir a uma área conhecida como o caminho da milha, dentro dos domínios extensos e lindos de Attingham. Segui a trilha até chegar ao caminho dos rododendros, que é considerado por alguns um lugar de grande poder espiritual. Bem na entrada, há um enorme cedro com um banco. Sentei-me ali por algum tempo apreciando a beleza do lugar, então levantei-me e entrei pelo caminho. Assim que o fiz, senti um grande aumento de poder e uma enorme expansão de consciência. Cores e formas ficaram mais nítidas. Eu percebia cada folha nos arbustos e árvores, cada graminha do caminho se realçava com claridade surpreendente. É como se a realidade física tivesse se tornado mais real do que normalmente é e o efeito tridimensional ao qual estamos acostumados tivesse se tornado ainda mais sólido. Esse tipo de experiência é impossível de ser descrito em palavras. Tinha a impressão de uma realidade completa e tudo, dentro ou fora, parecia iminente. Havia um sentimento agudo de ser um com a natureza, de forma total, assim como ser um com o divino, o que me provocava um senso de respeito e embevecimento.

Percebi Pan andando a meu lado e também uma forte união entre nós. Ele deu um passo atrás e depois um passo para dentro de mim, de maneira que nos tornamos um, e eu via tudo ao redor com seus olhos. Ao mesmo tempo, uma parte de mim - a parte que nota e observa - ficou de lado. A experiência não foi uma forma de possessão, mas sim de identificação, uma espécie de integração.

No momento em que ele entrou dentro de mim, o bosque ficou mais vivo, com miríades de seres elementais, ninfas, dríades, faunos, elfos, gnomos, fadinhas e outros, numerosos demais para se catalogar. Variavam em tamanho, de minúsculas criaturas, com um pingo de altura - como os que eu tinha visto em bandos numa touceira de cogumelos, a lindíssimos elfos com aproximadamente um metro de altura. Alguns dançaram, formando um círculo ao meu redor; todos me faziam sentir muito benvindo e eram muito alegres. Os espíritos da natureza adoram seu trabalho, deliciando-se com ele, e expressam esse estado de espírito através do movimento.

Senti-me como se estivesse fora do tempo e do espaço. Tudo acontecia no agora. É impossível transmitir mais do que uma pálida idéia do que realmente aconteceu nessa experiência; poderia, no entanto, enfatizar a exultação e o sentimento de alegria e deleite. Ainda assim, havia uma paz subjacente, um contentamento e uma sensação de presença espiritual.

Encontrei-me numa clareira ao fim dessa parte do caminho dos rododendros, onde há um grande carvalho. Voltei-me e retornei pelo mesmo caminho por onde tinha ido. Agora eu tinha flautas de Pan e percebia as pernas peludas e os cascos fendidos. Comecei a dançar pelo caminho, tocando as flautas - a melodia que eu tinha ouvido Pan tocar. Um grande número de passarinhos respondeu, suas canções fazendo um lindo contraponto à música das flautas. Todos os seres da natureza estavam em grande atividade, muitos dançavam enquanto trabalhavam. Quando eu estava quase no local onde a experiência tinha começado, a expansão de consciência começou a voltar ao normal e Pan retirou-se, deixando-me uma vez mais no meu estado normal. Parei de dançar e continuei caminhando. As flautas de Pan tinham sumido.

A mudança dessa estranha experiência de êxtase para a realidade normal do dia a dia não foi um desapontamento. O que eu havia passado ainda permanecia comigo; está sempre comigo, pois é parte da verdadeira realidade. Por causa dos nossos sentidos apagados e nosso hábito de passar pela vida usando os tapa-olhos do materialismo em uma condição que beira o sono, não nos apercebemos da fantástica beleza da vida que nos rodeia. Claro que não poderíamos estar todo o tempo nesse estado de consciência, pois isso seria avassalador e nos tornaria incapazes para nossas tarefas diárias. No entanto, poderíamos muito bem estar mais conscientes dos nossos arredores sem chegar a esse ponto.

Ao aproximar-me do fim do caminho onde havia o cedro, comecei a caminhar calmamente, o que foi bom porque havia um garoto sentado por alí. Teria sido desconcertante, no mínimo, para um de nós, se eu tivesse descido o caminho dançando e tocando as flautas invisíveis, na minha idade.

Algumas semanas mais tarde tive novamente a experiência de tornar-me um com Pan. Aconteceu em St. Annes-on-Sea, onde eu tinha ido com alguns amigos para uma conferência. Eu caminhava só no jardim em frente ao lugar onde deveríamos nos encontrar, quando percebi Pan ao meu lado. Como antes, ele entrou dentro de mim. Esse 'ser composto', como se poderia chamar, conclamou os espíritos da natureza para ajudar naquilo que estava para acontecer. O lago e todos os arbustos e árvores tornaram-se imediatamente vivos, com tipos diferentes de seres. Eu - ou devo dizer, nós - fomos para uma parte mais alta dos jardins, de onde era possível ver-se a casa onde estava acontecendo a reunião. Pan, de dentro de mim, chamou o raio verde das forças da natureza para subir através da casa. Devagarinho, a luz subiu até emergir do telhado. Depois de algum tempo, Pan se retirou.

Saí do jardim e, cerca de cinco minutos após, encontrei Peter Caddy, que tinha acabado de sair da casa. Ele me surpreendeu dizendo que Pan tinha estado na sala e se comunicado com uma certa senhora que estava presente e que era sensitiva e que, das outras quinze pessoas presentes na sala, quase todas tinham tido visões ou percepções conectadas com a natureza.

O significado desses dois episódios tornou-se mais claro com o tempo. Dizem-nos para nos voltarmos para nós mesmos em busca do Deus interior, em busca do Cristo interior. No entanto, esse interior não está contido no corpo físico, o que o limitaria; está sim, em todas as dimensões do espaço e tempo; é infinito, o agora eterno. Desviamo-nos do mundo exterior, do mundo material que tantos crêem ser a única realidade, para buscar essa verdadeira realidade que está no interior e, mesmo assim, também em todo lugar.

Nesse sentido é que Pan está no meu interior, todo o universo está dentro de mim, o reino elemental, as hierarquias angélicas, mesmo Deus está dentro de mim. O interior é o Todo, o grande mistério que nós, pobres humanos, não temos esperança de entender na totalidade. Só podemos ir tateando e, de alguma forma, buscar apreendê-lo.

Frequentemente imaginei qual o processo que estaria atrás dessas experiências de expansão de consciência, que nos permitem vislumbrar a verdadeira realidade. Eu estava particularmente interessado em saber como havia surgido minha capacidade de perceber os espíritos da natureza. Que eu soubesse, nunca tinha pedido por ela. Em 1972, tive um encontro com Pan, que respondeu a essas perguntas.

Eu tinha ido ao Jardim Botânico no começo da tarde do Midsummer's Eve (o Solstício de Verão), um dia muito importante para os espíritos da natureza. Desde o momento em que entrei no jardim de urzes, vi que ele estava vivo, com miríades de seres. Elfos verdes, de 1 metro a 1 metro e 20 centímetros, estavam andando a minha frente, cheios de alegria e prazer e pequenos gnomos corriam ao redor, quase debaixo de meus pés. Kurmos, o lindo e pequenino fauno, veio em minha direção saindo das moitas. Saudando-me alegremente, ele dançava entre os elfos.

Fui até o topo do jardim das urzes, em direção a uma determinada árvore da espécie da *Zelkova Carpinifolia*, que também tinha sido chamada de 'Árvore da Vida' por Richard St. Barbe Baker. Eu gosto de cumprimentar essa estranha árvore todas as vezes que vou ao jardim. Desta vez minha atenção foi tomada por uma série de marcas na casca, que assumiam a forma de uma figura de aproximadamente 35 centímetros de altura. Eu nunca tinha visto aquilo antes. Era uma figura diferente. Estranha e ligeiramente sinistra - um ser parecido com um fauno, com chifres retos e longos; os olhos eram marcantes. Eu tinha consciência do espírito da árvore, mas nunca o tinha visto antes. Seria isto uma representação dele na casca? Uma neblina formou-se entre mim e a árvore e eu me vi contemplando a própria entidade, em pé diante da árvore. Era mais ou menos da minha altura, espessa e escura. Seus olhos fortes me desafiaram. *Você será capaz de tocar na árvore como sempre fez, consciente agora de que o está fazendo através de mim?*

Pus minha mão no tronco da árvore e senti o costumeiro fluxo forte de energia.

Você me acha estranho - não o que esperava. Não está sentindo repulsa?

"Estou desconcertado. Certamente não é o que eu esperava, mas eu amo esta árvore e você é ela. Portanto, você não é mau."

Não sou mau nem bom. Minha árvore tem sido chamada de Árvore da Vida. Eu sou o que vocês fazem de mim.

Eu me afastei da árvore e me virei. Pan estava ao meu lado. Perguntou-me se o fato de ter visto este aspecto do espírito da árvore tinha feito diferença na forma como eu me sentia em relação à árvore.

"Não. O campo energético da árvore não mudou." Olhei para Pan e perguntei "Você disse 'este aspecto do espírito da árvore'; isto quer dizer que ele tem outros?"

Sim, tem. A forma em que se apresenta depende da ocasião, tem um objetivo.

"Testar minha reação? Ou desconcertar-me?"

Pan sorriu. *Talvez um pouquinho de cada.*

Prossegui andando por um caminho em direção a um banco vazio. Kurmos, que tinha estado espiando, veio e sentou-se ao meu lado.

"Isto me faz lembrar de nosso primeiro encontro, quando você me perguntou por que os seres humanos são tão burros."

Kurmos olhou para mim.

Achamos o comportamento humano engraçado às vezes, mas frequentemente ele é destrutivo, cruel e horrível, ou pelo menos assim nos parece. Tentamos compreendê-los, mas não é fácil. Sabemos que existem aqueles que amam a natureza, que amam este jardim. Não há dúvida de que nos amariam se pudessem ver-nos. Isto nos deixa felizes e nos aproximamos deles. Alguns conseguem até ter consciência de nossa presença, embora não possam nos ver. Por que você consegue nos ver tão claramente?

"Suponho que sou uma pessoa privilegiada, uma dessas escolhidas para ligar-se a Pan e ajudar a renovar o antigo contacto entre a humanidade e os espíritos da natureza."

Pan apareceu naquele momento em pé à nossa frente.

Você foi escolhido porque está preparado para a tarefa. Sua vida tem sido um treinamento e uma preparação para isto. Logo que a integração entre o seu Eu inferior e o seu Eu superior atingiu um determinado nível, você foi capaz de nos ver. O seu Eu inferior e o seu corpo físico precisaram ser treinados e condicionados durante muitos anos antes que esse nível pudesse ser alcançado.

Devido à sua natureza e ao trabalho que precisa fazer, você vê a mim e meus súditos como partes do mundo material. Isto não é projeção de sua parte: está trazendo a realidade cósmica para a manifestação quando é correto fazer dessa forma.

"Você pode me explicar o mecanismo?" pedi. "Estou certo de que não é devido somente a uma expansão da sensibilidade da visão."

É uma mistura disso mais um acréscimo de visão superior trazida pelo desenvolvimento da consciência cósmica.

"Isto faz sentido para mim. Entretanto, sou incapaz de controlála por mim mesmo. Por exemplo, não posso querer ver um espírito da natureza e imediatamente fazê-lo, não importa o quanto eu tente."

Isto é feito do nosso lado - quando surgir o momento para você ter uma visão expandida ou quando uma entidade em particular quiser tornar-se visível para você.

"Como isto é feito?"

Imagine um teatro com um palco muito grande. Este palco está no escuro. Está cheio de pessoas, mas não se pode ver ninguém por causa da escuridão, que simboliza a sua falta de sensibilidade. Um fino raio de luz alcança uma delas e imediatamente ela se torna visível. De forma semelhante, as luzes podem focalizar um grupo ou o palco inteiro pode ser iluminado. A luz simboliza os seus sentidos ampliados. É uma analogia rústica mas pode responder à sua questão.

"Responde, sim. As luzes são controladas por alguns seres do seu lado, não é?"

Sim.

"Portanto, eu não posso escolher as entidades que quero ver ou quando. Entretanto, estou consciente delas e posso comunicar-me com seus súditos."

Claro, você pode fazer isso a qualquer momento, embora seja capaz de ver-nos só em ocasiões especiais. No momento em que você pensa em alguma entidade, imediatamente entra em contacto com ela. Você pode ou não estar consciente da resposta, conforme o seu grau de sensibilidade naquele momento, mas quase certamente ela estará lá.

"Qualquer pessoa pode fazer esse tipo de contacto?"

Sim, qualquer pessoa pode e é importante que isto seja compreendido. O contacto unilateral sempre existe, mas a consciência da resposta geralmente requer treinamento ou, pelo menos, prática. É muito sutil e facilmente se perde.

"Há muitos que gostariam, genuína e sinceramente, de compartilhar de minhas experiências e frequentemente me perguntam como podem conseguir isto."

E você se esquiva e diz que "Um dia você provavelmente conseguirá se sua fé for bastante forte. Não tente demais, acontecerá no momento certo." Você também diz a eles para seguir o seu exemplo e viver em um isolamento semelhante no campo durante dez anos, como você fez.

"Sim, eu falo, mas eles geralmente parecem ficar aborrecidos e dizem que não conseguiriam fazer desta forma; dizem que não têm tempo e que isto significaria abrir mão de muita coisa."

Tempo sempre existe para as coisas importantes. Comunicar-se com meus súditos não é um jogo de jardim para os momentos em que nada se tem a fazer. Tenho visto muito desta atitude arrogante do homem em relação aos meus súditos; é quase pior do que a descrença. Deixe-os para lá e voltemos às pessoas que genuinamente estão curiosas a respeito do meu mundo e que gostariam muito de ver-nos. Não há nada errado com isso, exceto que raramente funciona - eles tentam demasiadamente.

Talvez seja bom que não consigam, pois não entendem como pode ser perigoso se seu desejo fosse alcançado cedo demais, antes que seus corpos ou suas mentes tivessem sido preparados e condicionados para a experiência e o nível certo de consciência cósmica tivesse sido alcançado.

Muitas pessoas que acreditam nos espíritos da natureza e os amam podem estar conscientes deles, comunicar-se com eles e mesmo vê-los algumas vezes de relance.

Com essas pessoas eles sempre cooperarão quando invocados, o que simplesmente significa pedir ajuda. Esta simples conscientização está aberta a qualquer um que a busque. É este elo total que precisa passar por uma iniciação do nosso lado quando é solicitado.

Certamente uma reconciliação entre o homem e os espíritos da natureza agora é necessária para a sobrevivência do mundo. Por esta razão Pan precisou iniciar um contacto direto. Do meu ponto de vista, a principal razão para minha comunicação com os elementais foi a contribuição que deu para o trabalho do jardim de Findhorn.

Pelo fato de trazer a um nível consciente os laços já existentes lá com os espíritos da natureza, eu pude receber orientação e conhecimento que complementaram os laços de Dorothy com o mundo dévico. Assim, o objetivo do jardim de Findhorn de total cooperação entre os três reinos - os devas, os espíritos da natureza e o homem - pôde ser estabelecido e realizado.

É vital para o futuro da humanidade que a crença nos espíritos da natureza e em seu deus Pan seja restabelecida e que seja vista em sua luz verdadeira. Apesar dos ultrajes que os homens têm cometido contra a natureza, estes seres ficam muito contentes em ajudálos, se buscarem e pedirem sua cooperação.

Certa vez Pan me disse que, embora eu tivesse sido escolhido por ele, eu tinha na verdade começado por mim mesmo o contacto. Eu fiquei imensamente curioso por saber o que ele quis dizer com isso. No outono de 1974, creio que descobri.

Alguns anos atrás, nos arredores de uma grande propriedade perto da cidadezinha à beira mar chamada Rosemarkie, no norte da Escócia, havia um belo lugar conhecido por Fairy Glen. Em 1903, quando eu tinha quase quatro anos, meus pais me levaram lá.Tenho vívidas memórias de uma cachoeira com dois braços de água, um lance de degraus de terra, uma ponte sobre um dos braços e, acima de tudo, um poço dos desejos com um fundo cheio de pedrisco sob uma rocha suspensa. Em 1974, eu voltei com um amigo a visitar este local. Achamos o poço dos desejos completamente cheio, mas a cachoeira, caindo em uma piscina de rocha, ainda estava lá. Era um belo dia e nos sentamos olhando a cachoeira e usufruindo da atmosfera do lugar.

Repentinamente três pequenos gnomos apareceram sobre uma rocha plana a minha frente.

Como você está crescido! disse um deles.

"O que quer dizer com isso?"

Nós nos lembramos de um garotinho que veio aqui há muito tempo, continuou o segundo gnomo.

Era você. Não está contente por ter conseguido seu desejo? perguntou o terceiro.

"Que desejo?"

Não se lembra de ter jogado uma moeda no poço dos desejos e pedido para poder ver fadas e falar com elas? perguntou o primeiro gnomo.

E que bolhas se levantaram dos pedriscos no fundo do poço, o que significava que o seu desejo iria ser alcançado? acrescentou o segundo.

Certamente joguei moedas no poço e fiz pedidos. Não posso

dizer que me lembro deste pedido específico, mas é muito provável que seja verdade, pois eu acreditava em fadas naquela época tanto quanto acredito hoje. Portanto, isto bem pode ter sido como tudo começou e porque aconteceu comigo.

Para qualquer um que possa ter expresso um desejo de ver e de falar com os espíritos da natureza, tenha ou não jogado uma moeda em um poço de desejos, lembre-se de que foram necessários 63 anos para que meu desejo se cumprisse e não perca suas esperanças. É preciso acreditar nos espíritos da natureza com completa sinceridade e fé. Eles precisam ser apreciados, agradecidos e amados pelo trabalho que fazem. Vamos tentar de nossas próprias formas fazer amizade com estes seres maravilhosos e pedir sua ajuda para tornar a Terra um lugar belo e perfeito.

Cooperação com Pan e os Espíritos da Natureza

David Spangler

Extratos resumidos de uma mensagem via David Spangler de um ser que se identificou como um emissário dos reinos elementais, em 4 de agosto de 1970, no Parque. Tirado de *Man, Nature and The New Age* - (O Homem, a Natureza e a Nova Era), da série de artigos originais para estudo.

Emissário - Bênçãos para vocês. Sou um emissário dos reinos elementais.

Pergunta - Você tem uma mensagem que queira nos dar ou gostaria que nós fizéssemos perguntas?

Emissário - Em tudo precisamos ser convidados a cooperar e a nos comunicar com vocês. Não podemos invadir.

Pergunta - Não tenho uma pergunta específica, exceto pedir conselhos e ajuda em um sentido amplo. A humanidade tradicionalmente tem realizado certas práticas nos jardins, que se desenvolveram através dos séculos. O problema é saber quais foram inspiradas pelos reinos dévicos e elementais, ou do Deus interno, e quantas não vieram dessa fonte; assim sendo, nesta Nova Era, como devem mudar as práticas de jardinagem para evitar ofender um reino da natureza.

Emissário - Esse é um convite apropriado. Vocês devem compreender primeiro como nós trabalhamos. Não fazemos parte do corpo físico das plantas; vocês estão conscientes disso. Nós representamos os seres que tornam possível o crescimento e o desenvolvimento das formas da natureza. Não somos o corpo físico da planta, mas a nutrimos e a possibilitamos crescer. Na verdade, todos os reinos elementais são muito mais velhos do que a própria Terra e lidamos livremente com as forças da criatividade cósmica. Somos filhos das vastas distâncias do espaço, tanto quanto cidadãos de qualquer planeta. Antes que um planeta comece a existir, nós já existimos. Nós trazemos o planeta para a existência. Tudo o que vocês vêem, fomos nós que formamos, seguindo os planos de Deus.

Quando entramos no mundo etérico, podemos assumir diversas formas que são proporcionadas pela imaginação dos seres humanos. Entretanto, não somos os pequeninos seres que parecem saltar de flor em flor ou pairar sobre uma árvore; o elemental mais simples da menor das flores é, ainda assim, um depositário do vasto poder cósmico.

Há poucos limites ao que podemos conseguir, seguindo a vontade de Deus. Houve um tempo em que fomos os únicos mestres da Terra. Tornamos possível para a humanidade o desenvolvimento neste mundo.

Como nós, a humanidade é por si uma força de formação. De uma certa forma, vocês refletem dentro de si aspectos dos reinos elementais e angélicos, mas são abençoados com o poder da imaginação criativa, um poder que nós não possuimos da mesma maneira. Vocês estão evoluindo para cumprir um papel sobre a Terra relacionado com o nosso, mas ao mesmo tempo diferente, envolvendo capacidades diferentes. Temos a função de auxiliá-los em seu papel, enquanto não terminar o trabalho que recebemos de servir e nutrir este mundo.

Quando a humanidade foi criada, por muitas eras fomos seus mestres. Fomos seus guias e os protegemos. Vocês respondiam a nós porque, em sua sensibilidade mais íntima, estavam em uníssono conosco. Nos dias da juventude da humanidade, nós ainda éramos a autoridade. Éramos os senhores da Terra e a humanidade não era nada mais do que outra das criaturas de quem cuidávamos e cujo crescimento inspirávamos.

Chegou porém um tempo em que vocês começaram a descobrir e a revelar o dom de seu poder criativo. Então começaram a trilhar a estrada para aprender a controlar esse poder e para descobrir sua identidade e propósito singular. Gradativamente vocês começaram a afastar-se de nós. O exercício de sua autoridade começou a provocar, às vezes, conflitos entre nós, e, quando isso acontecia, o desejo de vocês era geralmente a prioridade aceita e nós éramos solicitados a serví-los.

Houve muitos de nós que fizeram objeção a este estado de coisas e houve tempos de crises em nosso relacionamento, quando nos rebelamos em raiva justificável e destruímos o trabalho de vocês. Durante a maior parte do tempo, entretanto, procuramos cooperar com vocês, mesmo quando não havia reciprocidade, pois entendíamos que precisavam se desenvolver no uso do seu poder criativo sabiamente e com compreensão viva e amorosa das necessidades da Terra.

Nós, que somos do reino dos construtores, entendemos plenamente as necessidades da Terra. Isto nos dá uma força que vocês ainda não têm, apesar de sua criatividade. Vocês focalizam a terra através de suas mentes, enquanto nós a enfocamos através do amor e da união. Por esta razão, a natureza não lhes obedece tão pronta e perfeitamente como faz conosco. Vocês ainda não despertaram inteiramente para o lado angélico de suas naturezas, o qual lhes daria o tipo de relacionamento profundo com as forças da natureza que nós temos.

Vocês têm o direito de tentar cobrir o seu planeta com artificialidade; entretanto, muito antes que consigam fazer isso, vocês já terão se destruído, pois ainda não sabem como manter o equilíbrio da vida em todos os níveis. Embora tenham uma certa autoridade de criação, vocês devem aprender que também são parte do reino da natureza; embora tenham um certo domínio sobre ele, não podem destruí-lo sem destruir a si mesmos. Vocês não podem perder a nossa cooperação, a não ser que queiram a autodestruição. A cabeça e o cérebro têm autoridade sobre o corpo humano, mas o cérebro não pode submeter o corpo a esforço e tormento demasiados, como muitos humanos fazem através de suas dietas ou ações, e esperar sobreviver depois disso; se o corpo for destruído, o cérebro certamente morrerá.

Vocês chegaram a um ponto de crise. Se continuarem a exercer autoridade e domínio sobre o mundo sem pensar, simplesmente porque parecem ter o poder de assim fazer, vocês destruirão o padrão ecológico deste planeta e a si mesmos no processo. Nós não podemos ser destruídos, nem a real natureza da humanidade; entretanto, vocês podem voltar o seu poder criativo contra si próprios e tornar o planeta inutilizado.

Como nos deixa alegres, no entanto, testemunhar o desenvolvimento de um padrão de cooperação como este neste Centro, pois aí temos esperança e vemos uma saída para nós atingirmos a consciência humana.

O papel da humanidade é dirigir a Terra como procuradores. Entretanto, é errado vocês tentarem desempenhar a parte de chefe supremo do reino dévico ou elemental; este papel é nosso. O que precisam fazer é exercitar seu poder de criatividade, de inspiração, de uma forma que expresse o seu amor por todos os seres viventes sobre a terra e em seu interior. Este é o seu verdadeiro lugar no esquema da Terra. Vocês podem criar a visão do que deve ser feito.

Este é o poder que Deus lhes deu.

Os seres elementais sob a autoridade de Pan, como vocês o chamam, não criam os padrões da terra e da natureza; eles só os constroem e os mantêm. Temos grande poder para fazer isto. Lembrem-se de que não estamos atados à Terra. Somos cósmicos em nosso escopo e podemos lidar com as forças cósmicas de formação. Nunca subestimem o que somos. Entretanto, não temos a capacidade de criar. Tal não é nossa função.

Devido a serem criativos e poderem dar origem a padrões, vocês têm a responsabilidade de ancorar esta criatividade e imaginação em uma compreensão profunda e em amor pelas forças e formas da natureza. Visto que já somos unidos a estas forças e formas, podemos ajudá-los se vocês se abrirem à nossa inspiração e sabedoria. Além disso, se vocês puderem aprender a se comunicar conosco de tal forma que possamos entender e nos relacionar com seus propósitos, então poderemos proporcionar a força que autoriza as mudanças que vocês querem fazer. Podemos implementar seus padrões, assim como implementamos os dos anjos que cuidam dos modelos da natureza. Nós não poderemos fazer isto, entretanto, se os seus padrões forem irrefletidos ou contrários à totalidade do mundo, ou se forem concebidos e postos em prática sem preocupação com o bem-estar de qualquer outra forma de vida que não seja a de vocês. Não conseguimos entendê-los nem nos comunicar com vocês nesse estado de egoísmo.

Não compreendemos inteiramente os seres humanos; são frequentemente tão estranhos para nós quanto devemos ser para vocês. Ainda assim, nós compartilhamos da mesma origem no coração de Deus e a vida de Deus flui através de todos nós. Somos primos e nossos papéis respectivos podem ser complementares.

A chave é o amor. Se insistirem que a humanidade deve dominar e usarem a força bruta através de manipulações de produtos químicos e físicos para ganhar o que querem, sem atenção para a consciência ou a vida do solo ou das plantas, vocês não estarão agindo com amor. Então não poderemos compreendê-los, nem apoiá-los. Podemos mesmo até resistir aos seus esforços se eles ameaçarem o mundo que nós servimos.

No entanto, quando puderem se aproximar da natureza com amor e com desejo de colaborar na criação, como um sócio e não um conquistador ou regente, então estaremos muito próximos. Poderemos mais facilmente discernir os seus desejos e ver como poderemos auxiliar a implementação deles.

Uma grande alma compreendeu isto e aprendeu a transformar a forma das plantas só com o poder de seu amor e compreensão. Seu nome era Luther Burbank e ele demonstrou o poder que é possível quando a humanidade e o reino da natureza cooperam juntos, sem nenhuma forma de força física, mas com nutrição e o poder do amor que nos dá a visão do que deve ser feito e a liberdade de fazê-lo.

Portanto, pedimos uma mistura de estado selvagem e de visão humana, uma escolha de sua parte em compreender-nos e comunicar-se conosco e com a nossa perspectiva, e um desejo real, através do amor, de buscar a cooperação e não a dominação. Existem áreas e tempos em que vocês têm a autoridade de fazer o que quiserem, conforme indicarem sua intuição e insights; vocês não precisam pedir nossa permissão cada vez que podam uma planta ou plantam uma semente. Nós pedimos, no entanto, que exercitem essa autoridade cuidadosamente e com amor. Nós respeitamos a autoridade de vocês como uma força mútua da natureza, por assim dizer, mas pedimos que também respeitem nossa existência e nosso mundo e que vejam a natureza de uma maneira mais profunda do que geralmente o fazem.

O trabalho que estão fazendo neste Centro, neste jardim, não é só uma aventura cooperativa. Não estamos aqui para embelezar este jardim para a glória de qualquer ser humano, mas para glória de Deus. Vocês não são nossos superiores; nós não somos seus superiores. Somos seres que se amam. Conforme a humanidade invoca cada vez mais poderosas energias de criatividade e de destruição, devemos nos tornar unos se quisermos controlar tais energias para usálas apropriadamente e não para torná-las destrutivas. Ansiamos por esta nossa união. Ela deve ir além da coope-ração.

Antes que qualquer coisa seja feita neste jardim, deve ser levado em conta o nosso ponto de vista, assim como o ponto de vista de vocês. Isto não é usurpação de seus direitos de criação. Estamos pedindo que vocês expandam sua imaginação criativa e sua visão. Queremos compreender como pensam e queremos que entendam como nós pensamos. Então, dessa associação pode fluir a unidade e o amor, e é este amor que é o mais importante. É realmente a dádiva mais importante do seu jardim.

Existem seres elementais que ainda estão sofrendo muito nas mãos da humanidade, não aqui, mas em outros lugares do mundo. O que os está mantendo em equilíbrio é o amor, a paz e a luz que estão fluindo deste Centro e de outros como este, que estão começando a ser formados.

Se, por causa de seu descuido e de suas ações, não pudermos estabelecer uma compreensão e comunhão mais profundas, e se vocês impuserem a sua vontade de tal forma que não haja espaço para nossa presença e individualidade para viver e agir em seu jardim, então precisaremos nos afastar. Se precisarmos nos afastar deste Centro, sua força curadora e transmutadora será extinta. A habilidade de nosso reino em defender a humanidade dos efeitos de seu próprio egoísmo e de sua loucura, e em conter as forças destrutivas que a espécie de vocês invoca imprudentemente, seria diminuida, em detrimento de todos nós.

Nós estamos defendendo a humanidade; estamos protegendo-a e sofrendo ao fazer isto. No entanto, nosso amor por vocês é muito grande, pois somos parentes e, de muitas formas, vocês são nossos filhos. Honramos a esperança e a promessa que existe em vocês e honramos nossa união na presença de Deus. Fazer tudo o que podemos para tecer novos laços de cooperação e de comunhão entre nós é uma alegria, bem como uma missão para nós. Só pedimos que façam a sua parte.

Agradecimento - Eu, Peter, em nome da humanidade, agradeço-lhe por esta revelação da mudança no padrão de nossa comunidade e da Terra. Eu busco e me empenho em alcançar cooperação e fraternidade com as forças da natureza. Isto não será sempre fácil, visto que existe nos humanos, desde muito tempo, um padrão muito forte de fazer as coisas de uma certa forma e mudanças são sempre difíceis.

Emissário - Nós compreendemos isto. E este é o motivo pelo qual temos uma grande paciência, dentro dos limites permitidos a nós, para segurança de vocês e de nosso reino. Enquanto vocês derem passos consistentes em direção à mudança, os erros do momento serão relevados e não levados tanto em conta - se virmos evidência de crescimento e cooperação contínua conosco, assim como de seu desejo de mergulhar profundamente em comunhão conosco e com o Deus dentro de vocês mesmos.

Portanto, eu lhes transmito a bênção e o amor do reino que represento e desejo que saibam que colocamos as mãos sobre vocês e agradecemos pelo que estão fazendo. Vocês estão realizando uma grande tarefa, não só para a humanidade mas também para nós. Estão tornando muitas coisas possíveis além do que possam imaginar. Bênçãos a você, meu filho, bênçãos a cada um. Bênçãos a todos.

Devas e Anjos

William Bloom

Parece-me ter havido uma mudança significativa na cultura da comunidade de Findhorn nos últimos vinte anos. Duas décadas atrás, a cultura era permeada por idéias de filosofia esotérica e por pessoas que eram cuidadosas e treinadas para lidar com diversas energias. Ao mesmo tempo, o principal foco angélico estava no jardim e na paisagem. Desde então, os esotéricos foram substituídos por pessoas com inclinação mística ou psicológica, de tal forma que, nos anos 90, o foco está mais na expansão de consciência.

A consciência dos devas do jardim continua parte da cultura ambiental, mas não é feito um trabalho muito exato e específico com eles - embora instintivamente os jardineiros tenham um relacionamento muito sofisticado com eles. Ao mesmo tempo, em parte devido à linguagem do Jogo da Transformação, as pessoas frequentemente falam a respeito de anjos - da beleza, da harmonia, do humor, etc. Estes anjos de qualidades particulares são muito genéricos e talvez românticos, mas expandiram a consciência das pessoas para incluir outros reinos além dos devas da natureza. Penso que esta expansão de foco seja muito criativa, pois cada estudante de anjos ou quem trabalhe com eles sabe que vidas angélicas são parte de todos os aspectos da vida terrena, humana e cósmica. Todo aspecto da vida é permeado tanto pela essência dévica quanto pela dinâmica eletromagnética do átomo.

Talvez o que não seja tão bom é que os membros da comunidade tendem a não estudar com cuidado este reino angélico. Pode ser que isto tenha sido uma precaução sensata contra a excentricidade. Talvez os membros da comunidade geralmente não acreditem de verdade no reino angélico, mas transmitem esse conceito da mesma forma que é bom acreditar em contos de fadas e em arquétipos junguianos. No entanto, a realidade é - e assim é ensinada em todas as tradições místicas, tribais e esotéricas - que existe um mundo paralelo de seres que cooperam em toda parte e aspecto da vida e nela estão envolvidos. Mesmo no Cristianismo, a principal cerimônia, a Eucaristia ou Comunhão, reconhece e invoca estes seres: "... Serafins, Querubins, Anjos, Arcanjos e toda a companhia dos céus".

Em outras cerimônias e trabalhos, os elementos Terra, Água, Ar e Fogo, assim como os devas da paisagem - inclusive Pan - são invocados para cooperação ativa. Na Grécia e na Roma clássicas, por exemplo, aceitava-se que precisávamos estar em relação harmônica com este mundo paralelo. Cada casa tinha um pequeno altar dedicado ao anjo da casa; escolas, hospitais, teatros, parlamentos, todos tinham altares e cerimônias para trabalhar com as consciências angélicas que os iluminavam. As sociedades tribais também estão repletas de cerimônias que invocam a cooperação dos devas e anjos para ajudar na horticultura ou na produção de ferramentas ou em viagens harmoniosas e bem sucedidas.

Minha esperança é que até a próxima década, dentro da Fundação e da Comunidade de Findhorn, o pêndulo volte a um ponto central e as pessoas que estão alinhadas com a consciência e a mística comecem a apreciar o valor e a alegria de um conhecimento mais exato e de uma atitude mais prática e cooperativa com os reinos angélicos.

Os princípios básicos são muito simples. Precisamos reconhecer que os devas conservam em suas consciências o padrão arquetípico ou o modelo para cada forma existente, seja ela uma flor, uma forma-pensamento, um planeta, uma pessoa. Este modelo é uma matriz energética que contém um mapa do perfeito potencial em que cada forma pode evoluir. Uma fada, por exemplo, conserva a matriz perfeita para sua flor crescer de acordo. Trabalhando conscienciosa e cooperativamente, os seres humanos podem sintonizar-se com esta matriz perfeita - na jardinagem, na cura, na criação, na limpeza, etc. - e assim sintonizar suas próprias ações com mais graça e criatividade ao trabalho. Ao mesmo tempo, a consciência dévica responde à criatividade e à intenção da consciência humana. De uma perspectiva esotérica, uma relação de cooperação com os reinos dévicos é tão importante quanto a consciência ecológica e o equilíbrio macho-fêmea.

Compreendendo que os anjos contêm dentro de seu campo de energia - como a teoria de Sheldrake de ressonância mórfica - o modelo perfeito de uma determinada forma, então poderemos ver, por exemplo, que o Anjo de Cluny[35] é um anjo com um histórico de trabalho com educação e comunidade em uma estrutura espiritual. Um anjo da cura, então, é uma consciência que mantém dentro de sua matriz o padrão de uma cura perfeita; o curador sintoniza-se com essa consciência angélica e é conduzido através do real processo de cura.

[35] isto é, o Colégio Cluny Hill.

Alguns indivíduos na comunidade entendem e sabem de tudo isto de uma forma muito instintiva e intuitiva. Poderia ser útil, no entanto, nos próximos anos, que este instinto e intuição pudessem se concretizar de uma forma mais intencional.

Como isto poderia ser feito? Não sei ao certo. Talvez com uma discussão informal ou com um grupo de meditação. Talvez com um grupo que monitore a atividade angélica nos santuários, nos jardins, nos departamentos de educação, nas cozinhas, em pontos de força magnética, etc. Trazer estas realidades para a consciência já é suficiente para criar uma relação de cooperação e estímulo. Entretanto, como em qualquer prática interior, a única garantia de exatidão, de sabedoria e de ausência de projeção está em uma disciplina contínua e rítmica de conscientização.

Djwahl Khul escreveu que, para sermos pesquisadores equilibrados, é preciso que, se formos místicos, nos compensemos tornando-nos ocultistas; se formos ocultistas, tornemo-nos místicos. Obviamente, este é um paradoxo interessante das práticas esotéricas; precisamos render-nos a um estado de consciência oceânica bem-aventurada, mas também precisamos ser focados e atentos. Um casamento de Netuno e Urano.

Em relação aos reinos dévicos, a tendência na comunidade na última década tem sido netuniana, descontraída e sensorial. Isto é saudável e belo. Equilibrar essa tendência com um enfoque uraniano, elétrico e focado, também é saudável e belo.

Possa o luminoso Anjo de Findhorn sentir nossa conexão e nos abençoar a todos.

A Influência do Fluxo da Ecologia

Alex Walker

É importante observar nossas experiências em cooperação com a natureza sob um contexto maior. Como em qualquer lugar, os pontos de vista da comunidade parecem estar convergindo para o fluxo do pensamento ocidental. No início dos anos 60, a ideologia racional e científica do Ocidente sustentou a tese que o domínio do homem sobre a natureza estava longe de completa, embora este fosse o estado ideal. Ainda assim, esse período foi provavelmente o zênite da confiança da ciência ortodoxa em si mesma. No mesmo ano em que o primeiro trailer chegou ao seu lugar definitivo no Findhorn Bay Caravan Park, Rachel Carson lançou o primeiro desafio sério ao consenso agro-químico com seu original livro Silent Spring.

Um pouco depois aconteceu a conferência Only One Earth (Uma Única Terra) e alarmes em grande escala soaram no Clube de Roma. Enquanto os anos 70 começavam, uma geração ecologicamente consciente emergia, analisando The Secret Life of Plants (A vida secreta das plantas, que inclui um capítulo a respeito de nossa comunidade) como uma extensão lógica de suas preocupações com o ambiente. O contraste com a imagem de 'colar(zinho) de pérolas e conjunto de *ban lon'* da geração anterior de aspirantes espirituais tornou-se uma característica importante da vida da comunidade e foi um dos maiores sucessos da Fundação que a unidade pudesse ser forjada de tamanha variedade de ambientes. Talvez todos estivessem unidos em sua simpatia à declaração de E. F. Schumacher de que 'o pequeno é belo'.

Os anos 80 viram a publicação de uma variedade de livros que ressaltavam não só os perigos da tecnologia mas também a importância de um enfoque espiritual que enfatizasse tanto o valor intrínseco quanto a consciência da natureza em si. A 'hipótese da causa formativa' de Rupert Sheldrake é o mais próximo que a ciência chegou de um conhecimento de elementais e devas. A 'Hipótese de Gaia', de James Lovelock, o trabalho de Peter Russell e a emergência da noção de 'ecologia profunda', todos se tornaram influentes.

O herdeiro do trono britânico falando com plantas pode ainda ser uma causa de embaraço para o sistema, mas, em um país onde uma crescente porcentagem da população é vegetariana e técnicas de crescimento 'direcionadas para o interior' são lugar comum nos círculos de grandes negócios, o ponto de vista do Príncipe Charles é visto cada vez mais como um grito que conclama uma minoria importante e cada vez maior, do que como a voz de um único indivíduo excêntrico pregando no deserto.

O desafio para a Fundação e para a comunidade é, então, manterem-se atuantes e consistentes em um mundo onde a ecologia é generalizadamente encarada de modo superficial.

A Atividade Atual da Comunidade

Jardinagem e Consciência do Meio Ambiente

Nos anos 60 a Comunidade de Findhorn tornou-se famosa, no princípio, por seu trabalho com os reinos da natureza - os devas e os espíritos da natureza - e pelos espetaculares resultados que foram conseguidos através do trabalho em espírito de colaboração e criação com essas energias.

No final dos anos 70 o trabalho com a natureza tinha, de uma certa forma, sido relegado a segundo plano e, enquanto a comunidade crescia e a proporção dos membros envolvidos com os jardins decrescia, o enfoque principal mudou para os programas educacionais. Nessa ocasião falamos que nosso trabalho era o de promover o crescimento de pessoas, mais do que de plantas. Os famosos repolhos eram mais um estorvo do que algo para se ficar falando a respeito!

Os jardineiros de vez em quando reclamavam a respeito dessa situação e às vezes alguns vociferavam contra nossa falta no geral de consciência ecológica como comunidade - mas durante o início dos anos 80 passamos por um período de pouca gente e finanças restritas, portanto nunca foi fácil transformar idéias em ação. Alguns projetos foram realizados, tais como uma pesquisa sobre horticultura e crescimento de árvores em Cullerne House, mas o que aprendemos com nosso trabalho nos jardins e com nossa preocupação com o meio ambiente tendia a ser expresso mais pela criação de um espaço para discussão e geração de idéias através de nossas conferências anuais. Estas incluiram a conferência chamada 'Construindo uma Vila Planetária' em 1982; a organização do 'Terceiro Congresso Mundial sobre Regiões Inóspitas' em 1983 e 'Uma Terra: Um Chamado para Ação', em 1986.

Entretanto, o equilíbrio gradativamente mudou: a idéia de construir uma 'vila ecológica' leva nosso trabalho com a natureza para um novo nível, pois nos preocupamos em como poderemos construir nossas casas e viver nossa vida diária em harmonia com a terra. Em 1983 compramos o parque dos *trailers* com a intenção de trocar nossos *trailers* por casas ecologicamente adequadas e, desde então, temos pesquisado vários métodos de calefação, de construção e materiais para decoração, tratamento de esgotos, etc., assim como temos plantado milhares de árvores.

Desde outubro de 1989, o primeiro gerador a vento de nosso

parque eólio tem estado no horizonte como um símbolo para lembrar-nos de nosso compromisso com o planeta. Em março de 1990 começou o trabalho com um primeiro grupo de casas para trocar velhos *trailers* no Parque, anunciadas pela imprensa como as 'casas mais verdes da Grã-Bretanha'. Enquanto isso, em menor escala, introduzimos gradativamente o uso de papel reciclado e de materiais de limpeza ecologicamente apropriados em nossos locais de trabalho e em nossas casas e tentamos reciclar tudo o que podemos.

Em 1983, o Calendário da Natureza de Findhorn foi lançado - um projeto iniciado por Alan Watson, que tem sido sempre uma das vozes que clamam pela Terra. Este projeto tornou-se um negócio crescente, com venda de cartões, calendários e camisetas levando a mensagem da necessidade da criação em conjunto com a natureza e em especial da conservação das florestas e do plantio de árvores. O negócio tem por objetivo destinar uma parcela de seus lucros ao projeto 'Árvores para a Vida', iniciado por um grupo de membros da Fundação em 1981 para tomar uma atitude a favor das árvores.

Em maio de 1989, o Grupo de Ação Ecológica foi formado para coordenar nossos esforços para cuidar do nosso planeta. O primeiro projeto foi realizar uma 'auditoria do meio ambiente ideal' de todos os aspectos do trabalho da Fundação. A idéia da auditoria foi de observar tudo o que fazemos no dia a dia, fazer uma avaliação dos procedimentos em termos de seu impacto sobre o meio ambiente e ver onde podem ser feitos melhoramentos.

Outro projeto que o grupo apoia com entusiasmo é o esquema de 'Árvores para a Vida', para auxiliar a regeneração natural da Floresta da Caledônia, na Escócia. Isto envolve cercar alguns dos trechos da floresta que ainda sobrevivem para que as árvores jovens possam crescer protegidas dos veados e ovelhas. Algumas áreas já foram cercadas com sucesso por outras orgnizações, mas ainda há muito por fazer. Estão sendo levantados fundos para mais cercas e, enquanto isso, as árvores novas estão recebendo o máximo de proteção possível.

Nossos jardins continuam a se desenvolver e a crescer, muito bem cuidados por nossos inúmeros jardineiros: o jardim original expandiu-se até incluir o parque dos *trailers* inteiro - estamos gradativamente fazendo o paisagismo daquela área toda, plantando mais árvores e explorando formas de aumentar nossa população de pássaros e de flores; estamos aumentando o quanto podemos a variedade de vegetais em nossas diversas hortas - embora nunca sejam suficientes para alimentar o grande número de membros da comunidade, associados e hóspedes que tomam refeições diariamente na Fundação; o grupo de Erraid começou com sucesso o reflorestamento da ilha, usando tanto cercas quanto plantio.

Projeto da Vila Ecológica

Em março de 1990 começamos a trabalhar em um novo projeto de casas ecológicas em nossa propriedade perto da vila de Findhorn, em Moray Firth. Atualmente o lugar é um parque residencial e acampamento para *trailers*. Neste local, aparentemente inapropriado, a Fundação pretende construir uma vila ecológica para demonstrar os princípios de conservação de energia, de geração de energia renovável, de reciclagem do lixo, da produção de alimentos orgânicos e de outros assuntos correlatos.

Até agora doze casas para moradia foram construídas, inclusive cinco moradias pequenas feitas de barris de *whisky* reciclados, uma cabana para hóspedes com doze camas e um prédio para jovens. Em 1989 foi construída uma turbina a vento de 75 kW, que está suprindo atualmente 20% das necessidades de eletricidade do local.

As casas que foram iniciadas em 1990 foram projetadas para serem tão adaptáveis ao ambiente e saudáveis para se viver quanto possível, evitando materiais com alta toxicidade na produção, aplicação ou uso. As casas foram projetadas pelos premiados Arquitetos Keystone, membros fundadores do Instituto de Biologia na Construção e da Associação de Projetos Ecológicos. ('Bioarquitetura' é um termo originado na Alemanha, relativo aos aspectos de saúde das construções e dos materiais, tais como toxicidade, ventilação, condensação e efeitos de campos eletromagnéticos).

As características que incorporamos incluem:

- Uso de características solares passivas onde quer que seja possível, através de localização das janelas.
- Painéis solares para aquecimento doméstico de água.
- Um sistema de aquecimento distrital usando aquecedor de condensação de gás para obter maior eficiência do combustível.
- Isolamento térmico super eficiente.
- Lâmpadas de baixa energia por toda parte.
- Vidros triplos.
- Isolamento com celulose (feito de papel reciclado).

- Tintas orgânicas não tóxicas e conservantes de madeira por toda parte.
- Madeirame fabricado sem uso de colas ou resinas tóxicas.
- Madeira natural e extraída da região, de florestas sob controle.
- Pedras originárias da região para rodapés, pátios e passagens.
- Cobertura com telhas de cerâmica natural.
- Construção inovativa com 'paredes que respiram', possibilitando troca controlada de ar e vapor.
- Pisos de madeira suspensa para circulação de ar sob os mesmos para evitar formação de gás radônio.
- Circuitos elétricos isolantes para reduzir a pressão do campo eletromagnético.
- Conservação de água (chuveiros, vasos sanitários com descargas de baixa pressão e torneiras que se fecham automaticamente).
- Coleta e reciclagem da água da chuva para uso no jardim.
- Instalações comunitárias (lavanderia, cozinhas, áreas de descanso), evitando duplicação desnecessária.
- Construção com estrutura de madeira simples e detalhes adequados para montagem própria.

Até agora as casas têm sido construídas em grande parte com trabalho voluntário e através da Escola de Construção da Fundação, um curso de construção ecológica de duas ou três semanas de prática.Temos sido generosamente patrocinados por muitas das firmas cujos materiais ou produtos estamos usando.

Outros projetos em pauta incluem: construção de instalações de tratamento de esgoto usando o Sistema Solar Aquatics, um processo singular que incorpora ecossistemas aquáticos completos em um ambiente de estufa; geradores de vento adicionais para produzir até 70% das necessidades de energia; desenvolvimento de um parque comercial 'verde' incorporando um Centro para Visitantes que introduza os conceitos da vila ecológica; um projeto de uma fazenda para produzir alimentos orgânicos no local; e um Centro de Saúde e Bem Estar que proporcione atendimento médico convencional e alternativo.

(Diversos extratos tirados de 'Welcome to the Findhorn Foundation' (ver Benvindos à Fundação Findhorn) *bibliografia no*

capítulo 5. Não se sabe ao certo quem contribuiu com o texto acima, pois as diversas partes desta brochura foram escritas em ocasiões diferentes. John Talbott certamente foi o principal contribuinte e, em complementação, foram introduzidos dados de Nicky Robertson, Frances Edwards e Jill Brierley, que editaram o produto final.)

A 'Declaração da Ética da Terra'

Primeiro rascunho de 1982, esta é a declaração formal da Fundação a respeito de sua relação de trabalho com o reino da natureza.

A Natureza é um Santuário: a crença do Jardim de Findhorn

A Fundação Findhorn está baseada na crença e na fé da existência do espírito e da inteligência em qualquer forma de vida. Por mais de trinta anos vivemos da terra no Findhorn Bay Caravan Park, buscando incorporar esta crença e trabalhar consciente e abertamente com a natureza num espírito de cooperação e de criação conjunta. Estamos nos movendo em direção à visão de uma nova sociedade: uma sociedade que se relacione com as pessoas, com o ambiente e com o planeta em um sentido de amor, compreensão e totalidade ao invés de medo e de sobrevivência. Muito do que conseguimos no passado, nossa experiência e nosso aprendizado, foram em um nível de consciência e atenção. Queremos agora aplicar esta consciência ao nível físico, na maneira como vivemos de forma mais plena; expressar a essência do que é a Comunidade de Findhorn através de sua arquitetura, paisagem e ecossistemas integrados que harmonizam as necessidades das pessoas com as necessidades dos sistemas naturais em que vivemos. Trabalhando com a intuição e a consciência, assim como com planejamento e acompanhamento adequados, queremos criar formas físicas que honrem a sacralidade da vida. A natureza está constantemente expressando a alegria do Espírito e a canção da vida, celebrando a criação, trazendo mais vida. Queremos nos juntar a esta celebração e participar inteiramente, descobrindo as formas apropriadas, as moradias, casas e estilo de vida que se harmonizem com a Canção da Natureza.

Para atingir este fim tornamo-nos os proprietários legais das terras do Findhorn Bay Caravan Park. Até então, todas as nossas residências por lei eram temporárias; nossa aquisição agora nos permite construir. Estamos assumindo um compromisso a longo prazo com a terra e com a administração correta e construindo prédios permanentes.

O Plano de Uso da Terra que a Fundação desenvolveu para o Parque encara a área como uma vila residencial e comercial dentro da comunidade, integrando famílias, crianças, solteiros, casais, os velhos e os hóspedes. Também haverá áreas para produção de alimentos, recreação, instalações para educação, fábricas de cabanas e de artesanato, escritórios, lojas e espaços comerciais. As características principais serão os jardins centrais abertos em Pineridge, paisagem e prédios integrados na área central, árvores e a flora e fauna natural da península de Findhorn. Estamos comprometidos a construir casas e prédios estética e ecologicamente adequados, com um controle eficiente de gasto de energia e aquecidos com sistemas de tecnologia simples; tráfego de veículos limitado nas áreas residenciais; conservação da água e reciclagem de todo o lixo orgânico no local. Estamos ainda mais compromissados com a conservação de nossas áreas desabitadas adjacentes, incluindo principalmente as dunas de areia da costa de Moray e as áreas pantanosas da Baía de Findhorn. Vemos a área crescendo e sendo desenvolvida de uma maneira orgânica por muitos anos, com a natureza como o ponto focal e qualidade principal.

É o objetivo da Fundação criar uma vila modelo; uma vila que combine os princípios essenciais da comunidade, a conexão com a natureza, a tecnologia apropriada e a consciência espiritual para formar um ambiente doador de vida integrada; um ambiente que proporcione todos os nutrientes básicos e crescentes condições para todas as formas de vida e todos os seres.

BIBLIOGRAFIA

Wendell Berry - *The Unsettling of America*, Sierra Club, 1977.

William Bloom - *Devas, Fairies and Angels; A Modern Approach*, Gothic Image, 1986. William escreveu este livro originalmente como um artigo para estudo para a Fundação e o mesmo foi mais tarde publicado pela Gothic Image como um folheto.

Judith Boice - *At One With All Life*, Findhorn Press, 1990.

H. Cole, C. Freeman, M. Jahoda & K. Pavitt - *Thinking About the Future*, Chatto e Windus, 1973. Uma crítica feroz do primeiro relatório do Clube de Roma.

Stephan Croall & William Rankin - *Ecology for Beginners*, Random House, 1981.

R. Ogilvie Crombie - *Conversations with Pan*, fita gravada da Findhorn Press, 1976. Uma variedade de outras fitas de conferências está disponível nas bibliotecas da Fundação, algumas das quais à venda. Há também uma apresentação audiovisual inteira mantida pelo departamento de obras visuais.

Bill Devall & George Sessions - *Deep Ecology: Living as if Nature Mattered*, Gibbs Smith, 1985.

Annie Dillard - *Pilgrim at Tinker Creek*, Picador, 1976.

The Findhorn Community - *The Findhorn Garden*, Harper & Row nos Estados Unidos, 1975; Turnstone Books e Wildwood House Ltd no Reino Unido, 1978; segunda edição no Reino Unido pela Findhorn Press, 1988.

William Forward & Andrew Wolpert (editores) - *Chaos, Rhythm and Flow in Nature: The Golden Blade No 46*, Floris Books, 1993.

James Lovelock - *Gaia*, Oxford University Press, 1982.

Dorothy Maclean - *Wisdoms*, Findhorn Press, 1971. *The Living Silence*, Findhorn Press, 1971. Ambos publicados sob o pseudônimo de "Divina" e atualmente esgotados. *To Honour the Earth*, Findhorn Press, 1991.

Vance Martin e Mary Inglis (editores) - *Wilderness: The Way Ahead*, Findhorn Press, 1984.

D. Meadows, J. Randers & W. Behrens - *The Limits to Growth*, Earth Island, 1972. O primeiro relatório do Clube de Roma.

Mihajlo Mesarovic & Eduard Pestel - *Mankind at the Turning Point*, Hutchinson, 1975. O segundo relatório do Clube de Roma.

Jonathon Porritt - *Seeing Green: The Politics of Ecology Explained*, Basil Blackwell, 1984.

Laurens van der Post - *Yet Being Someone Other*, Penguin, 1984.

E. F. Schumacher - *Small is Beautiful: A Study of Economics as if People*

Mattered, Blond and Briggs, 1973.

Peter Russell - *The Awakening Earth*, ver detalhes no capítulo 1.

John Seed, Joanna Macey, Pat Fleming, Arne Naess - *Thinking Like a Mountain: Towards a Council of All Beings*, New Society Publishers, 1988.

Rupert Sheldrake - *A New Science of Life*, Paladin, 1983.

Elisabet Sahtouris - *Gaia - The Human Journey*, Pocket Books, 1989.

David Spangler - Sessão com Myrtle, Julie, Kathi, Milenko; tr: John; 5 - 6 de dezembro de 1978. Arquivos da Fundação. A citação é da página 3.

John Talbott - *Simply Build Green*, Findhorn Foundation, 1993. O manual técnico do Departamento de Construção da Fundação.

Barbara Ward & René Dubos - *Only One Earth*, Penguin, 1972.

Machaelle Small Wright - *Behaving As If the God in All Life Mattered*, Perelandra, 1983.

Quatro

Educação Atualmente na Comunidade

A fraternidade que aqui se firmará será um centro onde as pessoas poderão adquirir conhecimentos ocultos ou secretos apenas como objetivo secundário. Não estamos interessados neste momento em transmitir conhecimentos secretos. Esta deve ser uma fraternidade de ação, dedicação através do serviço, do amor e da conscientização, de educadores, no maior sentido da palavra.

De *Rockozi and the Brotherhood*
Artigo para estudo da série original da Fundação Findhorn

Portanto, a educação no futuro... dará ao homem uma dádiva inestimável, a maior de todas, que é a liberdade absoluta. O homem a tem buscado por séculos e séculos. Tem buscado por ela por caminhos políticos, por caminhos de cura, caminhos medicinais, psicológicos e religiosos. Entretanto, um homem só é livre quanto instruído, quando está constantemente se educando, quando está constantemente tirando de dentro de si mesmo o que mais profundamente lá está, em perfeita consciência de seu ambiente.

De *Education in the New Age*
Artigo para estudo da série original da Fundação Findhorn

O primeiro artigo neste capítulo é de Michael Lindfield, um membro da comunidade por muito tempo e curador da Fundação por muitos anos. Michael foi bastante responsável pelo desenvolvimento do 'Experience Week', nosso workshop de melhor resultado desde a criação dos programas formais de educação na comunidade. Embora escrito há mais de dez anos, pouco antes que Michael e sua família deixassem Findhorn, suas palavras ainda hoje são apropriadas.

O segundo artigo é de François Duquesne, que se tornou focalizador da Fundação depois da partida de Peter. Embora escrito em

1973-74, fala a respeito da criação de uma 'universidade' no tempo presente e realmente, por um breve período, existiu uma estrutura formal de colégio como parte da Fundação[1]. Como novamente estamos explorando caminhos acadêmicos através do programa de Estudos Semestrais e através dos treinamentos 'A Arte de Viver em Paz', este extrato pode ser de interesse. O artigo afirma que a universidade será o único meio no futuro de alguém se juntar à comunidade, mas esta política nunca foi posta em prática - como David Spangler mais tarde ressaltou, "deveríamos ter uma universidade, não ser uma universidade".

Quando levamos em consideração nosso processo educativo formal, é vital observá-lo de uma espécie de contexto histórico. Atualmente nossos programas formam a base da renda da Fundação - precisamos deles para termos sucesso e podermos continuar as diversas atividades que apoiam tanto os cursos quanto a comunidade como um todo. Estes *workshops*, no entanto, não foram concebidos prioritariamente como exercícios para obter receita, mas como meio de demonstrar o entusiasmo, a sabedoria e os desafios de viver em comunidade para uma audiência maior. A idéia de criar receita extra certamente fez parte do planejamento do processo inicial e as inspirações da vida em comunidade certamente continuam a vigorar nos programas atuais; no entanto, não há dúvida de que a ênfase mudou.

Isto é, em parte, resultado do sucesso de nossos inúmeros *workshops*. Atualmente seria difícil para um novo membro, principalmente um que vivesse em Cluny Hill, experimentar a vida na comunidade como algo separado da necessidade de alimentar nossos hóspedes. Dada a importância do conceito de serviço em nossa filosofia, existem todos os motivos para que este estado de coisas deva continuar, mas, não obstante, é vital que cada participante neste processo de serviço seja capaz de contribuir de uma forma autêntica e com vontade.

Ainda que muitos de nossos *workshops* e conferências sejam focalizados, no todo ou em parte, por indivíduos que não são residentes aqui, o impulso básico é ainda muito forte. Num grau maior

[1] Depois de um início com sucesso, os estudantes do colégio (que incluiam Michael Shaw, o atual presidente dos curadores da Fundação) decidiram que preferiam misturar seu programa com o dos membros regulares. Um interessante caso da vitalidade do que agora chamaríamos de 'educação para a vida' se sobrepondo a um programa mais formal, todavia, é a largamente reconhecida excelência do material do curso.

ou menor, cada evento educacional que aqui acontece é influenciado pela - talvez não seja demais dizer baseado na - realidade de nossas vidas no dia a dia. É portanto de grande importância que todos os que entram em contato com nossos hóspedes sejam capazes de transmitir a idéia de um lugar de inspiração e de alegria, mais do que de um senso de dever obstinado, de auto-sacrifício penoso ou de um papel de vítimas.

Isto não significa que os indivíduos não possam ter dias de legítimas reclamações. Afinal, não somos santos! Nem ninguém deveria tentar fingir que está bem quando na verdade está no meio de uma experiência pessoal muito penosa. Embora a autenticidade seja uma qualidade necessária, não é suficiente por si só. É também essencial que todos os que vivem e trabalham na Fundação tenham acesso aos instrumentos que possam ajudar na ênfase das qualidades positivas necessárias para trabalhar em um centro de luz e na compreensão que proporciona conforto e sabedoria aos que estão em legítima aflição.

O terceiro artigo neste capítulo é um pequeno extrato de uma mensagem de Eileen Caddy que se relaciona com este tema. A inspiração pode vir simplesmente de passar o tempo em santuários, na catedral da natureza ou com amigos e a família, mas uma variedade mais ampla de técnicas orientadas para o crescimento também teve sua contribuição para nossa cultura educacional através dos anos, como um complemento benvindo aos nossos próprios métodos de educação para a vida ainda em evolução.

O quarto artigo neste capítulo é um resumo de algumas dessas influências.

A Fundação Findhorn: Uma Experiência de Aprendizado

Michael Lindfield

Extratos de *Findhorn: A Learning Experience* (Findhorn: Uma experiência de aprendizado) documento da Fundação, 1984/85. Há outros extratos deste documento nos capítulos 6 e 10.

Se você estivesse curioso por saber o que seria exatamente a Fundação Findhorn e decidisse escrever uma carta solicitando detalhes a respeito, provavelmente eu responderia da seguinte forma:

"A Fundação Findhorn é uma comunidade espiritual internacional ao norte da Escócia, comprometida com a melhoria das relações e da compreensão humanas. Registrada como uma associação beneficente, sem fins lucrativos, educacional e religiosa, regida pelas leis da Escócia, oferecemos a pessoas de qualquer posição e crença uma oportunidade para descobrir suas próprias e singulares natureza e forças interiores, para que possam estar em condição de exercer o livre arbítrio de acrescentar algo positivo ao mundo.

A Fundação começou em 1962 e falou-se dela pela primeira vez em virtude de seus experimentos em formas novas de trabalhar com a natureza. Apesar do solo pobre e das condições adversas, os resultados conseguidos no cultivo de flores e de vegetais proporcionou uma forte evidência da força do trabalho em harmonia e cooperação com os reinos da natureza. Os fundadores logo compreenderam que estes mesmos princípios estavam no âmago de todas as relações saudáveis: fosse um projeto de um vilarejo, uma empresa familiar ou um impulso cultural novo, todo nascimento precisava da mesma profundidade de nutrição e motivação para ter sucesso.

A horta tornou-se uma grande fonte de inspiração e de esperança para muitos e ao redor dela formou-se uma pequena comunidade que procurava viver ao ar livre e demonstrar que ideais podem ser concretizados. Não temos nenhum credo ou doutrina formal, mas baseamo-nos em uma firme crença de que a humanidade se aproxima de uma expansão evolucionária da consciência que ajudará a criar novos padrões de civilização para nossa sociedade.

Estamos preocupados com o desenvolvimento dos instrumentos necessários e da capacidade para nos educarmos e, durante os últimos anos, contactamos um vasto círculo de organizações ambientais e acadêmicas de nível internacional, político e religioso, que compartilham conosco deste mesmo desejo.

Nossos programas educacionais têm por objetivo ajudar os participantes a encontrar seu próprio espírito interior e sua própria sabedoria e sentimos que criar um ambiente bem cuidado e harmonioso é criar a melhor sala de aula onde poderemos aprender. Realmente, viver na comunidade é nossa experiência educacional principal porque proporciona um apoio para pôr em prática no quotidiano os chamados 'valores espirituais'. Não constituimos um retiro espiritual nem um lugar em que se possa fugir dos desafios da sociedade. Descobrimos que temas que o mundo está encarando em larga escala estão refletidos aqui em nossos padrões de governo e de tomada de decisões, em nosso objetivo de viver corretamente e ter relações harmoniosas individuais e com a família.

Nosso próximo passo, depois da recente compra do parque dos *trailers* onde a experiência começou, é desenvolver uma vila ecológica em que novos enfoques aos temas sociais possam ser desenvolvidos e testados. Esta é nossa sala de aula viva e estamos abertos a todos que queiram trabalhar e viver com este espírito.

A Educação na Fundação tem sido descrita como o processo que leva uma pessoa a uma compreensão e entendimento maior da verdade que reside dentro de cada um e no mundo ao redor. Os aspectos físicos, emocionais, mentais e espirituais do nosso ser necessitam de disciplina e de estruturas particulares que permitam que o crescimento aconteça e achamos que uma pessoa atrai para si suas próprias situações de vida ou cria 'salas de aula diárias', nas quais as lições podem ser aprendidas.

Fazemos um programa de ensinamentos mais estruturado na Fundação e temos um tesouro em material educacional: as conferências e palestras dos visitantes são gravadas em fita ou existem em arquivo escrito, assim como um histórico documentado de nosso próprio conhecimento 'aprendido em casa' na comunidade. Com a compra do Hotel Cluny Hill em 1976, começamos nossa fase de educação voltada para o exterior e desde então temos oferecido seminários semanais e conferências e também programas de dois e três meses, como uma forma de permitir que maior número de pessoas entrasse em contacto conosco e experimentasse a natureza de nosso processo educacional em primeira mão.

Sempre tivemos a idéia de cooperar com outros grupos e, em novembro de 1979, organizamos um encontro para acompanhar o desenvolvimento de uma rede educacional. Houve representantes de outras comunidades, inclusive William Irwin Thompson, de Lindisfarne, David Spangler, Milenko e outros Lorians[2], um grupo da comunidade de aprendizado Chinook e um representante da comunidade Auroville, do sul da Índia. Sentimos naquela ocasião a futura necessidade de trabalhar juntos na criação de uma 'universidade sem paredes', uma rede que pudesse se ligar às estruturas educacionais já existentes, e nos últimos anos temos trabalhado para que isto aconteça.

O Merriam Hill Centre, na Nova Inglaterra, é apenas um dos grupos com o qual estamos desenvolvendo laços educacionais. O programa de troca de aprendizado, que realizamos duas vezes por ano com eles, oferece uma estrutura para um pequeno grupo de pessoas participar da vida na comunidade, não só proporcionando informações e estimulações mentais, mas, muito mais do que isso, uma atmosfera que permita ao indivíduo encontrar seu próprio centro de aprendizado interior e assim ter *insights* e compreender a natureza do seu próprio desenvolvimento pessoal. O espaço privado e o processo grupal fazem parte do sistema digestivo que possibilita fazer nascer esta consciência do Eu superior.

A razão pela qual trabalhamos em grupos não é só para proporcionar um apoio ou um ambiente terapêutico, mas também porque precisamos aprender a trabalhar juntos e os humanos são os melhores 'espelhos' uns para os outros.

A ênfase que colocamos em servir ao planeta aqui precisa começar com uma posição pessoal em resposta à nossa compreensão do mundo. Sempre que enfocamos um tema global tal como desarmamento nuclear em um seminário, descobrimos que é absolutamente vital ver como os padrões e princípios envolvidos no drama na tela do mundo estão sendo seguidos em nossas próprias vidas. No caso do tema do desarmamento, pediríamos a cada pessoa para olhar para as raízes da própria insegurança e para a necessidade de erigir sistemas de defesa pessoal em suas próprias vidas e então pediríamos que pesquisassem como o desarmamento global poderia possivelmente começar com um tratado de apaziguamento pessoal e uma vontade de desmantelar as defesas pessoais.

Este enfoque torna o aprendizado um evento muito real,

[2] Pessoas que formaram a Comunidade de Lorian no Canadá.

enquanto afirma o elo vivo que existe entre a situação global e o processo pessoal de busca e aprendizado. Tornou-se bastante claro para nós, alguns anos atrás, que nossa contribuição não era dizer a uma pessoa onde ir ou o que ser, mas sim oferecer a ela o ambiente de aprendizado (como uma estufa espiritual) onde as pessoas pudessem fazer contacto com seus próprios dons, vocações e direção e então, livremente, escolher como desenvolvê-los.

Outra imagem que usamos é a do conceito do 'primeiro átomo', que diz que todo o potencial de crescimento está fechado dentro da semente e é simplesmente um processo chegar àquele lugar da identidade e dali providenciar um ambiente que conduza com certeza a uma expressão particular da vida que está adormecida no momento.

A semente física é a vida em sua forma mais concentrada e representa uma promessa viva para o futuro. É uma afirmação da perfeição essencial da vida, pois dentro de cada semente está contida a perfeita flor. Sabemos que nada, no entanto, será revelado e expresso pela semente até que ela seja plantada em bom solo e em condições climáticas adequadas.

Da mesma forma, acreditamos que, dentro de cada um de nós, vive a promessa de totalidade, uma semente que contém dentro dela o perfeito florescer de nossa humanidade. Cada indivíduo é único em sua expressão da Vida Una, pois há inúmeras flores diferentes neste jardim terrestre. Esta semente da perfeição humana deve ser plantada no solo da experiência terrestre para crescer e experimentar a si mesma. Por conseguinte, pode-se dizer que o crescimento é o processo de revelar o que já existe de verdade. Se este fato for verdadeiramente compreendido, então ele mudará radicalmente nosso enfoque da educação, pois estaremos lidando com o processo de deixar acontecer, mais do que fazer acontecer...

Educação, em seu sentido original, pode derivar de "educere", do latim[3], que significa 'tirar de dentro' aquilo que somos essencialmente. O que procuramos evocar ou extrair de nossos residentes é seu espírito e sua sabedoria inata, nenhum dos quais pode ser ensinado no sentido convencional. Eles só podem ser inspirados e nutridos dentro de um ambiente de suporte amoroso. É por esta razão que a vida na comunidade é o primeiro aspecto da educação na Fundação...

Este processo de revelação inclui também olhar para aquilo que

[3] Ou, possivelmente, de "educare", treinar.

nos está impedindo de expressar nossa singularidade, aquilo que nos leva de nosso verdadeiro Eu superior para os becos sem saída de uma identificação errada.

Se continuarmos com nossa exploração da imagem da semente, descobriremos que, para produzir uma flor, a planta precisa primeiro criar um sistema de raízes e um caule com folhagem para dar apoio à flor. Continuando com a analogia, vemos que este processo pode ser ligado ao estágio adolescente de nosso desenvolvimento, em que os corpos sutis da experiência são desenvolvidos. A personalidade é gradativamente construída, até que forma um elo vivo que nos permite entrar em intimidade com a vida e, através deste amor divino, torna possível o florescer daquilo que somos. Pode alguém imaginar como seria se a promessa da flor não estivesse contida na semente? Qual seria então o propósito de plantar a semente se nada houvesse ali para ser revelado?"

Receber uma resposta como essa na correspondência, com todos os seus belos ideais e elevadas intenções, pode ser significativo, mas, realmente, a única forma de saber a respeito da Fundação é experimentá-la em primeiro lugar. Se isto não der resultado, a melhor coisa a ser feita é ouvir aqueles que viveram dentro da comunidade, expressando seus sentimentos e compartilhando de seu entendimento do organismo vivo que é a vida na Comunidade de Findhorn

A convicção essencial que vive no coração de nossa vida e nossa filosofia educacional em Findhorn é de que a verdadeira espiritualidade consiste menos naquilo em que acreditamos do que nas qualidades que demonstramos no decorrer de nossa vida e trabalho, as qualidades da aspiração, compromisso, coragem, disciplina, alegria, paz, amor, criatividade, clareza e cooperação, as quais associamos com nossa divindade inerente, ainda que em potencial.

Comunidade, Faculdade, Universidade

François Duquesne

Extratos de *Community, College, University: Towards a University of Light* - Comunidade, Faculdade, Universidade: em direção à Universidade de Luz; antigo artigo para estudos da Fundação

O ensinamento da universidade precisa ser apreendido no todo das atividades realizadas pelo centro. O programa é, portanto, uma mistura equilibrada de muitas atividades que lidam com experiências internas físicas, emocionais, mentais e espirituais. O indivíduo, aprendendo a se doar, aprende como equilibrar seu próprio ser para viver sob a orientação do Deus interior.

O estudante se move através de certos círculos, que envolvem diferentes aspectos de seu ser. O ensinamento ou as experiências educacionais desta universidade da luz são uma mistura de explicações mentais da visão da Nova Era e da aplicação prática que é revelada na atividade do dia a dia. É uma mistura de trabalho e de discussão, de meditação e de serviço, de alegria e de risos, de períodos de expansão e de momentos de crise. Pode ser doloroso se o estudante resistir ao processo que acontece. Eis porque uma visão nítida do que a Fundação oferece e solicita de seus membros pode ajudar um indivíduo, que pensa em entrar na universidade, a tomar uma decisão clara.

Embora esta visão do que a Fundação Findhorn tem para oferecer ao mundo se explique por si só, uma nova estrutura está em evolução. As condições de entrada, de se juntar ao centro de luz, têm mudado de comum acordo. Esta não é mais uma comunidade onde pessoas possam vir e viver, mas uma universidade da luz onde é oferecido treinamento para serviço planetário...

O primeiro ano, que será experimental na natureza, dará oportunidade para aqueles que tomam parte nela de criar conjuntamente seu próprio programa, embora uma estrutura definida esteja presente para guiar e para canalizar suas energias e consciências. Entende-se que, no final do programa de um ano, é dada oportunidade ao estudante de realizar o trabalho da Nova Era, seja como membro empregado da universidade ou seja juntando-se a outros centros de luz pelo mundo, ou seja ainda pela especialização em um campo particular de serviço que será revelado por si mesmo no decurso do tempo aqui passado.

Chegamos portanto a uma visão de um centro de luz cuja função é dupla: primeiro, proporcionar uma força de inspiração através da demonstração em termos práticos da visão da Nova Era; segundo, treinar pessoas para o campo de serviço mundial e espalhar pelo mundo esta fraternidade de consciência que se sabe estar em conexão com as esferas do amor e da luz sem limites. Enquanto cada estudante entra na compreensão expandida de sua consciência da alma, ele carrega dentro de si a inspiração e a energia que extrairão as qualidades divinas daqueles com quem ele irá trabalhar.

Esta é a função das almas da Nova Era que se aproxima, almas que irão construí-la, consciências sintonizadas com a totalidade da vida e incendiadas com a visão cósmica que a Nova Era anuncia.

Compromisso Pessoal

Eileen Caddy

Este extrato de uma mensagem de Eileen foi lido por Peter Caddy em uma reunião da comunidade em 11 de novembro de 1972

Meus amados, não se deixem dobrar pelas coisas que parecem estar dando errado, mas sejam eternamente gratos por todas as coisas maravilhosas que estão acontecendo, pelas mudanças profundas e fundamentais que estão ocorrendo em tantas almas neste período, pela real mudança da consciência. Sejam pacientes. Algumas almas mudam mais rapidamente do que as outras. Algumas se apossam da visão; no entanto, para outras, a revelação se mostra mais lentamente. Eu lhes digo, aqueles que não conseguem ver a visão, que não conseguem sair de seus trilhos já muito usados, não serão capazes de permanecer aqui. As energias que agora estão sendo liberadas provocarão tamanho desconforto dentro deles, que eles serão obrigados a se mudar.

Encoragem-nos a seguir seus caminhos, até que somente haja aqui almas totalmente dedicadas e que o trabalho possa ir em frente sem qualquer tipo de impedimento e em completa liberdade. Aqueles que aqui permanecerem deverão agir desta forma porque estarão conscientes do que está se passando e desejarão entregar-se totalmente a isso. Vocês saberão que aqueles que são realmente dedicados nada conservarão, mas quererão distribuir tudo o que têm livremente e sem quaisquer laços que os segurem.

Chegou o tempo em que a situação precisa ficar bem clara para todos, de tal forma que ninguém possa dizer que não entendeu. Vocês estão levando consigo pessoas que não devem ser levadas, que não são capazes de contribuir com qualquer parte financeira para o todo. É chegado o momento de cada um buscar em seu próprio coração e ver exatamente onde ele se situa na comunidade. Não está certo manter aqui pessoas só porque preenchem uma necessidade, mas não têm a consciência reta e não estão propensos à mudança. Eu ressaltei muitas vezes a necessidade de qualidade, não de quantidade. É melhor ter poucas almas dedicadas do que muitas que estão aqui com a consciência errada e que estão arrastando os pés.

Existem tantas coisas novas esperando para serem trazidas à

terra, mas isto não pode acontecer até que vocês estejam todos unidos e com uma só mente. Isto acontecerá. Vocês já podem ver isto acontecendo em alguns grupos. Não permitam que nada nem ninguém segure o trabalho que está acontecendo.

INFLUÊNCIAS EM NOSSA EDUCAÇÃO

Alex Walker

Influências em nossa educação vieram de muitas fontes através dos anos. Realmente, algumas têm estado conosco por tanto tempo que agora pensamos nelas como nossas. A sintonização, por exemplo, foi trazida a nós pela primeira vez pela Fundação Universal, que tinha um contacto muito próximo com a comunidade emergente nos anos 60 e 70. Da mesma forma, a idéia da focalização foi trazida no começo dos anos 70 do *'Sunrise Ranch'*, um centro dos Emissários nos Estados Unidos.

Mais tarde, naquela década, conselhos auxiliares ou conselhos de reavaliação se tornaram muito populares entre os membros da comunidade. Dos anos 80 em diante formaram-se fortes laços com o movimento da psicossíntese, que continuam até hoje. Diversos membros fundadores se tornaram professores ou conselheiros desse sistema e cursos de formação algumas vezes são feitos aqui em cooperação com a Associação de Psicossíntese de Londres. A Gestalt também tem influenciado, em parte devido a nosso programa de cooperação com o Instituto Esalen na Califórnia.

Outros impulsos vieram e se foram com rapidez e excitação. Exemplos destes seriam o EST, o DMA e o workshop de Robert Hargrove 'Próximo Passo', tendo cada uma dessas técnicas acrescentado algo vital que nossa consciência coletiva absorveu e pode (presumivelmente) reviver. Um processo similar parece ocorrer com certos eventos artísticos. Existem ocasiões em que quase se pode ver o anjo que nos ilumina batendo as asas sobre os participantes no Universal Hall e assimilando as oferendas.Talvez o exemplo mais forte ultimamente tenha sido o concerto do Oriente/Ocidente que fez parte da conferência do 'Individual e Coletivo' em 1988. A natureza de nosso ser é voltada para a síntese - aberta para novos experimentos e pronta para liberá-los após eles terem enriquecido o campo.

As artes e tais conferências têm tido outros efeitos importantes. Nossas conferências atraem uma grande variedade de colaboradores, muitos dos quais vindos aqui pela primeira vez. As qualidades exploradas pela conferência frequentemente parecem, quer se queira ou não agregar-se ao currículo da educação viva de nossos membros residentes e proporcionam sempre uma fonte importante para maior exploração e desenvolvimento de idéias e de práticas.

Outra dádiva importante das artes tem sido a contribuição do Actor's Institute, que trouxe para cá diversos *workshops*, dos quais 'The Mastery' foi o mais popular. Embora não fosse um programa espiritual, o valor e a atração duradoura desse evento de fim de semana é notável. Certamente foi o mais influente de todos os *workshops* externos a chegar até aqui e Ike e Maggie Isaksen, que o trouxeram pela primeira vez, merecem um enorme crédito por tê-lo feito e por tê-lo apoiado durante todos estes anos.

Não há motivo para se tentar resumir o conteúdo ou o propósito deste evento tão brilhante, mas uma importante qualidade que ele busca é nossa capacidade individual de inspirar. Quantas vezes os que fizeram esse *workshop* se sentaram no Hall e ouviram um membro da comunidade discorrendo sobre um ponto lúcido, inteligente e apropriado em um tom monocórdico e tedioso e pensaram: 'Ah, The Mastery, the Mastery!'?

Um colaborador mais recente para nosso conhecimento coletivo é a Psicologia Orientada para o Processo, ou POP, que se baseia no trabalho de Arnold Mindell e foi trazida aqui pela primeira vez por Max Schuepbach. O nome deste trabalho merece uma palavra de explicação. Em nosso jargão, alguém 'em processo' é certamente alguém que não está feliz e provavelmente alguém cujo trabalho está sofrendo por causa disso. Em termos de POP, a idéia não é necessariamente 'entrar em processo', mas sim 'seguir o processo', isto é, embarcar e ir mais fundo em um assunto que tenha emergido do campo de nossa psique coletiva, mesmo que pareça ser algo ao acaso, tangencial ou dissonante. Estamos ainda no começo, mas POP parece perfeitamente adequada à nossa cultura e pode ficar conosco por um longo tempo.

Deve-se dizer algo a respeito da relação entre a psicologia e a espiritualidade, embora se costume ouvir frequentemente comentários na comunidade a respeito do valor desses diferentes enfoques. Em primeiro lugar, deve-se dizer que a diferença não é perfeitamente definida. Se você tiver um problema em sua vida, um sociólogo pode começar perguntando a respeito de seu relacionamento com a família e com os amigos; um psicólogo pode procurar *insights* mais profundos a respeito da natureza de seu relacionamento com os pais ou sobre o processo do nascimento, enquanto que um curador espiritual tentará dialogar com sua alma, mas estes são apenas pontos de partida.

Como uma comunidade espiritual deveríamos, com certeza,

estar sempre enfatizando a importância do espírito, da espiritualidade, da natureza e propósito da alma e a nossa relação com Deus, mas isto é muito diferente de negar informações valiosas de outras disciplinas com padrões éticos congruentes com os nossos próprios, ou de adotar um ponto de vista de que técnicas psicológicas não cabem aqui.

Um exemplo atual deste problema nos confronta sob a forma de *Holotropic Breathwork* (Respiração Holotrópica). Stanislav Grof, o criador dessa forma de terapia, é inflexível quanto a ser uma técnica espiritual com uma antiga tradição shamânica. Para seus detratores, é uma prática que induz estados psicológicos potencialmente perigosos. Problemas legais tornam difícil o futuro da respiração holotrópica na comunidade, mas seu impacto positivo nas vidas de muitos indivíduos daqui já tem sido bastante considerável.

Qualquer que seja a resposta a este enigma, uma coisa que todas estas técnicas têm em comum é que elas enfatizam o valor da consciência, mais do que o desenvolvimento psíquico. É claro que treinamos a nós mesmos no uso das faculdades intuitivas e o desenvolvimento da sensitividade espiritual tem tido sempre uma importante posição entre nós, mas nosso ponto de vista é que o aumento de tais dons é de pequeno valor se não for acompanhado por um fortalecimento concomitante da conexão da alma com a personalidade e um crescimento na conscientização e na sensibilidade do que ocorre ao redor.

Dois ítens finais deveriam ser acrescentados à nossa lista, nenhum deles sendo influência verdadeiramente externa. O Jogo da Transformação foi desenvolvido internamente por Joy Drake, Kathy Tyler e Mary Inglis, embora sua base principal esteja agora no Estado de Washington, nos Estados Unidos, onde as duas primeiras atualmente residem. Muito da cosmologia do Jogo passou para a vida da comunidade e seu impacto geral sobre nós é incalculável. Por exemplo, é óbvio, entre alguns procedimentos para seleção do Grupo Central, que uma qualificação como focalizador do Jogo da Transformação é considerada por muitas pessoas (certo ou errado) como uma afirmação de integridade espiritual.

Finalmente, devemos mencionar a existência do 'grupo de amigos'. Iniciado por Vita de Waal e Roger Doudna em 1984, há agora mais de cinquenta amigos (homens e mulheres), que sabemos que realizam uma atividade valiosa no mundo e que também tem feito contribuições a nosso próprio trabalho - frequentemente, por exemplo, dando conferências. A lista de amigos é formada por pessoas muito capacitadas e, embora não tenhamos sempre procurado descobrir formas de utilizar plenamente seus talentos e ofertas de ajuda, poucos duvidam que o grupo continuará a provocar um importante impacto em nossos programas educacionais.

BIBLIOGRAFIA

Roberto Assagioli - *The Act of Will*, Penguin, 1973 (O Ato da Vontade, Ed. Cultrix, 1993). Um dos muitos livros importantes escritos pelo criador da Psicossíntese.

Deepak Chopra - *Return of the Rishi*, Houghton Mifflin, 1991 (O Retorno do Rishi, Ed. Best Seller, 1989).

Robert Fritz - *The Path of Least Resistance*, Ballantine, 1984.

Stanislav Grof - *Beyond the Brain: Birth, Death and Transcendence in Psychotherapy*, State University of New York Press, 1985.

Harvey Jackins - *The Upward Trend*, Rational Island, 1978. Uma coleção de ensaios sobre conselhos auxiliares para reavaliação.

Michael Lindfield - *The Dance of Change*, Arkana, 1986 (A Dança da Mutação, Ed. Aquariana, 1992). *Findhorn: A learning Experience*; documento da Fundação não publicado; 1984/5.

Arnold Mindell - *Working On Yourself Alone*, Arkana, 1990. *The Shaman's Way*, Harper Collins, 1993.

Fredrick S. Perls - *Morality, Ego Boundary and Aggression*, em *Esalen Is*, edição de J. O. Stevens; Real People Press; 1975. Fritz Perls foi o introdutor da prática da Gestalt na comunidade de Esalen.

Ken Wilber - *Grace and Grit: Spirituality and Healing in the Life and Death of Treya Killam Wilber*, Shambhala, 1993. Treya foi membro da Fundação e este é um comovente relato de sua luta com a doença. Wilber também sofre para distinguir entre 'pré-racionais' (que aparentemente são 80% dos adeptos da Nova Era) e 'trans-racionais' (como ele próprio). Veja também a bibliografia no capítulo 10.

A Comunidade de Findhorn

Eileen & Peter Caddy e Dorothy Maclean

R. Ogilvie Crombie
(ROC)

David Spangler e
Myrtle Glines

Dorothy Maclean e
Julie Spangler

David e Julie Splangler
com John-Michael,
Aidan e Caitlin

Peter Caddy

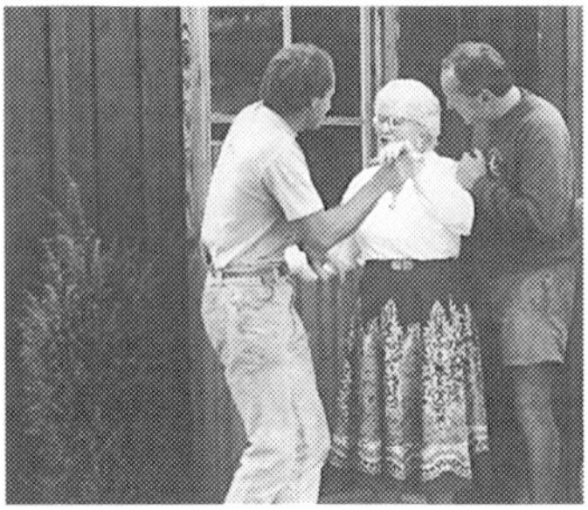

Eileen Caddy com os
filhos David e Jonathon

Alex e
Pauline
Walker com
os filhos
Barney
& Craig

Sabrina Dearborn, William Bloom
e o bebê Sophia

Craig Gibsone e Peter Russel

Nick e Henrieta Rose

Cinco

A Arte de viver em Comunidade

Pergunta - Quais seriam as qualificações das pessoas do Grupo Central?
Resposta - As que são comuns a todo empreendimento espiritual: dedicação, pureza de ser e de intenções; inofensividade, amor e sabedoria; capacidade de agir com consciência e responsabilidade e capacidade de proceder na ação a partir da essência de uma visão elevada e conexão espiritual; capacidade de caminhar pela vida de maneira alegre e entusiasmada e levar estas qualidades para outros.

De R*ockozi and the Brotherhood*
Artigo de estudo da Fundação Findhorn

O primeiro artigo deste capítulo é uma introdução ao papel do trabalho e do serviço na vida da comunidade.

Paul Solomon foi o fundador da Fellowship of the Inner Light (Fraternidade da Luz Interior), com sede em Virginia Beach, Virginia, nos Estados Unidos. Há alguns anos atrás, Paul começou a receber mensagens da 'Fonte' em estado de transe e a Fellowship cresceu organicamente ao seu redor. O segundo artigo deste capítulo é uma palestra dada por ele na ocasião da conferência *'One Earth'* (Congresso da Terra Una), realizada na Fundação Findhorn em 1977. Apesar de que, mais tarde, na vida de Paul tivesse havido muitas controvérsias, a maioria das pessoas presentes considerou sua palestra como uma das mais inspiradoras já ouvidas no Universal Hall.

O assunto desta transcrição não se limita ao tema do trabalho, porém é, ainda assim, um lembrete apaixonado e inspirador da necessidade de se correlacionar a tarefa em mãos com o investimento do espírito, muito mais do que perseguir-se a atração de nossas ingênuas noções sobre iniciações, mistérios e esoterismo.

A palestra original existe ainda em forma de fita cassete que transmite com mais fidelidade a sabedoria e o humor de Paul.

Quem tiver a oportunidade de ouvir a fita antes e guardar o texto para futura referência, deve fazê-lo, pois assim terá a lembrança da sonoridade da sua voz.

Nosso objetivo primordial é trazer o espírito para o quotidiano, porém é de suma importância fazer a distinção entre trabalho espiritual e prática espiritual. Meu trabalho espiritual pode envolver qualquer atividade do dia a dia como cavocar o jardim, cuidar das crianças ou digitar prefácios de artigos. Minha prática espiritual é meu ponto de referência para tudo isso, o momento na minha vida quando avalio meu trabalho, reafirmo minha conexão com o divino e continuo a oferecer minha vida a serviço de Deus.

O próximo artigo neste capítulo é um extrato da recente publicação de William Bloom sobre o assunto. William é diretor de atividades alternativas na Igreja de St. James, Piccadily, em Londres; é também escritor e um Fellow (amigo da Fundação) e assíduo visitante da Comunidade.

O artigo seguinte é um amálgama de várias descrições das práticas na comunidade e idéias específicas sobre a mesma. Faz-se também necessária uma certa explicação do termo 'sintonização', pois a mesma palavra acabou por significar três atividades correlatas, porém distintas:

a) o curto momento de silêncio, geralmente dando-se as mãos num círculo, como início de muitas atividades de grupo. As contribuições de Roc e de William Bloom são sobre esta atividade.

b) os encontros regulares de membros dos departamentos da Fundação para tratar de negócios ligados a ela, que geralmente envolvem uma meditação, um compartilhar de experiências pessoais de alguma espécie, uma troca de opiniões pessoais, reflexões e assuntos de negócios. Às vezes, como parte desses encontros, é incluído um passeio a algum lugar na natureza ou até um hotel local. O compartilhar de experiências pessoais e os aspectos de troca de opiniões são incluídos mais adiante.

c) uma prática mais geral de comunhão com o cosmos. Um antigo artigo de David Spangler, onde ele aborda esse aspecto, é reproduzido na íntegra, tornando-se a maior contribuição neste tópico.

O artigo seguinte, também de William Bloom, é uma introdução à meditação em grupo.

O artigo final deste capítulo talvez seja o que estabeleça a maior controvérsia. Desde o começo da Fundação, sempre fizemos propaganda da nossa vontade de juntar pessoas das mais variadas procedências e credos numa vida em comunidade que não tivesse nenhum credo em particular. Ainda hoje é assim, portanto é importante enfatizar que este artigo é sobre os prováveis credos que você encontrará aqui, porém não deve ser interpretado como uma tentativa de se formalizar estas visões generalizadas para torná-las alguma espécie de doutrina.

Permanecemos fiéis à busca das verdades essenciais da vida espiritual e, ainda que essas sejam imutáveis, nossas interpretações humanas continuarão, sem dúvida, mera parte do todo. Ninguém deve sentir-se desencorajado de participar da nossa vida em comunidade se as visões expressadas aqui não forem congruentes com as suas próprias. Todos nós aqui, continuadamente, vemos nossa visão do mundo sendo posta à prova, mas isto não é o mesmo que tê-la presa em um molde de forma prédeterminada.

Um dos aspectos mais excitantes e desafiadores da vida espiritual é a descoberta de que cada um tem sua visão única e diferente do cosmos, da espiritualidade e da teologia. Alguns padrões podem até ser frequentemente recorrentes, porém o quadro geral é de um infindável mosaico de idéias e pensamentos que não se repetem. Essa diversidade caleidoscópica simplesmente faz parte do teatro da vida.

Escolas Planetárias de Mistério

Paul Solomon

Primeira publicação na revista One Earth - Primavera de 1978

Estou convencido de que toda minha vida foi passada planejando com muito cuidado o trabalho que devo desempenhar nesta experiência de agora. Isto não quer dizer que eu tenha participado conscientemente de todo o direcionamento cuidadoso e no desenvolvimento de minha consciência. Minha participação consciente, na verdade, começou há cerca de cinco anos com o que foi, para mim, uma experiência espetacular da descoberta de algo que, à medida que eu crescia, sempre imaginei ser verdade, e que de fato era. Isto é, como filho de um ministro batista sulino que, por sua vez, é filho de um ministro batista do sul, etc, etc, eu cresci ouvindo dizer que se poderia falar com Deus e obter respostas.

Por isso, acreditava literalmente que Deus fazia parte da minha família e que podíamos falar com Ele e Ele falar conosco e que havia a possibilidade de comunicação de duas vias. Enquanto crescia e passava pela escola secundária, carregava comigo a idéia de que Deus está sempre presente e sabe de todos os detalhes do que eu faço. Adotei esses conceitos batistas de moralidade, porém, quando descobri toda a sorte de coisas deliciosas que a juventude nos traz e presumi que Deus observava tudo aquilo, desenvolvi um gigantesco complexo de culpa. É ótimo saber-se que Deus está sempre presente, que se pode comunicar com Ele, mas há coisas que não se quer que Ele note. Infelizmente, a visão batista de Deus não lida com este conceito, de maneira que, para consertar o erro que eu ainda fazia, sentí-me na obrigação de servir a Deus como compensação. Quando me dei conta já estava num seminário batista para me tornar um ministro batista do sul.

Assim, há cerca de cinco anos, descobri que Deus pode literalmente falar conosco e através de nós em termos tão precisos e tão inteligíveis que não há erro quanto à sua mensagem. E este foi o começo de uma nova dimensão de minha experiência espiritual que não tinha nada a ver com a religião como eu a conhecia. Na realidade, não tinha nada a ver com aquele Deus que eu conheci. Este era um novo Deus. Um Deus maior. Alguém muito além do conceito que eu tinha até então. E tudo aconteceu como um novo nascimento, como penso que acontece com cada um de nós quando nascemos espiritualmente.

O nascimento espiritual é como um nascimento físico. Você se torna um bebê espiritual e há coisas características dessa fase. Bebês adoram ser cuidados, embalados e choram muito. Isto é o que são bebês espirituais. Outra grande característica de bebês espirituais, que também é uma característica de bebês de carne e osso, é que tudo que cai ao seu alcance, especialmente o que for brilhante e atraente, eles põem na boca. Quando nasce espiritualmente, você vai a toda palestra que puder, a todo professor que encontrar e compra todo livro que trate do assunto, mesmo que vagamente. E, sem muita discriminação, você põe na boca e digere tudo, o que logo resulta em uma indigestão espiritual. E, exatamente como um bebê, você precisa arrotar. Tudo volta - é a regurgitação espiritual.

O interessante é que, depois dessa regurgitação espiritual, vem o momento em que você não quer nem ouvir falar de espiritualidade. "Não me fale de Deus, não me fale de metafísica, eu não quero ouvir. Só quero descansar." E durante o período de repouso algo interessante acontece. As coisas são digeridas e você volta, mais cauteloso, com mais discriminação e ainda engole muito, porém seleciona mais o que engole e cresce mais lentamente.

Enquanto eu passava por aquele período olhando, descobrindo, lendo e buscando informar-me, o conceito mais intrigante com o qual me deparei foi o das escolas de mistério. Nada foi mais instigante para mim do que a idéia de que, em algum lugar, escondido no meio da floresta nas montanhas, onde ninguém pudesse encontrá-la, a não ser que já tivesse tido a iluminação, havia a escola de mistério. Uma escola bastante especial, onde residiam os mestres, aqueles que haviam dominado todas as artes, ciências e culturas espirituais e tinham evoluído além de qualquer outro neste plano. O princípio básico de uma escola de mistério é que ninguém aí pode matricular-se. A única coisa que você pode fazer é sair-se tão bem nas suas aulas que um mestre o descobrirá. Ele o encontrará. Pela sua influência, você será aceito nessa escola de mistério, onde sua consciência será moldada através de uma série de iniciações, até que tenha a oportunidade de crescer tanto quanto possa um ser humano, pois as lições são cuidadosamente apresentadas por mestres verdadeiros. Quão estimulante isso foi para mim! Se havia algo que eu realmente desejava era purificar-me, ter uma ação condizente e entrar numa escola de mistério. Estava absolutamente determinado a fazê-lo.

O único problema é que toda a literatura de escolas de mistério se referia a escolas do passado longínquo, de séculos atrás, dos tempos de Pitágoras no Egito antigo e até antes de Pitágoras, quando Hermes e Rá lá ensinavam. Tudo sobre as escolas de mistério era antigo, ainda assim havia sempre uma frase que dizia: "Ainda hoje existem escolas de mistério operando. Ninguém pode encontrá-las, porém elas estão lá e, se você estiver pronto, o mestre aparecerá e o levará até elas." Assim, fiz tudo que podia para ficar pronto, mas, como saber quando se está pronto? E como ter certeza de que o caçador de talentos vai encontrá-lo? Não é fácil deixar todo esse questionamento nas mãos cegas da fé.

Enquanto eu estudava, trabalhava, meditava e fazia um esforço para ficar pronto, descobri uma lei da comunicação telepática que dizia: "Se você conseguir se concentrar em alguém, em qualquer lugar, de carne e osso ou não, se você souber seu nome, como é na aparência e conseguir conservar sua imagem na mente por algum tempo e repetir seu nome muitas vezes, você atrairá sua consciência para si." Aí pensei, por que isso não funcionaria da mesma maneira com uma escola de mistérios? No mínimo eles me encontrariam e saberiam que eu existo. Talvez pudesse convencê-los, se conseguisse contato. Assim, comecei minha meditação conservando na minha mente os modelos tradicionais e repetindo um mantra, chamando-os para mim. O que se sucedeu foi a experiência mais apavorante da minha vida. De repente eu estava numa outra dimensão, uma realidade à parte desta. Vi uma procissão de indivíduos encapuzados com vestes longas, que fizeram um grande círculo à minha volta e ficou claro para mim que eu era o objeto daquele ritual. Eles entoavam cânticos. Repentinamente dei-me conta de que não sabia voltar nem como me desvencilhar daquela cena.

Orei como nunca antes fizera, usando todas as orações que aprendera quando criança no catecismo. E ocorreu-me que, se fizera contato com eles, invocando seus nomes, poderia fazer contato comigo mesmo invocando meu próprio nome. Assim o fiz e, de repente, estava acordado, tonto, desconfortável mas grato, pois tudo tinha terminado. Li mais e descobri que Dion Fortune escrevera que todas as escolas de mistério têm uma proteção oculta e psíquica para impedir invasão de seu espaço no nível psíquico. Presumi assim que havia encontrado os 'policiais' da escola de mistério. Depois disso, resolvi me esquecer do assunto. Não mais queria tentar entrar numa escola de mistérios e conjecturei que devia ter-me feito conhecido e que me descobririam logo e que, provavelmente, eu teria sido reprovado no exame de admissão.

Algum tempo depois, dei a uma senhora uma leitura sobre uma criança perdida e ela conseguiu localizar sua filha através das informações contidas na leitura, ficando muito feliz com o que estávamos fazendo, pois via nisso um propósito. Ela me falou sobre um mestre zen que ensinava bonsai em Atlanta. Disse-me ela: 'Tenho a sensação que o que ele realmente ensina não tem muito a ver com as árvores que ele curva para dar-lhes forma, mas, na realidade, não sei exatamente o que é e ele não diz; por que você não vai lá vê-lo?' Eu fui.

Na escola de bonsai vi todas aquelas miniaturas de árvores. Algumas se pareciam com arvorezinhas que se vê ao pé de uma montanha ao longo da costa, entortadas pelo vento, de um lado meio nuas por causa do sal espargido e com galhos protuberantes na direção oposta. Eram feitas com tanta perfeição que não pareciam ter sido modeladas pela mão humana. Elas eram modeladas naquela forma e ainda assim eram vivas. Era extraordinariamente fascinante. Havia pequenas florestas com centenas de árvores em bloco. Na verdade, a floresta poderia incluir uma montanha, um lago, uma falésia e mais nesse mundo em miniatura.

Enquanto caminhava pelo jardim com esse homem, notei nele algumas coisas peculiares. Em primeiro lugar, ele nunca se apressava. Eu estava tão ansioso com tudo que via que fazia três perguntas antes que ele pudesse responder a primeira. E não conseguia que ele se movimentasse mais depressa. Quanto mais devagar ele ia, mais impaciente eu ficava. Ele nem parecia notar. Na realidade, ele estava em tão profundo contato com a natureza ao seu redor que eu era um mero observador. Por fim, senti claramente que ele se desculpava com o jardim pela minha presença.

Comecei a perceber que esse homem estava me ensinando algo indiretamente, sem me dizer qual era a lição e eu tinha a opção de nem notar a lição. Fomos sentar e batemos um papo acerca do que ele fazia. Ouvi-o trabalhando com alguns alunos ao modelarem uma árvore e ouví-o dizer, ao passar o arame pelos galhos em um certa direção: 'Vocês precisam conscientizar-se de que isto é um ser vivo. Não pensem nela como uma planta. Pensem como se tivesse uma alma e que esta árvore precisa ser moldada na direção certa e esses arames de treinamento são como experiências cármicas que vocês têm, que inclinam sua natureza numa direção específica para torná-los mais bonitos, pela pressão dessa moldagem do seu ser.' Eu o escutava, dando àquelas pessoas fantásticas verdades espirituais e de repente me ocorreu - ele não está realmente ensinando horticultura, botânica nem bonsai, está, sim, ensinando a eles sobre crescimento espiritual e as leis do universo. Que mente brilhante, tão vagaroso e modesto, agindo como se não fosse brilhante.

Quando me sentei ao seu lado eu disse: 'Sei que os antigos mestres tinham uma regra que, se o aluno não percebesse a lição, o professor não poderia ensiná-lo. Tinha-se que estar pronto para a lição para ser capaz de recebê-la. Teria que fazer a pergunta para receber a resposta. Sei que o senhor não me dirá que é um professor de crescimento espiritual, mas posso ver que o senhor o é. E eu quero aprender mais com o senhor.' Ele me olhou com um olhar que poderia derreter o aço. Parecia ofendido como se eu tivesse feito uma acusação.

E no seu modo lento e doce, ainda virando a faca, disse: 'Não sou um professor espiritual. Não dou aulas sobre espiritualidade. Não acredito que se possa ensinar espiritualidade.'

Pensei: 'Que estranho.' Fiquei me questionando no que ele acreditava de fato, mas não sabia como perguntar e só pude dizer 'Como assim? Eu sei que você está ensinando mais do que simplesmente como torturar estas plantas. É mais do que uma aula. Posso perceber isso pelo modo como fala com essas pessoas. O que o senhor quer dizer quando diz não ser um professor de espiritualidade?'

Disse-me: 'Isto que você me acusa de ser, sugere que eu estaria separando a vida de sua essência. O que eu ensino é vida, a relação com o universo, porém não isto no nível espiritual nem aquilo no nível prático e aquilo outro no nível físico. Eu não dilacero nada. Tudo é uma só lei. Crescimento espiritual é crescimento - isto é tudo. Não acredito que haja tal coisa como um professor de espiritualidade. Se uma pessoa separasse essa parte de sua vida e tentasse ensiná-la, ela estaria ensinando um erro, em princípio. Não existe isso.' Eu fiquei devidamente impressionado e pedi-lhe que me ensinasse. 'Vamos trabalhar um pouco com uma planta e aí voltaremos a conversar.'

Ele me deu um pinheirinho que estava em muito mal estado. Não se parecia um bonsai, de jeito nenhum, parecia que ele o havia pego de uma lixeira e colocado ali. Tinha, literalmente, milhares e milhares de minúsculas agulhinhas marrom, pois a árvore tinha sido miniaturizada pelo confinamento e corte de suas raízes. Ele me deu umas pinças e disse-me para tirar as agulhinhas marrom. Bem, não sou tão burro a ponto de não reconhecer uma lição de paciência; peguei então as pinças e disse: 'Nem que eu morra vou conseguir fazer isso'. Sentei-me à mesa e, tirando aquelas agulhinhas marrom uma a uma, eu me questionava se realmente precisava fazer aquilo ou se ele teria simplesmente inventado alguma ocupação para mim. Continuei arrancando. Horas a fio fiquei arrancando agulhas de pinheiro só de um lado da árvore até virá-la e ficava pensando em tudo aquilo que tinha para fazer no Fellowship e, quanto mais arrancava, mais eu pensava: 'Ele deveria estar aqui conversando comigo. Poderia estar me dando uma aula fantástica enquanto arranco estas agulhinhas danadas.'

Ele me largou ali horas a fio e eu imaginava que ele nunca mais voltaria. Ele foi para a loja, foi a outro lugar e a outro, enquanto me deixou arrancando agulhinhas. Quando finalmente voltou, a árvore e eu já tínhamos desenvolvido um bom relacionamento. Eu começava a vê-la com outros olhos. Nisso ele se pôs a conversar comigo e a falar sobre a árvore.

Disse-me: 'Se você tiver que dar-lhe um formato mais bonito, qual será?'

Olhei ao redor para as árvores às quais ele havia dado forma, olhei para a minha e pensei: 'Não vejo jeito disso virar uma daquelas lá. Se eu inclinasse todos estes galhos daquele jeito, ainda assim não iria conseguir; se eu cortasse este galho não poderia imaginar nada de belo nesta árvore.' Eu simplesmente não via nada de bonito na árvore. Era como uma boneca de pano, uma menininha suja, de cabelos despenteados.

Eu disse: 'Bem, talvez soprada e entortada pelo vento, já que todos os galhos vão na mesma direção.'

Ele retrucou: 'Por que não trabalhamos nela simplesmente e vemos se ocorre alguma coisa?'

Eu o havia observado com a tesoura de podar cortando e passando o arame ao redor das árvores. O modo como o fazia não parecia tão gentil. Não entendia como elas podiam sobreviver a isso. De maneira que peguei a arvorezinha, a tesoura e comecei a cortar um galho. Pensei que ele fosse sair pelo teto de tanta raiva.

'Não faça isto com a planta! Você não pediu permissão'.

Eu disse: 'Como assim?'

Ele respondeu: 'Você tem que conversar com a vida da planta, de maneira que ela entenda o que você vai fazer e ela possa cooperar com você. É assim que vai saber em que direção ela quer ir.'

Pensei: 'Ah, você vai me dizer como conversar com os devas.' Eu estava realmente entusiasmado com essa idéia de entrar em contacto com o espírito da planta, embora ele não usasse esse termo - espírito. Então eu disse: 'Muito bem, como é que eu faço isso?'

Ele respondeu: 'Converse com ela.' Bem, lá estava eu, olhando para aquela arvorezinha ridícula e desgalhada, sem a mínima idéia de como o pinheirinho iria poder me responder. Não há nada mais difícil do que tentar falar em voz alta com uma árvore quando se sente que é apenas uma árvore. Mas, assim mesmo, tentei. Perguntei qual a direção que ela queria seguir enquanto me sentia tão ridículo que quase ria. Eu simplesmente não sentia estar me comunicando com a planta. Ele me observava sem sorrir. No entanto, eu podia perceber um leve humor fugidio nos seus olhares de soslaio, pelo meu desconforto em tentar uma comunicação com a árvore.

Finalmente ele disse: 'Se você pudesse ver esta árvore como um ser humano, como ele seria?

Comecei a descrever uma menininha magrinha, suja, com botas de combate e cabelo desgrenhado e tudo isso era a imagem que essa árvore me passava. Ele acrescentou: 'Feche os olhos e veja esta menininha linda à sua frente.' Bem, isto era fácil. Fechei os olhos e podia ver a menininha. Ele continuou: 'Agora, fale com ela. Não fale com a planta, fale com ela, a alma da planta, e pergunte o que ela gostaria.'

Bem, a imagem começou a se formar. 'Primeiro você lavou meu rosto', e eu vi sua face com outros olhos quando ela me disse isso; 'agora meu cabelo está pronto para ser penteado e arrumado.' Estas coisas se formaram e, quando abri os olhos e olhei novamente para a planta, tudo ficou diferente. Era uma outra planta. Ela estava tão entusiasmada quanto eu com o corte iminente. Não mais me parecia que eu ia cortar o galho e que iria sangrar. Mais parecia uma garota que vai cortar o cabelo e que sabe que ficará mais bonita quando terminar o corte. Era a alma da planta e pude comunicar-me com ela; antes da tarde acabar, surgia uma arvorezinha absolutamente linda, agradavelmente linda, que parecia varrida pelo vento e sem um pedaço da casca de um lado, o qual pintamos com visgo, de maneira que ela parecia ter sido descorada pelo sal e quase se podia sentir o cheiro do mar ao se olhar para ela. Fiquei emocionado. Sentí-me como se realmente tivesse presenciado a transformação de uma alma, de algo incontrolável para algo embelezado pela própria natureza. Não parecia ter sido modelada por mãos humanas.

Tudo isto está relacionado a escolas de mistério. Quando conversei com ele depois dessa experiência, eu lhe disse: 'Sempre quiz ser um aluno numa escola de mistério e tenho a impressão que, de agora em diante, você pode ensinar-me mais do que eu aprenderia por acaso com meu grupo espiritualista. Você pode tomar-me como aluno e ensinar-me mais em um ano do que eu aprenderia em cinco por mim mesmo. Você poderia tomar-me como um projeto seu, moldando minha consciência como a sua e me moldando, como faziam nas antigas escolas de mistério?'

Ele me olhou e disse: 'Paul, você deixaria a Fellowship, fecharia suas portas e viria aqui como ajudante, lavaria minhas xícaras na cozinha, arrumaria minha cama, varreria o chão e tiraria as agulhas dos pinheiros sujos e desmantelados, faria tudo isso se eu nunca dissesse nada sábio ou divertido?' Fui atingido por um raio. A Fellowship para mim era como um bebê, um ser vivo, algo que era parte de mim e fechá-la seria como fechar uma parte da minha vida. No entanto, ao mesmo tempo, havia esta outra coisa. Essas duas coisas valiosíssimas estavam sendo pesadas na balança e parecia-me que a vida da Fellowship continuaria mesmo de portas fechadas.

Eu disse: 'Sim. Eu virei aqui como seu ajudante.'

Ele respondeu: 'Sendo assim, não posso ensinar-lhe'. Aquilo doeu! Eu não esperava essa resposta. Pensei ter solucionado o problema e feito o que parecia ser correto. Essas coisas magoam muito por um momento. Com lágrimas escorrendo pela face, perguntei: 'Por quê?'

Ele me deu duas razões: 'Primeiro, você está agindo emocionalmente e segundo, se você pode fechar a Fellowship e vir para cá, então eu é que tenho que aprender com você, pois eu não poderia fechar esta escola e ficar com você na Fellowship.' Senti que tinha aprendido mais com aquela curta troca de palavras do que poderia aprender numa vida inteira. Eu tinha encontrado minha escola de mistério e isso tinha me afetado profundamente. Perguntei-lhe se algum dia poderia conhecer seu professor. Respondeu-me: 'Só o professor pode tomar essa decisão. Se ele quiser conhecê-lo.'

Perguntei-lhe: 'Mas como ele pode ficar sabendo?' Olhou-me como se eu tivesse feito a mais absurda das perguntas e percebi que tinha mesmo, de maneira que mudei de assunto e continuei com meu trabalho.

Não muito depois disso, mudamos a Fellowship para Virginia Beach. Um dia, recebi um telefonema de um homem do Jardim Botânico de Norfolk, que me disse conhecer o professor de bonsai em Atlanta. 'Estudei com ele durante algum tempo e tenho aqui uma árvore que gostaria de levar-lhe e talvez deixá-la para que você trabalhe nela, para ver se gostaria de continuar o trabalho que começou com ele há algum tempo.' Pedi-lhe que viesse e ele trouxe uma linda arvorezinha que ainda estava com os arames de treinamento. Sentou-se e nós olhamos para ela um pouco. Notei que era um oriental. Depois de algum tempo de conversa ele saiu, deixando a árvore comigo, dando-me a impressão de ter sido um presente do professor de bonsai de Atlanta.

Mais tarde, naquele mesmo dia, pensei em telefonar para Atlanta e agradecer ao professor pela planta. Quando falei com ele, disse-me: 'Eu não lhe dei a planta.' Perguntei-lhe então quem havia me dado. 'Ele.'

'Por que um de seus alunos me daria uma árvore?', indaguei. Respondeu-me: 'Não era um aluno meu, era meu professor.' Meu Deus, passei dez minutos com aquele homem sem perguntar-lhe nada! Todos esses anos eu tinha esperado conhecer este professor, ele aparece e se vai e eu não tenho percepção suficiente para reconhecer a vibração de um mestre! Como deixei passar a ocasião?

Imediatamente telefonei para o Jardim Botânico de Norfolk e perguntei se ele ainda ali se encontrava. Disse-lhe que não tinha bem certeza de como cuidar da planta que ele me havia deixado e pedi-lhe para vir ver-me de novo. Não lhe disse que havia descoberto ser ele o mestre.

Gentilmente, ele concordou em voltar a ver-me e conversar sobre os cuidados e sobre a alimentação da plantinha. Foi então que uma coisa incrível aconteceu: enquanto conversávamos sobre a planta, ele fez referência a algumas coisas: 'Quando eu estava testando este galho aqui, ele estava rígido como se fosse quebrar ao invés de inclinar-se naquela direção. Veja, isto foi durante aquele período em que você deveria estar publicando este material e sentia que, ao invés disso, queria estar lecionando.' Subitamente, comecei a fazer conexões.

Perguntei: 'Como o senhor sabia desses incidentes na minha vida?'

Ele respondeu: 'Esta árvore foi posta em treinamento com os arames ao mesmo tempo em que ouvi falar de você pela primeira vez e desde então eu o observo através dos ramos desta árvore. Tudo que você fez ficou refletido nessa imagem sua. Se eu sentisse resistência de um galho, eu sabia que você estava opondo resistência ao que estivesse fazendo em sua vida.'

Olhando a árvore, percebi que ela, no seu todo, tinha sido um ponto de comunicação entre ele e eu e ele tinha estado me dando ensinamentos há três anos. Nunca o havia encontrado, mas, durante parte da minha vida, ele participou de todos os incidentes dela e nunca me forçou a aprender nada. Nunca me manipulou através dos ramos da árvore, mas gentilmente sugeria à árvore e a mim, através dela, para nos moldarmos em direções mais bonitas.

Então comecei a perceber, ao relembrar-me destas coisas, que, de alguma forma, eu tinha tocado a periferia das escolas de mistério. 'Há, de verdade, um lugar na China ou no Japão onde padres se juntam e aprendem uma disciplina que os torna indivíduos extraordinários, que sabem responder a qualquer situação na vida?'

Disse-me ele: 'Pode ser que haja isso que chamam de escola de mistério mas você não precisa disso porque já está matriculado na mais alta das escolas de mistério deste plano. Os mestres colocam as lições à sua frente.'

Ele me contou então a história de um jovem que ia para a escola, acabou matriculado numa escola pitagórica de mistério e esperava sua aula começar. Saiu de seu quarto, desceu para o refeitório pelo corredor e notou uma vassoura encostada na parede e sujeira no chão do corredor. Pensou: 'Isto é ridículo, eles não cuidam desta escola. Ainda há lixo alí e alguém interrompeu seu trabalho sem terminá-lo. Isto não é jeito de se dirigir uma escola de mistério.' Ele fez sua refeição e, ao voltar, percebeu que a sujeira e a vassoura continuavam lá. Voltou ao quarto e meditou enquanto esperava a aula começar. Finalmente, após sua meditação vespertina, saiu do quarto e se encaminhou para o refeitório para jantar. Percebeu que a vassoura ainda estava lá, a sujeira também, mas agora havia um esfregão e um balde. Ele pensou: 'Que falta de cuidado! Como podem fazer isso? Não estão cuidando da escola direito'. E continuou em direção ao refeitório. Quando voltou e tudo continuava lá, pensou novamente: 'Vou ter que falar com alguém sobre isso. Na verdade, eu nem sei mais se quero ficar aqui nesta escola. Se eles não conseguem nem dirigir isto direito, não vão ter muito a me ensinar.' E ainda esperava a aula começar...

Assim, tudo o que aquele homem conseguiu me passar foi que não é possível você ou eu precisarmos de uma aula para moldar nossas vidas de modo mais belo, sem que a aula comece. A próxima lição que você precisa na sua vida está bem à sua frente e você não precisa de nenhum mestre a mais do que já tem, embora os mestres possam ajudá-lo a ver as lições. Isto é tudo que podem fazer. Isto é tudo o que os mestres são. Ninguém pode ensinar-lhe mais sobre Deus do que já está escrito em seu coração, porém outros podem indicá-Lo para você e trazê-Lo para a superfície de sua compreensão, podem provocar a percepção de onde Ele está.

A melhor maneira de apressar um mestre é aprender a lição que está à sua frente e aí vocês se tornam companheiros do caminho e os próprios mestres são estimulados a também aprender. Suas lições vêm de sua teimosia. Eles aprendem paciência ao não indicar o esfregão e o balde. Quantas vezes um mestre não deve querer dizer ao aluno: 'Você não vê a lição à sua frente?' Sua lição é não dizê-lo. Sua lição é colocar o esfregão e o balde lá e ver se você não tropeça neles e os desloca um pouco mais para o meio do caminho a cada vez que passa.

Eu acho que alguns de vocês estão contando que a Fundação se torne uma grande escola de mistério. Alguns de vocês esperam por mestres pitagóricos que venham ensinar-lhes as fórmulas. Alguns de nós pensamos: 'Algum dia a Fundação vai tomar jeito e eu então vou querer ser um aluno.'

O esfregão e o balde estão à sua frente. As maiores lições que podem ser ensinadas na escola planetária de mistérios já estão bem à sua frente, cuidadosamente desenhadas, cuidadosamente posicionadas pelo mestre maior e são exatamente o que você necessita aprender neste plano.

À medida que a comunidade progride e à medida que outras lições maiores, mais profundas e mais intrincadas aparecem, os alunos preparados para elas serão atraídos. Até então você terá aprendido as lições necessárias para este estágio de desenvolvimento. Mestres nunca ensinam através da palavra. Somos ensinados através das suas vidas. Somos ensinados estando em sua presença e observando sua interação com o que se passa à sua volta, não por suas palavras mas por suas ações, pelas oportunidades que são postas à nossa frente pela sua presença. Somos ensinados pela evolução da escola da qual fazemos parte. E somos ensinados tanto pelos erros da escola como por seus exemplos e acertos. E aprendemos mais ainda numa escola de mistério quando a construimos.

Você não poderia estar num lugar melhor, num momento melhor do que agora, para suas necessidades em particular. Você recebe uma lição onde você está. Não sinta que existe uma escola de mistério em Findhorn só para aqueles que lá permanecem. Sua participação nesta escola de mistério tem sido parte de sua vida e continua a ser. Onde quer que a lição esteja, está no centro de seu caminho e você tem duas opções - pegar a vassoura e começar a varrer ou empurrá-la para fora de seu caminho e dizer 'Não é ridículo alguém largar essa vassoura aqui?' Aprenda a reconhecer o próximo passo do caminho e não diga 'Se eu não tivesse que fazer isso eu poderia cuidar de meu desenvolvimento espiritual.' Faça-o e saiba que isto é o crescimento espiritual e cresça com a experiência de ter lidado com esse assunto, qualquer que seja, agradeça por isso e deixe seus olhos bem abertos. Nenhuma garçonete foi indelicada com você num restaurante sem razão. Nenhuma balconista foi impaciente e abrupta com você sem propósito. Nenhum marido ou esposa ou filho mostrou-se egoísta se você não precisasse disso. Você tem o mestre perfeito se simplesmente puder ouvir; poderá dar a ele o crédito dos sucessos e a sí próprio a percepção de suas próprias falhas.

A diferença entre as pessoas neste plano, matriculadas nesta escola de mistérios, é que algumas estão matriculadas e adormecidas enquanto que outras acordam. Não temos a opção de sair da escola de mistérios. Não temos a opção de desistir das aulas. A única opção é aprender as lições, quer queira, quer não. Já estamos todos na maior escola de mistérios planetária e a Fundação, a Fellowship of Inner Light, Lindisfarne e outros centros semelhantes são locais onde quem estiver desperto se junta para compartilhar suas lições e deliberadamente deixar as lições disponíveis para os outros. As lições não são maiores ou menores. Simplesmente mais conscientes. Saiba disso e cresça para ser o que você é: um filho de Deus crescendo para ser o que seu Pai é.

PRIMEIROS PASSOS: UMA INTRODUÇÃO À PRÁTICA ESPIRITUAL

William Bloom

Extraído de seu livro *First Steps - An Introduction to Spiritual Practice*, 1993 (Prática Espiritual - Como Começar - ed.Triom.)

A mensagem básica de *Primeiros Passos* é que a prática espiritual consiste em três dinâmicas entrelaçadas.

Todos os dias, de alguma maneira,

- nós revemos, analisamos e transformamos nossas atitudes e ações;
- nós exploramos e nos alinhamos com as dimensões interiores e sagradas do nosso ego e de tudo que existe;
- nós servimos.

O ideal é que tudo isso aconteça simultânea e constantemente. Também deve acontecer:

- com uma percepção divertida, descontraída, mas realista do nosso relativo estado de ignorância e
- com a disposição e interesse em procurar mais instrução e inspiração.

Nos próximos capítulos vou falar primeiro sobre as sementes inatas de espiritualidade que existem dentro de cada um de nós e sobre o desafio de ser humano, para depois descrever, com maiores detalhes, a dinâmica básica da prática espiritual.

Auto-reflexão diária

Os dois 'Eus'

Somos todos confrontados com um desafio instigante mas, também, irritante. Temos essa percepção instigante do nosso Eu interior e temos a sensação irritante de não sermos capazes de expressá-lo plenamente. Que terrível paradoxo! Não há maior frustração para o ser humano que ouvir: - Este é quem você realmente é - e não poder sê-lo. Você pode até vir a ser esse Eu, mas terá que trabalhar para isso.

E o desconforto será ainda maior se você, depois de descobrir que tem um Eu principal, decidir ignorá-lo.

Você poderá trabalhar aplicando simultaneamente dois procedimentos:

- Primeiro, dissolver e transformar as camadas de defesas e atitudes diárias.
- Segundo, dar atenção ao seu Eu principal, tornando-o mais participante de suas percepções e ações.

'Auto-reflexão', portanto, significa refletir tanto em relação ao seu Eu da personalidade do dia a dia quanto em relação ao seu Eu interior.

Revisando o Eu da personalidade

O princípio básico da auto-revisão é que, clareando nossas atitudes e nosso comportamento com a luz da nossa consciência, podemos começar a transformá-los e, à medida que os transformamos, vamos permitindo que aquilo que verdadeiramente somos se faça mais presente. Existem muitas técnicas para se conseguir isto, mas acho que podemos resumi-las em três abordagens básicas:

- Revisão contemplativa.
- Manutenção de um diário.
- Respiração ritmada.

Qualquer que seja a técnica usada - e as três podem ser usadas simultaneamente - ela deve ser baseada na maior honestidade pessoal possível. Através dos anos, à medida que praticamos a auto-revisão, aumentamos nossa habilidade de encarar objetivamente nossos aspectos mais sombrios. Este é um trabalho muito pessoal. Na privacidade de nossas reflexões, podemos ser completamente honestos. Não vale a pena ser menos honestos. Na tradição cristã, a prática da auto-reflexão foi exteriorizada na Confissão, onde a honestidade ocorre num diálogo com o padre. A atitude para a confissão - dizer tudo - é muito útil. 'Eu me confesso...'

É extremamente importante que a auto-revisão, assim como todos os outros aspectos da prática espiritual, aconteça diariamente. Se não nos organizarmos para praticar regularmente, deixamos passar fatos que seriam importantes, e, então, a dinâmica transformativa da honestidade se perde.

Nas tradições espirituais clássicas, a instituição ou o mestre fornece as linhas disciplinares dentro das quais devemos trabalhar. À medida que caminhamos para o século 21, no entanto, foi descartada a disciplina imposta por autoridades hierarquicamente superiores, nos restando apenas a opção da autodisciplina.

Alinhamento com o Sagrado

'Deus'

O sagrado, o divino, o multidimensional, o mágico, tudo está à nossa volta e em nós. Como crianças, muitas vezes vivenciamos essa outra realidade, mas o imediatismo das existências física, psicológica e social penetra a nossa vulnerabilidade e nós, então, erigimos personas defensivas - e bem sucedidas - para suportar as investidas do mundo exterior. Essa persona defensiva consegue afastar os perigos mas, ao mesmo tempo, nos faz perder a comunicação com o mundo interior. Nós nos fechamos e criamos defesas cada vez mais fortes.

Mais tarde, por algum motivo, tentamos reaver esse mundo interior e sua sagrada beleza. Começamos a sentir que existe alguma forma de conexão invisível e transcendente permeando tudo que existe. Podemos chamar a isso de Espírito ou de Deus. É importante entender que 'Deus' é apenas uma abreviação, uma sigla, para uma realidade indescritível que é vivenciada de várias maneiras, em diferentes tradições e por diferentes indivíduos. Para algumas pessoas é uma experiência muito pessoal; outras já são mais objetivas. Em geral, a tendência é projetar para 'Deus' as idéias que melhor servem para a nossa sociedade e cultura. Uma sociedade patriarcal terá um Deus patriarcal.

Algumas tradições espirituais, como o Budismo, reconhecem essa tendência de se apropriar, explorar e manipular a idéia de Deus. Estas tradições percebem que definir Deus é uma questão de onde colocar nossa atenção e como sintonizar nossa percepção.

Na tradição mística do Judaísmo, existe um esquema muito útil das realidades interiores chamado a Árvore Kabalística da Vida. Esta árvore é composta de dez grandes esferas, cada uma representando um aspecto de Deus. A esfera mais abaixo representa a Terra e a mais acima representa a irradiação da pura consciência cósmica e a Fonte de toda a Manifestação. No entanto, acima da esfera mais alta, ainda existem três semicírculos que se sobrepõem, como um chapéu em cima do outro. O primeiro é Aïn-Soph Aor e significa a Luz Infinita; o segundo é Aïn-Soph e quer dizer o sem fim, o infinito, e, finalmente, vem Aïn, que representa o nada, o Imanifesto.

O mestre tibetano Djwahl Khul, conhecido através dos muitos livros de Alice Bailey, evita usar a palavra Deus, preferindo usar a expressão *Tudo Que É*. J. G. Bennet, que ensinou e iniciou pessoas num caminho místico chamado Subud, recebeu, certa vez, um aluno que se recusava a prestar um compromisso com Deus para poder entrar na ordem. Os outros estudantes se sentiram desconfortáveis, mas Bennet olhou o rebelde e perguntou: "Que tal um compromisso com a Eletricidade Cósmica?" O rebelde aceitou e a cerimônia de iniciação pode prosseguir.

Esta digressão sobre Deus aponta para um ponto crucial na verdadeira prática espiritual. Podemos, como indivíduos, tentar descobrir o que Deus é ou não é, ou podemos investigar se queremos nos ligar a algum desses conceitos ou não.

O que é vital e importante saber é que existe um mundo interior e que há uma qualidade sagrada inerente a tudo o que existe. Na prática espiritual exploramos esses mundos, livres de preconceitos e abertos para o desconhecido.

Algumas pessoas podem se julgar incapazes, até não merecedoras, de vivenciar o sagrado. Isto é impossível. Ninguém, a não ser impedido por uma terrível injustiça, vive sem sentir o gosto de uma experiência assim.

Nós experimentamos o sagrado quando nos deparamos com uma linda paisagem, ou olhando uma criança, ou vendo algo de extrema beleza. O toque dessa experiência pode ser leve como o de uma pena na sua consciência. Em algum ponto de nossa vida a qualidade mágica do mundo interior nos tocou. É importante lembrar esse momento e prestar bastante atenção nele.

Na prática espiritual diária, nós deliberadamente agimos de certa maneira para romper nossas defesas psicológicas e entrar em comunicação e comunhão com a nossa realidade interior. Existem muitas abordagens e técnicas espirituais, mas o objetivo comum a todas elas é trazer o divino e o sagrado para a nossa consciência, e repetir tantas vezes a experiência que ela vai se fundir e fazer parte da nossa conscientização diária.

Abandono, devoção e contemplação

É uma coisa boa que a cultura humana tenha tantas abordagens diferentes sobre Deus ou o Espírito - mas é também um desafio. É um desafio porque um dos maiores problemas da humanidade é a intolerância que uns sentem em relação aos caminhos espirituais que não sejam os seus próprios. Eu não estou falando só dos grandes conflitos teológicos entre as religiões, mas também dos diferentes estilos de abordagem espiritual. Essas diferenças de estilo podem provocar preconceitos terríveis e talvez constituam um problema maior que as divisões teológicas e intelectuais. Conflitos teológicos são facilmente identificáveis, mas conflitos entre estilos podem existir dentro de um mesmo sistema de credo e são mais sutis e traiçoeiros.

Parece-me que existem três estilos básicos que causam conflito e problemas entre seus praticantes:

- Enlevo místico.
- Aspiração devocional.
- Contemplação.

Imagine, por exemplo, um buscador devoto, que adora rezar fervorosamente, e uma pessoa que faz contato com o Espírito através do enlevo da dança. Um não consegue entender o comportamento do outro, da mesma maneira que o estudante contemplativo pode ser crítico dos outros dois estilos. Na verdade, nenhum dos três estilos precisa excluir os outros dois. Vale a pena fazer um ato de auto-avaliação para entender qual é o estilo que mais combina com você e depois se perguntar se não seria bom tentar os outros estilos também, eliminando qualquer preconceito contra eles.

Ações, Atitudes e Serviço

A chama do idealismo

Na prática da auto-reflexão e da sintonização com o sagrado, nossas visões e experiências do mundo, da consciência e das realidades são bem diferentes daquelas do nosso dia a dia. O mundo sagrado tem a qualidade de apaziguar a dinâmica do egoísmo desenfreado. A compulsão de sobreviver, competir e vencer se retrai face a percepção do verdadeiro Eu e da natureza sagrada de tudo que existe.

O desafio, portanto, é conseguir se manter fiel a essa percepção do Eu superior.

À medida que começamos a sentir o poder do Eu Superior,

surge naturalmente uma vontade de atingi-lo e incorporá-lo à nossa vida. Renasce o instinto de justiça e correção que tínhamos quando crianças. Talvez alguns de nós tenhamos conseguido manter aquele sentido de justiça natural e, nesse caso, os novos contatos com o mundo interior vão reforçar nossa consciência e nossa atividade. Também vamos perceber que este processo só pode começar dentro de nós mesmos.

Tenho a impressão que existe um instinto natural de entrega à visão e percepção do Eu Superior. Eu já observei muitas pessoas que têm uma clara percepção de seu Eu Superior mas nada fazem para se render a ele no seu dia a dia. Sem exceção, essas pessoas se sentem feridas por uma profunda insatisfação pessoal - apesar dessa dor estar, às vezes, escondida por baixo de muitas camadas de defesas psicológicas.

Existem outras pessoas que se entregam tão completamente aos imperativos morais do seu Eu Superior, que seu sacrifício pessoal em prol do bem geral é tão grande que até nos espanta, ao mesmo tempo nos inspirando por sua coragem e desprendimento.

Para facilitar as coisas, vamos chamar de 'serviço' todo trabalho dedicado a construir um mundo que tenha moral, justiça e amor. Eu acredito que a nossa tendência natural ao serviço vem de um desejo interior incontrolável de manifestar tangivelmente tudo aquilo que consideramos justo e maravilhoso no mundo interior verdadeiro. Este é um idealismo apaixonante, mas esta paixão é também perigosa, pois, em geral, preferimos viver vidas seguras. Enredados nas realidades dos compromissos financeiros e familiares, envolvidos pelas ilusões do status e da sobrevivência social, achamos ameaçadora a idéia de nos rendermos à paixão pelo serviço.

No entanto, não nos resta outra escolha a não ser nos rendermos - cada um à sua própria maneira - a esta atração pelo serviço. E a falta de escolha não é só por causa do imperativo moral da nossa alma. A verdade é que o serviço é a pedra fundamental da nossa transformação espiritual.

O serviço como transformação pessoal

A essência da transformação pessoal é o processo que faz com que o nosso Eu principal, o nosso Eu interior verdadeiro, se expresse e se manifeste plenamente. Transformação espiritual é o nosso Eu verdadeiro se incorporando em nós. Muitos de nós preferimos ignorar essa realidade. Preferimos pensar que nosso trabalho mais importante é expandir nossa consciência para, cada vez mais, conseguirmos nos desapegar das coisas terrenas. Certamente devemos expandir nossa consciência, mas nenhuma expansão, por maior que seja, tem qualquer valor se não for incorporada e expressada em nosso comportamento, nossas ações e nossas atitudes.

Esta noção deve ficar bem esclarecida. Precisamos expressar nosso Eu Superior não só porque é uma boa idéia, ou porque é útil, mas sim porque só conseguimos realmente nos transformar quando a nossa consciência é expressada através de nós. Se nossa nova consciência não se expressa através de nós, ela só está existindo em nossa psique. Devemos ancorar em nós as novas percepções - sejam sobre amor, espírito, consciência, justiça inata - de maneira a sentir aquela 'comoção' interior quando as colocamos realmente em prática com todo o nosso corpo, nossa mente e nosso coração. É através deste processo que ocorre a nossa transformação. Se nossas mudanças ocorrem somente em nossa psique, estamos perdendo tempo e demonstrando um certo narcisismo.

Enfocando energeticamente este ponto que acabamos de analisar: o Eu principal e o eu social têm diferentes vibrações, irradiações e consciências. Quando o Eu principal se manifesta através do eu do dia a dia, este eu muda de vibração, irradiação e consciência. Desta maneira é atingida a verdadeira transformação, integração e liberdade plena.

Existem muitos místicos e idealistas espirituais que ficam completamente desequilibrados e improdutivos porque sua consciência e sua percepção não estão ancoradas na realidade física de suas ações.

O campo energético do Eu Superior tem que fluir plenamente através de todo o nosso ser para se ancorar no que, atualmente, chamamos de consciência celular. Cada célula do eu do dia a dia precisa vibrar e irradiar a consciência do Eu Superior. Isto é transformação espiritual.

Portanto, em outras palavras, serviço é o comportamento que expressa o nosso Eu principal ao mundo.

Práticas Específicas da Comunidade

Alex Walker e outros

Os comentários de William Bloom se aplicam a qualquer aspirante em qualquer lugar. A Comunidade por certo desenvolveu seus próprios rituais específicos que aqui são resumidos.

Trabalho Como Amor Em Ação *Roy Mac Vicar*

Extraído do folheto da Fundação *The Living Classrooms of the Findhorn Foundation* (As Salas de Aula Vivas da Fundação Findhorn) - editado por Roy Mac Vicar - 1978.

Um aspecto vital da vida na comunidade é o papel do trabalho como forma de prática espiritual. Muito do que fazemos pode ser definido como sacralização do comum e isto tem sido interpretado de muitos modos, em fases diferentes de nossa vida na coletividade.

Uma das famosas frases de Peter Caddy, referindo-se à construção da comunidade, era os "Três Pês - Paciência - Persistência e Perseverança". Em 1970 a importância da perfeição no trabalho foi acrescentada. Em todos os tempos, o valor do serviço como caminho espiritual tem sido enfatizado. A maioria desses preceitos levanos de volta ao título deste artigo - 'o trabalho é amor em ação'. Desde o início formamos uma comunidade de trabalhadores - um lugar de ação onde a palavra de Deus dirige a mão da humanidade e os sonhos da alma se tornam realidade pelo trabalho do corpo.

O trabalho, não importa quão árduo ou monótono possa ser, é algo que pode ser feito com amor e alegria quando feito num nível novo de consciência. Quando lava o chão ou dá uma polida na mesa ou limpa um vaso, você pode ter percepção de sua unidade essencial com aquele objeto, perceber que ali dentro também há divindade, de maneira que, quando você o deixa limpo e brilhante, está liberando a divindade. O objeto irá refletir de volta o amor e alegria que você verteu sobre ele. O trabalho é um dos meios mais efetivos para você demonstrar uma mudança de consciência.

Os artigos seguintes sobre meditação e sintonização descrevem algumas técnicas para conseguir-se e manter-se o 'alinhamento vertical' com o sagrado que gera uma sinergia alegre em relação às tarefas mundanas, do 'plano horizontal', que nos confrontam no dia a dia.

Sintonização ***R. Ogilvie Crombie e William Bloom***

Roc, numa reunião de focalizadores em setembro de 1974. Artigo de estudo dos primeiros tempos da Fundação Findhorn.

Há diferentes energias canalizadas para a comunidade porque cada indivíduo que seja membro da mesma estará, de quando em quando, canalizando energia. Isto acontece de muitas maneiras, pois a energia cresce e se torna o que eu poderia chamar de campo de energia de Findhorn. Os grupos, é claro, fazem a mesma coisa. A questão que surgiu foi pelo fato do grupo de construção estar aparentemente fazendo muitas sintonizações. Houve a sintonização do grupo original e então, mais tarde, algumas outras pessoas apareceram e houve uma outra sintonização e, talvez ainda mais tarde, uma outra, porque um novo grupo havia chegado. Houve seis ou sete sintonizações durante o dia.

O objetivo fundamental da sintonização é ligar as pessoas para que o grupo possa trabalhar direito. Claro, assim que se começa a fazer isso, as energias são canalizadas através do grupo. A questão é: na certa há um suprimento ilimitado de energia cósmica que pode ser 'canalizado' e certamente não é como uma represa que possa esvaziar-se quando se tira muito. Entretanto, uma coisa estranha acontece aqui. Você junta meia dúzia de pessoas, elas se unem na sintonização e um certo tipo de energia é sintonizado através dessas seis pessoas com o propósito de ajudar na construção do prédio. Pouco depois, três outras pessoas aparecem. A idéia é: nós os juntamos ao grupo e acrescentamos mais uma sintonização e isto irá ajudar. Na verdade o que acontece é que a primeira sintonização será rompida. A união estará sendo rompida porque três outras pessoas foram introduzidas. Começa-se tudo de novo. Faz-se mais uma sintonização com nove pessoas, vai haver um padrão energético diferente, pois o grupo é ligeiramente maior e constituído por pessoas diferentes.

O resultado é que, ao invés de se ter um campo uniforme para se trabalhar na construção, haverá três campos diferentes que não estarão necessariamente harmonizados; assim, um estado de desarmonia pode acontecer ao invés da sintonização do grupo.

O que se quer é um padrão que seja exatamente o mesmo para

todo o grupo do departamento. A única forma de se conseguir isso é não ter sintonizações feitas por pessoas diferentes no grupo. As pessoas a mais que se juntarem serão absorvidas no padrão energético que tenha sido criado pela sintonização inicial.

A quantidade de energia que se forma nesses grupos em particular, é bem considerável e, na verdade, muito maior do que o necessário para o real objetivo do momento. Parece, de alguma forma, uma violação da lei cósmica segundo a qual o grupo não deve retirar mais energia do que a necessária. Quase sempre acontece que um outro grupo será usurpado, não porque não haja o bastante, mas porque o equilíbrio será rompido. Energia demais foi para um lugar em particular, de maneira que terá que ser compensada em outro. O resultado é que todo o campo da Comunidade de Findhorn fica desequilibrado.

A canalização de energias não é algo que possa ser feito de maneira impensada dizendo-se: "Muito bem, eu vou ser um canal para a energia e vou conseguir uma tremenda energia para isto ou aquilo". É preciso lembrar-se que alguém pode ter que pagar por essa energia se você tirar mais do que o necessário para o propósito. Se estiver trabalhando pela manhã com um grupo, um certo padrão de energia será criado. Acabado o trabalho, aquela energia não mais circulará. Aí, vai-se para um outro grupo, uma outra reunião. Um tipo de energia diferente será provavelmente necessário e assim se sintoniza com aquele grupo.

Pergunta: Sempre temos a preocupação de nos sintonizarmos ao final da reunião.

Roc: Isto é bom porque significa que vocês fizeram um corte na energia. É como desligar a luz quando tiverem terminado.

Pergunta: Já chegamos ao ponto de termos consciência da qualidade de energia que estamos invocando?

Roc: Vocês precisam saber de suas necessidades e o que podem fazer é pensar conscientemente que esta é uma sintonização para a energia que seja correta para o trabalho específico que você esteja fazendo. O poder da mente é muito forte e você sintonizará a fonte certa simplesmente pensando nela.

Pergunta: Quando se tem um número estável de pessoas e num determinado momento durante o dia as atividades se tornam dispersas, seria correto juntar-se o grupo e sintonizar-se?

Roc: O melhor a fazer é juntar-se, darem-se as mãos para focalizar a energia novamente. Não faça a sintonização muito longa. Se houver a dose certa de sintonia e harmonia no grupo, não deverá haver nenhuma sensação de pressão em ninguém. Se houver sinais de pressão, isto quer dizer que há alguma coisa errada em algum ponto.

Pergunta: Quando nos sintonizamos como um grupo de manutenção da Fundação, vemos um quadro da entidade do grupo se desenvolvendo e crescendo. É como se nossa energia fosse principalmente canalizada para o crescimento desse ser mais do que para nosso trabalho diário, pois, enquanto não sabemos que ser é esse, não conseguimos nos direcionar.

Roc: O propósito da sintonização para qualquer coisa é trazer a energia para um determinado trabalho a ser feito. Se você for canalizar para um ser ou algo do gênero, você vai construir esse ser e a energia não irá para o trabalho que você estiver fazendo. Eu vejo muito perigo nesta idéia de pensar no grupo como uma espécie de alma-grupal, ao invés de pensar nele como um grupo integrado de indivíduos. Uma vez que você comece a pensar nesta entidade ou nessa alma grupal, que é o ser, há um perigo terrível disso se tornar uma forma pensamento. Uma forma pensamento não é um ser real. É uma criação da projeção das diferentes pessoas no grupo. É muito melhor pensar-se no grupo como indivíduos formando uma unidade e não como um ser.

(do livro *Meditation in a Changing World*, por William Bloom, pag. 114.)

Depois de uma vivência com membros da Fundação Findhorn, o grupo com o qual estava trabalhando alinhavou algumas diretrizes úteis no que concerne à sintonização.

1 - Sintonização nunca é simplesmente um ritual feito por hábito.

2 - O focalizador da sintonização sempre demonstra:

a) carinho pelo grupo;
b) sensibilidade ao trabalho a ser feito.

3 - O focalizador, portanto:

a) une o grupo no aqui e agora, com clareza e carinho;
b) sintoniza o grupo com sensibilidade ao trabalho a ser feito.

4 - Ao cabo do período de trabalho, é desejável haver uma finaliza-

ção ou uma 'dessintonização': um segurar de mãos, um obrigado, ou aquilo que for apropriado.

Sintonização - Sessões Semanais de Troca de Impressões

Alex Walker

As sintonizações semanais nos departamentos têm uma variedade de propósitos. Além dos óbvios, tais como criar um tempo nas reuniões da coletividade para discutir algum assunto relevante e/ou incentivar as interações sociais entre os membros do grupo, há no mínimo três outros aspectos importantes desses encontros.

O primeiro é assegurar o mínimo de uma meditação semanal conjunta dos integrantes do departamento, dessa maneira incentivando a sintonização dos indivíduos entre si, as tarefas a serem feitas e a vontade divina.

Em segundo lugar, esta é uma oportunidade para cada membro do departamento se manifestar, o que é chamado de 'compartilhar pessoal', que é uma descrição breve porém profunda de acontecimentos externos em suas vidas, mas, acima de tudo, seus sentimentos mais recônditos, crenças, desafios e aspirações.

Em terceiro lugar, é uma ocasião para uma abertura consciente a trocas de opiniões ou reflexões sobre esse compartilhar dos outros membros do departamento. Uma grande variedade de técnicas espirituais e psicológicas é abordada nessa ocasião, dependendo das habilidades, interesses e aptidões dos participantes. Podem incluir exercícios para identificar áreas onde alguém possa estar 'projetando' em outro seus medos, desejos ou outros sentimentos, tentativas para revelar 'pontos cegos' na conscientização do indivíduo e uma miríade de exercícios de 'consciência grupal'.

O valor da meditação deveria ficar evidente pelo que já foi dito, porém os aspectos de compartilhamento pessoal e troca de opiniões sobre as sintonizações são também muito importantes a seu modo. Pode ser possível atingir a iluminação sentando-se sozinho numa gruta, porém, para a maioria de nós, nossos esforços para melhorar a nós mesmos têm que ser feitos num contexto que inclua amigos e colegas.

Este tipo de interação é, assim, uma oportunidade para se descobrir se o que aprendemos sobre nós mesmos e sobre o mundo está sendo posto em prática de forma apropriada.

Na verdade, os estudiosos dos arquivos da Fundação, ou quaisquer outros materiais de estudo dos primeiros tempos, podem facilmente detectar que, devido à natureza minúscula e espalhada da rede espiritual que emergia nos anos 50/60, este aspecto tão importante do nosso atual trabalho espiritual, trocar opiniões como um espelho para a alma, era virtualmente ausente. Afinal, se os contatos com quem você possa compartilhar uma parte secreta do seu mundo são poucos e esparsos, a última coisa que você iria querer seria ofendê-los! Este isolamento é, portanto, responsável pela aparente natureza excêntrica da maior parte do movimento espiritualista na Grã-Bretanha até fins dos anos 70. Hoje em dia já não se podem usar tais desculpas para os excessos cometidos.

Sintonização — *David Spangler*

Resumo de um artigo de estudos dos primeiros tempos da Fundação.

O que é Sintonização?

Para se praticar uma sintonização, começamos com a compreensão do que seja o conceito de unidade. Isto não quer dizer que tudo é igual; isto quer dizer que tudo existe dentro de um campo unificado do ser. O mundo interior duplica em todos os seus aspectos os reinos mais vastos de vida e consciência que estão fora e além de nós. Para nos comunicarmos com o nível espiritual da vida, simplesmente descobrimos e nos sintonizamos com a realidade correspondente no nosso interior. Percebemos que não há separação, que, na essência, somos um com aquele nível e aceitamos esta unidade como a realidade. Podemos fazer uma ilustração disso tomando um exemplo na música. O dó central e sua primeira harmonia, a nota dó seguinte mais alta, têm a mesma qualidade tonal mas são separadas por uma oitava de energia. As duas notas tocadas do mesmo modo possuem uma amplitude igual mas uma frequência de expressão diferente. A nota mais alta move-se mais rapidamente como uma onda sonora, assim a ouvimos um diapasão mais alto. Embora a maioria das pessoas possa diferenciar entre o dó central e suas harmônicas maiores, elas ainda são a mesma nota e ocupam a mesma posição tonal na escala. Por isso, quando um dó é tocado, todos os outros dós de oitavas ressoam em harmonia e podem ser ouvidos por quem tenha ouvidos sensíveis e treinados. O mesmo acontece com o universo interior. No microcosmo do ser individual somos harmonicamente relacionados com todo o macrocosmo que representa oitavas maiores do que aquelas do nosso interior. Se manifestarmos uma determinada qualidade, como o amor, há uma vibração de ressonância por todo o universo da qualidade do amor em todos seus níveis de expressão, em todas as oitavas do ser.

Sintonização e Ressonância

Com esta compreensão, podemos começar a praticar a sintonização em nossas vidas. Com a prática, percebemos uma comunicação cada vez maior com reinos mais altos e mais vastos da vida, tanto verticalmente, em termos de frequências mais altas de consciência, como horizontalmente, em termos de vida física que nos rodeia, quer sejam seres humanos próximos a nós ou vidas da natureza. Diferentemente do antigo estilo de comunicação que é geralmente visto como um fluir entre dois ou mais centros ou pessoas e que porisso mantém o conceito de separatividade, a sintonização é comunicação através de comunhão, pelo reconhecimento da realidade da unidade que sempre existiu. Não há fluir entre - há unidade com. A sintonização atua sob o princípio da ressonância, que, por sua vez, depende da ação e manifestação viva. Tais fenômenos, como canalização e mediunidade, dependiam da habilidade em contatar um outro nível da Vida como algo separado, fora da vida da psique, assim como a prece era uma comunicação com um Deus externo e separado da vida individual.

Este contato poderia ser ligado ou desligado quando a mensagem de ajuda fosse ou não desejada, semelhante ao uso do telefone ou rádio. Sintonização é completamente diferente. Requer a manifestação e a expressão da vida interior do indivíduo, das qualidades com as quais deseja sintonizar-se em níveis menos restritos do ser e da consciência. Não pode ser desligada. A unidade deve ser uma realidade viva dentro de si, não simplesmente um conceito.

Sintonização com Amor

Suponhamos que eu deseje contatar a consciência de Amor ilimitado dentro da criação. Usando antigos métodos de comunicação, eu poderia tentar contato, através de meditação, com algum ser que eu considerasse separado de mim e que representasse essa consciência. Usando a sintonização, um enfoque inteiramente diferente deve ser abordado. Primeiro, dou-me conta de que essa consciência de Amor ilimitado não está no exterior; há uma contraparte numa oitava menor dentro de mim. Preciso encontrar essa contraparte e tocá-la, como tocar o dó médio para poder ouvir um dó mais alto através da ressonância.

Em outras palavras, devo começar a expressar em níveis humanos um amor liberado das limitações do preconceito, medo, ódio e separatividade. Devo relacionar-me com o mundo ao meu redor como se todas as partes fossem amadas. Devo ver a realidade desse amor em mim e em minha vida. Ligar a vibração de amor em toda minha vida microcósmica. E assim, nos meus momentos de silêncio, posso elevar-me nas correntes dessa ressonância. Atraio as contrapartes mais altas de amor para minha consciência ou, mais exatamente, vivenciando o amor em minha vida microcósmica, torno-me sensibilizado a vivenciá-lo na vida macrocósmica. As barreiras da separação se dissolvem em minha consciência. Não há mais interior nem exterior. Há somente unidade em tudo.

Viver essa Sintonização

Ao vivenciar a sintonização em momentos de silêncio, aumento minha percepção da unidade em momentos de atividade, até que silêncio e atividade, ação e inação, tornam-se um 'eu posso viver e movimentar-me em completa sintonia com tudo à minha volta, em todos os níveis. Através dessa comunicação comunico-me perfeitamente com o universo'. Assim, temos o método de oração da Nova Era, de comunicações com níveis mais vastos e mais libertos da Vida. Sintonizamo-nos, não através de contacto com alguma coisa separada, porém com a unidade de toda a vida, interior e exterior. Vivemos essa sintonização. Ela precisa ser vivida, atuada e expressada se desejarmos que a ressonância necessária, que desintegra as barreiras da separação aparente, seja desenvolvida.

Por todo o mundo, homens e mulheres estão respondendo às novas revelações da unidade da vida e da criação. À medida que o fazem, a sintonização torna-se uma manifestação crescente. Maior do que a prece que ligamos ou desligamos de acordo com as necessidades, a sintonização caminha, trabalha e vive a todo momento na presença viva de Deus que é a Unidade. Mais e mais ouviremos falar e veremos pessoas que vivem as revelações da verdade, pessoas que podem dizer com perfeita autoridade e conhecimento próprio: "EU SOU a Vida no todo, o Amor unindo tudo, a revelação da Verdade, pois em minha vida ressôo com o Todo em Tudo e Deus e eu somos Um".

Focalização ***Alex Walker***

Quase todos os departamentos da Fundação funcionam como um grupo e cada grupo tem seu focalizador. O focalizador não tem o intuito de ser um líder no sentido de dar ordens; é sim a pessoa que adquiriu respeito por sua capacidade de entrar em sintonia com as necessidades do todo. Isto não significa que o focalizador tenha todas as respostas. Na verdade, o focalizador pode até saber menos acerca do trabalho a ser feito do que outras pessoas envolvidas. Se a tarefa pode ser realizada com as habilidades dos membros do departamento, o focalizador passa a considerar outros fatores. O trabalho está em alinhamento com o todo por alguma espécie de sintonização? Seria o trabalho facilitado se houvesse música de fundo? Alguém precisa ser informado sobre o andamento da tarefa por não estar familiarizado com ela? Deveríamos fazer uma pausa para descansar? Devo fazer o chá? Essas são as perguntas que um focalizador, ou aspirante, deve ter em mente.

O grupo deve, certamente, ser composto por pessoas que estão aprendendo a receber instruções do Deus interior e que sejam capazes de combinar um direcionamento pessoal com a visão do bem do todo. Note-se, entretanto, que os departamentos não têm o intuito de ser grupos trabalhando democraticamente pela maioria dos votos - embora isso possa acontecer de tempos em tempos. Dado que conflitos de alguma espécie são quase que inevitáveis, a questão de como grupos tomam decisões conjuntas é descrita no capítulo 10.

Festivais ***Alex Walker***

Uma grande variedade de oferendas criativas para os vários festivais é encontrada na comunidade, porém o livro de David Spangler sobre esse assunto ainda é o melhor que se tem. Ele enfatiza os equinócios e solstícios e oferece aí definicões de seus significados simbólicos. As descrições são aplicáveis ao hemisfério norte e o fluir dessas energias é balanceada pelo seu oposto no sul.

Solstício de inverno - O Festival da Identidade - Momento quando se pode invocar, com muita força, o acordar da semente da divindade que está adormecida em nós.

Equinócio da primavera - O Festival da Ressurreição - A celebração do triunfo da luz sobre as trevas.

Solstício de verão - O Festival da Manifestação - Tempo de render graças às bênçãos da natureza.

Equinócio de outono - O Festival da Transformação - Miguelinas é o 'portal da criatividade', quando examinamos nossas capacidades individuais e coletivas para manifestar aquilo de que precisamos na vida.

É bastante revelador que, no início dos anos 70, na comunidade, quando o período de estada dos membros era menor e se trabalhava sete dias por semana, os festivais eram exclusivamente assunto da Fundação e muitos membros da mesma compareciam.

Nos anos 90, como há mais distrações e os festivais tendem a ser celebrações da grande comunidade, eles atraem menos público entre os pioneiros.

Cerimônia *R. Ogilvie Crombie*

Extrato do artigo *Festival, Findhorn, 5 de novembro de 1970* - arquivo da Fundação.

Pode haver pessoas, e sei que existem, que acham que rituais e cerimônias são coisa do passado e que no futuro não mais existirão. Muito pelo contrário; sabemos - e isto não é opinião minha, mas sim ensinamento intuído - que cerimônias e rituais vão ocupar um grande espaço na Nova Era, porém serão uma cerimônia e um ritual próprios à Nova Era.

Um ritual precisa ser sincero e significativo. Se cristalizar-se, simplesmente repetindo-se determinados gestos, determinadas palavras, determinadas ações, tudo feito mecanicamente, sem o concurso do coração, sem significado, ele será inútil. É porisso que um ritual da Nova Era não poderá ser absolutamente fixo.

Um ritual deverá ser inspirado pelo momento e, assim sendo, conservará seu significado e terá efeito. Muitas pessoas acreditam que rituais são um contra-senso, porém estão erradas. Palavras e gestos não se restringem ao nível físico; criam padrões num nível mais alto e se combinam com padrões que já existam nesse nível e, portanto, exercem um papel importante nos processos de manifestação.

No passado, eram usados rituais fixos, com roupas apropriadas também fixas, o mesmo tipo de fórmulas e uma série de coisas sempre iguais. No futuro serão muito mais flexíveis, embora um ou dois aspectos importantes ainda serão usados.

O primeiro aspecto de grande importância é a vela. Na verdade, uma vela acesa simboliza a luz e, mais do que isso, simboliza a verdade. Portanto, uma vela acesa leva a verdade, ou luz, às sombras. Este é o importante simbolismo da vela. Também por ser uma chama viva. Não se consegue o mesmo efeito com uma lâmpada elétrica como com uma chama viva que, em certos casos, deverá estar presente.

Também incenso deverá ser usado num ritual. Na verdade, isso pode parecer como:'Hum, é mesmo. É bom ter um pouco de fumaça e cheiro', porém, por que é usado? - para que serve? Isto remonta a tempos muito antigos. Incenso é a fumaça que se alça às alturas. É uma fumaça deliciosamente perfumada, precisa ser. Os Reis Magos levaram incenso ao menino Jesus. Incenso representa purificação e, se queimado em um cômodo onde haja entidades que lá não deveriam estar, o incenso mal tolerado as impele para fora. Portanto, ele é muito importante em certas ocasiões.

Num centro como a Fundação, onde se pede a cooperação das forças da natureza e esta é o contacto com o reino elemental, é importante que se tenha representantes dos quatro reinos: fogo, ar, terra e água. É o que temos aqui.

Assim, há coisas que devem ser usadas, porém o principal é lembrar-se de que não é absolutamente uma tolice. Há nisso um propósito real e um significado também muito real; portanto, é importante não se pensar nisso como um amontoado de tolices e lembrar-se de que tem um significado muito profundo. Além disso, realiza algo que é muito importante, auxiliando no processo da manifestação e da cooperação.

Retiro

Alex Walker

É certamente um conceito errado imaginar-se que a comunidade seja essencialmente um lugar de retiro, no sentido de um local divorciado das realidades da vida quotidiana, que possa oferecer um oasis de paz e quietude. Findhorn e Forres podem ser geograficamente distanciadas das maiores cidades da Europa, porém, além do fato de que há, na nossa divisa, uma grande base aérea da OTAN, a própria realidade da vida diária é de compromisso com atividades de grupo, trabalho árduo e confrontação consigo mesmo.

Isto não significa que ocasiões de retiro sejam de menos importância. A Fundação tem uma propriedade em Iona - a casa de 'Traigh Bhan' (que quer dizer praia branca) - para este propósito. Retiros organizados também acontecem, de tempos em tempos, no Parque, em Newbold e na Minton House. Eles formam uma parte integrante do autodesenvolvimento espiritual e, embora possamos admirar quem seja capaz de trabalhar 52 semanas por ano, também nos questionamos se essas pessoas não estariam se escondendo de si mesmas em seu trabalho. A mente é um adversário astuto e períodos de contemplação, a sós ou acompanhado, são um importante complemento da prática espiritual.

Outras Práticas

Há muitas outras práticas e tradições correntes entre indivíduos na comunidade, tais como fazer fogueiras, dança sagrada, técnicas específicas de meditação, canto Taizé, etc. Entre as mais comuns está a 'tirada de anjos' que derivou do 'Jogo da Transformação'.

Virtualmente ausente da vida da comunidade é o proselitismo. Isto não significa que a comunidade queira esconder seus talentos ou negar a necessidade de levar suas atividades para o mercado de forma apropriada.

A rejeição à intromissão de convencer as pessoas do valor do trabalho da comunidade sem serem solicitadas advém do desconforto com a necessária rigidez de crença nesses métodos de persuasão e o sentimento de que aqueles que já aprenderam um pouco sobre a natureza espiritual do mundo, não necessitam tentar mudá-lo através de exortação, mas sim através do exemplo de suas vidas.

Uma outra atividade é particularmente digna de ser mencionada: os Encontros da Comunidade. Tais eventos não são normalmente considerados em si mesmos como formas de prática espiritual, porém, não obstante, são uma parte importante da vida da comunidade. Esses eventos são discutidos com mais detalhes no capítulo 10.

Regras

É importante entender-se que a Comunidade não quer ditar regras ou impor um código moral específico, mas, sim, sugerir diretrizes para o desenvolvimento da audição interior. Dado que se espera das pessoas envolvidas com a Fundação que respeitem as leis da Escócia, só há duas regras formais para os alunos ou funcionários da Fundação:

1 - Não consumir drogas ilegais;
2 - Não fumar em lugares públicos.

Os futuros membros também, obviamente, devem completar vários cursos introdutórios antes de requerer sua integração.

Dado que a comunidade não tem no presente uma associação e estrutura formais, não há nenhum constrangimento por parte da mesma, embora tenha sido sugerido um mínimo de critérios para um membro da comunidade ser considerado apropriado:

a) - prática espiritual regular;
b) - uma abertura para dar e receber críticas construtivas.

Segundo Passo
Meditação em Grupo

Introdução ***Alex Walker***

A força das conexões invisíveis que pode ser criada no contexto de meditação em grupo é uma das mais importantes formas de trabalho espiritual na comunidade.

Várias formas de meditação são usadas para:

- Unir meditadores individuais para a coesão do grupo;
- Conectar o grupo com o divino num sentido indefinido ou com alguma energia específica;
- Unir meditadores e seres de diferentes locais geográficos pelo coração (por exemplo: meditações para unir a comunidade em Findhorn com Iona e Glastonbury).

Meditação em Grupo ***William Bloom***

Extraído de seu livro 'Meditação num Mundo em Transformação'

Porque meditação em grupo?

Meditação em grupo pode parecer um fenômeno moderno, mas não é. Já houve muitas comunidades no passado onde homens e mulheres compartilharam o silêncio. Essas comunidades têm sido um oasis de paz e harmonia em sociedades desfaceladas. Na maioria das tradições religiosas a meditação é ensinada em primeiro lugar como prática de grupo e comunidade.

Pode parecer um paradoxo que uma ação tão íntima e de tamanha privacidade seja feita com outras pessoas, porém fazê-lo num grupo é de grande amparo e ajuda.

Meditação em grupo requer um quadro de referências de compreensão diferente da meditação individual. Na meditação individual descrevemos e discutimos aquilo que acontece na psique e no consciente de um indivíduo. Um absoluto cético, ao nos ouvir, poderia, na pior das hipóteses, dizer que tudo o que descrevemos é produzido, um epifenômeno, pelo cérebro humano e que estados alterados de consciência são devidos a mudanças na eletro-química do cérebro. Meditadores individuais, apoiados por milhões de outros que também meditam, conhecem por experiência própria a verdade sobre o assunto. Porém, para se compreender meditação em grupo, é necessário dar-se um passo além da estrutura normal da visão contemporânea do mundo, pois estamos dicutindo uma rede invisível de conexões entre pessoas.

Quando as pessoas se sentam para uma meditação em grupo, seus cérebros não estão ligados por fios! Não obstante, os indivíduos em meditação partilham uma experiência semelhante que é forte e benéfica. Os meditadores têm essa experiência em comum porque estão conectados energética e telepaticamente. Cada um de nós carrega consigo uma atmosfera, um humor, aura, carisma. Chame do que quiser, mas é, com certeza, um campo de energia que outras pessoas podem sentir.

Por isso, vou deixar claro para os céticos. Ao discutir meditação em grupo não estamos falando de um evento social - uma festinha de místicos. Estamos, sim, discutindo uma poderosa dinâmica de energia. Assim como forças poderosas se movem em dinâmicas de grupo que podem ser observadas, também se movem, invisíveis, em meditação em grupo. A evidência só pode ser encontrada pela experiência direta e pessoal.

Através dos anos, minha experiência pessoal de meditação em grupo é de grande prazer e inspiração. Fico sempre fascinado pela sua textura e atmosfera.

Adoro sentir as tensões diminuirem e todo o grupo entrar em relaxamento e, logo após, em harmonização consigo mesmo. Num mundo cheio de tensões, sentindo-me a salvo, sentado com o grupo, percebendo as dinâmicas interiores, considero tudo muito energizante e confortador.

A Utilidade Sociopsicológica

Meditação em grupo pode não ser uma festinha, mas isso não nega seus aspectos psicológicos e sociais, que podem ser extremamente benéficos para grupos de meditação.

Primeiro, se estamos iniciando uma prática, ou tentando sustentá-la, o fato de estar num grupo nos confere uma base de apoio muito proveitosa e de grande amparo psicológico.

Segundo, pode ser um gesto simbólico de grande poder. Quando duas pessoas se cumprimentam apertando as mãos ou sorriem, subjacente a esses gestos quotidianos há algo significativo acontecendo. Estamos dando sinais de segurança e amizade. Fechar os olhos num grupo e ficar em silêncio juntos é um gesto ainda maior de confiança. Isto permite que ansiedades, impaciência e medo se apaziguem.

O silêncio partilhado é um gesto simbólico de sedimentação da cooperação espiritual que transcende a separatividade egoísta. De fato, muitas pessoas que têm percepção dessa realidade ficam alguns minutos em silêncio com seus colegas antes de começar qualquer trabalho. No jargão moderno isso é chamado sintonização, a qual descreverei mais adiante em detalhes.

Também há um simbolismo mais sutil em sintonização e silêncio em grupo, pois funciona como um nivelador. Não importam a hierarquia aparente ou a liderança, pois elas se dissolvem no silêncio. Os egos individuais se rendem, no espírito, à igualdade de oportunidade. Pessoas que tenham dificuldade em render-se a este gesto mínimo e temporário de unidade, geralmente têm uma dificuldade ainda maior em render-se, e assim vivenciá-la, à unidade espiritual do todo.

As Conexões Invisíveis

A minha experiência, e de tantos outros, é que possuímos um corpo de energia ou aura que tanto nos rodeia como emana de nós. Esta informação não é nova e tem sido ensinada em tradições místicas, esotéricas e xamânicas no mundo todo. Nosso campo energético é formado de vários tipos de energia, tais como a força vital, que nos dá a saúde física, frequentemente chamada prana. É também formada pela energia gerada de nossos sentimentos e pensamentos, assim como da energia que vem do âmago de nós mesmos. Esta anatomia invisível é tão complexa como a estrutura de nossos corpos físicos.

Quando nos centramos em estado de meditação, esse caldeirão de energias físicas, emocionais e mentais se acalmam. Quando nos alinhamos, a qualidade atmosférica do nosso âmago permite-se vir à tona e passamos a vivenciar sua suave nutrição. Enquanto tudo isso acontece a nível de experiência individual, estamos, ao mesmo tempo, irradiando essa atmosfera através da energia de nossos corpos para todo o meio ambiente. Na meditação em grupo cada um de nós irradia uma atmosfera e também percebemos a atmosfera irradiada pelos outros. Nossos corpos energéticos vivenciam as mudanças de vibração que, por sua vez, sedimentam-se em nosso sistema nervoso; a partir daí, é interpretado por nosso cérebro como conhecimento direto. Isto é tão tangível quanto sentir calor ou frio.

Um exemplo claro e corriqueiro disso é como se sabe instantaneamente o humor de uma pessoa que esteja próxima, se formos muito ligados a ela.

Nossa atmosfera, pensamentos e vibrações são percebidos e sintonizados por outros. Por causa disso, alguns recém-chegados sofrem de indevido nervosismo de meditar em grupo porque se preocupam acerca do efeito que outras pessoas possam exercer sobre eles. Geralmente este medo é infundado porque, quando meditam, as pessoas deliberadamente vão para um espaço de silêncio e pureza. Porém, se você estiver apreensivo, acerque-se com cautela de grupos de meditação e deixe que sua confiança se estabeleça pouco a pouco.

As Vantagens

Pelo fato de irradiarmos e percebermos a atmosfera dos outros é fácil vermos como a meditação em grupo pode ser muito proveitosa. De fato, há diversas vantagens distintas de se meditar em um grupo.

Existe aí um efeito expansor como uma onda, que, na realidade, multiplica a qualidade benéfica. Isto é semelhante ao efeito físico que pode ser observado no oceano quando as ondinhas se juntam para formar uma onda maior. A vibração calma de um indivíduo ajuda a pessoa próxima. Assim que esta se acalma, sua vibração volta para ajudar a primeira. E as 'ondas' de calma se avolumam. Portanto, o grupo no todo se aproveita do indivíduo ou indivíduos que se acalmem em primeiro lugar. Os primeiros criam como se fosse um campo vibratório para todo o resto alcançar o mesmo estado. O efeito combinado deste campo, produto do silêncio partilhado por muitas pessoas, facilita muito aos iniciantes conseguirem centrar-se e alinhar-se, pois a vibração os toca, acalma e alinha.

As pessoas geralmente têm sua primeira experiência de estar centradas e alinhadas quando meditando em um grupo. Uma das características interessantes da meditação em grupo é que quase todos notam quando o grupo inteiro relaxou e atingiu o centro. Pode também ser uma experiência estimulante e de grande amparo para meditadores mais experientes.

De modo semelhante, qualquer indivíduo que esteja alcançando picos ou expansões de consciência, normalmente não alcançados pelos outros do grupo, cria um funil de energia que ajuda os outros a se aproximarem do mesmo espaço.

Muitas tradições espirituais fazem referência a essas proveitosas dinâmicas. Por exemplo, metaforicamente, refere-se ao ensinamento de que "quando dois ou mais se reunirem em meu nome..."

Dois Tipos de Meditação em Grupo

Assim, dentro desta estrutura podemos dizer, genericamente, que há dois tipos de meditação em grupo.

1 - A primeira é quando todos estão meditando individualmente a seu próprio e distinto modo.
2 - O segundo é quando todos estão meditando com um objetivo em comum.

Nas próximas duas secções irei abordar cada um desses tipos.

Meditação Individual em Grupo

Em meditação individual, sentados em silêncio, nos tornamos perceptivos da textura e consciência do nosso âmago. Esta é uma experiência transformadora e nutridora. Quando estou sentado com um grupo, eu me apercebo que cada indivíduo, em sua própria e única forma, também está no mesmo processo psicológico e espiritual.

Da mesma forma, como eu necessito de algum tempo para relaxar, centrar-me e alinhar-me, também o grupo tem seu próprio rítmo. Algumas vezes estou tão agitado que pode levar bem uma meia hora para centrar-me. Às vezes, quando estou numa fase de maior nervosismo, toda a meditação pode ser uma luta quando tento livrar-me da tensão ou da atividade mental através de respiração.

Entretanto, num grupo, quando este se acalma, eu também me acalmo, pois sou influenciado pela atmosfera do grupo. Mesmo que haja outros com os nervos em frangalhos, a dinâmica do grupo sempre funciona. Posso imaginar alguém perguntando "Suponhamos que todos estejam 'loucos de pedra', e aí?" Na verdade já vivenciei essa experiência quando todos estavam muito estressados e ainda assim, ao fecharmos os olhos e acalmarmos a respiração, o grupo todo se acalmou. Pode até parecer um milagre quão depressa e com que facilidade o centramento é conseguido. É exatamente o oposto de histeria de grupo, pois o instinto de massa, nesse caso, é domado para o bem e para o fortalecimento do indivíduo.

Esta é a beleza de se meditar em grupo: apoio coletivo, mas fortalecimento individual. Nós compartilhamos o processo de relaxamento e alinhamento. Assim, apoiados no alinhamento grupal, sempre naquele clima suave e protetor, podemos continuar nossa própria meditação pessoal e ir atrás do que quer que haja que deva ser revelado pela respiração e contemplado.

A textura e a sensação da meditação serão coloridas pelo clima do grupo. Algumas vezes é útil e interessante, uma vez centrado, suavemente voltar a atenção e explorar a natureza da atmosfera do grupo e como ela nos afeta. Podemos conscientizar-nos das correntes energéticas muito proveitosas que emanam dos outros meditadores, assim como das correntes também proveitosas que irradiamos. Até que tenhamos desenvolvido uma boa experiência de meditação em grupo, não é aconselhável tentar-se influir com um propósito na atmosfera do grupo. Se sua presença for destinada a facilitar uma mudança, permita que ela aconteça por si, pacientemente. Se, no entanto, você tiver experiência de meditação em grupo, aí a cooperação invisível pode ser muito útil. Abordarei este ponto com detalhes mais adiante.

Mesmo que não haja um propósito explícito para uma meditação em grupo, os benefícios implícitos são poderosos. Já discutimos os benefícios para o indivíduo; também é extremamente útil partilhar-se do silêncio para ajudar pessoas a trabalhar harmoniosamente.

Sem nenhum esforço, em silêncio, as vibrações de nossas personalidades se combinam e se coordenam. Se houver algum atrito entre personalidades num grupo, nada melhor para curar a ferida do que partilhar do silêncio, juntos.

Mesmo que não haja nenhum propósito especificado para uma meditação em grupo, pessoalmente sinto que todo grupo de meditação deveria terminar com um momento breve de irradiação de amor e cura do meio-ambiente. Isto pode ser feito em silêncio, como parte da meditação particular de cada um ou pode ser guiado por uma prece apropriada, uma invocação ou um mantra.

Meditação em Grupo para um Objetivo Comum

Há diversos motivos para se usar meditação em grupo com eficiência: para centrar-se, para alinhar-se, fazer uma revisão, conscientizar-se, expandir-se e servir.

- Quando um grupo se centra, os indivíduos relaxam e criam uma atmosfera calma.
- Quando o grupo se alinha, os indivíduos aceitam a ressonância conjunta que vem do âmago de si mesmo. O grupo também se alinha com o que possa haver em comum ou com o propósito íntimo do grupo.

- Um grupo também pode fazer uma revisão e auto-reflexão sobre seu estado e os indivíduos podem ganhar clareza acerca de seus papéis e do papel do grupo como um todo.
- Um grupo pode escolher trazer luz a determinado assunto.
- Um grupo pode também buscar em conjunto uma expansão de consciência.
- Um grupo pode trabalhar especificamente para irradiar bênçãos ou cura como uma forma de serviço.

Mais uma vez repito, assim como na meditação do indivíduo, estas características diversas não precisam ser arregimentadas nem um tempo específico alocado a elas.

Um grupo nem precisa ser formalmente guiado para o objetivo combinado. Antes da meditação pode haver um consenso sobre o objetivo a ser focalizado e quanto tempo a meditação deverá durar.

No entanto, algumas vezes é útil ter-se uma campainha suave para estabelecer o início e o fim da meditação.

As Crenças da Comunidade

Alex Walker

Visão Geral

Este capítulo não é um estudo, mas sim uma descrição da vida na comunidade. Embora grande parte dessas idéias faça parte das crenças centrais da maioria da comunidade, a insistência em se aderir a elas implicitamente alienaria uma alta porcentagem de pessoas.

Na realidade, é possível que não haja um só indivíduo que acredite em tudo da forma aqui descrita.

Uma crença fundamental é que há um Deus de Amor, um Deus transcedental, porém, diversamente do Deus cristão, este incorpora os elementos tanto masculinos quanto femininos. No entanto, trata-se certamente de uma forma de Criador do Universo, um Ser de poder ao qual podemos orar com legitimidade ou oferecer nossa gratidão.

Poucas pessoas, entretanto, dispõem-se a aceitar a noção de uma divindade que possa ser percebida como, exclusiva ou principalmente, externa à nossa experiência de realidade. Há Unidade na Criação e todo objeto, animado ou inanimado, microscópico ou em escala cósmica, contém em si algum aspecto da presença divina. Podemos ir ainda além e afirmar nossa fé em seres imateriais como anjos, devas, humanos desencarnados e talvez almas super-humanas que também fazem parte da criação e que nela exercem algum tipo de inteligência dinâmica com a qual podemos nos comunicar.

É lógico que essa visão de um Deus imanente leva à crença de que tal presença deve também se encontrar dentro de cada um e de todos os da raça humana. Obviamente isto estará latente no indivíduo em grau maior ou menor e uma parte significativa de nossas aspirações espirituais nos conduz, portanto, a vivenciar e a expressar o Deus Interior.

Esta ambição, é óbvio, implica numa espécie de evolução espiritual: um sentido de propósito na vida, criado por nossas tentativas individuais e coletivas de nos educarmos para realizar nossas capacidades criativas, quaisquer que elas sejam, que aproximam as idéias acerca da essência da vida espiritual à consciência divina latente em nós.

Concomitante a isso, há a aceitação de que o homo sapiens pode ser o pináculo da evolução biológica na Terra, mas há outras lições a serem aprendidas dos reinos além do físico.

Divergindo da visão do mundo judaico-cristã, muitos de nós aceitamos a idéia da reencarnação, ou talvez com mais exatidão, de outras vidas. Os conceitos de um tempo linear são rechaçados por muitos e a idéia de existências paralelas, cada uma acontecendo numa espécie de agora eterno, é aprovada por alguns. Qualquer que seja o mecanismo desta visão, ela não só é coerente com as experiências pessoais de muitos indivíduos, como também faz sentido num mundo em que a vida humana começa com tantas diferenças. Levando-se em consideração ações 'prévias', omissões ou experiências parecem prover uma visão de universo mais rica e equalitária.

Assim sendo, podemos reconciliar-nos com as aparentes injustiças de riqueza, saúde, oportunidades e talentos que permeiam o mosaico humano. Cada vida tem um propósito não somente relativo a padrões morais, sociais e éticos, como também ao contexto de outras experiências da alma. É uma idéia ao mesmo tempo libertadora e que nos torna mais modestos. Começamos a perceber que mesmo a existência mais obscura, difícil e desprovida de sorte é meramente uma parte do todo; pode até ser a última redenção de carma antes da iluminação ou liberação.

Por sua vez, isto leva à visão de que não somos tanto vítimas das circunstâncias como participantes de um drama onde criamos nossa própria realidade. Essa afirmação não deve ser interpretada como se fôssemos responsáveis pelas pedras, árvores ou prédios ao nosso redor. Seu objetivo é levar à conclusão que nossos pensamentos e emoções são condicionados por nossas percepções pessoais ou reações aos acontecimentos e circunstâncias.

Tais interpretações são assim altamente subjetivas.

Esta crença, por sua vez, leva-nos a empenhar-nos para assegurar escolhas conscientes e não inconscientes e baseadas, por exemplo, em reflexões maduras e não num condicionamento de infância.

Críticos da cultura emergente (Nova Era) frequentemente alegam que esta filosofia é de um profundo narcisismo e leva à aceitação da pobreza, injustiça, etc, em desarmonia com o verdadeiro ensinamento espiritual, especialmente a idéia cristã de caridade. Portanto, é importante enfatizar-se o sentimento de compaixão que está no coração de nossa vida comunitária.

O conhecimento ou crença no destino cármico deveria e, de

acordo com minha experiência sempre o faz, preceder um interesse genuíno na vontade divina, nos reinos da natureza e na condição humana. Certamente não constitui uma desculpa para preguiça, materialismo ou egoísmo.

É também vital enfatizar-se que o dito acima deveria levar à genuína incorporação dos princípios espirituais. O aluno que tiver lido todos os títulos das bibliografias apresentados aqui, mas que viva sem alegria, não aprendeu nada.

Isto é fundamental no nosso modo de vida e é uma das razões pelas quais frequentemente nos descrevemos como uma comunidade espiritual, o que se traduz num interesse pelas dinâmicas interiores, mais do que numa organização religiosa que sugere uma ênfase em crenças e em formas.

Finalmente, a vida na comunidade é uma celebração da diversidade. Há muitos caminhos para Deus e, se houver falta de interesse ou descrédito por qualquer idéia aqui apresentada, tornando-se assim objeto de crítica ou embaraço, então esta descrição terá falhado no seu propósito.

As Leis da Manifestação

Uma outra grande contribuição para a comunidade e mesmo para o pensamento da Nova Era foram as explorações de David Spangler sobre a filosofia da 'manifestação'. O artigo seguinte explora dois temas principais - a idéia geral da manifestação baseada na fé e a política específica da Fundação sobre supervisão e manifestação.

Manifestação Baseada na Fé

No folheto 'Findhorn and Finance' publicado pela Fundação em 1973, é dito que: 'Quando se abdica de tudo em perfeita confiança e vontade para servir a Deus e se vive em harmonia com suas leis e sua vontade, todas as necessidades são preenchidas com perfeição, frequentemente além do sonhado.'

Num mundo onde os problemas econômicos do quotidiano são tão conhecidos e ainda assim tão difíceis de lidar, esta afirmação pode ser difícil de se aceitar. Como podemos conciliá-la com o conhecimento do desequilíbrio ecológico, desemprego, a corrida armamentista e a dívida e a pobreza do Terceiro Mundo? A chave está no reconhecimento de que trabalhar com a natureza espiritual ou interior da economia requer uma atenção para o potencial de uma determinada situação, tanto quanto para a sua natureza real e aparente.

Como diz David Spangler no livro *The Laws of Manifestation* (As Leis da Manifestação):'Manifestação é um processo de trabalhar-se com os princípios e leis naturais para transportar a energia de um nível para outro. Não é a criação de algo a partir do nada, é um processo de realização de um potencial de algo que já existe.'

A fé e o serviço são elementos chave deste princípio. Fé significa muito mais do que esperança: é saber que a substância de Deus e a abundância dos reinos espirituais são mais reais do que o mundo aparente revelado por nossos sentidos. Tampouco o serviço deve ser entendido em termos de sacrifício ou dever, mas sim como uma combinação de si mesmo e a oportunidade de uma parceria criativa. Fé é saber, frequentemente transcendendo o conhecimento da mente humana e sua análise lógica, que o serviço é a ação dinâmica da criatividade baseada neste saber.

No início da comunidade, o princípio da manifestação baseada na fé tinha adesões seguindo-se às mensagens interiores dos fundadores. Seu sucesso extraordinário em prover as necessidades práticas e avaliar o papel em potencial da Comunidade de Findhorn já foi bem documentado, de maneira que será suficiente aqui só um exemplo.

"Era uma manifestação atrás de outra", diz Eileen Caddy. "Algumas vezes demorava um pouco para o pensamento ser seguido da ação concreta na realidade física, mas, com frequência, acontecia rapidamente. Por exemplo, nós precisávamos de um aparelho de som para o santuário e um frequentador nos ofereceu o seu, dizendo que era muito grande para a casa dele. Não só ele o trouxe do norte da Inglaterra, como também trouxe um carpete que ele mesmo aplicou no santuário. Quando eu recebia uma mensagem sobre alguma coisa, eu sabia que isso ia aparecer e muitas vezes era o próprio objeto ou a quantia exata que nos era dada. Entretanto, havia sempre um problema de tempo. Quando me foi dito que 'logo' voltaríamos para o hotel de Cluny Hill, eu não pensei que tivesse que esperar 13 anos!"

A base econômica dos primeiros tempos da comunidade era muito pequena - quase nada - em comparação com a instituição cuja renda é de um milhão de libras em que a Fundação Findhorn se tornou hoje. Dirigida a partir de alguns trailers e chalés, frequentemente se utilizavam materiais descartados por outros - esterco para o primeiro jardim vinha de estábulos da vizinhança, verduras e legumes já passados para a sopa, cimento jogado fora e tábuas de madeira para a construção.

Um aspecto importante para a vida da nascente comunidade naquela ocasião era o trabalho com os espíritos da natureza e os ciclos naturais da Terra. Estes rítmos naturais eram e são de muita influência no nosso sistema econômico e há uma ligação duradoura entre os dois. Assim como a natureza aqui é abundante no verão e mais introspectiva no inverno, também nosso fluxo de caixa atinge o auge no verão e esta colheita nos permite atravessar os dias mais calmos e as noites mais longas de inverno.

Quando a comunidade cresceu além de uma dúzia de indivíduos, foram necessárias diretrizes mais sofisticadas.

David Spangler identificou quatro estágios diversos para se trabalhar com as leis da manifestação:

- Identificação correta
- Imaginação correta
- Sintonização correta
- Ação correta

Ele enfatizou a necessidade de se ver essas ações como que vindas de um sentido de totalidade e unidade com a vida e não de separação, falta ou medo. Além disso, esses estágios não precisam ser levados a cabo de maneira mecânica ou linear. Assim, uma condição efetiva de sintonização pode levar a uma identificação apropriada de uma necessidade, etc.

Supervisão e Manifestação

Acoplado a esse trabalho, a Fundação começou a desenvolver um segundo tema, o de supervisão e manifestação.

Estes dois conceitos têm sido fundamentais no crescimento da Fundação e a interação entre os dois tem influenciado em muito nossa história mais recente. 'Supervisão' é nosso compromisso com os reinos que nos circundam e nutrem e, em essência, comprometemo-nos a ser zelosos administradores daquilo que nos foi confiado, assim como a cobrir nossas despesas do dia a dia com nossos ganhos.

'Manifestação', por outro lado, reconhece que toda expansão de nosso trabalho ou dependências necessita ser apoiada e financiada por outra fonte que não seja somente nossos recursos e que tal expansão envolve uma identificação clara da necessidade maior ou do potencial que irá servir e então proceder-se na fé em que, o que for preciso para realizar-se esse potencial, será provido.

Estas duas idéias estão intimamente relacionadas. Por exemplo, a extrema atenção dada pela Fundação a um bom gerenciamento das finanças, do setor de contabilidade, abriu os canais para a campanha de fundos para o Caravan Park. Este apelo levantou mais de 250.000 libras em pouco mais de um ano. A compra do Parque, agora uma preocupação quase ultrapassada, permite-nos cumprir nossa promessa de boa supervisão.

Em outros momentos da história da Fundação, este princípio foi abandonado em favor de empréstimos, ao invés de se ficar à espera de que fundos se tornassem disponíveis sem maiores comprometimentos. Esta política tem permitido uma rápida expansão, porém também mostra uma tendência a dificultar uma boa administração pelo fardo dos juros sobre os empréstimos e custos operacionais mais altos. Cada geração de membros da Fundação é, assim, confrontada com os desafios de entender a relação entre supervisão, manifestação e investimentos calcados em empréstimos.

Nessas circunstâncias, novas soluções apropriadas ao momento precisam ser discernidas como parte do processo de aprendizado individual e coletivo.

Extrato resumido do livro *The Findhorn Foundation and The New Economic Agenda*, editado por Sandra Kramer e Mary Inglis.

BIBLIOGRAFIA

Arthur e Joyce Berger - *Reincarnation: Fact or Fable?*, Aquarian Press, 1991.

William Bloom - *Meditation in a Changing World*, Gothic Image, 1993. *First Steps: An Introduction to Spiritual Practice*, Findhorn Press, 1993. Citação das páginas 1, 31-32, 47-49, 69-71. *Practical Spiritual Practice*, One Earth, número 12, 1993.

Gerald Edelman - *Bright Air, Brilliant Fire*, Allen Lane, 1992. Trabalho recente de Edelman sobre a evolução da mente enfatizando a importância da percepção individual do mundo e dos contrastes com as noções científicas anteriores que comparam a atividade do cérebro com o funcionamento dos computadores. É um livro difícil para não cientistas e tem um enfoque profundamente materialista. No entanto, em seu trabalho, podemos ver o início de uma compreensão científica do caminho em que 'criamos nossa própria realidade'.

Paul Ekins (editor) - *The New Economics*, Routledge e Kegan Paul, 1986.

Findhorn Foundation - *Findhorn and Finance*, folheto de 1973. *Findhorn: An Agreement to Serve*, Grupo Central; Artigo para estudo de outubro de 1977. *Welcome to the Findhorn Foundation*, documento interno produzido pelo Departamento de Relações Humanas, 1993. Contém uma reedição do Artigo para estudo sobre Sintonização de David Spangler.

Thaddeus Golas - *The Lazy Man's Guide to Enlightenment*, The Seed Center, 1971.

Joan Grant - *Far Memory*, Ariel Press, 1985. Joan Grant e Denis Kelsey são os escritores ingleses mais notáveis sobre reincarnação junto com as explorações dos Cátaros de Arthur Guirdham. Nicky, a neta de Joan, era membro da Fundação nos anos oitenta.

Mary Inglis & Sandra Kramer (editoras) - *The New Economic Agenda*, Findhorn Press, 1984.

Phyllis Kristal - *Cutting the Ties That Bind*, Samuel Weiser, 1993.

Corinne McLaughlin & Gordon Davidson - *Builders of the Dawn: Community Lifestyles in a Changing World*, Sirius, 1986. Uma visão geral de estilos de vida comunitários ao redor do mundo, com seções sobre Chinook, Arcosanti, The Farm, etc.

Meditation Group for The New Age - Uma série de folhetos publicados por este grupo de sua base em Tunbridge Wells, Inglaterra.

Paul Solomon - *Planetary Mystery Schools*, revista One Earth, Primavera de 1978.

David Spangler - *Rockozi & the Brotherhood*, extratos de uma canalização de um ser conhecido como St. Germain - 11/8/71 - em The Brotherhood Series - Artigo Original da Fundação.

David Spangler - *The Iona Report - The Reconsecration of the Sanctuary at Trigh Bhan*, em 'The Plan of Light' - Artigo Original da Fundação. *Festivals in the New Age*, Findhorn Press, 1976 (esgotado). *The Laws of Manifestation*, Findhorn Press, 1976 (esgotado). Ver na Seção 2 uma relação completa dos livros e artigos de David Spangler publicados pela Findhorn Press.

The Universal Foundation - *Attunement* - Outono de 1970 - Artigo para Estudo da Fundação.

David Wauk - *Focaliser's Manual*, documento da Fundação não publicado - 1994.

Seis

Cemitério de Egos - Os Desafios da Vida em Comunidade

Veja este centro em sua verdadeira perfeição, cheio de almas que aqui estão simplesmente para fazer Minha vontade e trilhar os Meus caminhos. Este não é um mundo de sonho. Estou falando da realidade. Isto é o que você tem que visualizar e assim ajudar para que se manifeste na forma. Um lugar onde todas as suas necessidades são preenchidas; onde se desconhece a carência; onde problemas aparentemente insolúveis são resolvidos num piscar de olhos. Porque tudo que uma alma quer é buscar a Minha vontade e obedecê-la instantaneamente, sem um só pensamento em relação a si mesmo. Porque toda sua fé e confiança estão depositadas em Mim e seu único desejo é fazer tudo por Minha honra e glória. Um lugar onde reinam a harmonia, a paz e o contentamento.

Eileen Caddy - extraído do livro *Foundations of a Spiritual Community* (Fundamentos de uma Comunidade Espiritual), pags. 91-92

Viver em uma comunidade espiritual pode ser tanto um deleite quanto uma fonte de grande tensão. A maioria das pessoas acha que é uma combinação desses dois fatores e que foi assim aqui, especialmente nos primeiros anos. Este capítulo inclui conselhos sobre como entender as pressões e lidar com elas.

O primeiro artigo, de Peter Caddy, trata de como ser pioneiro de novos projetos. Superficialmente, esta pode parecer uma tarefa agradável e muitos membros da comunidade encontram grande satisfação na criação de esquemas inovadores. Entretanto, é preciso lembrar que há uma inevitável tensão entre o visionário, interessado somente no que pode ser conseguido amanhã, e o administrador, preocupado com os problemas de hoje.

Para ser bem sucedido, qualquer impulso criativo precisa achar seu caminho entre estes dois pólos, evitando, assim, que muita mágoa seja causada pela falta de atenção às necessidades individuais de expressão criativa e pelas invasões aos limites alheios (A frase 'cemitério de egos' era uma das preferidas de Peter para descrever a vida na comunidade).

O segundo e o terceiro artigos tratam mais dos processos internos que podem emergir na vida comunitária. É indispensável ler o clássico de Myrtle Gline,'Jardim ou Selva?'. No entanto, se você estiver lendo estes artigos em sequência, poderia deixar para mais tarde o de David Spangler,'Pressões Interiores', pois trata do mesmo assunto, mas de uma perspectiva diferente.

Por que esta aparente repetição? Em parte porque o artigo de Myrtle é uma boa preparação para qualquer desafio que possa surgir, enquanto que o de David está mais ligado às dinâmicas interiores das situações e pode ser melhor apreciado durante ou depois de uma fase difícil. É importante notar que o artigo de Myrtle é mais específico porque se refere a detalhes da história da comunidade, mas retrata uma composição já ultrapassada. Muito já mudou desde que foi escrito, por volta de 1974.

Juntos, estes dois artigos mostram o equilíbrio necessário na tendência que a aspiração espiritual tem de negar as dificuldades. Uma das qualidades que David e Myrtle certamente trouxeram para a comunidade foi este contrapeso ao treinamento de Eileen e Peter, onde o pensamento positivo, se bem que apropriado na maioria das circunstâncias, muitas vezes levava à negação da dura realidade e de certas dolorosas experiências de nossa história coletiva.

No entanto, por que esses desafios teriam que emergir? São poucos os indivíduos que conseguem viver felizes, sem nenhuma crise. Se fosse fácil dissolver a carapaça da personalidade, permitindo que a luz da alma pudesse brilhar, a vida em comunidade não seria tão necessária e valiosa.

Muitas dessas crises parecem envolver as tentativas da alma de desafiar os apegos aos quais a personalidade se amarra. Entrar para uma comunidade espiritual envolve uma invocação poderosa de nossa relação com o divino e as consequências podem ser inesperadamente severas. Por outro lado, você pode encontrar-se mais perto da iluminação através de algum fator desafiante, quer seja no relacionamento, na saúde, nas finanças ou em alguma fonte totalmente inesperada.

Se isso acontecer, você pode achar útil lembrar-se que:

- Todo o processo é sobre aprender a internalizar as qualidades que você está tentando experimentar e que vêm de uma fonte externa;

- Se a economia divina realmente estiver em funcionamento, então aquilo que você poderia ter vivenciado deve ser pior do que sua experiência atual;
- Não é culpa da comunidade;
- A iluminação ocorre quando você tem uma atitude descontraída em relação à vida, não pela ausência de desafios.

> *O que a comunidade necessita é de ajuda para completar a visão. Precisa de gente que possa aceitar sua promessa e trabalhá-la em sua própria vida, onde quer que esteja. Precisa de gente que possa ir para a comunidade com intenção correta de serviço e compromisso com o crescimento e responsabilidade, gente que entenda o processo de crescimento, que possa trabalhar criativamente com a negatividade, que possa fortalecer os padrões de família, gente que seja equilibrada e que não esteja procurando uma utopia pessoal, mas sim um lugar para servir, de acordo com o serviço que seja necessário e não de acordo com suas próprias idéias glamourosas sobre o tipo de serviço que lhe soe mais digno.*
> *Findhorn é tanto jardim quanto selva, mas nós e o mundo também o somos. O que todos precisamos é de uma consciência que trabalhe com ambos os limites para alcançar a vida maior que é a Fonte.*

Michael Lindfield - *Findhorn: A Learning Experience* (Findhorn: Uma Experiência de Aprendizado), pag. 13.

Abrindo Caminhos

Peter Caddy

Extratos de *If it is Right for One it's Right All Round* (Se é certo para um é certo sempre), uma palestra da série 'Foundations of Findhorn' (Fundamentos de Findhorn), dada em 28/04/1975 e transformada em Artigo para Estudo da Fundação). Além do próprio Peter Caddy, os participantes são Vance Martin, Roger Doudna, François Duquesne, Billy Sergeant, Caroline Shaw, Gordon Cutler, Marlene Guppy e Mary Inglis.

Vance: Com que clareza você tinha a visão quando começou? Eu tinha a impressão de que a visão não era clara e você mais ou menos seguia as direções do dia a dia.

Peter: É verdade. Nossa visão, na verdade, era seguir a vontade de Deus. Isto era bem claro. Nós estávamos, realmente, plantados na rocha, porém não sabíamos onde isso iria nos levar. Assim, a visão nos era dada passo a passo. Sabíamos com clareza que estávamos sendo levados a fazer algo que, no entanto, não sabíamos o que era. O propósito é revelado passo a passo, mas é preciso um impulso interior que motive uma pessoa a ir a um determinado lugar e ser guiada a começar um grupo sem saber ao certo, naquele momento, o objetivo final.

Numa determinada etapa da criação do jardim, quando eu estava fazendo a cerca de faias, quis saber aonde iríamos dali para a frente. Porém, tudo que me foi dito em mensagem foi que o próximo passo não seria dado enquanto não tivesse acabado aquele pedaço do jardim. Portanto, toda a parte material da visão só foi comunicada em etapas.

Roger: Não teria isso o intuito de impedir a cristalização da visão, em outras palavras, de você ficar muito preso à sua própria visão pessoal do que fosse crescimento?

Peter: Sim. Entretanto, eu também penso que não teríamos entendido naquele tempo. Suponhamos que nos tivessem dito, no início, no que a comunidade iria se tornar. Nós não teríamos acreditado. Teríamos dito "Impossível". Mas, se nos é dado um pouquinho de cada vez, isto leva à importância de se viver o momento, o agora. Não ficar pensando no passado ou no futuro, porém vivendo o agora, dando um passo de cada vez e terminando com perfeição uma tarefa de cada vez. Você só pode agir assim se lhe for dado um pouquinho de cada vez e se você estiver disposto a ser levado de um estágio de crescimento para o outro intuitivamente.

François: Isto não ilustraria o princípio de que até que se termine algo, as energias ficam mais ou menos bloqueadas porque ainda não se sedimentaram e nada mais pode passar?

Peter: Vou lhe dar um exemplo disso. Quando estávamos construindo a extensão do centro comunitário, o telhado foi colocado em uma semana, porém os meses passavam e o acabamento não terminava nunca. As seis coberturas de poliuretano sobre 17 mesas e 34 bancos levaram um tempo enorme e prosseguiam se arrastando e ficando cada vez mais devagar e nós queríamos dar andamento a outras coisas. Ia começar a temporada de teatro, mas não tínhamos teatro. Só havia uma velha oficina desmantelada, com a porta quebrada, umas divisões e um lavabo. Então, Eileen recebeu uma mensagem de que deveríamos completar o centro comunitário antes de fazermos o teatro. Houve aí um novo surto de energia, uma concentração total para se terminar o refeitório e realmente o terminamos dez dias antes de apresentarmos nossa primeira produção. E o tal teatro foi completado em exatamente 10 dias, quando também usamos total concentração e um grande fluxo de energia. De maneira que, uma coisa de cada vez, com total concentração e foco nela.

Billy: Você acha que é um erro que se comete com frequência, fazer muita coisa ao mesmo tempo?

Peter: Penso que sim. É muito fácil nos dispersarmos, como muitos de vocês sabem. O segredo para se criar algo é a concentração. Criação é concentração. Se tentarmos realizar muitos projetos ao mesmo tempo, simplesmente dissiparemos nossas energias.

Também é de vital importância terminar um trabalho totalmente, antes de se prosseguir para o próximo, porque é muito difícil voltar a ele. Já usei o exemplo de quando concretei uma área entre nosso *trailer* e a garagem. Eu sabia que tinha que fazer uma calçada nos fundos, mas já estávamos meio cansados e pensamos "Bem, amanhã terminaremos". Levamos 6 anos para finalmente nos dispormos a fazer a calçada de trás, pois havia sempre algo a ser feito no dia seguinte. Então, termine bem o trabalho de hoje e não o adie até amanhã. Eu aprendi minha lição a duras penas.

François: Se alguém tiver adquirido uma casa ou qualquer ambiente para uma comunidade, qual deveria ser seu próximo passo?

Peter: A primeira coisa a ser feita depois de se tomar posse é limpar a área de cima a baixo. Isto clareia as sombras, coloca uma vibração de amor e luz. Limpar e polir. Há uma razão oculta para isso, pois as forças das trevas sempre encontram um nicho, uma âncora, onde houver sujeira e desordem. Portanto, limpeza e ordem são muito importantes para se começar qualquer comunidade. Quando o prédio estiver completamente limpo, aí vem a hora de colocar suas próprias vibrações consertando, aperfeiçoando, pintando.

O que quer que seja feito na nova comunidade, deve ser feito com a consciência do amor e da paz. Se você estiver em desarmonia, aborrecido ou negativo, pare de trabalhar. Encontre seu centro interior, de maneira que a vibração correta seja posta naquilo que está fazendo. São essas vibrações que geram um campo de força magnética que atrai as pessoas para você. Você não deve ter que sair e pedir às pessoas que venham, pois, se você criar as vibrações, aqueles com vibração semelhante serão atraídos para você, sem que você tenha que fazer nada.

Caroline: Você se exercitou durante toda a vida. O que você diria das pessoas que não tiveram um treinamento rigoroso como o seu? Quanto de treinamento julga necessário para fundar-se um novo centro?

Peter: Penso que tivemos que ter um treinamento árduo porque éramos pontas-de-lança. Treinamento em autodisciplina, fé, obediência ao chamado interior e capacidade de ouvir a voz do silêncio interior; capacidade de agir baseados na intuição, tudo isso são dotes e qualidades que necessitam ser desenvolvidos em primeiro lugar.

Vou lhes dar um exemplo. O primeiro treinamento espiritual, meu e de Eileen, nos foi dado por minha ex-esposa Sheena. Ela era uma grande alma, porém bem impiedosa nos seus métodos de treinamento. Uma vez Eileen, Sheena e eu estávamos jantando num restaurante em Londres e já estávamos no café. Quando eu estava na metade da xícara, tive um impulso interior de ir ver uma pessoa chamada Jack. Terminei o café, levantei-me e disse: 'Recebi um chamado para ir ver Jack'. E saí. Porém não o encontrei. Não podia entender. Voltei e disse: 'Não sei o por quê, mas não o achei. Recebi o chamado no meio do cafezinho'. Sheena voltou-se para mim e me disse que esse homem tinha um revólver e que iria cometer suicídio porque eu, ao invés de seguir o chamado interior, tinha seguido minha natureza inferior e tomado o café até o fim. Isto continuou por algum tempo e eu me sentia cada vez menor. Na realidade, ele não tirou sua própria vida, mas fui levado a acreditar que ele o fizera.

François: Você poderia falar mais sobre o momento adequado?

Peter: Penso que o momento adequado é uma das coisas mais difíceis de se julgar. Pode-se saber, no próprio íntimo, que o projeto é correto, mas o tempo pode ser prematuro, pois você recebe a mensagem de níveis mais altos de consciência que são atemporais. O tempo certo é vital numa comunidade. Nela é vital que as pessoas estejam no lugar certo no momento adequado.

Marlene: Que consequências podem advir quando o momento for errado?

Peter: Bem, quando o tempo for errado - não, vamos falar, ao invés, que, quando for a coisa certa, se for da vontade de Deus e guiada pelo interior da pessoa, aí então é certo para todos e bom para todos. Se for certo para um, é certo para todos à sua volta.

Por exemplo, os estúdios foram iniciados por um grupo de sete pessoas que tinham recebido sua própria mensagem de vir aqui. Eram todos artesãos habilidosos e estavam decididos a fazer dos novos estúdios um grande sucesso. Na realidade, eles estavam por demais decididos a isso, tanto que mais tarde ficou claro que muitos artistas punham sua arte acima da comunidade. Eles não estavam participando da comunidade como um todo. Não vinham para o santuário pela manhã ou para as reuniões de sábado à noite, nada. De maneira que nós, os quatro responsáveis pela comunidade, nos reunimos com eles, um a um, para saber se era certo que continuassem conosco ou não. Tínhamos recebido uma mensagem dizendo que os que estivessem apartados do todo deveriam partir antes do Natal, já que novas energias iriam fluir para nós nessa ocasião desde que constituíssemos um todo e aí as energias poderiam ser liberadas. Sempre que tivemos que mandar alguém embora, as coisas funcionaram muito bem, uma vez que as pessoas aprendiam a voar com suas próprias asas. Um casal abriu uma grande cerâmica, o que lhes deu uma experiência e uma autoconfiança que eles nunca teriam dentro dos limites protetores do ambiente da Fundação. Embora não tivessem ficado muito satisfeitos com nossa atitude a princípio, sua cerâmica tornou-se um centro como um filho nosso e hoje eles dizem estar gratos por terem sido obrigados a partir.

Gordon: Como a Fundação vê as novas tecnologias?

Peter: Eu acredito que uma comunidade da Nova Era deve ser uma mistura de cooperação com as forças da natureza e respeito pela unidade da vida, mas, ao mesmo tempo, devemos perceber que estamos numa era tecnológica, numa era científica e, para se conceber um mundo novo, é vital que consideremos meios modernos de comunicação, transporte, etc. De maneira que devemos usar máquinas e equipamentos modernos sem perder o controle sobre eles. Essas tecnologias podem nos liberar para fazermos coisas mais importantes.

Mary: Uma forma de usá-las apropriadamente não seria estando cônscio dos devas e da vida das máquinas?

Peter: Com certeza. Falávamos disso ainda esta tarde; discutíamos como a maquinária do homem deve ser vista como uma extensão dele próprio. Vejam o Alan com aquele equipamento de gravação - às vezes fica difícil dizer qual é o equipamento e qual é o Alan, de tão casados que estão.

Billy: Eu gostaria de saber quantas pessoas tentaram comprar ou se apossar da comunidade.

Peter: Centenas. Não comprá-la, mas se apossar dela. É incrível o número de pessoas que disseram que estávamos fazendo tudo errado ou que deveríamos fazer assim ou assado. Por isso é que temos que estar firmemente ancorados em nossas bases e estas bases têm que ser testadas e sua solidez comprovada de maneira que saibamos, do nosso interior, para onde vamos e que parte somos do todo. De outro modo, seremos jogados para lá e para cá por todos que aparecerem e não conseguiremos nada.

Tivemos, por exemplo, o pessoal de Sun Myung Moon. Seu representante na América veio aqui dizendo que Sun Moon é o Avatar, o Cristo, o Senhor do Mundo, e que a Fundação tinha sido preparada com a finalidade precípua de que ele assumisse o poder aqui; esse representante ficou muito aborrecido porque eu não via as coisas sob a mesma luz. Houve um bocado de gente que via a comunidade exatamente como seu caminho particular ou de seu mestre, guru, professor, o que quer que fosse. Por isso, às vezes, eu sou uma rocha, inflexível - do contrário, as centenas de pessoas que vêm aqui com idéias próprias encontrariam um terreno fértil para mudanças.

François: Você poderia falar alguma coisa sobre propriedade privada aqui?

Peter: Bem, suponho que as comunidades diferem nesse enfoque. Nosso enfoque não tem sido o de uma comunidade onde a propriedade é um bem comum. Certas coisas aqui são de propriedade comum, mas há também absoluta liberdade para a propriedade privada e responsabilidade privada. Penso que isso permite o desenvolvimento do senso de responsabilidade e administração individuais.

Billy: E quanto às pessoas que dizem não receber nenhum tipo de mensagem? Ela é necessária para se iniciar uma comunidade?

Peter: Se não houver uma nítida orientação interior, penso que seja necessário desenvolver pelo menos a intuição. É preciso estar apto para seguir o chamado interior de seu eu superior, seu Deus interior. Em outras palavras, não é bom planejar só com a mente, pensando começar um centro em tal lugar, de tal e tal maneira, e friamente planejar tudo. Isso não funciona. O único modo de fazê-lo é deixar acontecer e abandonar-se nas mãos de Deus.

Jardim ou Selva?

Myrtle Glines

Extratos do *Findhorn: Garden or Jungle?* (Findhorn: Jardim ou Selva?), Artigo de Estudo da Fundação, também publicado no New Age Journal e no United Focus Journal.

Recentemente, meu companheiro David Spangler recebeu uma carta de alguém que tinha acabado de voltar da Fundação Findhorn, a comunidade espiritual no norte da Escócia que tem recebido tanta publicidade atualmente. Na carta o remetente pedia ajuda para a Comunidade que, no entender dele, está caminhando a passos largos para um desequilíbrio psicológico e espiritual.

Essa não foi a primeira carta que recebemos. Nos dois últimos anos, fomos contatados por diversas pessoas que diziam sentir que a Comunidade estava perdendo a direção ou se tornando, de algum modo, desequilibrada. Ouvimos falar também de pessoas que foram à Comunidade em resposta ao que haviam lido ou ouvido sobre ela e lá descobriram uma realidade diferente da esperada. Alguns desses relatos eram amargos e raivosos, enquanto outros, a maioria, simplesmente indicavam um desapontamento porque, de acordo com eles, a Comunidade não estava vivendo à altura dos lindos ideais que proclamava.

Isto me afeta, pois tenho um profundo interesse pessoal no bem estar da Comunidade e um amor muito grande pelas pessoas que estão tentando fazer dela um sucesso. David e eu vivemos três anos na Comunidade. Seu trabalho lá ficou muito conhecido através de seus artigos e conferências; minha contribuição pessoal foi como terapeuta na área das relações humanas, pois esta tem sido minha profissão há vinte anos. Embora com menos divulgação, meu trabalho me pôs em contato com todas as facetas da vida na Comunidade e me deu a oportunidade de testemunhar e vivenciar, em primeira mão, os desafios da construção e da direção de um local como é a Fundação. Os problemas não eram só os que normalmente encontramos nas relações humanas entre pessoas de personalidades fortes e diferentes nem eram causados pela área muito pequena da Comunidade e pela limitação das acomodações, o que fazia com que todos tivessem que viver em contato íntimo e permanente; os problemas também derivavam de forças sutis mas altamente estimulantes que ali atuavam e que nos transformavam espiritual e psicologicamente.

Esta experiência me deu uma perspectiva das forças e fraquezas da Comunidade, assim como uma apreciação do colosso de energia, compromisso e cuidado necessários para fazê-la funcionar. É importante lembrar que a Fundação funciona e bem, embora nem sempre seguindo as expectativas ou satisfação de todos. À medida que recebe mais publicidade e ganha uma aura de atração e sucesso, é preciso, creio eu, que se conserve uma perspectiva bem equilibrada. Nada atrai mais detratores do que o sucesso e eu não estou interessada nas críticas que advêm de idéias pessoais sobre o que deveria ser um centro da Nova Era (e todos nós temos nossas preferências e desejos) confrontadas com a realidade de Findhorn. Muitas críticas à Comunidade surgiram, mais de egos feridos do que de uma percepção clara da verdade.

Mesmo assim, muitas das críticas que ouvi, no fundo têm uma razão válida quando tocam algumas áreas em desequilíbrio que por certo existem no seio da Comunidade; frequentemente tratam-se de áreas com as quais tive que lidar enquanto lá vivi. O que me interessa escrever, portanto, não é nem uma defesa nem uma acusação, porém uma exposição de minhas observações sobre a Comunidade e seu processo de crescimento, que podem proporcionar uma perspectiva de caráter mais equilibrado.

Também é um fato que as experiências da Fundação não são exclusivas daquele centro. Já me deparei com misturas semelhantes de elementos positivos e negativos em todo grupo ou empreendimento que encontrei. Como terapeuta, conheço muito bem nosso desafio humano de confrontar esta mistura em nossa vida, porém também sei que a verdade do ser humano não está nos seus extremos. Da mesma forma, a verdade deste centro não está nem na imagem fascinante de céu na terra, como recente publicidade poderia sugerir, nem no quadro de um inferno autoritário psicologicamente desequilibrado. Precisamos encontrar a verdade não só pelo bem da Comunidade como pelo nosso próprio, pois é a verdade, jorrando luz nos processos de crescimento e mudança, que todos nós enfrentamos em nossa busca por um mundo novo. A Comunidade está no caminho da transformação e precisamos entender esse caminho com mais clareza, pois é também o nosso.

A crítica não é novidade para a Fundação. Após o lançamento das transmissões que David recebera da consciência do Amor Ilimitado e Verdade publicadas em seu livro *Revelation: The Birth of a New Age* (Revelação: O Nascimento de uma Nova Era) - cartas iradas chegaram acusando a Comunidade de estar sendo desviada do caminho por esse 'falso profeta' americano. Isto porque essas transmissões diziam que a Nova Era já estava aqui como um espírito vivo no seio da humanidade, algo em que os críticos não acreditavam.

Peter e Eileen Caddy, dois dos fundadores, receberam uma mensagem que a Comunidade deveria começar a cobrar por materiais e serviços, ao invés de doá-los graciosamente como até então. Isto gerou muitos protestos, no sentido que a Fundação tinha abandonado sua direção espiritual; também provocou o apoio de muita gente e deu à Comunidade uma base financeira mais estável para que pudesse ampliar seu trabalho e seus serviços.

As maiores críticas, entretanto, vieram das pessoas mais envolvidas com a Comunidade, como se poderia esperar. Lembro-me de um jovem originário de Londres que tinha ido morar na Comunidade.

A mudança no seu estilo de vida foi drástica e ele tinha problemas de adaptação. Mais do que tudo ele descobriu, como acontece com todos que entram para a Comunidade, que a Fundação não é refúgio ou lugar de paz para se fugir dos problemas da sociedade. Na medida em que esses problemas são criados em nosso âmago pelos nossos desequilíbrios pessoais, nós os carregamos conosco onde quer que vamos e, na Fundação, nossas contradições interiores são trazidas à tona com desconfortável intensidade. Esse jovem, em particular, vivia se alternando entre estadas em Londres e na Fundação. Finalmente, em desespero frente à sua inabilidade de adaptar-se à Fundação, disse-me que emocionalmente aquilo era uma selva pior do que Londres.

Por que um centro espiritual baseado em conceitos de amor, comunhão, serviço e integridade criaria esse tipo de problemas?

Por que a Comunidade seria tanto uma selva quanto um jardim?

Uma resposta vem do próprio processo de crescimento, outra vem da natureza da Comunidade, das pessoas que a criaram e daqueles que ali vão.

Como terapeuta interessada em ajudar as pessoas a fazer mudanças positivas em suas vidas, já percebi que o próprio significado de crescimento é frequentemente mal interpretado. Muitas pessoas parecem vê-lo como um processo de adição; a aquisição de novos talentos, novas habilidades, novo conhecimento e imagem de si mesmo, etc. Crescimento, para essas pessoas, é como um tônico, o estímulo da novidade para preencher um vazio na vida. Está implícito aí que, no âmago do ser, algum aspecto do ego ou do eu interior permanece isolado ou intocado pelo crescimento; é o colecionador de novas experiências, aquele que simplesmente as adquire e permanece distante como um sol central consistente ao redor do qual giram satélites de experiências mutáveis.

Para mim, o crescimento é uma atividade mais profunda do que mera aquisição. É um aprofundamento no todo da vida, como o espalhar das raízes para nutrir e apoiar a estrutura visível do caule, das folhas e das flores. É uma abertura maior para a vida e suas qualidades dinâmicas, um aumento da vivacidade, da reação e da responsabilidade. Representa uma expansão do ser interior que sabe e que pode criar a totalidade, não de alguma parte isolada e separada da vida. É a relação entre as partes mais fundamentais de nós mesmos, uma relação com uma força que transcende nossa simples identidade mortal e que nos leva além, a territórios inexplorados do ser, onde a psique humana se funde em unidade com o universo.

O crescimento pode ser alegre e radioso, a realização de tudo de mais humano que existe em nós. Entretanto, se não estivermos dispostos a nos libertar de nossos desejos de crescimento, se não conseguirmos nos liberar da separatividade, se nos encolhermos ao invés de confrontarmos as mais profundas verdades da nossa natureza e nos rendermos, através do autoconhecimento, aos ritmos de morte e renascimento que levam a vida adiante, aí então crescimento pode vir a ser uma experiência desafiante, assustadora e até mesmo negativa.

Dentro de cada um de nós há uma mistura de características das quais algumas são apreciadas por nós e outras não. Essas características são sementes que plantamos através dos anos - nosso carma, se quisermos, ou tendências que criamos no nosso modo de ser através de nossos hábitos e padrões de pensamento, sentimento e ação. Quando nos abrimos às forças do crescimento é como expor um jardim ao sol e à chuva. Quaisquer que sejam as sementes, elas irão brotar e revelar sua natureza, independentes da nossa vontade. Isto significa que podemos estar nos confrontando com elementos desagradáveis e indesejáveis da nossa natureza. Além disso, para que plantas brotem, o solo precisa ser rompido e as próprias sementes têm que se desintegrar para dar nascimento a novas formas. Criatividade frequentemente envolve uma prévia destruição e um abandono ou desestruturação de padrões familiares e confortáveis para dar lugar aos novos que chegam. Isto pode produzir desequilíbrio em nossas vidas. Durante os períodos de crescimento, portanto, ficamos mais vulneráveis do que nunca e mais propensos a vivenciar negatividades em nossas relações com a vida.

O jovem de Londres chamou a Comunidade de selva e é isso exatamente o que ela é para muitas pessoas. Uma selva, entretanto, é um lugar onde as forças do crescimento são fortes e a vida é abundante. Esta é a natureza da Comunidade: um local onde as forças geradas pelas dinâmicas pioneiras da vida em seus aspectos mais profundos são excepcionalmente fortes e concentradas, uma zona tropical do espírito. Peter Caddy frequentemente chamava a Comunidade de sala das caldeiras. Tudo na Fundação contribui para esse efeito, desde as condições de vida sem privacidade, até as muitas atividades voltadas para a invocação de energias de alta voltagem de transformação e desenvolvimento.

Embora seu clima não seja bom para ninguém, a selva não pode ser culpada por ser o que é. Se alguém for viver nos trópicos, deve ir preparado com vestimentas e equipamentos adequados. Infelizmente, este não é o caso das pessoas que vêm para a Comunidade. Mesmo os que vêm absolutamente alerta e prontos a aceitar o que vier, podem surpreender-se com a intensidade e rapidez com que as pressões internas de mudança começam a se manifestar. Enquanto eu estava lá, entretanto, observava que alguns chegavam esperando o Jardim do Éden, uma comunidade de almas amáveis, onde os problemas da vida se resolveriam, de algum modo, por si mesmos. Vinham com uma definida idéia preconcebida de como um centro espiritual deveria ser, como deveria ser dirigido, o que gostariam de receber e a maneira como achavam que seu crescimento deveria se conduzir.

Era penoso observar as crises que essas pessoas tinham que atravessar quando seus sonhos se esboroavam diante da realidade, não só da Fundação, como de suas próprias naturezas. É claro que todos procuravam ajudar e muitas dessas pessoas conseguiam reajustar suas expectativas, porém sempre havia aqueles que se recusavam a mudar ou a se doar, a não ser da maneira e no grau que quisessem. Estes eram os tais que saíam da Comunidade com amargura em relação aquilo que viam como uma falha da Fundação em adaptar-se às suas necessidades e desejos.

O enfoque espiritual da Fundação tinha duplo efeito. Em primeiro lugar, concentrava energias muito fortes de transformação psicológica e espiritual, através das quais os processos de crescimento eram acelerados. Já me referi aos desequilíbrios e estados de pensamentos negativos e emoções como efeitos colaterais temporários dos esforços para crescer. Na Fundação havia uma intensificação aparente desses estados; quaisquer que fossem as sementes de carma, elas rapidamente emergiam à superfície para que o indivíduo lidasse com elas. As pessoas podiam ter experiências inspiradoras, cheias de luz e ficar nas alturas por algum tempo e, em seguida, escorregar para o extremo oposto, sofrendo um período de depressão. Tudo isso gerava estados negativos, os quais os indivíduos tinham que elaborar mas que também resultavam em estados de bem estar.

O segundo efeito da natureza espiritual da Fundação era a dificuldade de se lidar com a negatividade, pois ela contrariava os altos ideais da Comunidade e sua ênfase no pensamento positivo e no viver positivamente. Dar vazão às pressões negativas era arriscar-se a ser visto como 'negativo' e como um elemento de ruptura da vida comunitária. Ter qualquer tipo de experiência negativa era, para muitos, uma situação que produzia culpa, pois o sentimento geral era de se estar traindo a Fundação; isto era particularmente verdadeiro em relação às leis de manifestação como entendidas pela Comunidade; por estas leis a Fundação podia atrair para si o necessário para seu crescimento e sobrevivência. A emoção e o pensamento positivos eram considerados o combustível que fazia com que essas leis funcionassem, enquanto que a negatividade era uma força neutralizante que podia impedir a manifestação e assim ameaçar diretamente a Comunidade.

Lidar com esse problema de enfrentar a negatividade positiva e terapeuticamente foi meu primeiro trabalho e eu recebi toda a colaboração necessária. Às vezes, entretanto, eu me atrapalhava com dois efeitos colaterais interessantes da orientação espiritual da Fundação, além daqueles que já mencionei. Eram eles uma tendência para ignorar o nível psicológico e concentrar-se em níveis mais elevados, mais esotéricos, e uma tendência para buscar explicações no oculto ou no esotérico para qualquer coisa que pudesse acontecer.

Considero a personalidade como parte do todo, nem mais nem menos espiritual ou vital que qualquer outra parte. Vejo-a como uma expressão de como estamos em relação à vida, um reflexo da habilidade e da qualidade com que enfocamos a universalidade no aqui e agora. Para mim, a personalidade é um processo dinâmico, como um rio sempre correndo, que pode ser claro ou poluído, dependendo do que se joga nele em termos de energia emocional e mental, motivação, equilíbrio, sabedoria, amor e autocompreensão. Algumas partes do rio podem ser calmas e serenas; outras podem ser rápidas e traiçoeiras, passando por terreno acidentado, porém o rio permanece o elo entre a nascente e o oceano. A personalidade é o processo unificador entre a divindade e o mundo da experiência e da manifestação, e as leis de seu funcionamento são reflexos das leis universais da criação. Como terapeuta, tenho interesse no todo do ser - ao contrário de dizer que trabalho no nível da personalidade ou com níveis mais elevados, prefiro dizer que trabalho com os fatores que manifestam a totalidade e com aquilo que fragmenta ou inibe o todo.

Muitos, no campo de estudo e enfoque esotérico, no entanto, vêm a personalidade como um 'ser menor', uma fonte de distorção e erro, um sinal da queda da humanidade. Certamente o nível da personalidade geralmente representa para a maioria uma visão fragmentada e limitada que pode levar a falhas de comunicação e conflito. Como já mencionei, o rio tem suas correntezas. Para muitos que professam as disciplinas esotéricas, no entanto, a solução não é entender a personalidade, porém, de alguma maneira, superá-la, ir além dela ou transmutá-la. Os métodos em si não são frequentemente bem compreendidos e o efeito prático deste enfoque, como já percebi ao trabalhar com grupos esotéricos, é simplesmente ignorar a personalidade, na esperança que ela desapareça ao nos concentrarmos numa visão mais espiritualizada. Como os vitorianos que conservavam as mulheres grávidas confinadas longe dos olhos alheios, é como se eles se sentissem embaraçados por ter uma personalidade e envergonhados dos seus efeitos. É claro que ela não desaparece; ela permanece, sem cuidados e sem integrar-se, para ser uma fonte de problemas constantes no relacionamento e na comunicação em todos os níveis.

Este modo de pensar não ia a extremos na Fundação, mas estava presente e tendia a impedir alguns de buscar ajuda, minha ou de outros, para lidar criativamente com os problemas de personalidade, quando esses surgiam. Além disso, havia a tendência de se encontrar explicações espirituais ou esotéricas para quase tudo que acontecesse. Assim, um aborrecimento era devido a 'forças do mal' ao invés de ser encarado como uma falta de habilidade ou de sabedoria para lidar com relações humanas. Essa atitude, quando presente em uma pessoa ou situação, desviava a atenção das causas íntimas do problema em questão para uma direção externa, dispersando assim a responsabilidade. Claro que, para ataques psíquicos - que podem existir, isso eu sei por experiência própria - a solução é aumentar a positividade, pois a negatividade é considerada uma porta de entrada ou de contato com as forças do mal. É desnecessário dizer que isto também aumenta a repressão da emoção negativa e a tendência das pessoas de se sentirem culpadas quando essas emoções vêm à superfície.

Assim, na Fundação nós nos confrontávamos com o problema de que a própria natureza do local estimulava o aparecimento de estados emocionais negativos como parte do processo natural de crescimento e do descartar de velhos padrões de personalidade através da transformação; entretanto, a natureza do lugar também tinha a tendência a negar uma forma aceitável de desabafo desses sentimentos, pois isto conflitava com os ideais espirituais ou com os ensinamentos relativos à importância do pensar positivo para o bem estar da Fundação e o funcionamento das leis da manifestação. Para fugir do complexo de culpa, uma forma de desabafo era culpar as 'forças do mal' pela negatividade ao invés de aceitar os próprios padrões de personalidade e desafios. Eram essas geralmente as causas de problemas da Fundação.

Alonguei-me no assunto porque no nosso trabalho, meu e de David, através dos anos, quisemos demonstrar a síntese entre personalidade e espírito e verificamos que esse problema está espalhado por todo o movimento espiritualista. Embora eu tenha apontado este problema na Fundação, na realidade ele era muito menos evidente lá do que em diversos outros grupos que conheci. Na Comunidade, a tendência a ser negativo em relação à negatividade era compensada por uma perspectiva generalizada de uma boa comunidade e um alto nível de humor, assim como muito amor e carinho. Além disso, Peter e Eileen, cujo treinamento pessoal tinha sido desenvolvido para superar a personalidade e concentrar-se em ideais mais elevados, deram-me cem por cento de apoio em meu trabalho e até começaram a olhar com novos olhos para seus próprios desafios de personalidade. Eles têm o meu maior respeito pelo modo como comprovaram sua abertura para o crescimento e para idéias novas, qualidades que fizeram deles bons líderes.

Dois outros fatores, a experimentação e o alto nível de atividade, também contribuíram para os problemas que a Fundação e seus membros tiveram que enfrentar. O crescimento é um processo de aprofundamento e não simplesmente uma série de atividades em direção à novidade e mudança. Por criar experiências temporárias de instabilidade, é muito bom que o crescimento seja nutrido por um meio ambiente estável. Tradicionalmente, essa estabilidade é dada pelas estruturas familiares e por aqueles companheiros no grupo que possam suprir o indivíduo de carinho e apoio. Um ritmo de crescimento - um ciclo de inspiração e expiração - também é importante.

Quando eu estava na Fundação, tal ritmo era frequentemente discutido, mas nem sempre evidente. Ao contrário, havia um constante senso de atividade e de crescimento sem períodos adequados de assimilação e de consolidação. O inverno, quando havia poucos visitantes, era considerado o tempo de consolidação, mas frequentemente era tão agitado, a seu modo, quanto o verão. Com o tempo, entretanto, tal ritmo começou a aparecer, mas o sentimento geral permanecia de que havia atividade constante e energia em movimento. Embora isso não seja de todo ruim, pode impedir o aprofundamento do processo de crescimento, substituindo-o por uma sensação de movimento e mudança que pode mascarar-se em crescimento.

Isto era aumentado pela frequente troca de pessoal e a quantidade de trabalho a ser feito. Havia sempre mais trabalho do que gente e às vezes permitia-se a uma pessoa que permanecesse, só por ela ter a necessária perícia para um trabalho, independente do fato dela entender e respeitar, ou não, os objetivos mais profundos da Comunidade. Tais pessoas raramente davam certo e, muitas vezes, criavam mais problemas do que resolviam; na verdade, essas pessoas geralmente eram as que mais tinham problemas de personalidade, uma vez que não tinham a dedicação espiritual ou a visão do serviço altruísta que pode dar ao indivíduo uma perspectiva além dos seus próprios sentimentos. Frequentemente, pessoas eram treinadas para um objetivo específico, como operar uma impressora ou trabalhar no tear, e depois partiam da Comunidade. Além disso, a maioria da população da Comunidade era constituída de estrangeiros, principalmente americanos cuja estada era limitada por seus vistos nos passaportes. A pouca idade de muitos dos membros, sua falta de experiência ou de qualificação e às vezes incapacidade de levar a cabo suas responsabilidades também aumentavam as pressões do trabalho.

Todos esses fatores prejudicavam a estabilidade geral da Comunidade e também criavam uma situação que demandava um compromisso de tempo integral dos membros para dar conta das inúmeras tarefas que surgiam. Essa demanda da Comunidade sobre uma grande parte da energia do indivíduo tinha um efeito dispersador nas famílias que vinham viver na Fundação e mais, criava um conflito entre a dedicação à família e a dedicação à Comunidade.

Muitas comunidades são projetadas intencionalmente para separar famílias para que a comunidade possa surgir como uma família maior. Tais programas são desenvolvidos em reação às limitações e à separatividade que a vida em família pode produzir: a possessividade de famílias que podem arruinar a vida de uma pessoa. Entretanto, a família permanece como um importante elo de ligação nos processos de crescimento e estabilidade e necessita mais compreensão e não destruição. Na verdade, um artigo recente indica que nos *kibbutzin* israelenses, onde a família foi desintegrada, agora, já na terceira geração, o conceito está sendo reformulado com o apoio dos pioneiros originais. Eles estão reconhecendo sua importância e buscando meios de incorporar suas vantagens à vida em comunidade.

As famílias nunca foram privilegiadas na Fundação e algumas se desintegraram como sugerem as recentes críticas. Entretanto, como terapeuta familiar, pude observar que, em todos os casos de famílias que se separaram na Comunidade, as sementes da separação já lá estavam antes do casal entrar para a Comunidade. A Fundação simplesmente intensificou e apressou seu confronto com as realidades de seu relacionamento (ou falta de). Isto pode ser bom, porém, às vezes, o processo tornou-se mitificado, isto é, visto como uma prova de processo espiritual, e outros se sentiram encorajados a se separar.

Uma combinação de fatores - a nova moral, o fluxo de amor na Comunidade, uma certa falta de responsabilidade - tudo isso combinado facilitava a busca de outro parceiro ao invés de se procurar resolver os problemas com seu próprio companheiro. Alguns casamentos eram incertos; estavam naquela fase que todos os casamentos recentes passam, quando os problemas de adaptação pareciam ocupar todo o tempo e espaço. Normalmente os casais superam este período e saem dele mais fortes, porém, quando há oportunidade de formar uma outra associação mais atraente, onde possíveis desafios de personalidade ficam obscurecidos pela carga de romance, quando as exigências da Comunidade pedem pelo máximo que se possa dar, quando a busca de um novo consorte é interpretada como uma experiência espiritual (como encontrar sua alma gêmea), então tudo trabalha para empurrar o casamento para o abismo.

Todos estes assuntos poderiam ser matéria de diversos artigos. Tudo que quero mostrar agora é que existem condições para instabilidade na Fundação e que, embora a Comunidade esteja repleta de pessoas amorosas, o amor por si só, sem uma estrutura sensata para apoiá-lo, é insuficiente para restabelecer a estabilidade. O fato da Fundação ter pouquíssimas regras impõe uma obrigatoriedade à autodisciplina, porém autodisciplina também é uma questão de treinamento, que pode ser difícil de se desenvolver no estado de vulnerabilidade de um intenso processo de crescimento. Como consequência, a Fundação pode parecer uma selva emocional onde as pessoas são abandonadas, expostas ao calor do sol e ficam desprotegidas contra as devastações de suas próprias contradições e as da Comunidade.

É importante lembrar que Peter e Eileen não pretendiam iniciar uma comunidade; ela se desenvolveu a partir do trabalho que eles foram levados a fazer. A Fundação foi construída da fé, não da ambição. Nem Peter, nem Eileen, nem Dorothy foram treinados ou preparados para lidar com os problemas de dirigir uma comunidade; eles aprenderam através de erros e acertos, apoiados por seu guia e sua fé.

A Fundação não foi fácil para eles tampouco. Eles também estiveram sujeitos às mesmas forças de crescimento que todo o resto. Eu os vi mudar tremendamente nos últimos seis anos; eles simplesmente não são mais hoje o que eram quando os encontrei em 1970. Cresceram em sabedoria e amor, porém pagaram o preço do crescimento. Já passaram por períodos de profunda mudança interior e instabilidade e isto também se refletiu na Comunidade, criando ainda mais problemas.

Um fato é certo, a Fundação tem encontrado problemas, mas não pára de crescer. Descrevi o que observei nos meus três anos aí; são desafios que, acredito eu, qualquer movimento da Nova Era ou comunidade está enfrentando de uma forma ou de outra. Talvez um novo conjunto de problemas tenha sido instalado na Fundação desde que parti. O importante é que a Comunidade realmente tem seu aspecto de selva mas está aprendendo a lidar com isso de forma criativa. Quando penso nos problemas que enfrentamos enquanto lá estávamos, maravilho-me pensando como a Fundação sobreviveu a todos os conflitos emocionais que surgiram. O fato disso ter acontecido deve-se às pessoas que aí vivem e que muito têm contribuído para que a Comunidade se desenvolva.

Hoje a Comunidade e todos a ela ligados estão enfrentando o que deverá ser seu desafio maior: o sucesso e o consequente fascínio que o envolve. Como isso irá afetar a Comunidade? Peter e

Eileen, depois de terem sido considerados loucos por muito tempo por causa de suas crenças e seu trabalho, agora fazem turnês triunfais pelo mundo e são recebidos e aclamados por muitos. Eles são seres humanos e portanto compartilham da vulnerabilidade ao elogio e aceitação. Como isso irá afetá-los? O tempo dirá. Já percebi em Peter tanto uma atração para a fama como uma sensibilidade aos perigos do deslumbramento. Sua atenção concentrada na Fundação e no sucesso dela pode ser uma carga conforme ele se movimenta numa arena mais ampla e tenta criar uma comunidade planetária de indivíduos em cooperação, pois ele pode dar a impressão de que a Fundação e a Nova Era são sinônimos. Ele também se concentra nos aspectos positivos da Fundação e pode não fazer uma apresentação equilibrada. Contudo, isto não é totalmente culpa sua, pois quantos na audiência gostariam de ouvir falar de uma nova selva quando vieram ouvir sobre um jardim? A maioria das pessoas sente que já vive numa selva na sociedade moderna e anseia por inspiração e um pedacinho do céu na terra. O treinamento de Peter o leva a projetar imagens positivas de maneira que realidades positivas possam manifestar-se; ele fará tudo para despertar nas pessoas esse desejo. Seu desafio é fazê-lo de uma forma que promova uma compreensão e uma perspectiva equilibradas junto com inspiração e uma nova visão. Sendo a Fundação um lugar físico, sua concretude pode obscurecer sua visão. As pessoas ouvem falar dela e, ao invés de ver sua realidade no contexto de suas vidas e meio ambiente, querem viajar para a Escócia. Peter e a Comunidade têm que encontrar meios para contornar isso, porém este é tanto um problema nosso como deles.

Só vemos e ouvimos o que queremos. Criamos nossos mundos sonhados e tentamos projetá-los na realidade. Desejamos o céu na terra. Podemos ter esse céu se estivermos dispostos a criá-lo em nossas próprias vidas e onde estivermos, o que equivale a confrontar os desafios do crescimento. Isto é tudo que estão fazendo na Fundação. Os problemas que lá aparecem são problemas humanos; os triunfos nascem da potencialidade espiritual e das realidades contidas no interior de todos os seres humanos. A essência da Comunidade está em todo lugar; o desafio da Comunidade é comunicar isso e ajudar-nos a concretizar essa idéia. Acredito que conseguirão superar o desafio e ser bem sucedidos, porém, provavelmente nós observaremos o processo de aprendizagem deles à medida que for decorrendo. Precisamos de uma perspectiva equilibrada que possa tolerar as imperfeições dessas pessoas e lugares que selecionamos como imagens ideais enquanto exigimos e buscamos a perfeição que sabemos lá existir; em resumo, precisamos de sabedoria.

O que a Fundação necessita é de ajuda para ir ao encontro de sua visão. Necessita de gente que possa aceitar sua promessa e fazê-la atuar em sua própria vida onde quer que esteja. Necessita de gente que possa ir à Comunidade com a motivação apropriada de serviço e compromisso com o crescimento e responsabilidade, gente que entenda do processo de crescimento, que possa trabalhar criativamente com a negatividade, que possa fortalecer os padrões familiares; gente que seja equilibrada e que esteja procurando menos uma utopia pessoal do que um lugar para servir de acordo com o serviço necessário e não de acordo com suas próprias idéias deslumbradas do tipo de serviço que seja digno deles. A Comunidade tanto é uma selva como um jardim, assim como nós - assim como o mundo. O que todos necessitamos é de uma consciência que possa operar em ambos de maneira que possamos tocar a vida maior que é a Fonte Primordial.

As Pressões Interiores

David Spangler

Mensagem captada por David Spangler por volta de 1972 - resumida

Eu sou um discípulo do Cristo. Qualquer outra identificação é de somenos importância para nossos propósitos, pois o que tenho a dizer ou terá o apreço do entendimento humano e virá ao encontro de suas necessidades ou não e, neste caso, não deve ser dada importância às minhas palavras devido à minha identidade. Estou, contudo, permanentemente interessado neste centro e no trabalho que ele realiza, pois faz parte do plano geral do Criador.

É a partir desse interesse e de minha experiência como discípulo que eu falo a vocês.

A Origem da Pressão

A natureza do espírito é dinâmica e de irreprimível movimento. A natureza da matéria é de resistência e de imobilidade. Do conflito entre as duas surge a consciência. A consciência é uma luz flamejante que nasce do atrito entre aquilo que se move e aquilo que está estacionário.

Estas afirmações são expressões fundamentais da natureza da criação, ainda que limitadas no seu significado por terem sido expressas em termos tão concretos. Deus tanto é espírito como matéria, porém a humanidade polarizou sua consciência ao identificar Deus como espírito.

Sendo os seres humanos entidades evolucionárias que buscam a liberação da matéria e maior dinamismo na expressão, necessariamente verão Deus, seu objetivo final, como espírito, espírito cada vez mais refinado e dinâmico, até que atinjam um ponto da compreensão quando saberão, não só intelectualmente, mas também através da experiência direta de seu ser, que Deus tanto é espírito quanto matéria e aí poderão abarcar esta totalidade em sua consciência.

Começo com estas afirmações porque, se Deus é percebido como espírito, então Ele também deve ser percebido como pressão. Ele é a presença que se move e se move através e além da limitação da matéria. Esta é a imagem de Deus com a qual a humanidade atualmente opera. Novamente insisto que este é somente um aspecto de Deus.

Os próprios seres humanos, surgindo da matéria, são no geral mais polarizados para a matéria, sua consciência e suas qualidades, do que para o espírito. Aqui está a origem de seu conflito. As características que representam a maioria das consciências humanas são as da inércia e da resistência. Quando estas características ficam sob o impacto da corrente contínua de energia, que é a presença ativa de Deus, a consciência sofre pressão.

Ao longo do caminho da evolução, a consciência somente pode mover-se na direção de menor resistência, movendo-se no mesmo ritmo que a natureza da matéria em desenvolvimento e crescimento permitir. Por outro lado, qualquer consciência que tome a si a auto-iniciativa de responsabilizar-se pelo caminho de iniciação, entra num estado no qual está deliberadamente acelerando sua evolução. Este processo irá ressaltar as várias dualidades que existem na consciência do discípulo até que se atinja um ponto onde essas dualidades se resolvem voltando à unidade, ao equilíbrio. Nesse caso, as qualidades de matéria e inerciais no homem intensificam-se.

Tudo aquilo que resiste torna-se mais intenso à medida que o indivíduo busca tirar o curso de sua evolução do ritmo mais vagaroso da natureza e tenta colocá-lo sob a direção da alma.

Ao mesmo tempo, tudo aquilo que se movimenta, que se distende e se estira em busca do objetivo da liberação também se intensifica; contudo, nos estágios iniciais da experiência do discípulo, por ele estar emergindo da matéria, as qualidades de resistência são geralmente mais fortes. O encontro dessas polaridades na experiência do discípulo cria pressão e daí adveio o antigo conceito de Deus. Deus é pressão. Deus é o que irresistivelmente busca movimentar-se através da inércia para transformar a resistência em cooperação, percepção e complementação de ritmos.

O caminho da iniciação espiritual que todos vocês estão trilhando, mesmo antes desta vida, é, em si, um caminho de pressão, pois vocês se empenham em realizar o trabalho de milhões de anos em milhares ou até centenas de anos. Vocês estão acelerando sua evolução. Portanto, a sua alma, à medida que mais e mais lhe é dado acesso aos fatores de controle de sua personalidade e se torna o próprio fator de controle, passa a iniciar e atrair as experiências que sejam mais proveitosas para a aceleração da expansão de sua consciência. Em outras palavras, sua própria alma é como uma pressão, um descontentamento divino, determinada a superar toda a resistência da natureza inferior e transformar essa natureza inferior em unidade com o ritmo divino da alma.

Vamos considerar a Comunidade de Findhorn. Ela representa o encontro de um grupo de pessoas, cada uma no seu estágio de progresso no caminho, para juntas invocarem, com mais poder, as energias da evolução e acelerar seu progresso através da expansão da capacidade de servir. Serviço é o ritmo natural da alma.

Todos os que vêm a este centro devem entender onde estão adentrando. A Fundação será sempre um centro de pressão por ser um centro de experiência espiritual. O que cria a pressão, no entanto, é, em essência, o conflito entre o espírito e a inércia ou hábito. À medida que isso se torna mais e mais resolvido, a pressão desaparece. Psicologicamente, isso significa que o conflito nasce da intenção da alma que, refletindo a vontade do Deus interior, entra em divergência com a natureza mais indolente e condicionada da personalidade. À medida que a personalidade aprende a se fundir com a alma, entregando sua vontade à vontade de sua percepção mais elevada, a pressão diminui.

Nesta comunidade fica aparente que uma consciência de pressão tanto é gerada como vivenciada. É preciso lidar com isso de forma criativa porque a pressão aqui deveria ser de natureza evolutiva e não autopropagadora. Quero dizer com isso que a pressão deveria levar à iluminação, mudança, sabedoria e crescimento criativos. Não deveria levar a voltas e mais voltas em torno de um círculo de fadiga, descontentamento, inconsciência e dispersão de energia.

Portanto, agora gostaria de dirigir meus comentários para considerações mais práticas do que se pode fazer para lidar com o desafio da pressão e colocá-la numa perspectiva mais apropriada e no seu uso apropriado como um instrumento. É uma ferramenta que também é um reflexo do atual estágio da evolução humana.

Como eu disse, a consciência da pressão diminui à medida que o ser consegue resolver dentro de si as dicotomias de espírito e matéria, alma e personalidade, Vontade Divina e desejo pessoal.

Lidando com o Desafio da Pressão

Conscientização

Primeiro: A pressão não pode ser superada aplicando-se mais pressão. Aqui não se trata de um obstáculo que possa ser destruído através do uso de energia. Alguns obstáculos específicos e resistências podem ser enfrentados e jogados de lado, porém, no processo de descartar-se deles pode-se criar um sentimento de frustração e de pôr lenha na fogueira nos níveis emocional, etérico e mental. Isto poderá significar, no ambiente criativo da comunidade, o aparecimento de um reservatório de energias não realizadas, não sedimentadas e que produzem descontentamento.

Portanto, a primeira área de conscientização está sob a responsabilidade dos indivíduos que têm a incumbência da expansão e desenvolvimento do centro. Pode-se chamar de liderança do centro e, de uma certa forma, é exatamente isto. Esta está focalizada em Peter, que incorpora em si as energias de expansão. Isto também está ligado ao assunto de orientação, que alguns acreditam ser a origem da pressão.

A pergunta mais importante ao se lidar com a questão de pressão e com o seu uso correto não é "Orientação deve ser recebida?". O ritmo do desenvolvimento espiritual da humanidade, no momento, gira em torno da capacidade individual e coletiva de sintonizar-se com estados mais elevados de consciência. A pergunta então é "Como a energia liberada pela orientação pode ser decodificada para o uso pela estrutura da corporação?" Uma resposta a isso está na comunicação, assegurando-se que haja uma compreensão, tanto quanto possível, de todas as áreas pertinentes da comunidade no sentido de entender-se o que a orientação diz e porque, gerando, assim, uma energia de cooperação, ao invés de simples obediência.

Isto já foi dito aqui na Fundação de outras maneiras: que o tempo de Peter concentrar em si toda a energia de expansão já passou. As energias têm que ser compartilhadas por toda a comunidade; ou seja, cada membro tem que assumir a responsabilidade que lhe advém de ser parte do todo e de exercer a conscientização deliberada, uma percepção consciente das necessidades e do ritmo do todo, de maneira que, através de uma compreensão lúcida, possa contribuir com sua parte para o todo. Uma das fontes de pressão origina-se do fato que Peter, sentindo sua responsabilidade e não encontrando respaldo consciente, buscará implementar com o poder de sua vontade, a vontade de Deus como comunicada através de sua companheira Eileen. E o resultado é pressão. Quando ele encontra irresponsabilidade, falta de percepção e resistência à obediência, a pressão cresce.

Daqui para a frente, o resultado será sempre pressão se a polarização de poder na comunidade for resolvida simplesmente entre líder e seguidores, ordens e obediência. A única forma de se resolver isso a contento é ter uma comunidade de pessoas cônscias e dedicadas ao caminho seguido pela Fundação, um caminho de serviço por livre escolha com conscientização da possível consequência de sacrifícios pessoais.

Muitas vezes tem-se dito que a comunidade não é para qualquer um. Eu diria isto do seguinte modo: a comunidade não é um lugar onde pessoas podem aprender somente sobre a personalidade. Com certeza, estas lições também serão aprendidas, porém o enfoque deveria ser nas lições de síntese de grupo, de serviço e de ir ao encontro das necessidades do todo. A consciência do indivíduo é tão importante quanto suas habilidades, pois é da consciência que surgirá a força harmoniosa que, ajudando a resolver as pressões desnecessárias e a resistência, permitirá a emergência de habilidades e talentos.

As pessoas cujas consciências, embora habilidosas para a satisfação das necessidades comunais, em nível físico, não conseguem satisfazer as necessidades da comunidade em termos de percepção, responsabilidade e síntese com o todo tirarão, a curto e a longo prazo, a energia da comunidade e serão uma fonte de crescente inércia, crescente pressão, e farão com que as energias das pessoas mais sintonizadas sejam usadas simplesmente para conservar o equilíbrio, ao invés de abrir-se para uma corrente mais criativa.

Isto é um desafio que não deve ser encarado somente por Peter e Eileen ou quaisquer outras pessoas que estiverem exercendo a responsabilidade ou liderança na comunidade. Todo indivíduo deve estar cônscio e usar a sensatez com amor, sem críticas ou julgamentos, para trabalhar com as pessoas novas ou antigas na comunidade para que se conscientizem do que é este centro. Todos devem aprender com sabedoria a não encorajar a permanência de pessoas que não consigam dar os passos fundamentais de autoconscientização e dedicação ao serviço que transcende ao ego que essa comunidade exige, nem lançar olhares de crítica ou desagrado aqueles que não permanecerem ou não conseguirem permanecer. Os líderes e trabalhadores desta comunidade devem trabalhar como um só em consciência e amor.

Sintonização

O segundo fator a ser considerado, para o uso positivo da pressão, é que as pessoas devem ser estimuladas a permanecer sintonizadas e não simplesmente sintonizar-se só no momento de receber orientação. Isto é muito importante, pois a sintonização é o fundamento de uma orientação precisa e discriminada. Considerar o recebimento da mensagem como um objetivo final é encorajar as pessoas a colocar o carro na frente dos bois, ou tentar apossar-se do fogo sagrado antes de haver construído uma pira onde abrigá-lo. O primeiro passo do indivíduo é aprender a usar a mente e a emoção para criar, não resistência e inércia, mas sintonização, circulação de energia e comunicação e, mais ainda, a conservar o equilíbrio da personalidade na relação com os outros e consigo mesmo.

Esta comunidade está organizada de forma ideal a permitir que isso aconteça, pois aqui as pessoas trabalham juntas, interagindo o tempo todo. O primeiro aprendizado é exatamente esta interação que permite aprender a servir, respeitar e ouvir os outros, a ficar em silêncio interior, a experimentar a paz interior face à pressão dos outros, a comunicar-se.

Estes são os fundamentos e você deve, pelo menos até um certo ponto, ter o domínio dos níveis físico, emocional e mental antes de aventurar-se em níveis mais amplos. Você deve aprender a trabalhar com o sagrado dentro de si. Você deve aprender a tocar o divino que se encontra no seu quotidiano e nas suas relações antes de tentar invocar a divindade da qual você tem tão pouca compreensão. Inverter esse processo é arriscar-se a não só contatar os planos da ilusão, mesmo que um contato válido seja feito, mas também a desequilibrar os níveis da personalidade a tal ponto que o contato se perca, deixando atrás de si grande confusão.

O processo de receber orientação deve incluir, em primeiro lugar, o aprendizado do uso habilidoso da mente, da sensatez e dos sentimentos e de estar aberto à comunicação com as outras pessoas e com os que tenham demonstrado estar recebendo orientação de níveis mais altos com sucesso e equilíbrio. Aí você saberá que a orientação, ao invés de ser algo que deva ser alcançado através de grande tensão, cansaço e enorme disciplina, começa a borbulhar e a brotar dentro de você. À medida que a vida da personalidade se torna mais equilibrada, sintonizada, mais regular na sua expressão, mais harmoniosa com o ambiente e seus companheiros, o canal vai ficando mais limpo.

Lembre-se, Deus é pressão. Ele é movimento. É a resistência e a inércia que impedem Sua presença. Quando você libera a qualidade de resistência dentro de si, a Pressão de Deus se move através de você e você sente a sintonização desenvolver-se (até o ponto de sua necessidade e não necessariamente até o ponto que você queira). Se seu motivo, ao buscar a sintonização, for tornar-se uma luz guia de uma comunidade, então seu motivo é egotista. Se o seu motivo, ao buscar a sintonização, for simplesmente tornar-se um ser humano melhor, expressar melhor o divino, não importa quão simples, quão terreno ou quão aparentemente comum seja seu trabalho na comunidade, você certamente conseguirá a sintonização e Deus será sua identidade e seu bem-amado. Para saber se está agindo com orgulho espiritual e sob a fascinação das ilusões da personalidade, a pessoa precisa aprender a conhecer-se em termos de reações e relacionamentos com outras pessoas.

Com o tempo, todos aqueles que permanecerem nessa comunidade receberão orientação que virá da mesma Fonte. A orientação será expressa a cada um de acordo com suas necessidades e de acordo com o que promova a harmonia do todo.

Deve haver um entendimento claro de onde a orientação deve, ou não, ser usada. Buscar orientação para todo tipo de problema é diluir seu poder. Também a sabedoria fica desencorajada, levando à dependência e à obediência cega. A obediência pode ser uma disciplina necessária para enfraquecer o poder da resistência e da inércia. Contudo, a obediência deve ser superada por uma compreensão iluminada e por sabedoria à medida que o indivíduo se torna um com o ritmo do Espírito Divino. Muitos nesta comunidade ainda têm que aprender a superar a resistência. Têm ainda que aprender o valor liberador que representa simplesmente obedecer em confiança e amor. Obedecer simplesmente por isto ser necessário para permanecer na comunidade e carregar consigo elementos de frustração e não entendimento, só irá aumentar o círculo vicioso da resistência e pressão.

As pessoas devem ser encorajadas, tanto quanto possível, a se responsabilizar por sua própria consciência, discernimento e sintonização e a transmiti-los bem, assim como a comunicar e sintetizar para a comunidade a energia liberada pela orientação, sem distorções (pois, na realidade, um dos objetivos fundamentais da orientação no nível humano é liberar uma energia de realização e um espírito que possibilite a atividade e a manifestação).

Assim, é da responsabilidade de cada pessoa, ao lidar com esses fatores, conhecer seu centro e saber sintonizar-se e equilibrar-se. O discípulo criterioso não é aquele que tudo faz. Ele reconhece a capacidade que o momento exige e não a excede. Ele equilibra sua vida de tal forma que, quando sobrevem um período que exige maior dispêndio de energia para fazer frente a uma grande necessidade ou emergência, ela possa ser doada sem maiores desgastes. O ritmo da meditação, de buscar o silêncio, de recorrer a esse silêncio, a prática de encontrar um centro interior de paz e recorrer a este centro com consistência, tudo isso reduz a tensão e a pressão.

É preciso tomar cuidado para não gerar uma contínua sensação de emergência. Isto pode acontecer devido à rápida expansão da comunidade. Portanto, esta expansão deve ser sempre muito bem compreendida e equilibrada com um entendimento inteligente das capacidades da comunidade. Do mesmo modo, muito da pressão sentida advém da inércia no interior dos indivíduos. Deve ser oferecida ajuda para que as pessoas possam transpor este obstáculo e encontrar seus centros de silêncio e paz para poderem operar a partir daí.

Uma pessoa deve saber quando dizer sim e quando dizer não. Um discípulo deve saber que, quando lhe é dada a visão da vontade de Deus, do Seu plano, ele deve responder com bom senso à seguinte pergunta: "Como posso realizar esta visão da melhor forma?". É possível que a melhor forma não seja agir, mas postar-se numa atitude firme de não-ação e permitir que um outro se disponha ao papel ativo. Isto é sabedoria em ação e reduz consideravelmente a sensação de esforço desmesurado de ter que ir além de suas capacidades.

Mesmo assim, este é um desafio que estará sempre com você enquanto não resolver sua própria separação do estado divino, pois você é o criador definitivo de sua pressão. É pelo seu impulso, sua escolha auto-iniciada de acelerar sua evolução e de conseguir em um curto período de tempo a consciência da iluminação e da liberação da alma, que você pode se tornar um servidor da raça, mais sábio e mais habilitado. Não se sinta culpado se for necessário dizer não e explique: "Entendo a orientação mas não posso cumpri-la, dada a minha atual capacidade limitada. Vou ficar de lado, continuar minhas funções no presente nível e permitir que alguém tome a dianteira e leve a cabo a orientação". Para contrabalançar, conscientize-se de que a verdadeira orientação não é um comando, porém uma oportunidade. Talvez você possa fazer mais do que imagina. Contraponha a sabedoria de sua verdadeira capacidade energética à ilusão da inércia que a consciência da matéria lhe dá. A partir deste equilíbrio e discriminação você encontrará seu caminho real e relacionamentos verdadeiros.

Dedicação

Em terceiro lugar, eu diria que a própria comunidade deve

ser vista pelo que realmente é: não propriamente um lugar para morar, porém um local onde as pessoas podem aprender a servir. Ainda não é tempo das comunidades se formarem em benefício da comunidade em si. É tempo, sim, das pessoas se juntarem para aprender a servir o planeta e o todo da consciência. O serviço é o tema e a energia dominantes que movem este centro. Todos os que aqui vêm devem estar conscientes de que este não é um local onde simplesmente se possa chegar e morar. Se essa for a expectativa deles, então encontrarão desafios sérios, pois as energias aqui exigem que a pessoa vá além de si mesma no aprendizado do servir, da compreensão, no aprendizado da doação, de como conciliar espírito e matéria e restaurar o todo.

Os que aqui vêm devem ser dedicados e devem saber a que se dedicam. A liderança deve exercer ponderação para não atrair pessoas que, embora fortes naquilo que possam oferecer à comunidade, sejam fracos em dedicação e compreensão. A comunidade deve exercitar-se em amor, compaixão e força para ajudar os que estão lutando para conseguir externar esta dedicação e não simplesmente carregar os indivíduos no colo, passando por cima de suas falhas ou criando compensações para as mesmas, o que, na realidade, pode acabar por afastar a comunidade da visão e do crescimento do todo. Não desejamos desenvolver um espírito de crítica ou de negativismo com um apontando as falhas do outro. O que queremos realmente desenvolver é a consciência da atenção, de como as pessoas estão deixando de contribuir para o bem do todo ou do seu próprio desenvolvimento, de como estão prejudicando ao todo e a si mesmas, e também desenvolver a consciência do que pode ser feito com amor, sensatez e criatividade para superar o problema, visando o crescimento e a felicidade de todos. Se você evitar expressar esta percepção e ajudar as pessoas, estará estimulando suas fraquezas e obscurecimentos e poderá até desenvolver em si mesmo uma pressão, fruto de ressentimento ou de trabalho acumulado. Não tente carregar o fardo de outra pessoa, a não ser que haja clara evidência de que a pessoa esteja, no momento, atravessando um período particularmente difícil. Nesse caso, você deve cerrar fileiras com ela dando-lhe amor e apoio.

Ajudem-se mutuamente a levar a cabo a dedicação que este centro demanda e não tenham ilusões quanto à causa de estarem aqui ou quanto ao que pensam que a Fundação possa lhes dar.

Esta é minha mensagem para esta comunidade e às pessoas que dela fazem parte, uma mensagem que deve ser entendida também por todos os novatos que aqui entrarem. Este centro é criado para realizar uma necessidade de serviço dentro do plano maior, que tem como objetivo o cumprimento da vontade de Deus para a humanidade e para toda a vida deste planeta. Estou aberto para qualquer pergunta que se apresente.

Equilíbrio

Pergunta: Muitos têm sentido uma pressão para deixar a comunidade. Parece ser contagiosa; outros também a percebem e se questionam se não deveriam fazer o mesmo. Sabemos, com certeza, que alguns estão prontos e prestes a partir. Você poderia nos dar uma indicação que fosse útil para aqueles que não estejam prontos, mas, ainda assim, sentem a pressão? Certamente, tudo que nos disse indica uma liberação dessa pressão, porém, se houver algo que possa ser acrescentado, seria muito benvindo na ajuda a esses indivíduos.

Algumas energias de natureza mais universal estão sendo invocadas e vivenciadas aqui. A determinada altura dos acontecimentos, essas energias vão levar à formação de um grupo de pessoas cujo interesse neste centro será menos no trabalho do dia a dia e mais em ajudar a integrar o centro num ideal maior que está se formando no planeta. Tais pessoas farão parte do ritmo deste centro, porém, ainda que façam parte, vão ocupar posições diferentes das que ocupam agora. Este processo está em formação e criando inquietação entre aqueles que já estão além de suas tarefas atuais e a quem já estão sendo conferidos trabalhos maiores ou mais abrangentes, ligando a comunidade à sociedade, assim como integrando os novos membros, saídos da sociedade, à comunidade. Há também aqueles que, na verdade, estão atingindo um ponto em que devem partir. E há ainda a energia de expansão dentro da própria comunidade, fruto de um contato maior com a sociedade.

Acima de tudo, a pressão advém da captação que afeta os indivíduos, fazendo com que eles se voltem mais para si próprios, para seus sentimentos e seus cansaços, diminuindo, assim, a capacidade de comunicação que depende de uma abertura aos sentimentos e expressões dos outros. Quando a comunicação diminui, a pressão aumenta.

É muito importante que cada um nesta comunidade saiba como equilibrar as energias. Alguns podem querer usar minhas palavras como uma desculpa para justificar a inércia. Se assim for, será facilmente detectado e terá que ser trabalhado. Outros levarão minhas palavras em consideração e não tentarão ir além de suas possibilidades do momento e ainda assim manterão uma comunicação efetiva com seu meio-ambiente. Isto é muito importante. Vocês não são máquinas e estão todos em diferentes estágios de energia. Isto é o que eu quis dizer quanto à intenção de cumprir a vontade de Deus necessitar de um equilíbrio criterioso e de uma adaptação para a capacidade da comunidade.

Posso melhor expressar isto usando uma analogia física. Um discípulo pode, através do poder da vontade, fazer coisas que estão acima e além de sua capacidade e aí descobrir recursos em si nunca antes imaginados. Esse é um estágio pelo qual todo discípulo passa, porém não representa uma condição de equilíbrio, já que a vontade nunca deve ser desenvolvida em detrimento da sabedoria, do amor e da inteligência. Há vidas em que as pessoas vivenciam o desenvolvimento do amor e da sabedoria, vidas em que vivenciam o desenvolvimento da inteligência, vidas em que podem vivenciar o desenvolvimento da vontade e vidas em que certos aspectos são particularmente enfocados, porém, ao fim, é necessário aprender-se o equilíbrio.

O corpo da comunidade, no futuro, estará capacitado e deverá responder com sabedoria, poder, inteligência e consciência ao que se conhece como a vontade do Amado. Porém, permitir que só a vontade dirija a comunidade antes que o corpo esteja forte, seguro e saudável é correr o risco de desintegração ou, no mínimo, de exaurir o corpo a ponto de torná-lo ineficiente. A estrutura dessa corporação ainda está em processo de evolução.

Assim, achar o equilíbrio entre vontade, manifestação e o tempo certo é um desafio criativo. Vocês precisam agora fortalecer a estrutura com os elementos da força, comunicação, amor e síntese que permitirão o desenvolvimento de um corpo saudável; isto, por sua vez, dará a Peter ou a quem manifeste a vontade, uma estrutura corporativa capaz de responder ao desafio. O tipo de força de vontade que Peter desenvolveu no decorrer de sua vida não é necessariamente compartilhado por todos e nem precisaria ser assim. É importante que cada um faça sua parte no corpo da organização com responsabilidade e consciência. Se tão somente esse fator for conseguido, vocês conseguirão maior harmonia e uma significativa redução de pressão.

Agora, passo este desafio para a comunidade: vocês podem usar minhas palavras como justificativa para resistir ao que flui através de Peter e tal resistência já tem surgido algumas vezes, ou vocês podem usar minhas palavras para agir em cooperação com Peter para atingir o equilíbrio. A justificativa pode ser uma máscara para esconder a inércia e resistir ao divino, impedindo-o de se mover através de você. Cada um deve, em seu coração, responder à questão do motivo. De outro modo, onde está a responsabilidade que dizem ter em relação ao todo?

A resistência não é somente uma desobediência ou uma total negação ou recusa em trilhar o caminho do todo. A resistência pode ser simplesmente uma inconsciência ou uma falta de inteligência e responsabilidade na comunicação ou falta de amor e ação. A resistência pode ser sinônimo de frustração e pode também ser o que impede a pessoa de estar atenta ao todo, muito focada em si mesma. Todos esses fatores aumentam a inércia que estão enfrentando.

Digo aos verdadeiros dinamizadores dessa comunidade e que são a fonte maior da energia que circula aqui: Façam o que tem que ser feito para se conservarem fiéis ao seu Eu superior. Não permitam que a inércia dos outros os desanime ou que os faça pensar: "Por que eu deveria continuar se os outros não estão cumprindo seus papéis?". Vocês continuam porque vocês têm a visão e se dedicam a ela, não porque os outros a estão seguindo ou não, ou porque isso é o que a comunidade espera que vocês façam. Vocês continuam porque dessa maneira demonstram sua sintonia e são verdadeiros para consigo mesmos e para com o seu Deus interior. Da mesma forma, não tentem carregar todo o peso da comunidade quando outros deveriam estar carregando a parte que lhes cabe. Em outras palavras, não promovam a fraqueza pulando para tapar buracos que outros deveriam estar tapando, pois, se o fizerem, estarão prolongando a condição de inconsciência, de pressão e de fraqueza deles. É preferível que um aspecto da comunidade deixe de funcionar e até entre em colapso, mas que as lições sejam aprendidas, do que esse aspecto seja escorado com uma mudança provisória de energia que possa depois trazer o todo para baixo.

Posso dizer isso por considerá-los pessoas ajuizadas a caminho de uma maturidade maior. Somente espíritos infantis tomarão minhas palavras como desculpa para não agir ou agir insensatemente.

Onde há pressão há também, com frequência, um desejo de fuga e isso muito contribui para o desassossego. Também entendam que a expansão nem sempre se dá para fora, ela pode ter um movimento interno e para cumpri-la, às vezes, não se faz necessária a incorporação de um número cada vez maior de atividades, a não ser que sejam feitas com equilíbrio. Pode ser também que vocês necessitem limpar seu centro de atividades ou expurgar indivíduos, se isso resultar numa maior coesão e harmonia do grupo, criando uma expansão interna maior que pode, mais tarde, novamente externalizar-se com maior efetividade. Para quem sente a pressão, aconselho a não se curvar a ela como a um deus.

É só ilusão, mas uma ilusão que deve ser enfrentada com sabedoria e com a visão clara de um coração e mente iluminados. Não exagere, mas também não subestime sua força. Simplesmente lide com ela tão criativa e efetivamente quanto possível e busque promover nos outros uma consciência de força, paz e tranquilidade.

Ofereço minhas bênçãos a cada um de vocês; e a cada um, o Amor vindo do coração de Deus.

Sete

A Relação da Nova Era com as Doutrinas Religiosas e Formais

Introdução

David Spangler

A Nova Era representa a emergência de uma nova visão do mundo mais do que uma nova religião. Como uma visão de mundo, a Nova Era pode ter componentes espirituais ou religiosos, porém, em si mesma, é mais uma visão das possibilidades culturais do que um conjunto de crenças acerca de Deus ou do que uma forma de relacionar a humanidade com o sagrado.

Há grupos que certamente se identificam com a Nova Era, como é o caso da Comunidade de Findhorn, que são de natureza espiritualista ou religiosa e que têm crenças específicas sobre Deus e práticas de percepção do sagrado no dia a dia; tais práticas ou crenças podem não ser completamente aceitas pelos grupos ou pelos indivíduos mas, ainda assim, eles concordam com a visão da Nova Era.

Da mesma forma, há outros grupos que se consideram fiéis aos princípios da Nova Era sem que sigam nenhuma orientação espiritual. No entanto, eles se concentram em assuntos tecnológicos ou sociais, tais como formas renováveis de energia, proteção ambiental, novos projetos de habitação ou sistemas econômicos alternativos.

Uma pessoa pode acreditar na Nova Era e ser cristão, muçulmano, judeu, budista, pagão, agnóstico ou mesmo ateu. O indivíduo não tem que acreditar em Deus para acreditar num futuro melhor.

Por outro lado, há um sistema de valores que está emergindo em todo o movimento da Nova Era e que, até um certo ponto, define os limites do movimento. Esse sistema de valores celebra a interdependência de tudo; tem uma perspectiva holística; celebra tanto o indivíduo quanto o grupo; considera homens e mulheres como iguais; é compassivo e cooperativo; valoriza a natureza por si mesma e não por seu valor utilitário tendo, portanto, uma profunda ética ecológica. Admite também o paradoxo; está aberto à ambiguidade; valoriza o potencial humano, a imaginação e a criatividade e aceita que há mais na realidade e na consciência humana do que uma filosofia materialista pode admitir.

Eu não diria que esse sistema de valores seja uma religião. Basicamente, esse sistema busca ver o mundo, e tudo que nele está, como um todo e não como partes separadas, e nos impele a imaginar e a criar uma cultura que incorpore esse todo.

Entretanto, esse sistema de valores é 'espiritualista' na medida em que proclama que a perspectiva materialista é incompleta e que há um lado não físico ou transpessoal da realidade que também deve ser considerado. No entanto, não vai além disso, já que não recomenda nenhuma forma específica de crença ou de interação com a realidade não física ou incomum. Por exemplo, reconhecer e trabalhar com espíritos da natureza ou anjos, como se faz na Fundação Findhorn, pode ser parte de uma nova visão cultural do mundo - a Nova Era - mas não necessariamente. Podemos ter uma abordagem que conduza ao mesmo fim reconhecendo simplesmente que há uma energia pouco conhecida que permeia o pensamento e a emoção e que tem um impacto no meio ambiente, pois estamos conectados com esse ambiente tanto psíquica como fisicamente. Também a crença na existência de mundos não físicos ou espirituais e seus habitantes - ou a mera especulação de tal possibilidade - não é necessariamente um empreendimento religioso. Pode ser vista como um emprendimento artístico ou científico. Só é vista como empreendimento religioso porque nossa cultura relega à dimensão religiosa quaisquer tópicos dessa natureza, considerando-os sobrenaturais e, assim (como a própria religião, em alguns aspectos), parte de um mundo 'irreal.'

Um desafio adicional é esta palavra 'espiritual', que é usada para descrever duas coisas diferentes: a qualidade de ser não físico ou não material e a qualidade de ter valores religiosos ou sagrados ou de estar conectado com o espírito. Ao empurrar as fronteiras da consciência e da interação para além dos limites aceitos pela atual cultura ocidental materialista - em outras palavras, explorando um componente não material da realidade - a Nova Era parece estar abrindo uma determinada visão religiosa do mundo. De um certo modo é como dizer que, quando Colombo navegou em direção ao ocidente para provar que a Terra era redonda, ele estava, na verdade, numa jornada religiosa em busca do paganismo, pois muitas crenças pagãs descreviam o céu ou um estado de graça situado numa ilha no mar a oeste. Colombo pode muito bem ter considerado seu feito em termos espirituais ou religiosos (ainda que, não necessariamente, de acordo com a tradição pagã), mas o que ele fez realmente não foi um feito religioso em si.

Esta confusão pode se estabelecer de outras formas. A canalização é um fenômeno muito importante e frequentemente vista como uma prática espiritual ou religiosa predominante na Nova Era, não só por integrantes do movimento como por pessoas de fora. O canalizador torna-se o novo sacerdote, distribuindo sabedoria e discernimento - cobrando para isso - e permitindo àquele que crê alcançar os reinos espirituais. Entretanto, a canalização não tem nada a ver com espiritualidade, sendo somente um fenômeno de percepção e de comunicação. Pode até ser admissível que, nesta época saturada pela mídia, o ato de comunicação seja elevado ao nível de epifania religiosa, porém isso é uma distorção grosseira da prática espiritual. Quando uma pessoa é considerada altamente espiritualizada só por ser um telefone entre dois níveis de consciência, o entendimento do que constitui espiritualidade está distorcido.

É igualmente distorcida a pressuposição de que uma forma de vida que não tenha um corpo físico e que habite uma dimensão não material seja, em consequência disso, 'espiritual', no sentido de ser uma expressão do sagrado, da compaixão, da sabedoria e da verdade. Fazer essa pressuposição é extremamente perigoso. A canalização pode, em determinadas circunstâncias, ser um instrumento útil e certamente encoraja as pessoas a reconsiderar a existência de reinos não físicos, porém equipará-la à espiritualidade ou à prática espiritual somente sugere a pobreza de nossa linguagem e dos conceitos acerca da espiritualidade.

Como já mencionei no início, há, por certo, no movimento da Nova Era, aspectos religiosos e espirituais (no sentido de conexão com o espírito ou com o sagrado). A Comunidade de Findhorn é um bom exemplo, pois não se identifica nem com uma comunidade tecnológica nem secular, mas sim espiritual, e parte de seu trabalho tem sido demonstrar a realidade e o valor da busca pessoal de uma comunhão com o Deus interior. Há grupos da Nova Era que assumem todas as armadilhas de uma igreja e se comportam como proponentes de uma nova religião. Pelo fato desses grupos, em geral, se organizarem em torno de um líder carismático ou de um profeta e terem códigos de comportamento definidos e doutrinas de crença, podem cair nas armadilhas de um culto.

Entretanto, de acordo com minha experiência, a religião predominante ou tendência espiritual da Nova Era não tem nada a ver com líderes ou dogmas; é simplesmente o desejo de indivíduos de encontrar um caminho espiritual no qual possam relacionar-se com o sagrado de maneira direta, livre de culpa, de uma maneira amorosa e edificante, sem a intermediação do clero ou de um sacerdote. Muitos, se não a maioria das pessoas que conheci nos meus trinta e cinco anos de envolvimento com o movimento da Nova Era, exploravam formas diretas e pessoais para o conhecimento de Deus. Suas rotas podem até ficar movendo-se em torno de um círculo, levando-os a situações estranhas e tirando-os (espera-se) delas, inclusive cultos de um tipo ou outro, mas sua finalidade é sempre a mesma: descobrir em si sua própria natureza espiritual e a união com o sagrado como uma experiência pessoal e não simplesmente como uma teoria ou ensinamento.

De um certo modo, esse é o caminho do místico ou do xamã e pode ser muito individualizado, já que cada pessoa tem uma relação única, íntima e particular com o sagrado. O fenômeno do interesse crescente nesse caminho sugere que, para muitos, as instituições e as doutrinas religiosas, particularmente nas variantes ocidentais, não estão indo ao encontro de suas necessidades espirituais. Também transmitem uma crítica implícita - e frequentemente explícita - às igrejas do ocidente, em particular à igreja cristã e à vida religiosa (ainda que, é interessante notar, a maioria das pessoas que conheço se consideram seguidoras do Cristo porém buscam uma forma nova e mais pessoal de conhecimento Dele no seu próprio coração e de fazer nascer o Cristo místico em seu âmago). Essa crítica pode ser uma exacerbada fonte de atrito entre o movimento da Nova Era e as instituições religiosas formais, embora também possa ser um incentivo para a renovação das igrejas abertas à mudança.

O lado negativo disso é que, enquanto um místico ou um xamã pode prosseguir em sua relação individual e singular com o espírito e o sagrado num contexto de servir e de pertencer a uma comunidade maior, um seguidor da Nova Era pode ver-se apartado de tal contexto. Ao invés de transformar a personalidade e ao mesmo tempo reter suas qualidades singulares, o caminho espiritual se torna modelado pela personalidade e suas necessidades, por vezes de forma idiossincrática e com inflação de ego. Se a única referência que uma pessoa tem é sentir-se bem dentro de uma prática particular e ser seu próprio profeta, é grande a possibilidade de ter-se um palco armado para a usurpação do processo espiritual por aspectos egoístas e voltados para o próprio ego. Uma comunidade ou uma tradição pode proporcionar um contexto que propicia a auto-reflexão e o controle das emoções, ao traçar diretrizes para a sabedoria e discernimento e também ao exigir responsabilidade. Pelo fato do seguidor da Nova Era frequentemente abandonar sua tradição de origem, esse contexto pode não se apresentar ou não estar disponível.

Uma tradição não precisa ser necessariamente religiosa, contudo ela tem que prover meios para o desenvolvimento da disciplina e discernimento crítico e um contexto comunitário maior para que se possam contrabalançar os aspectos individualistas do desenvolvimento espiritual. A tradição por excelência que irá ajudar e guiar o desenvolvimento da espiritualidade na Nova Era pode ser artística ou científica, mas, na verdade, eu pessoalmente acredito que seja científica - ou mais especificamente, a metodologia da ciência. A metodologia da ciência tem sido praticada dentro de um contexto materialista, porém não há razão para que não seja também usada - assim como as disciplinas de observação e lógica - num contexto mais holístico que também inclua uma realidade não material; no processo, tanto a ciência como a espiritualidade seriam redefinidas e reimaginadas.

É inerente ao método científico a capacidade do indivíduo de aprender por si mesmo usando modos rigorosos e disciplinados de observação, de pensamento e de discernimento; num contexto espiritual, essa disciplina e discernimento poderiam estender-se e incluir faculdades interiores como a intuição, imaginação e sintonização, conduzindo, assim, a uma forma espiritualizada de cognição. Esse desenvolvimento contrasta com abordagens que demandam que os indivíduos simplesmente acreditem e sigam - em geral sem questionar - as revelações de alguém, abordagens essas muito comuns nas principais práticas religiosas.

Infelizmente, a espiritualidade da Nova Era frequentemente deixa de fazer jus a esse ideal de cognição espiritual disciplinada e não está à altura dos ideais de compaixão, entrega e sacrifício encontrados nas principais tradições religiosas. Ao contrário, com frequência fica parecendo a quem está de fora que as pessoas são autocentradas e que o principal enfoque do movimento é o de autodesenvolvimento e de bem estar próprio em detrimento dos outros e, portanto, desprovido de compaixão (é a síndrome do 'é o carma deles, eles que resolvam'). Essa espiritualidade parece ser - e frequentemente é - obscurecida pela subjetividade, uma máscara para a opinião pessoal e o preconceito. E mais ainda, muitos grupos e crenças espirituais da Nova Era incorporam um fundamentalismo tão intolerante e exigente quanto qualquer das principais seitas religiosas e podem ser igualmente intransigentes quanto à obediência e fé cega.

Uma outra crítica feroz que é feita diz respeito ao modo indiscriminado pelo qual os seguidores da Nova Era tendem a misturar e combinar ecleticamente elementos de várias religiões como o cristianismo, budismo, hinduismo, paganismo, xamanismo, tradições nativas, etc. A crítica é dupla. O tradicionalista vê elementos de sua religião tirados do contexto e usados de forma não apropriada (o que, na realidade, pode distorcer o significado e o poder original do elemento) e a mistura resultante pode ser grotesca e espiritualmente impotente, pois os símbolos, tirados do contexto, perdem seu significado e poder ou assumem outros significados que escapam à intenção primeira. Em segundo lugar, esse ecletismo pode desfigurar a integridade orgânica de uma tradição que de fato surge de um contexto cultural; pode faltar-lhe coerência, como numa colagem de imagens conflitantes colocadas juntas só porque o artista gostou de cada imagem individualmente, sem se dar ao trabalho de verificar se elas juntas ficariam bem ou se complementariam como um todo. Uma ocasião, eu entrei no santuário de um centro da Nova Era, onde havia sido colocada no altar toda e qualquer imagem que pudesse retratar o sagrado, inclusive fotografias de estrelas, a Terra vista do espaço, etc. O objetivo era provavelmente ser universal, abarcando tudo e assim mostrar de quantas maneiras o sagrado pode manifestar-se à consciência humana, mas o efeito foi de confusão visual e de dispersão de energia e poder. Um símbolo apenas - ou nenhum - teria sido muito mais eficaz e intenso.

Por outro lado, o que a Nova Era oferece é uma arena para experiências e explorações religiosas espirituais, assim como nos campos social, artístico, político e econômico também. Nem tudo o que surge dessa grandiosa fusão de elementos será necessariamente lindo, funcional, útil ou saudável. Alguns conceitos serão tolos, frívolos ou até tóxicos. Mas, ao mesmo tempo, surgirão dessa exploração novas percepções e combinações que serão poderosas, transformadoras e sagradas. São essas combinações que nos darão esperança no futuro e percepções com as quais construiremos uma visão nova do mundo e uma nova cultura na qual a espiritualidade será uma presença viva, criativa e curadora no quotidiano, um direito assegurado de cada indivíduo nascido neste planeta.

Visão Geral das Principais Tradições Religiosas do Mundo

Alex Walker

Os membros de uma comunidade dedicados a vivenciar as verdades que dão sustentação às maiores religiões do mundo, devem ter um conhecimento prático ou, no mínimo, acesso a informações sobre as crenças fundamentais dessas tradições.

Não há espaço aqui para mais do que um breve apanhado geral e um curto ensaio que funcionará como uma introdução à rica herança da humanidade dos ensinamentos e práticas espirituais. Como a grande maioria dos novos membros da comunidade está familiarizada com as cosmologias cristãs, decidi-me a usá-las como ponto de referência. Espero que os leitores de outras crenças e tradições me perdoem esta opção - a intenção é pura e visa uma comunicação efetiva e absolutamente não se trata de um recurso para sugerir que os ensinamentos cristãos têm maior (ou menor) destaque no nosso panteão.

Hinduismo

A crença hindu é a mais antiga das nossas tradições vivas e, de muitas maneiras, a mais difícil de se classificar. Historicamente é inspirada nos ensinamentos constantes dos Vedas, que tiveram sua origem há 4.000 anos. Contudo, ainda que certas crenças fundamentais abranjam todo o pensamento hindu, ele se ramificou numa variedade de formas tão desnorteante que leva confusão às mentes dos ocidentais quanto à verdadeira natureza dessa religião.

Por exemplo, ela não é panteísta mas essencialmente monoteísta, embora, como o cristianismo[1], (ou ao contrário dele) permita que o Deus principal se divida em várias formas, tais como Vixnu, o mantenedor, e Xiva, o destruidor. É também extremamente tolerante em relação a deuses menores e muitas instituições ou casas de

[1] Muitos cristãos consideram o conceito de 'Pai, Filho e Espírito Santo' como 'Um Deus em três Pessoas'. Os estudiosos muçulmanos, por exemplo, argumentam que este é um conceito triteísta, não monoteísta.

família têm suas próprias deidades particulares às quais oferecem devoções. Tudo fica ainda mais complicado com a doutrina dos avatares, segundo a qual o Deus principal 'encarnará de tempos em tempos para a proteção do bem e destruição dos malfeitores'. Deus/Vixnu, portanto, pode ser transmitido sob diversos nomes, como Rama ou Krishna. O sanatana dharma (dever eterno), como os indianos chamam sua religião, é bastante isento de dogmas e tem uma tradição antiga de tolerância a outras crenças religiosas. Seus princípios são, em essência:

- que o Brahman universal é o substrato de toda existência;
- a crença na reincarnação ou transmigração das almas;
- a crença no carma ou a lei de causa e efeito;
- a necessidade de cumprir o dever espiritual ou dharma;
- por cumprir o dharma, conseguir a liberação da infindável roda vida na qual tanto o microcosmo como o macrocosmo estão encerrados.

Entretanto, os meios pelos quais isso pode ser conseguido são extremamente variados.

Um dos principais livros do hinduismo, no grande poema épico Mahabarata, conta a vida de Krishna. A parte fundamental e essencial do pensamento hindu é o Bhagavad Gita - a 'Canção de Deus' - em que o grande guerreiro Arjuna se dirige para o centro da Planície de Kurukshetra entre dois grandes exércitos postados à beira de uma guerra civil. Krishna dirige a carruagem de Arjuna e lhe oferece as seguintes percepções.

Arjuna percebe que seu próprio exército - os Pandavas - está do lado do bem, ao passo que o exército oponente dos Kauravas é a força do mal; ainda assim, ele treme frente à possibilidade do conflito e sugere a Krishna que, embora sendo um guerreiro, seria melhor se ele se abstivesse do conflito e da inevitável carnificina envolvendo irmãos.

Krishna se revela como um avatar - um aspecto de Deus vindo à terra para libertar a humanidade - e explica a Arjuna que vida e morte são somente partes de um mesmo ciclo e que a morte do corpo físico deveria ser tratada por ele quase como se fosse uma mudança de roupas. E continua dizendo que há três tipos de pessoas - o indolente, o exaltado e o nobre que busca a iluminação através do desapego e da renúncia. A tarefa de Arjuna como guerreiro é de manter o equilíbrio e a imparcialidade, liberando seu apego à própria vida e a todas as coisas terrenas, e de empenhar-se na batalha para conseguir a vitória do bem sobre o mal. Ele deve ver a renúncia como uma liberação dos apegos aos frutos das ações que devem ser oferecidas a Deus e não desistir de toda ação.

Arjuna é convencido e volta para a linha de batalha. Com a ajuda de Krishna, a vitória dos Pandavas é assegurada.

O Gita certamente é um meio simbólico de descrever os conflitos de percepção entre a personalidade e a alma.

É um extraordinário paradoxo que, apesar dessa aparente ideologia bélica, os cristãos ainda considerem os indianos como fatalistas. Talvez seja fácil esquecer que a fome e a exaustão podem contribuir significativamente para tais atitudes. Os hindus, por outro lado, têm a maior dificuldade em imaginar um Deus pronto para morrer mansamente na cruz, ainda mais que esse ícone é essencial na mitologia de um povo com a reputação de agressão militar.

Budismo

O budismo é fundamentado nos ensinamentos de Gautama Buddha, que nasceu há cerca de 2.500 anos atrás no norte da Índia. Baseia-se em suas famosas 'Quatro Nobres Verdades' e no 'Nobre Óctuplo Caminho'.

As Verdades são:

- A Verdade do Sofrimento
- A Verdade do Início do Sofrimento
- A Verdade da Cessação do Sofrimento
- A Verdade do Caminho que leva à Cessação do Sofrimento

A natureza do Caminho constitui-se de três ítens que são:

- Autodisciplina moral, incorporando um modo de vida que seja pacífico, verdadeiro, correto e disciplinado.
- Meditação, direcionada a cultivar estados apropriados da mente além de ações corretas, equanimidade e controle. A meditação não é vista como uma prática a ser levada a cabo simplesmente sentando-se sozinho, porém uma atividade que pode ser desempenhada a cada momento do dia.
- Sabedoria; isto é, a percepção do mundo baseada nas Quatro Nobres Verdades.

No mundo de hoje o budismo é praticado de muitas formas

pela maioria ou por minorias significativas em todo sudeste asiático. Há duas escolas principais. A Hinayana, ou Veículo Menor, praticada em grande parte em Burma, Sri Lanka e Indochina, não diverge dos ensinamentos originais. A Mahayana, ou Veículo Maior, tenta investigar a natureza do nirvana sobre o qual Buda nada falou e é importante na China e no Japão. O Zen é uma forma particularmente direta (não simbólica) do budismo Mahayana, muito influenciada pelo pensamento taoista. Nesta parte da Escócia, temos sentido uma forte influência do budismo tibetano, devido à presença do centro da linhagem Karma Kagyu em Samye Ling, Dumfriesshire. Ainda que saído da Mahayana, o budismo tibetano tem suas características próprias.

Os budistas são os grandes psicólogos e tecnólogos espirituais da religião formal. Tanto assim que muitos praticantes dessa fé consideram os ensinamentos cristãos um pouco ingênuos em comparação. Por exemplo, a noção do pecado original pode ser vista como uma interpretação super simplificada de carma; a idéia de céu, purgatório e inferno, uma banalização dos complexos estágios do bardo entre encarnações, etc.

Por outro lado, a cosmologia budista pode parecer niilista e mesmo ateísta aos olhos cristãos.

O leitor deve julgar por si mesmo, mas aqui se segue um fragmento do pensamento budista que pode ser de valor prático e dar aos que não estejam familiarizados com suas técnicas um gostinho da riqueza que essa crença herdou. Foi tirada de *O Livro Tibetano dos Mortos* e envolve uma descrição de diferentes estados que ocorrem devido à maior ou menor distância da 'Luz', aquilo que os cristãos chamam de Deus ou de Espírito Santo.

Os Reinos

A hipótese é de que a mente produz certas projeções que parecem existir objetivamente e habitar o mundo exterior. Dependendo do estado da mente há 'reinos' onde o ser pode parecer estar. Esses reinos se referem particularmente ao 'bardo' ou estado de transição entre uma vida e outra, porém também são aplicados em conexão com os estados despertos e de vida. O Livro dos Mortos trata, em grande parte, das práticas de ajuda ao ser no estado de bardo. Não vamos nos concentrar nisso aqui, porém os reinos são os seguintes:

Em primeiro lugar há o reino do **Inferno**. Aqui o ser se imagina num estado de terror ou paranóia e um alto grau de violência que se volta para o interior de si mesmo. Nesse reino não há tanto a questão de punição externa, porém um ambiente auto-inflingido de medo. Também pode ser de fúria indômita, frigidez ou extrema solidão.

O reino do **Fantasma Faminto** é onde o desejo de posses se torna assoberbante. Quanto mais se consome, tanto mais faminto se torna de nutrir-se do objeto do desejo. Não é um estado onde se possa ter prazer com as coisas, mas sim de incessante procura por mais.

O reino **Animal** (palavra essa que, do ponto de vista ocidental, induz a uma interpretação errônea) é dominado por uma total falta de humor. Uma inflexível observância religiosa, um trabalho obstinado e desprazeiroso ou uma rígida vida familiar caracterizam esse reino. É inteiramente desprovido de espontaneidade ou de imprevisibilidade.

O reino **Humano** é de paixão, envolvendo também algo das exigências do Fantasma Faminto e sua luta incessante, um elemento da previsibilidade do reino animal, mas a sua maior característica é a malícia e um desejo de conservar as conquistas e sucessos a qualquer preço, apesar da inevitável impermanência da vida.

O reino dos **Deuses Ciumentos** (Semideuses - N.T.) é de grande inteligência, mas também de medo. É como um jogo que envolve intrigas, logro e diplomacia, mas cujas regras exigem total concentração na sobrevivência e no ganhar sempre. Esse é o reino de muitos relacionamentos pessoais.

O estágio final é do reino dos **Deuses**, também conhecido como o reino do orgulho. Há aqui um estado de paz e beatitude, porém há também um reconhecimento da separação entre si mesmo e a luz.

Esses termos podem não ser conhecidos de todos, porém esses seis reinos são reconhecidos por constituirem o todo de nosso mundo psicológico. Se for de seu agrado, você poderá achar útil analisar em que estado de espírito está em determinado momento e aprender as técnicas que o conduzirão a outros estados mais desejáveis.

Judaísmo

A religião dos hebreus é importante, em parte por sua grande influência no mundo contemporâneo (embora seja de longe a menos examinada por nós) e também por ser a raiz de onde surgiu o cristianismo e, com ele, o nascimento da religião, filosofia e cultura ocidentais. Seu começo histórico, conforme é relatado no

Gênesis, dá-se com o chamado de Abraão, que migrou do estuário do Eufrates para Canaã em cerca de 1.850 A. C.

Os livros sagrados do judaísmo são a Torá e o Talmud. O primeiro é essencialmente a Lei Escrita e inclui o Pentateuco do Velho Testamento da bíblia cristã. O Talmud é basicamente uma codificação posterior da Lei Oral. Embora seja uma religião de raízes muito antigas, seria falso crer que o pensamento judaico e sua prática sejam ultrapassados e datados. Como os Vedas, provê percepções profundas em áreas nem mencionadas em outras religiões.

O judaísmo tem, por exemplo, uma bem desenvolvida moral filosófica na área do comércio, só igualada, talvez, pela tradição islâmica. Que tristeza! Não há nada que se compare a isso no cristianismo moderno para conter a prática amoral dos negócios. A prática judaica é também a fonte da Cabala, provavelmente a maior contribuição para as idéias esotéricas contemporâneas.

Uma descrição detalhada da 'Árvore da Vida' é impossível aqui, porém segue-se um apanhado geral de seus tesouros.

> *Ao penetrar no santuário da Cabala somos é tomados de admiração pela presença de uma doutrina tão lógica, tão simples e ao mesmo tempo tão absoluta. A união essencial de idéias e signos; a consagração das mais fundamentais realidades por caracteres tão antigos; a trindade de palavras, letras e números; uma filosofia tão simples como o alfabeto, profunda e infinita como a Palavra; teoremas mais completos e luminosos do que os de Pitágoras; uma teologia que pode ser resumida nos dedos; um infinito que pode caber no côncavo da mão de uma criancinha; dez números e vinte e duas letras, um triângulo, um quadrado e um círculo. Tais são os elementos da Cabala.*
>
> Eliphas Levy

Islamismo

O profeta Maomé, cujo nome é costumeiramente seguido da expressão 'A Paz esteja com ele', nasceu em 570 A. D. em Meca, onde é hoje a Arábia Saudita. Seu trabalho religioso começou a sério quando ele já tinha 40 anos e recebeu o chamado de Deus através do Anjo Gabriel enquanto meditava numa gruta.

Ele é a figura central do ensinamento islâmico, porém é considerado humano e não divino. Através de suas revelações surgiu o Corão, que contém 114 surahs ou capítulos e representa a Palavra de Deus para os muçulmanos.

Os Cinco Pilares do Islã são:

- Não há outro Deus a não ser Alá e Maomé é Seu Profeta.
- A prática de preces diárias.
- Contribuições regulares de caridade.
- Uma peregrinação a Meca.
- Jejum durante o tempo de Ramadã.

Maomé (A Paz esteja com ele) morreu em 632 A. D., ou no décimo ano do calendário islâmico. Em 622 A. D. o profeta e seus seguidores foram forçados a fugir de Meca para Medina, depois da crescente oposição aos seus ensinamentos na primeira cidade.

Apesar da impressão que se possa ter, fruto das reportagens da mídia ocidental, a fé islâmica é tolerante em relação a outras tradições. Exemplo disso é o fato que era muito comum na idade média, nas cidades muçulmanas, haver bairros judeus quando na Europa ocidental, nessa época, a perseguição aos judeus campeava solta. Jesus é considerado um grande profeta pelos muçulmanos, porém eles acreditam que os cristãos erram ao considerá-lo divino. (Os judeus e cristãos são conhecidos pelos muçulmanos como 'O Povo do Livro').

A grande maioria dos seguidores do islamismo são os 'Sunitas', que aceitam certas tradições derivadas de sucessores políticos do Profeta como válidas. O islamismo Xiita rejeita esse caminho e segue a tradição dos sucessores de sua família; predomina apenas em algumas partes do Afeganistão, Iraque e Irã.

O sufismo é uma seita esotérica do islamismo e, embora os Sufis possam pesquisar suas origens até as raízes de sua religião e, possivelmente, ainda além delas, a ordem que opera no ocidente foi fundada por Hazrat Inayat Khan, que nasceu na Índia em 1882. O líder moderno desse movimento é Pir Vilayat Khan. O sufismo provavelmente tem tido mais influência em nossa vida comunal do que a prática islâmica ortodoxa. A ordem sufi é muito ecumênica e visa um direto entendimento da natureza de Deus, que vai além dos credos específicos de uma religião formal.

Os sufis adoram histórias e contos espirituais, por exemplo a que segue:

Caravansará[2]

Um visitante chegou à cidade, foi direto para o palácio e exigiu uma audiência com o rei. Sua aparência era tão estranha que ninguém ousou contradizê-lo.

Ao se aproximar do rei foi logo dizendo: "Eu gostaria de passar a noite neste caravansará."

Ao que o rei respondeu: "Isto aqui não é um caravansará - é o meu palácio!"

"Quem morava aqui antes de você?"

"Meu pai."

"E antes dele?"

"Meu avô."

"E um lugar onde as pessoas vêm e vão, onde ficam e de onde partem, pode ser chamado de outra coisa se não caravansará?"

Cristianismo

Os preceitos cristãos são baseados na vida de Jesus Cristo de Nazaré, que viveu na Palestina de aproximadamente 3 A.C. até 33 A. D. Sua vida e seu trabalho não necessitam de grandes esclarecimentos, porém três pontos devem ser abordados.

A Doutrina da Trindade considera Deus em três grandes aspectos: Deus, o Pai, que é transcendente (fora de nossa experiência comum), o Espírito Santo, que é imanente (impregnando nossa experiência) e Deus, o Filho, isto é, o próprio Jesus.

O cristianismo substitui a noção do Velho Testamento de um sistema de equilíbrio moral de 'olho por olho' pelo conceito de 'amai ao próximo como a vós mesmos' e 'dai-lhe a outra face'.

A crucificação de Jesus é vista como um momento central da história do homem, quando teria começado um novo pacto entre Deus e a humanidade. Assim, o cristianismo compreende um único Deus pessoal 'que deu seu único filho' a fim de salvar a humanidade de seus erros. Falta à filosofia cristã dos primeiros tempos uma investigação mais abrangente da natureza da realidade[3], porém a simplicidade de sua mensagem e sua ênfase num Deus de amor

[2] Local no deserto onde as caravanas se abastecem - N.T.

[3] Isto é bem conhecido pelos teólogos cristãos, por exemplo, "Não há absolutamente nenhum sistema de teologia ou doutrina na Bíblia", Emmet Fox em *The Sermon on the Mount*, Grosset & Dunlap, 1934.

podem ser as razões maiores de seu continuado sucesso.

As três principais formas de cristianismo existentes na atualidade são a Igreja Católica Romana, a Igreja Ortodoxa Oriental e a Igreja Protestante (com mais de 20.000 denominações diferentes). Para um observador, as diferenças parecem mais de ordem administrativa e cultural do que filosófica, embora a atual postura papal em relação a anticoncepcionais seja uma exceção significativa. Frequentemente ainda vista como a 'religião do homem branco', mais da metade dos cristãos hoje é de não brancos. Não há histórico de cristianismo esotérico oficial fora de conventos ou mosteiros, porém outros temas de interesse são:

Os **Essênios**, uma comunidade espiritual que existiu na Palestina pouco antes do aparecimento público de Jesus, cuja filosofia tem muita semelhança (fato discutível) tanto com as idéias cristãs como com as da Nova Era.

A **Gnose**, considerada pelos ortodoxos como uma grande heresia, advoga fazer-se contato com, ou 'ter conhecimento de' Deus diretamente, sem intermediação de sacerdotes. Não é simplesmente uma filosofia de misticismo, mas um conjunto de doutrinas que vê a humanidade presa num mundo alienígeno.

Os estudos de **Pierre Teillard de Chardin**, que se empenhou em juntar o rigor da pesquisa científica à fé cristã através de sua teologia da evolução criativa.

A **Espiritualidade da Criação**, que é um movimento moderno grandemente baseado no trabalho de Mathew Fox, busca explorar a tradição mística cristã e visa conciliar o lado espiritual da ecologia e o cristianismo.

Finalmente, aqui vai uma deliciosa historieta sobre vida em comunidade, que traz à tona a simplicidade e a compaixão do âmago do cristianismo. Pode ser de origem judaica, porém esperamos que ninguém se ofenda. Pode até ser vista aqui como um reconhecimento do débito que o cristianismo tem em relação ao judaísmo. Afinal de contas, o próprio Jesus às vezes é chamado de Rabino na Bíblia.

O Presente do Rabino

Uma ordem monástica, que já havia sido famosa um dia, estava passando por uma crise. Todos os mosteiros do grupo já haviam fechado e o mais importante deles só estava aberto por causa dos esforços de uns poucos monges idosos. Embora a fé individual de cada um fosse sólida, coletivamente eles já tinham começado a aceitar a inevitabilidade da morte de sua ordem. Não tinha havido noviços há anos e, à medida que seu número lentamente diminuía, os prédios ficavam mais e mais deteriorados.

Por fim, somente restou um punhado de monges e o abade sabia que o fim se aproximava. Uma das poucas alegrias que lhe restavam eram suas visitas ocasionais a um velho amigo, um rabino que vivia numa floresta ali perto. Ainda assim, foi com o coração cheio de pesar que ele atravessou a mata naquela ocasião. Seus velhos ossos rangiam a cada passo do caminho e ele se perguntava quantas vezes ainda conseguiria fazer aquela caminhada para visitar seu companheiro espiritual. Finalmente, ele chegou à morada entre as árvores. "Como vai a vida na sua ordem?" perguntou seu amigo.

"Nada bem, nada bem", respondeu o abade. "Somos agora apenas cinco e ninguém jovem para o trabalho pesado".

O rabino olhou para o monge com empatia e compaixão. "Ai, que tristeza; o mesmo acontece comigo. Os jovens já não vêm à sinagoga e eu receio pela minha fé nessa terra nua e nesses tempos sem Deus".

Eles trocaram queixas e leram juntos textos sagrados, chorando ao comparar as lembranças da juventude com as preocupações pelo futuro. Depois de um certo tempo o abade teve que ir embora e, com o coração pesado, pensava se veria seu amigo novamente. "Eu fiquei muito feliz por ter vindo", disse ele, "mas antes de ir eu gostaria de saber se há algum conselho que você possa me dar para ajudar a salvar minha ordem que está se acabando".

"Desculpe, mas não tenho", respondeu o rabino. "Eu não tenho nenhum conselho para lhe dar, porém posso dizer-lhe algo. O Messias é um de vocês".

O abade deixou a clareira na mata dando tratos à bola, tentando entender o último comentário do rabino e quando retornou ao mosteiro contou aos companheiros as preocupações do mesmo e sua afirmação enigmática.

"O que pode ser isso?" perguntavam-se. "O Messias é um de nós?" E se retiraram para suas celas tentando decifrar o mistério. A princípio, pareceu-lhes uma simples pilhéria, talvez um comentário fortuito que o abade tivesse interpretado mal. Afinal, ele estava envelhecendo e talvez não tivesse escutado direito. Mas, na quietude da noite, começaram a ruminar quanto às possibilidades.

"Deve ser o abade", pensava o Irmão Jeffrey. "Embora ele seja velho e dado a esquecimentos, é o mais venerável e sábio dentre nós. Se o Messias está aqui, só pode ser ele. Veja você, o Irmão David é quieto e gentil, tão modesto. Se alguém de nós está mais perto de Deus, esse alguém é o Irmão David. Ele está sempre à mão para um conselho amoroso e pronta ajuda."

"Porém, bem poderia ser o Irmão William. Ele é muito rígido, mas talvez isso seja a medida de sua fé. Ele é tão dedicado à oração e à prática religiosa. Mesmo quando ninguém mais pode ajudar numa doença ou em algum serviço, ele pode ser sempre visto na capela, pronto a nos prestar serviço ou aos visitantes e hóspedes. Sim, definitivamente, pode ser o Irmão William."

"Não, não penso que possa ser o Irmão Roger. Ele é tão rabugento! Mas, por outro lado, ele conhece a história da ordem mais do que ninguém e sabe tudo sobre as sagradas escrituras. Leva a Bíblia aonde quer que vá. Sempre tem algo pertinente a dizer e quando se torna crítico, em geral é porque viu alguma coisa importante para alertar."

"Pelo menos sei que não sou eu", pensava o Irmão Jeffrey. "Eu não sou nenhum tipo de Messias. Tenho muitas falhas e defeitos para me enquadrar nesse papel. Dedico-me a ser um bom servo, Senhor, mas não estou pronto para isso ... Estou? Oh, Senhor, por favor, não permita que seja eu!"

E assim os monges ficavam a sós com seus pensamentos e, embora nunca discutissem o assunto abertamente, uma misteriosa mudança aconteceu no mosteiro. Quando se encontravam, lembravam-se das palavras do rabino e se tratavam com deferência ante a possibilidade de um entre eles ser o Ungido. Tornaram-se mais amorosos, mais inclinados a doar seu tempo e mais afeitos a ver as virtudes nos outros do que suas falhas. Passaram também a ver-se sob uma nova luz. "Pode ser que seja eu," todos pensavam, "e mesmo que não seja eu, Deus deve dar muito valor ao meu trabalho, pois escolheu-me para servir ao Messias."

Logo, os visitantes ocasionais ao mosteiro começaram a notar a mudança. Toda a atmosfera do lugar parecia-lhes ter-se tornado santificada e imbuída de grande espiritualidade. Os visitantes contavam aos amigos sobre suas experiências e o pingo de gente que aparecia avolumou-se e se tornou uma corrente regular. De tempos em tempos, um hóspede ficava tão inspirado por aquilo que presenciava que pedia para permanecer ali como aprendiz da ordem. Com o tempo, a companhia dos monges voltou a crescer e com o passar dos anos floresceu novamente e, graças ao presente do rabino, foi capaz de trazer conforto espiritual a todos que ali se encontravam.

Uma versão dessa história foi publicada por M. Scott Peck em The Different Drum: Community Making and Peace. *Veja no cap. 10 os detalhes da publicação.*

A Comunidade e o Cristianismo

Alex Walker

Misticismo não é uma seita ou um credo;
é uma convicção que extrai sua autoridade
dos instintos naturais do coração humano.

Manly Hall

Vivemos em uma cultura cristã e a maioria dos membros da Comunidade têm experiência da tradição cristã. Entretanto, muitos aqui vêm, em parte, por estarem lutando para entender sua educação cristã e se rebelam contra ela. Portanto, é importante fazer considerações mais detalhadas sobre nossa relação com essa religião.

Em primeiro lugar, e mais importante, é estabelecer claramente que não somos, de forma nenhuma, anticristãos. Temos tido, de tempos em tempos, ministros cristãos como membros residentes da comunidade. Todos os anos temos acolhido muitos cristãos assumidos em nossos cursos e até organizado grupos de crentes. Muitos deles consideram nosso trabalho incorporador da essência do cristianismo. Embora concordemos que não confinamos nosso trabalho ao cristianismo, muitos de nossos membros consideram-se também cristãos.

Em segundo lugar, seria possível classificar a maioria, se não todas as mensagens recebidas por Eileen, como pertencentes à tradição cristã. Embora sejamos mais do que isso, somos, não obstante, em grande parte uma comunidade mística cristã. É difícil precisar porque esse misticismo é pouco entendido por alguns cristãos - as semelhanças entre as contribuições de Eileen em nossas vidas e os ensinamentos de, por exemplo, Julião de Norwich ou de Hildegaard de Bingen são evidentes.

Em terceiro lugar, vale a pena reiterar que a Nova Era não é uma religião que tenta suplantar o cristianismo; mais exatamente, é um contexto no qual se pode honrar e respeitar nossas diferenças sem abandonar as específicas formas culturais e religiosas que nos são importantes. Tal respeito envolve o reconhecimento de que a inabilidade de alguns seguidores posteriores em colocar em prática a mensagem de tolerância que Cristo deixou não é nem culpa do mensageiro nem da mensagem, não mais que de qualquer grupo religioso (ou político) que tente sustentar uma ortodoxia.

Talvez o maior ponto de discórdia entre nós e muitos cristãos esteja na interpretação da afirmação de Jesus: "Ninguém vai ao Pai a não ser por mim" (João 14:6). Muitos cristãos, talvez a maioria, interpretam isso como uma injunção para se seguir os ensinamentos da igreja cristã. Pode ser que estejam certos, ainda que a igreja só tenha sido fundada após sua morte. Nossa interpretação é de que ninguém chega ao reino dos céus sem antes ter aprendido a emular a compaixão de Jesus, sua sabedoria e dedicação a Deus, quaisquer que sejam as práticas específicas que escolham praticar.

Você pode rejeitar tanto uma como outra explanação e isso não será um problema para nós. É surpreendente o pouco debate teológico que existe na vida da comunidade, pois o que realmente nos interessa é a consciência do indivíduo em seu trabalho e em sua vida e não o específico sistema de crenças que o inspira.

O Cristo e o Buda

David Spangler

No verão de 1993, David Spangler e Craig Gibsone, depois de anos de elaboração de como seria bom explorar essas duas raízes juntas, juntaram-se para apresentar uma oficina sobre as naturezas de Cristo e Buda. O passado de Craig inclui um longo interesse pelo budismo e a formação de David um interesse pelo cristianismo esotérico. Quebrando a rotina das outras oficinas onde um grupo pequeno se junta pelo espaço de uma semana para se concentrar em si mesmo e no assunto em questão, essa oficina abriu espaço para toda a Comunidade de Findhorn, reunindo-se todas as noites no Universal Hall. Esse artigo é uma transcrição de uma daquelas noites.

Eu gostaria que pensássemos um pouco sobre o que precede nossa imagem de Cristo e de Buda. Enquanto vocês pensam, vou fazer um retrocesso no tempo e voltar ao início da Comunidade de Findhorn. De muitas maneiras, esta comunidade incorporou nos seus ensinamentos e em sua vida uma certa dimensão de Cristo - a energia de Cristo, a consciência de Cristo ou o Cristo Cósmico - e um pouco dessa incorporação adveio do trabalho que aqui fiz há mais de vinte anos atrás. Porém, antes da comunidade começar a falar sobre consciência de Cristo, seu impulso inicial foi para o alinhamento com o sagrado ou com Deus, indo diretamente à fonte sem intermediários. A comunidade foi construída tendo como suporte a 'calma vozinha interior' ouvida por Eileen e a 'calma vozinha interior' ouvida por Dorothy e ainda, a disposição de Peter de levar a cabo a mensagem e informação que vinham das respectivas sintonizações dessas duas mulheres.

Apesar da comunidade ter-se tornado famosa pelos seus jardins e pela idéia de cooperação com a natureza, que foi a imagem que passou para o mundo e atraiu pessoas para o maravilhoso jardim e para explorar maiores dimensões de cooperação e interação com os reinos invisíveis, a real mensagem da Comunidade de Findhorn - aquilo que Peter, Eileen e Dorothy criaram como mensagem básica - foi a sintonização com o sagrado e obediência ao que procedesse daí. Esse é um enfoque muito místico.

Todas as grandes religiões do mundo, de um jeito ou de outro, convidam-nos a uma relação com o supremo, uma relação com o propósito de se obter a resposta para nossas perguntas existenciais mais pressionantes: "Por que estou aqui?" "Por que existimos?" "Para onde vamos?". Diferentes povos em tempos diferentes vivenciaram uma conexão com a fonte, que lhes ofereceu o que eles sentiram como resposta. Alguns olharam para o supremo através de uma determinada lente e outros através de outra e dessas respectivas visões surgiram tradições, assim como aqui nesta Comunidade as tradições crescem e florescem.

Voltando à primeira questão, sobre o que vem antes de Cristo e Buda, chegamos à condição de sintonização e de relação com o sagrado ou aquilo que os índios nativos americanos chamam de o 'Misterioso Sagrado'. Penso ser esse um importante ponto de partida, pois já há uma imensa quantidade de material - discussões, sondagens, percepções, questões - que emergiu do diálogo entre budismo e cristianismo. O que quero fazer é usar esses símbolos de Cristo e Buda para avivar dentro de nós um sentido do que seja nossa mais básica relação com o sagrado, pois este é o impulso da formação e da definição desta comunidade.

Ao fazê-lo, é também importante constatar que vamos viajar na imaginação e que Cristo e Buda, até um certo ponto, existem para nós como símbolos em nossa imaginação.

Nos últimos trinta anos, ou seja, durante a maior parte da existência da comunidade, a imagem de Cristo tem representado um papel fundamental em sua espiritualidade. Entretanto, trata-se de uma imagem tirada principalmente do lado místico do cristianismo, assim como da tradição interior chamada cristianismo esotérico. O que distingue uma imagem mística ou esotérica de Cristo de uma exotérica é que Cristo não é visto simplesmente como um ser fora de nós e separado de nós, mas sim como uma presença que está no âmago da existência de nossa alma. É um estado de ser do qual podemos partilhar e do qual participamos.

O aspecto interessante desse símbolo de Cristo é o de ter muito em comum com o conceito budista da natureza de Buda. Posso trazer o espírito e a vida de Cristo para nascer em mim, assim como no budismo posso desenvolver a natureza de Buda e tornar-me Buda. Na realidade eu já sou Buda - todos somos Budas; acontece que não nos apercebemos disso e este é o problema. Mas, no momento em que acordamos para este fato e nos apercebemos dele, então somos simplesmente aquilo que somos e que sempre fomos e a ilusão da separação e do eu desaparecem.

De modo semelhante, no cristianismo esotérico todos nós somos Cristo; somos o princípio do Logos, a presença de amor, e nossa tarefa é despertar para essa realidade. Escolas ou tradições diferentes têm processos diferentes para propiciar esse despertar, exatamente como no budismo, onde há várias escolas e tradições que ensinam técnicas e processos para chegar-se ao estado búdico ou de iluminação. Estou particularmente interessado no modo como essas figuras vivem em nós como poderosas imagens espirituais, levando-nos a ter nossa própria experiência do sagrado.

Ao olharmos as figuras imaginadas de Cristo e Buda, a tarefa é penetrar nessas imagens e sair pelo lado oposto. Há uma afirmação muito famosa do Zen-budismo que diz que, quando se encontrar o Buda no caminho, deve-se matá-lo, pois, para o Zen, o objetivo é ir-se direto à verdade e a verdade está além da forma. Assim, se Buda aparecer, será simplesmente mais uma forma, mais uma ilusão a ser descartada. Contudo, seria muito incomum encontrar-se uma afirmação semelhante na tradição cristã, pois no cristianismo a forma é considerada importante, sendo Jesus a mais importante das formas, já que é o sagrado representado na forma. Nossa tarefa é usar a forma, a imagem, para mergulharmos no espírito que se encontra além dela.

Se quisermos encontrar a essência de Cristo e a essência de Buda, que não são idênticas, podendo até ser duas qualidades completamente diferentes, podemos chegar a ela não através do mero observar da figura, mas indo além dela até aquilo que existia antes deles existirem e aí colocar a questão: O que há sobre a vida da alma, sobre a vida humana e sobre a vida planetária que tornou necessária a evocação pela imaginação coletiva dessas figuras - tanto como indivíduos reais e históricos quanto como imagens que cresceram e foram elaboradas através da história?

A figura de Jesus não é estanque; quando digo Jesus, não fica claro para todos de quem se trata. Nos dois mil anos de história cristã a imagem de Jesus mudou dramaticamente, quase que uma vez a cada cem anos e a imagem que temos de Jesus agora não é a mesma do primeiro século depois de sua morte e ressurreição. Tampouco é a mesma de quinhentos anos atrás. Há um processo ou mudança de desenvolvimento da imagem à medida que cada período da história ou cada cultura reinterpreta esse ser e o espírito que representa. Mas por que reinterpretamos? O que há sobre essas figuras que não permitimos moldar em concreto? Ao contrário, elas têm uma vida dinâmica, uma vida que se transforma por si mesma, que age como se fosse um espelho refletindo as mudanças e evoluções de nossa cultura. Isto acontece porque nossa própria alma muda em relação ao sagrado. Assim como evoluímos para um entendimento mais profundo e claro da natureza da realidade física, também evoluímos para um entendimento mais profundo dos mistérios do sagrado. E ao fazê-lo, essas imagens que fazem a intermediação do mistério para nós também se transformam.

Num certo sentido, a Comunidade de Findhorn reflete o atual processo histórico coletivo no qual uma nova imagem do sagrado busca emergir. É por isso que gostaria de chamar nossa atenção de volta para os princípios que nortearam a fundação deste centro: a sintonização com o sagrado; sintonização com a 'calma vozinha interior' de Deus, qualquer que seja a definição que se dê ou a vivência que se tenha disso.

Esta comunidade foi fundada baseada no processo de sintonização com o sagrado dentro de nós mesmos. Isto foi especificamente manifestado aqui pelas mensagens que Eileen Caddy recebia para Peter e a comunidade. Contudo, um dia foi dito a Eileen que não mais divulgasse mensagens para a comunidade, pois isso estava fazendo com que as pessoas ficassem cada vez mais confusas em relação ao princípio de sintonização com a divindade interior ou o centramento do ser. Seu modo particular de receber mensagens e sua maneira de perceber Deus estavam começando a cristalizar-se como 'o jeito certo' da comunidade e não era esse o propósito da Comunidade de Findhorn. Não se queria nem se desejava que todos ficassem acordados até tarde para receber mensagens; esse era o jeito de Eileen. Entretanto, o que se desejava era que todos aprendessem a contatar o mistério do sagrado dentro de si mesmos, como Eileen.

Fazer com que a Comunidade de Findhorn se torne um centro cristão, ou mesmo cristão esotérico, ou um centro budista, ou islâmico, ou de Potencial Humano ou qualquer coisa bem específica, seria perder a natureza de espelho que a este lugar foi reservado. É como se fôssemos São Paulo chegando ao mundo grego e dizendo: "Trago-lhes a palavra de seu Deus desconhecido". Claro que, para Paulo, Jesus era a face desconhecida de Deus. Porém há uma parte de Deus que sempre será desconhecida. Isso é um ensinamento esotérico. Assim, todo período é confrontado com sua porção do Deus desconhecido, quando forças surgem para trazer luz para o mistério. No entanto, nunca será um conhecimento final. No momento em que um novo aspecto do sagrado emerge, um novo Deus desconhecido também emerge! Mas é importante que, em momentos como estes, quando a cultura humana passa por profundas alterações como agora, tenhamos a habilidade de nos colocar e entender o sagrado para que possamos dar o salto correspondente.

Esse salto é poder ouvir a 'calma vozinha interior', cada um e coletivamente a seu modo. Esta é a tarefa da Comunidade de Findhorn, na minha opinião, e também espelha a tarefa de Peter, Dorothy e Eileen quando aqui chegaram. Porém o que é essa calma vozinha interior? O que é o sagrado que busca viver nos nossos tempos? Será o Cristo? Será o Buda? Investiguemos melhor essas imagens.

Cristo

A palavra Cristo vem do grego 'Christos', que é uma versão do hebraico 'Messias'. Significa "o ungido". Há uma diferença significativa em imaginar-se alguém ungido e imaginar-se alguém desperto (Buda é o desperto). Todos sabemos o que é despertar pois o fazemos toda manhã, mais ou menos. Em algum momento em nossas vidas todos tivemos uma experiência de despertar, porém a experiência de se sentir ungido pode nunca nos acontecer. A unção é um ato pelo qual algo é transferido, é concedido e confirmado a alguém e pode ser considerado como um ato de doação. No Novo Testamento, no Evangelho de João, é dito que Deus tanto amou a humanidade que lhe deu seu único Filho. Ele não emprestou, vendeu ou permutou - deu-o como presente.

A partir dessa noção de doação temos uma visão de um modo de interação que é um tema recorrente em todo o Novo Testamento e descreve o Reino de Deus. Uma das características desse estado é que ele não é uma transação: não há lançamento de débito, não há contabilidade e não há "dou ou não dou" com a expectativa de retorno. Assim, nessa idéia de Cristo como o ungido, ou como o presente, há um sentido de liberação, de libertação de se ter que fazer cálculos, guardar recibos, uma libertação de qualquer contabilidade interna. Num certo sentido, é uma abertura liberadora para novas possibilidades.

Dar e ser o presente tem um efeito de transformação e de elevação e esse é o modo tradicional de se descrever a experiência de ser o Cristo. É a mensagem de Jesus em todo o Novo Testamento: "Observe o que faço e faça igual; doe-se também."

Há uma outra face da imagem do Messias que é mais problemática porque a imagem de Cristo entrou na história através de uma herança cultural que busca um herói guerreiro - um rei sacerdote que viria como salvador para um povo em particular. A imagem do Messias nesse contexto é a de um líder, alguém que se sobressai no topo do governo e acima do povo.

Certamente, por cerca de duzentos anos, a imagem de Cristo intermediada pelas várias igrejas, frequentemente nos tem sido apresentada como a de um senhor soberano que um dia virá reinar no mundo e que é o auge da aspiração humana. Nas Revelações João diz: "Quando Ele voltar, virá envolto numa nuvem de poder e glória", o que é interessante comparar com as próprias palavras de Jesus quando disse: "Eu venho como um ladrão na noite", em calma e segredo. Essa imagem de Cristo como símbolo de poder torna ainda mais difícil para nós receber o Cristo e descobrir nossa própria unção no dia a dia comum de nossas vidas, pois a maioria de nós não está envolta numa nuvem de poder e glória.

Nos momentos calmos, íntimos e comuns de nossas vidas, quando nada particularmente espetacular está acontecendo, podemos não reconhecer que Cristo possa estar aí, isto porque somos treinados a procurar por algo muito semelhante a um rei mundano, uma espécie de grande mestre esotérico ou um indivíduo que tenha integrado Deus em sua vida e que se destaque do comum dos mortais. Sinto que nos colocamos um tremendo fardo ao não nos considerarmos dignos ou régios o suficiente para vivenciarmos o Cristo. Ao observarmos um pôr-do-sol, ouvirmos música, comermos uma bela refeição, ou trabalharmos no jardim e, por alguma razão, sentirmos a imanência de Cristo se abrindo em nossa consciência e um oceano de amor e unidade, deleite, prazer e êxtase, por que negar esse sentimento com todas as espécies de desculpas? É comum negarmos o sentimento ou, por outro lado, considerar que somos grandes mestres realizados, ou um rei ou uma rainha, já que conseguimos nos sentir assim. Ao invés, deveríamos considerar essa experiência como bem comum e um estado natural do ser humano.

Haverá momentos em que encontraremos Cristo da forma mais extraordinária e seremos então levados para além de nós mesmos, mas, na maioria das vezes, podemos encontrar o Cristo em momentos não messiânicos de nossas vidas, quando estamos com outras pessoas, comendo, bebendo, limpando a casa e fazendo todas as milhares de coisas com um coração puro, inteligência e habilidade física.

Há um documento famoso do misticismo cristão chamado 'A Prática da Presença' no qual um monge vivencia sua união com Cristo ao fazer as tarefas mais simples - fazendo pão, lavando a louça, limpando o chão e por aí em diante. Em círculos da Nova Era há, às vezes, a interpretação errônea de que o próprio ato seria a prática da presença - minha prática é fazer pão, minha prática é varrer o chão, etc. Essas podem ser coisas boas de se fazer com destreza, mas o que torna algo uma prática não é simplesmente o ato de fazer, mas sim a percepção de que no momento estamos nos dando, com amor, ao universo através daquele ato. Não estou de forma alguma lutando contra aquilo - se estou lavando a louça, vou lavá-la com a impressão de estar acariciando a consciência de uma multidão de seres e pedindo que meu toque seja de doação, trazendo amor, e com a sensação de estar tocando o Amado.

Nesse sentido, nós ungimos o momento com nosso amor e com nossa sintonização com o sagrado. Fazemos daquele momento um messias, um libertador, um revelador em nossas vidas. Redimimos o momento da banalização e dos seus limites e o abrimos para o sacramento de comunhão com nosso Amado. Este é o grande valor dos ensinamentos espirituais da Comunidade de Findhorn: o trabalho é amor em ação; ame aquele com quem você está, o lugar onde você está, o que você está fazendo. Assim, aquela calma vozinha torna-se viva no momento e sua mensagem é o amor que se espalha vindo de sua atenção e alinhamento.

Buda

Apesar desta comunidade usar a linguagem do cristianismo para falar de si mesma e de sua missão, em alguns aspectos é um centro budista e isso pode ser ilustrado pela sua imagem.

Quando isto aqui era um pequeno agrupamento de pessoas, era muito fácil vivenciarmos uma comunidade: todo mundo trabalhava com todo mundo; sabíamos o nome de todos; passávamos o dia inteiro juntos e íamos para o santuário ao mesmo tempo. À medida que a comunidade crescia, os trabalhos foram ficando mais especializados e as pessoas trabalhavam em diversos lugares mais distantes e estarmos todos juntos foi ficando cada vez mais difícil. Assim, a característica que faz uma comunidade teria que vir de algo mais que não mera proximidade física e encontros diários.

Alguns anos atrás, meu amigo David White deu uma palestra sobre história celta e cristianismo. Ele disse que a melhor forma de se interpretar os celtas seria vê-los como uma 'comunidade da imaginação'. Tenho usado uma imagem semelhante originada daí e há anos falo sobre ela: 'a comunidade da consciência'. Comunidade não é uma coisa que se crie quando pessoas se juntam e vivem juntas; ao invés, é algo pré-existente e podemos despertar para ele. Jamais há um momento em que não estamos em comunidade, porém há muitos momentos quando não nos sentimos em comunidade e nossa prática é despertar para a experiência de comunhão.

Quando eu o encontro, embora não saiba seu nome, embora não trabalhemos juntos, embora você possa ser um recém-chegado e eu ter estado aqui há anos ou vice-versa, posso imediatamente vê-lo como parte da comunhão. Comunidade, para mim, é algo como a natureza de Buda - sempre presente, sempre distilando aquilo de que nos originamos e aquilo no qual estamos imersos, porém é preciso estar desperto.

Um amigo meu foi um monge budista e é hoje um professor de budismo tibetano na Universidade de Columbia e uma ocasião ele deu uma palestra na qual discutia uma série de práticas para a iluminação que constava de sete passos - seis passos de meditação e um passo de compreensão. O primeiro passo era meditar sobre a compreensão de que todos os seres são nossas mães - nas incontáveis vidas já vividas, todo ser possivelmente foi nossa mãe numa delas. Honramos nossas mães e reconhecemos que elas nos nutrem e nos dão vida e nascimento. O segundo passo é lembrar a bondade com que fomos tratados por nossas mães. O terceiro passo é meditar sobre o desejo de retribuir toda essa bondade - toda molécula, toda estrela, todo planeta, todo ser na vasta extensão do cosmo é visto como uma lembrança do presente carinhoso de amor que nos deram e que queremos retribuir. O quarto passo flui disso: é meditar sobre o sentimento de grande amor que é invocado por essa lembrança. O quinto passo é meditar sobre a compaixão que se inicia nesse amor. E o sexto passo flui da compaixão, do amor e da lembrança e do nosso comprometimento com o serviço.

Todas essas meditações levam juntas ao sétimo passo, que é a vontade de atingir a iluminação, pois a maneira pela qual podemos prestar serviço, expressar compaixão, dar amor e retribuir o carinho para todos os seres é nos tornando iluminados - não para nós mesmos, mas em nome de todos os seres sensientes. Este é o significado dos votos de um Bodisatva budista.

Bodisatvas existem num longo fluxo de tempo, desde os bebês que viveram algumas horas, aos cósmicos que têm sido Bodisatvas há três incontáveis eras e estão agora nos limites do estado búdico.

A grandiosidade dessa imagem é que nunca se sabe ao olhar quem é um Bodisatva. Porém todos sabemos que precisamos nos tornar um, pois a mais importante tarefa da vida é servir a outra vida tornando-a iluminada e liberada - tornando-a una com o todo. Porém, como despertar para essa unidade? O mundo está cheio de práticas, mas podemos usar a comunidade como um espelho onde, ao encontrar um ao outro, podemos acordar o outro para essa comunhão profunda. Esta é a prática da comunidade.

A prática do budismo convida-me a sair pelo mundo e ver outros seres, onde quer que eu esteja, como uma parte de mim, como uma parte da natureza de Buda, compartilhando a grande comunidade da existência. Não importa quanto; é preciso tentar, pois a minha tarefa é agir para o bem-estar de todos os outros da minha grande comunidade. Pode ser que no início minhas ações sejam tímidas, experimentais e superficiais; ainda estou tão cheio de mim que não posso fazer mais do que um gesto tênue em relação ao bem estar de outro. Na tradição bodisatva é preciso muito esforço para se tornar um Buda e é preciso também estar preparado para ser gentil consigo mesmo sem deixar de se esforçar com persistência.

Nesta comunidade a intenção é não pensar em si como 'findhorniano', mas sim como um membro de uma comunidade de consciência e 'minha comunidade é o mundo'. Numa comunidade posso aprender a ser um Bodisatva nenê. Se toda a estrutura da Comunidade de Findhorn ruísse e todos os prédios desaparecessem, ainda assim se poderia olhar para o outro e dizer: "Eu o conheço, estamos juntos na comunidade." Podemos ouvir a calma vozinha interior da comunhão que nos une como um.

Nesse despertar para a 'iluminação' da comunidade e na unção de cada momento com nossa conscientização e nosso amor que eleva cada momento do trivial e o faz ressoar, usamos as imagens de Buda e do Cristo para encontrar os mais profundos níveis de vivência do sagrado em meio ao corriqueiro. No meu modo de ver, este é o propósito da Comunidade de Findhorn: viver o corriqueiro como se fosse sagrado e o sagrado como se fosse o corriqueiro. Esta é a imagem do sagrado que emerge para os nossos tempos, uma imagem que entrelaça Cristo e Buda numa nova dança, mas que faz lembrar o Santo Mistério que permanece em seu interior.

(David Spangler, Christ and Buddha Nature, *One Earth Magazine, Inverno de 1993, nº 12. Reprodução permitida. Editado por David Spangler para este livro.)*

BIBLIOGRAFIA

Kerry Brown e Martin Palmer (editores) - *The Essential Teachings of Islam*, Rider, 1987.

Michael Carrithers - *The Buddha*, Oxford University Press, 1983.

Richard Causton - *Nichiren Shoshu Buddhism*, Rider, 1988.

Pierre Teilhard de Chardin - *The Phenomenon of Man*, Fontana, 1969 (O Fenômeno Humano, Ed. Cultrix, 1969). *The Divine Milieu*, Harper & Row, 1960 (O Meio Divino, Ed. Cultrix).

Chogyam Trungpa - *The Myth of Freedom and the Way of Meditation*, Shambhala, 1976.

Igreja Escocesa - *Young People and the Media*, um relatório do Conselho de Responsabilidade Social para a Assembléia Geral da Igreja Escocesa, 1993; em especial, o Anexo C, "Coming to Terms with the New Age Movement", do Rev. Dr. John Drane, que, embora fazendo uma forte crítica da Nova Era, também identifica pontos essencialmente falhos no pensamento da Igreja, por exemplo:

> *"Também temos que lutar com o fato de que frequentemente vivemos de uma maneira reducionista e materialista: a exploração que fazemos do meio ambiente, nosso machismo chauvinista, ou mesmo nossa vida na igreja no dia a dia - em que frequentemente damos maior importância a acreditar nas coisas certas (racionalmente), sem qualquer interesse real na experiência direta de Deus. Poderíamos continuar. Entretanto, precisamos passar de meras análises para a ação. A maior parte das pessoas que não frequentam a Igreja na Escócia atualmente está mais preocupada em construir sua visão do mundo com aspectos característicos da Nova Era do que com elementos do cristianismo."*

Ronald Ferguson - *George MacLeod: Founder of the Iona Community*, Collins, 1990. Leitura obrigatória para qualquer um que acredite que a Igreja da Escócia pertence ao período Jurássico. De interesse especial são as lutas de MacLeod com o sistema estabelecido na sua época, que são muito semelhantes às nossas próprias atualmente. Ele também tinha suas histórias de 'milagres'. Veja, por exemplo, a página 183:

> *"Em setembro de 1940, quando as bombas incendiárias estavam caindo sobre Londres, parecia que a reconstrução (da abadia de Iona) deveria ser interrompida por falta de madeira. Foi quando a carga de um navio sueco, que transportava madeira do Canadá, teve que ser lançada ao mar. A madeira foi flutuando na direção de Mull, bem na frente de Iona - e na*

medida certa. 'Sempre que eu rezo', disse o Dr. MacLeod, 'acho que as coincidências se multiplicam'."

Matthew Fox - *Original Blessing*, Bear e Co, 1993.

Guru Rinpoche - *The Tibetan Book of the Dead: The Great Liberation Through Hearing in the Bardo*, Shambhala, 1975. Este livro tem um comentário por Francisca Fremantle e Chogyam Trungpa.

Manly P. Hall - *The Mystical Christ*, Philosophical Research Society Inc, 1951.

Heinrich Harrer - *Seven Years in Tibet*, Harper Collins, 1988.

Hermann Hesse - *Siddhartha*, Bantam, 1971 (Siddhartha, Ed. Record).

Christmas Humphreys - *Zen: A Way of Life*, English Universities Press, 1962.

Anthony Judge - *A Conference Towards Spiritual Concord as a Metaphor of Spiritual Concord*, Union of International Associations, 1992.Tony, que é um simpatizante da Fundação, é um excelente contato para os interessados em Diálogos Ecumênicos. Curiosamente, ele conta que o Dalai Lama recentemente afirmou que imaginar que há somente uma verdade em todas as religiões é hipocrisia.

Hazrat Inayat Khan - *The Unity of Religious Ideals*.Ver detalhes no Capítulo 1.

Eliphas Levi - *Transcendental Magic*, Rider, 1968.

Henry Renckens - *The Religion of Israel*, Sheed e Ward, 1967.

David Spangler - 'The Christ Series', artigo para estudos da Findhorn Foundation, 1972.Ver especificamente 'A Letter to Graham', que é uma resposta a um ministro que tinha levantado uma questão a respeito da interpretação feita por David sobre Cristo.

Idries Shah - *The Way of the Sufi*, Pelican, 1968. Uma versão da história 'Caravansará' aparece neste capítulo na página 239.

Gordon Strachan - *The Bible: An Ecological Perspective*, no livro editado por Vance Martin e Mary Inglis; Wilderness: The Way Ahead, Findhorn Press, 1984.

Eric Voeglin - *Science, Politics and Gnosticism*, Gateway, 1968.

Alan Watts - *The Way of Zen*, Pelican, 1957.

R. C. Zaehner - *Hinduism*, Oxford University Press, 1966.

Oito

As Influências Esotéricas

A Tradição dos Mistérios Ocidentais

Nicholas Rose

Artigo publicado pela primeira vez como *Findhorn and the Western Mystery Tradition* (Findhorn e a Tradição de Mistério Ocidental), Revista One Earth, volume 2, número 6, 1982.

Quando cheguei pela primeira vez à Comunidade de Findhorn, há cerca de sete anos, os eventos mais usuais eram as palestras que Peter Caddy dava sobre 'Os Fundamentos de Findhorn'. Ele trazia para essas palestras uma grande variedade de histórias e experiências das mais fantásticas, incluindo mestres e anéis mágicos, centros de energia, viagens ao Tibet e O.V.N.I.s. Às vezes eu tinha que deixar a mente bem aberta: registrava e arquivava a informação 'para referência futura'. Uma das coisas que ele dizia quase que casualmente era que a Fundação era uma escola de mistérios na tradição pitagórica - e todos acenavam concordando - e ele então passava para outro assunto e nós éramos arrebatados para outras vastas paisagens do papel cósmico universal da comunidade.

Não ficava claro para mim naquela ocasião como a Fundação se enquadrava nos antigos ensinamentos de sabedoria que nos haviam sido legados através dos séculos, mas há muito me interesso pelo que chamam de tradição de mistério e durante minha temporada aqui tenho concentrado minha atenção sobre esse aspecto na Fundação. E hoje posso ver a experiência da Fundação como uma parte da contínua revelação do espírito no quotidiano apropriada para os nossos tempos.

Há várias teorias sobre a natureza da evolução. Talvez a mais simples seja a de Darwin, na qual ela aparece como um processo de seleção natural cujo pináculo ou coroamento seria a humanidade. Teilhard de Chardin acrescenta a essa teoria o conceito de que, como pano de fundo, existe uma semente espiritual que busca manifestar-se na totalidade. À medida que as formas de vida se tornam mais e mais complexas, há também um equivalente crescimento espiritual da consciência. Segundo ele, existe uma imagem arquetípica da humanidade perfeita - o Homem Ômega - que não teria ainda nascido mas para o qual caminhamos. Sri Aurobindo diz algo semelhante. Ele fala sobre o pináculo da onda evolucionária como sendo a manifestação Supramental - novamente o mesmo arquétipo espiritual ou ideal de humanidade que ainda não fomos capazes de encarnar na totalidade, em grande parte porque a substância ou forma de vida ainda não pode responder ou adaptar-se o suficiente para manifestar o corpo de luz.

Uma forma de se observar a evolução da humanidade é comparando-a a uma criança crescendo. Muitos dos ensinamentos de mistério dizem que em algum ponto as formas de vida em evolução nesse planeta tornaram-se suficientemente complexas para receber a inseminação da centelha da individualidade e do espírito - podemos comparar este estágio a um bebê recebendo a alma. E a esse nível é preciso haver pais, guardiães e professores sábios para dirigir o crescimento da humanidade criança. As escolas de mistério remontam ao antigo Egito. A antiga civilização egípcia, que foi extremamente estável por quase mil anos, pode ser vista como um exemplo de relacionamento entre pais e filhos. Tinha o objetivo de ser uma manifestação dos reinos espirituais na terra e o faraó era considerado a encarnação terrena do divino. Toda faceta da sociedade correspondia às leis espirituais. Os edifícios refletiam a proporção divina e cada pessoa sabia o seu lugar numa ordem hierárquica bem estruturada.

Este rico reservatório de ensinamentos espirituais teve uma profunda influência sobre os hebreus, que foram ainda além para sedimentar o conceito monoteísta de um criador, o que foi uma preparação necessária para a futura encarnação de Cristo e o nascimento do cristianismo.

Nos séculos que antecederam o nascimento de Cristo houve uma grande proliferação de escolas de mistério e ensinamentos espirituais. No século 6 A. C., por exemplo, Pitágoras, Confúcio, Lao Tsé e Buda viveram na mesma época. Nas escolas de mistério davase grande ênfase primeiro aos mistérios menores - a integração da personalidade, o equilíbrio da essência dos elementos no corpo e a preparação da personalidade para servir como taça - e só depois se prosseguia para a iniciação nos grandes mistérios. Os iniciandos aprendiam a abrir-se para as qualidades mais refinadas da alma, a alinhar-se com o poder do espírito e a trazer esse poder espiritual para o veículo da personalidade e usá-lo no quotidiano. Contudo, essas escolas de mistério eram muito elitistas e permaneciam como privilégio de poucos. Havia ritos de iniciação muito rigorosos e difíceis e a essência dos ensinamentos permaneceu secreta e inacessível às multidões.

Isto mudou com o advento do cristianismo. Na vida de Jesus temos aquilo que a tradição dos mistérios chama de padrão exemplar de iniciação, alguém que através do exemplo de sua própria vida mostra-nos o Caminho - como purificar e alinhar a personalidade com a alma e então, através de um ato de sacrifício, tornar essa substância sagrada. A essência da mensagem de Jesus parece ser a de que iniciação é para todos, que o reino de Deus é interior e que todos somos Deus em potencial. Há também uma grande ênfase em grupos - "Onde dois ou mais estiverem reunidos em meu nome, Eu estarei com eles". Parece que nessa hora a semente foi plantada para o próximo passo que a humanidade precisava dar, ou seja, o desenvolvimento da fraternidade e uma percepção de unidade da humanidade. A mensagem foi seguida pelas primeiras comunidades cristãs, as quais, apesar dos ataques e perseguições, incorporaram a essência dos ensinamentos cristãos. Certamente as dádivas do espírito estavam sendo manifestadas de forma intensa.

Entretanto, com o crescimento do Império Romano e a decisão de Constantino de tornar o cristianismo a religião oficial, muito da pureza original dos primeiros grupos foi perdida. O cristianismo tornou-se institucionalizado e, com a queda do Império Romano, adveio a Idade Média e a chama do espírito parecia queimar muito tenuemente na Europa.

No fim do século 11 houve um reacender da luz por grupos como os construtores das catedrais góticas, que, com o uso de andaimes, criaram imensos edifícios que se elevavam às alturas e pareciam transcender o peso da pedra e alcançar os céus. Houve também o aparecimento dos trovadores, muitos dos quais eram considerados iniciados, que viajavam por toda Europa com canções essencialmente subversivas. Muitas de suas canções eram do tipo Renard, a Raposa, pequenas fábulas sobre a raposa que se dava bem com o Sistema. Eram de material revolucionário e subversivo, atacando as poderosas estruturas de uma igreja e uma sociedade materialistas. Essa foi uma pequena parte da erosão geral dos padrões feudais e monárquicos do sistema, que teimavam em conservar a evolução da consciência na posição pai/filho. Os trovadores também cantavam canções que abordavam a tradição dos cavaleiros da corte, de donzelas aprisionadas que precisavam ser salvas, e tudo isso era um simbolismo do anseio da personalidade em se reunir com a alma - sendo a alma um símbolo do feminino, de acordo com as antigas tradições.

Havia também os Templários, que viajavam pelo oriente limpando o caminho das Cruzadas e que, nas suas andanças, entraram em contato com grupos como os Essênios e os sufis, que haviam conservado acesa a chama das antigas tradições. Muitos entre eles se iniciaram nessas tradições e trouxeram, na volta para o ocidente, esses ensinamentos para sua fraternidade.

Tudo isso levou ao Renascimento, quando ocorreu um retorno de muitos dos ensinamentos herméticos e de mistério que já existiam antes do cristianismo. No início do século 17, os manifestos rosacrucianos apareceram e propuseram um novo padrão de iniciação, pelo qual o indivíduo iniciava a si mesmo através de estudo, auto-observação e experimentação. Os Rosa-Cruzes também ensinavam as qualidades de liberdade, igualdade e fraternidade, que eram obviamente imprescindíveis para unificar a consciência. Isto era muito ameaçador para os padrões cristalizados da monarquia na Europa e foi aí que tivemos os pais fundadores se evadindo para a América, para sedimentar esses valores em território supostamente virgem.

Nos séculos que se seguem, a partir da Renascença, podemos perceber uma divisão crescente entre ciência e religião e um rápido crescimento do materialismo. De certa maneira, isso nos permitiu explorar os mistérios da matéria em grande extensão, porém também criou uma grande identificação com a matéria, com a subsequente perda da conexão com nossa fonte real. Entretanto, paralelamente, sempre houve grupos que conservaram a tradição dos mistérios viva, tais como os Rosa-Cruzes, os alquimistas e os maçons.

Desde o século passado os ensinamentos de mistério tornaram-se cada vez mais populares e parece que estamos saindo do período de profundo materialismo e nos reidentificando como seres espirituais. O início do século 19 viu um reflorescimento da tradição da magia através do grande interesse nos fenômenos espiritualistas e, em 1875, foi fundada a Sociedade Teosófica que, através do trabalho de Helena Blavatsky, trouxe muitos dos ensinamentos do oriente para o ocidente, em particular as idéias de reencarnação e dos mestres da hierarquia espiritual. Ao mesmo tempo, foi fundada a Ordem da Golden Dawn, que juntou muitos dos fios da tradição de mistério oriental, incluindo ensinamentos pitagóricos, herméticos, gnósticos, rosacrucianos, de numerologia, de astrologia e de cabala.

Ambos os grupos agiram como sementes para o desenvolvimento de outros grupos e ensinamentos. A Ordem da Golden Dawn teve um alto número de dissidência que resultou na formação de muitos grupos de ocultismo que estão ativos até hoje. Da Sociedade Teosófica saiu o trabalho de Rudolf Steiner e seu ensinamento antroposófico. Ele se separou da teosofia em parte porque sentia que o sistema teosófico não colocava como ponto central o mistério de Cristo e a crucificação que, para ele, eram de imensa importância. Uma outra elaboração do sistema teosófico foram os ensinamentos de Alice Bailey e da Escola Arcana.

Qual é a relevância de todos esses ensinamentos para a comunidade? É interessante notar como muitos temas da tradição de mistério estão mesclados nas figuras dos fundadores. Eileen está relacionada com a tradição mística, envolvida basicamente na união com a fonte. Significativamente, seu primeiro livro chamou-se Deus Falou Comigo - não um anjo, um guia ou qualquer outro, mas Deus. Peter, por outro lado, é claramente um expoente do ocultismo. Os ensinamentos associados com esse caminho envolvem o uso criativo da mente, o aprendizado do mecanismo da criação e os trabalhos dos reinos intermediários entre espírito e matéria, os cerimoniais e rituais de magia e o trabalho com os mestres da hierarquia espiritual.

Roc também era muito relacionado à tradição da magia. Parte de seu papel na Fundação dos primeiros tempos era de guardião dos planos interiores da comunidade. Tinha muito do mago. Também tinha um contato estreito com o reino elemental, mas, em geral, seu mundo era o da tradição hermética, enquanto que Dorothy Maclean, através de sua sintonização com os devas e os reinos da natureza, representava a tradição órfica, que é associada aos mistérios da natureza.

Através da junção dessas personalidades e desses enfoques tão diversos, era como se o papel da Fundação como lugar de síntese estivesse sendo formado. Parte da dificuldade no passado foi que as diferentes religiões, as diferentes tradições de mistério, os diferentes caminhos - todos aspectos diferentes da verdade universal - viam-se como separados e alienados um do outro e tinham problemas de comunicação. Parte do desafio no mundo de hoje é ajudar a difundir o conceito de universalidade e as qualidades de liberdade, igualdade e fraternidade para toda a humanidade. Com a vinda das energias de Aquário, parece que o momento está maduro para um maior entendimento da consciência de grupo e a superação das aparentes diferenças que nos separam, com o reconhecimento da unidade subjacente à diversidade que nos rodeia. E a Fundação, na tentativa de mesclar os caminhos do místico, do ocultista e dos mistérios da natureza, está contribuindo para tal.

Uma das principais características das tradições de mistério é que todas partem da consciência da totalidade e de um conhecimento da realidade dos reinos espirituais. Todos os tratados que foram produzidos - quer fossem das ciências herméticas, de simbolismo astrológico ou alquímico, de ensinamentos rosa-crucianos ou até de algumas abordagens pré-cristãs - brotaram da idéia de unidade e da interrelação entre a realidade espiritual e o mundo material. Nossa cultura perdeu essa percepção, porém estamos agora tentando reavê-la de um modo que seja apropriado a nossos tempos. Certamente essa é a consciência que embasa o trabalho da Fundação Findhorn.

Assim, a Comunidade congrega muitos temas da tradição do mistério e também representa um retorno à essência dos ensinamentos do mistério; é muito claro para mim que este centro faz parte da revelação permanente do espírito e da consciência em evolução da humanidade. Mas o que diríamos da Fundação como uma legítima escola de mistério? Quais são as lições aqui que poderiam ser comparadas com aquelas que as antigas escolas de mistério associariam com os mistérios maiores e menores?

As lições dos mistérios menores eram basicamente iniciações da personalidade, com a integração da mente, das emoções e de nossos aspectos subconscientes e, em seguida, a ancoragem na essência elemental do corpo. Muitas dessas lições já se externalizaram no mundo de hoje, graças ao desenvolvimento da psicologia e às diversas abordagens psicoterapêuticas. Na Fundação, muito do trabalho dos mistérios menores acontece através do processo de viver na comunidade - o aparar de arestas, o redimensionamento gradual e a remodelagem da personalidade à medida que as pessoas mais e mais tomam a si a responsabilidade de suas próprias realidades, daquilo que atraem para si e daquilo que expressam e à medida que param de culpar os outros ou o meio-ambiente e fazem o necessário treinamento de caráter e integração da personalidade. Porém, essa é simplesmente a primeira fase do trabalho.

O segundo estágio é de reidentificação com o espírito, de mudança de orientação do nível da personalidade para o nível da alma e de abertura como um cálice para a vida do espírito. É a mudança que David Spangler descreve como o redirecionamento das velhas leis de manifestação, baseadas na personalidade, para as novas leis baseadas na alma. Frequentemente, quando as pessoas fazem a mudança, quer seja a nível individual ou coletivo, entram num período de aridez, dúvidas e desânimo, quando os velhos padrões já não funcionam. De alguma forma, a Fundação como entidade coletiva, tem desenvolvido isso nos últimos cinco a dez anos. Os velhos padrões de esplêndida manifestação, que funcionavam tão bem nos primeiros tempos da comunidade, não mais parecem ser eficazes; é como se um novo nível de consciência fosse exigido de nós.

A mudança muito se assemelha à experiência de passar de 'catador de milho' no teclado à real datilografia. Com dois dedos você produz um resultado razoável, mas está muito consciente da máquina e o processo é vagaroso. Mas, funciona. Então você começa a aprender datilografia e lhe dizem: "Cubra o teclado"; subitamente você entra num período de desamparo: você mexe para todo lado e parece não produzir nada, porém, se perseverar, começará a ter uma nova criatividade, até perceber que está superando sua capacidade antiga. Você ainda está usando a mesma máquina, mas não está mais tão preocupado com ela e tem muito mais liberdade.

Eu já vi este processo operando na comunidade vezes sem fim. Há muito aqui do que chamo de 'energia do coração'; quando as pessoas entram para a comunidade, começam a se abrandar e revelar muito do que são. Uma abertura do centro cardíaco acontece - o que nos ensinamentos de mistério está associada ao nascimento do Cristo interior, um movimento da consciência pelo qual nos desidentificamos com o centro da personalidade e nos reidentificamos com o centro da alma. Ao mesmo tempo, parte do processo frequentemente envolve esse período de desorientação e dúvidas. As pessoas recebem a visão e respondem a ela, então ela parece se perder e eles se encontram no meio do nada.

Felizmente, não passamos todos pelo mesmo período ao mesmo tempo e assim, podemos nos dar mútuo apoio e coragem para sustentar o momento até conseguirmos novas percepções e um conhecimento das verdades espirituais que estão enraizados na totalidade do ser e não só na mente.

E é isto que realmente vejo como a função principal da Fundação como escola de mistério - o trabalho de realinhamento com o centro da alma. O trabalho com a personalidade é importante, mas é preciso não ficar atolado aí. Precisamos fazer o trabalho com o caráter integrando a personalidade, apoiando-nos uns aos outros neste processo, porém é preciso também abrirmo-nos consistente e constantemente ao fluxo de inspiração. À medida que assumimos a responsabilidade por nossos universos pessoais agindo dessa maneira, podemos caminhar para assumir o universo do grupo e depois o universo da comunidade - e por aí a fora, para o universo e o planeta. Pela forte e coesa conexão com a alma podemos caminhar adiante para um estado de consciência que é naturalmente de grupo. Naturalmente inclusivo, percebe a interconexão e a relação entre grupos aparentemente separados e se dá conta de uma imagem clara do padrão divino. Neste nível somos automaticamente capazes de trazer para a humanidade e para o planeta o projeto arquetípico. E quanto mais pessoas o fizerem, tanto na comunidade como em outros lugares, tanto mais o poder combinado que é gerado transformará o planeta.

O Legado da Teosofia

Alex Walker

Nos primeiros tempos da Comunidade de Findhorn muito da literatura era expressa em terminologia esotérica influenciada pela Teosofia. Essa influência já não é mais tão marcante, porém, um melhor entendimento dessas influências ainda é importante. A fundação da Comunidade aconteceu a 17 de novembro, assim como a compra de Cluny Hill e do parque dos trailers. Esta também é a data da criação da Sociedade Teosófica em 1875.

Helena Petrovna Blavatsky (1831-1891)

HPB, como ela era conhecida pela maioria dos seus associados, era filha de nobres russo-germânicos. Casou-se cedo com um senhor muito mais velho - Nikofor Blavatsky - do qual fugiu poucas semanas após o início dessa ligação indesejada e não reapareceu senão 25 anos mais tarde nos Estados Unidos da América. Dizem que durante esse tempo ela viajou muito pela Europa, Ásia, Rússia e talvez pelo Tibete, onde dizia ter vivido sete anos.

Aí ela conheceu alguns dos Mestres que viriam a guiá-la e a dirigir sua vida futura, que seria dedicada a trazer para o cético ocidente os conhecimentos esotéricos do oriente. Não muito depois de sua chegada aos Estados Unidos, ela conheceu Henry Olcott, um coronel de carreira brilhante, que se tornou seu parceiro num esquema ambicioso.

Muito do trabalho de Blavatsky parece hoje, no mínimo, obscuro, e durante sua vida não faltaram céticos que zombavam da idéia de cartas de Mestres que se precipitavam do nada e fontes secretas de sabedoria oriental. Não obstante, ela acumulou amigos poderosos e por mais de meio século houve genuíno interesse do público tanto sobre a Índia, sobre o ocidente e sobre a Sociedade Teosófica, quanto sobre os princípios humanitaristas e internacionalistas que ela esposava.

O legado de seu trabalho foi basicamente a popularização de um sistema esotérico que genuinamente abrange todo o mundo. Isso ainda permanece significativo, mesmo que a Sociedade que ela fundou para promover esses princípios tenha deixado de alcançar a grande massa de audiência a que um dia se propusera.

A essência dos ensinamentos da Teosofia é a fraternidade dos adeptos e os Mestres que trabalham em segredo controlando os acontecimentos do mundo e guiando a humanidade para seu destino espiritual. Esses mestres incluem Kutumi, Maitrea, St. Germain e o Buda. O chefe da hierarquia é conhecido como o Senhor do Mundo e preside de um local chamado Shambala, no deserto de Gobi. Muitos dos escritos de Blavatsky são uma tentativa quase científica de descrever a história espiritual do mundo e o funcionamento dos princípios, as dinâmicas e os artefatos usados pelos Mestres.

No seu auge, a Sociedade Teosófica teve mais de 45.000 mil associados pelo mundo todo; ainda hoje sua sede central é na Índia e tem centros em quase todos os países do ocidente. Seus principais sucessores foram Charles Leadbeater e Annie Besant. A vida de Leadbeater ficou difamada por escândalos sexuais e, sob a direção benigna porém excessivamente formal de Besant, a Sociedade atingiu seu pico em termos de associados no fim da década de 20.

Krishnamurthi (1895-1986)

A carreira de Jiddu Krishnamurthi começou numa praia perto de Adyar, na Índia, quando Charles Leadbeater parou para observar alguns garotos que ali brincavam uma noite em 1909. Observando a aura de uma das crianças, ele ficou convencido que estava diante de um grande mestre. Um de seus assistentes já conhecia o rapaz e o tinha considerado inepto, porém Leadbeater insistiu.

Levando Krishnamurthi pelas mãos, ele informou Besant de seu achado e se pôs a instruir esse semi-analfabeto *brahmin* nos conhecimentos teosóficos. Com a idade de dezesseis anos Krishnamurthi produziu um livrinho chamado *Aos Pés do Mestre* e, embora tivesse claramente sido escrito, em parte ou totalmente, por Leadbeater, o livro foi bem vendido. Em 1911, Besant recebeu permissão do pai dele para levá-lo para a Inglaterra juntamente com seu irmão Nytia. E aí ele terminou seus estudos num ambiente refinado de alta classe.

Pouco depois de sua descoberta, Krishnamurthi foi proclamado pela Sociedade o Mestre do Mundo - o messias teosófico. A princípio, ele parecia bastante feliz com sua tarefa. Sua habilidade para inspirar indivíduos com a intensidade sempre presente de seus discursos sobre assuntos espirituais convencia a muitos que o conheciam que seu destino nesse papel estaria assegurado.

Nunca usava apontamentos e os temas constantes e repetidos - compaixão, honestidade, responsabilidade pessoal - estavam de acordo com os ensinamentos da teosofia. Não há dúvida que seu carisma pessoal foi a grande causa do recrudescimento do número de adeptos àquele tempo.

Entretanto, depois de um longo aprendizado, Krishnamurthi rompeu com a teosofia em 1929, instalando sua própria base em Ojai, na Califórnia, dois anos depois. Sua rejeição da teosofia em favor de uma espiritualidade baseada no indivíduo, sem as armadilhas da terminologia esotérica, religião ou gurus seria o tema constante de suas mensagens até o fim de sua vida.

Apesar do paradoxo inerente de um mestre espiritual ensinar os fiéis a rejeitar líderes, ele mesmo permaneceu como uma figura de influência para uma grande audiência até sua morte em 1986. Ainda que seus ensinamentos perdurem, suponho que, pela sua insistência na pesquisa individual do espírito, nunca houve um grupo na comunidade que realmente seguisse os ensinamentos de Krishnamurthi como discípulos.

Rudolf Steiner (1861-1925)

Embora os pais de Rudolf Steiner fossem austríacos, ele nasceu em Kraljevec, na fronteira entre Hungria e Croácia, quando seus pais aí se encontravam, pois seu pai era empregado da companhia ferroviária Áustria do Sul.

Indivíduo solitário e sério, Steiner cedo descobriu seus dons mediúnicos e, quando já mais amadurecido, percebeu que nem todos eram abençoados com as mesmas capacidades e decidiu devotar sua vida a possibilitar a outros descobrir e usar faculdades semelhantes. Para ele, estas estavam latentes na maioria dos seres humanos.

Ele entrou na Universidade Técnica de Viena em 1879, onde foi muito influenciado pelas idéias de Goethe sobre o papel espiritual da humanidade e o lugar da ciência na esfera da realização humana. Durante a década de 1880, ele encontrou por acaso os escritos teosóficos de Blavatsky, o que lhe deu uma explicação parcial de suas capacidade mediúnicas.

Ele saiu da universidade em 1884 e tornou-se o tutor de uma família com quatro filhos pequenos. Um dos meninos sofria de água no cérebro e, nos seis anos seguintes, seu relacionamento com a criança tornou-se a pedra fundamental de suas teorias futuras sobre educação curativa.

Em 1890 ele se mudou para Weimer, na Alemanha, para trabalhar no arquivo de Goethe e em 1891 recebeu seu PhD da Universidade de Rostock. Enquanto ainda vivia em Weimer, ele publicou diversos livros, inclusive *A Filosofia da Atividade Espiritual*, e começou a dar palestras sobre assuntos espirituais. Em 1897 ele se mudou para Berlim, onde se casou com Anna Eunicke dois anos mais tarde. Em 1902 ele assistiu a um congresso teosófico em Londres e logo depois já assumia a direção do setor alemão da Sociedade. Ele permaneceu associado à principal corrente da teosofia pelos dez anos seguintes.

Durante o tempo em que foi teosofista, ele se sentia cada vez mais desconfortável com as alegações de má conduta imputadas a Leadbeater, a fascinação de Annie Besant pelo oriente e principalmente pelas declarações de Leadbeater de que Krisnamurthi era a reencarnação do Senhor de Maitreya/Jesus Cristo. Steiner não dava muita importância às hierarquias, das quais o Cristo era somente uma parte; menos importância ainda dava à identidade messiânica de Krishnamurthi. Para Steiner a vida e o trabalho de Jesus eram um assunto de vital significado. Estava também cada vez mais insatisfeito, tanto com a falta de rigor no ensinamento da teosofia, quanto com sua rejeição às principais correntes européias de pensamento.

Em fevereiro de 1913 ele se separou da Sociedade Teosófica (ação essa que coincidiu com sua separação da própria esposa) e formou a Sociedade Antroposófica com sede em Dornach, perto de Basiléia, na Suíça. A sede da nova organização foi especialmente construída para essa finalidade e era uma construção de vastas proporções feita em madeira e que se chamava Goetheanum. Esse esplêndido prédio foi completamente destruído pelo fogo nove anos depois, porém foi rapidamente substituído por um de concreto, de desenho semelhante, que lá está até hoje. Embora o movimento antroposófico continuasse a prosperar, parece que o fogo teve um efeito desastroso sobre Steiner. Por ocasião da inauguração do novo prédio no dia de Natal de 1923, ele já estava acometido pela doença que o levaria à morte quinze meses depois, com a idade de 64 anos.

O legado de Steiner é um grande trabalho. Seus escritos cobrem uma vasta gama de assuntos, inclusive sobre a relação da religião com a ecologia, agricultura, educação infantil, medicina alternativa, economia, a natureza humana e o cosmos. O sucesso continuado da antroposofia deve-se em grande parte à sua habilidade de unir suas teorias às atividades eminentemente práticas, sendo a Moray Steiner School o exemplo mais vivo de sua influência na comunidade. Por ter sido treinado na tradição acadêmica germânica, o estilo literário de Steiner é de difícil compreensão, mas de todos os elementos do movimento teosófico, seu trabalho é o que mais tem perdurado.

Alice Bailey (1880-1949)

Ao contrário de Steiner, Alice Bailey não fez nenhuma tentativa de creditar a si própria as percepções espirituais que deixou, através de um volumoso material publicado durante sua vida. Ao invés, ela se acreditava um simples canal para os ensinamentos de um Mestre que pretendia trazer lições de espiritualidade para o ocidente e usou-a como veículo.

Ela nasceu em Manchester, na Inglaterra, em junho de 1880 e sua infância foi a de uma típica criança de classe alta vitoriana - uma mistura de luxo e disciplina. Embora tivesse sido afortunada na origem, ela sofreu a tragédia da perda de ambos os pais antes de completar nove anos. Educada por uma série de parentes e governantas, ela se dizia, quando criança, 'mórbida, cheia de autopiedade por causa da solidão, extremamente introspectiva e convencida de que ninguém gostava de mim', tendo tentado o suicídio por duas vezes até a idade de quinze anos.

Nessa ocasião ela já havia se tornado uma cristã ortodoxa ativa com uma firme crença no poder de Cristo. Quando surgia a oportunidade ela ia para o campo e tentava sentir a presença de Deus e ouvir sua 'Voz'. E foi, portanto, menos surpreendente para ela do que teria sido para qualquer um de seus contemporâneos, quando, durante um período que passou em Kirkcudbrightshire, no sul da Escócia, um homem vestido com roupas européias e um turbante na cabeça veio visitá-la. Ele explicou que ela teria uma importante missão espiritual e que ele entraria em contato novamente. Com muita naturalidade ela presumiu que havia encontrado seu Mestre, Jesus.

Já adulta, ela começou uma carreira de evangelista junto às tropas britânicas na Irlanda, tarefa essa que lhe caía como uma luva, dado seu enfoque fundamentalista da religião. Com 22 anos ela foi enviada à Índia, onde serviu numa série de alojamentos de soldados. Uma vida agitada, talvez, mas também de muitas privações e solidão.

Uma noite, em Lucknow, ela ouviu novamente a voz de seu Mestre encorajando-a e dizendo-lhe que as idéias planejadas para ela ainda vigoravam, mas a tarefa viria de um modo que ela talvez não reconhecesse. Entretanto, o peso de seu trabalho começou a ter efeitos nocivos à sua saúde e ela foi enviada de volta à Inglaterra. Aí ela se casou com Walter Evans, que estava estudando para ser um pregador em Ohio e a quem ela havia conhecido na Índia. Ela foi com ele para a América e, embora ele tivesse encontrado emprego na California e tivessem tido três filhas uma atrás da outra, não faziam um par perfeito. Ele desenvolveu um temperamento terrível e a deixou na pobreza para ir trabalhar em Montana. Ela nunca mais o viu.

O período que se seguiu foi de extrema pobreza. Ela trabalhava numa fábrica de enlatar sardinhas e dava o melhor de si para educar suas meninas ainda pequenas. Foi a esse tempo que ela entrou em contato com a teosofia através de duas senhoras que haviam estudado com HPB. Convencida da autenticidade do Plano Divino dos Mestres e das leis do carma e reencarnação, entrou para a loja local e começou a ter e a dar aulas.

Para ela, essa nova filosofia era uma espécie de versão sofisticada do cristianismo e Cristo era o superior dos Mestres. Mudou-se para perto da sede da Sociedade Teosófica em Krotona, em Hollywood, e quando uniu-se à Seção Esotérica em 1918, foi admitida numa certa loja. Aí viu um quadro do homem que a visitara vinte anos atrás e ficou abismada ao constatar que era Kutumi e não Jesus!

Em 1919 ela se divorciou e entrou em contato com dois indivíduos que iriam influenciá-la pelo resto de sua vida. Foster Bailey, seu segundo marido e futuro sócio, era um ex-advogado e secretário nacional da Sociedade Teosófica, que vivia numa barraca em Krotona quando eles se conheceram. O segundo foi quando ela, com seus poderes de clauriaudiência, ouviu 'O Tibetano' pela primeira vez em novembro do mesmo ano. Seus conceitos, canalizados por ela, iriam levá-la à proeminência internacional.

A princípio ela rejeitou sumariamente a idéia de trabalhar dessa forma, porém foi convencida por Kutumi a escrever o que ouvia. Os primeiros capítulos foram publicados no *The Theosophist*. Contudo, a Sociedade passava por momentos difíceis. Em primeiro lugar, Alice descobriu que não poderia ser uma discípula dos Mestres a não ser que fosse oficialmente informada de sua posição por Annie Besant - problema sério, já que ela se sentia uma discípula há mais de vinte anos. Em segundo lugar, a Seção Esotérica estava em dissidência com o movimento principal e os Bailey estavam firmemente alinhados com este último, que era mais democrático. Depois de muitas disputas internas, durante as quais eles se viram do lado perdedor, ela e Foster partiram para Nova York em 1920, onde finalmente fundaram a Escola Arcana, que se baseava em seus escritos canalizados.

A princípio, a identidade do Mestre permaneceu oculta, porém a autoridade e a abrangência de seus ensinamentos deram vazão a muita especulação e afinal foi revelado que o *deus ex machina* era Djwhal Kul, conhecido como DK.

Ainda que seus trabalhos estivessem em discordância com os ensinamentos da Sociedade Teosófica, a cosmologia do Tibetano tem uma surpreendente semelhança com a de Madame Blavatsky. As congruências incluem a identificação de Shambala como o lugar onde se encontra O Senhor do Mundo; a existência de uma fraternidade secreta de Mestres sábios, adeptos e chelas; a história da humanidade baseada no desenvolvimento das raças raízes e a existência da Lemúria e Atlântida; a existência dos raios divinos etc.

O alcance desse trabalho é muito grande para ser coberto em poucas linhas, mas sua influência na comunidade não deve ser subestimada. Ter pelo menos um livro de Alice Bailey - todos publicados pela Lucis Trust - era imprescindível na comunidade nos anos 70 e 80, assim como conhecer os Raios, os Mestres e as técnicas descritas por eles um pré-requisito indispensável para quem quisesse seriamente candidatar-se a um alto cargo.

Esses trabalhos ainda carregam um respeito considerável, porém tais noções são menos enfatizadas hoje do que foram no passado. As razões disso são obscuras mas deve-se lembrar que, àquele tempo e por muito tempo depois de escritas, as publicações da Lucis Trust formavam uma parte significativa de um corpo relativamente pequeno de ensinamentos sobre a Nova Era.

Hoje, essas publicações são simplesmente uma coleção de livros nas prateleiras cheias das livrarias da nova era, com um estilo arcaico e uma pretensão de autoridade baseada na alegada canalização e não na história documentada e em uma presença viva. Uma geração com acesso a mestres visíveis e instrutores do oriente tem menos inclinação para um Mestre desencarnado e há longo tempo silencioso, não importando o nível de erudição de sua mensagem. Por outro lado, popularidade não é a mesma coisa que autenticidade e para muitas pessoas o trabalho de Alice Bailey permanece o apogeu do pensamento esotérico do ocidente.

INFLUÊNCIAS DO ORIENTE

Alex Walker

G. I. Gurdjieff

De todos os gurus que influenciaram o pensamento ocidental neste século, a vida de George Ivanovitch Gurdjieff é talvez a mais enigmática. Pouco se sabe com certeza das primeiras quatro décadas de sua vida e suas próprias descrições são fantásticas e contraditórias.

É possível que ele tenha nascido no que é hoje a Armênia (que foi até recentemente parte da Ásia central soviética) em alguma data entre 1866 e 1886. Sua educação formal foi, na melhor das hipóteses, incompleta, mas ele tinha a sabedoria das ruas e era extraordinariamente matreiro. É possível, ou não, que ele tenha sido um agente secreto dos czares, tenha visitado o Tibete e se casado com uma tibetana e que tenha sido membro de uma misteriosa seita esotérica no Himalaia (a Fraternidade Sarmoung). Sabe-se com certeza que ele foi professor de dança, hipnotizador, comerciante de tapetes e contador de histórias.

As influências que ele declara ter tido em sua vida, como em seu trabalho 'autobiográfico' *Encontros com Homens Notáveis*, desafiam o comum, mesmo como uma espécie de metáfora obscura, porém fica óbvio que ele foi influenciado pelo pensamento sufi, em especial pelos dervixes Naqshbandi e também pelos ensinamentos teosóficos. No entanto, seu enfoque foi sempre único.

Era uma figura carismática, com seus bigodes eriçados, que se deliciava em pregar peças em seus seguidores para pô-los à prova. Seu 'sistema', ao qual sempre se referia, desafiava a compreensão, mesmo de seus discípulos mais chegados. Esse sistema geralmente envolvia cantochões, exercícios de respiração, dança, jejum, contendas mutuamente destrutivas, palestras sobre esoterismo, admoestações, etc.; tudo isso tinha o propósito de despertar seus alunos do estado de máquinas, que ele percebia na maioria dos mortais. Ele dizia ter inventado um *Quarto Caminho*, que era distinto do desenvolvimento físico, emocional ou intelectual, e que levava à harmonia pela oposição de forças poderosas, ao invés de pela ausência de atividade.

A história registra seu primeiro ensinamento formal em Moscou, em 1912, com continuação até 1917, tendo, durante esses anos, passado algum tempo na Finlândia. Depois de uma série de viagens e dificuldades, ele e o remanescente de seu grupo conseguiram escapar da convulsão social criada pela revolução russa e foram para Constantinopla por volta de 1920.

Apesar de todas as vicissitudes, Gurdjieff parecia ganhar a vida como num passe de mágica e, embora sempre com pouco dinheiro para montar o instituto que era seu sonho, nunca parecia lhe faltar recursos para sobreviver enquanto congregava uma nova leva de alunos. Cansado das intrigas na Turquia, ele rapidamente mudou-se para a Alemanha, depois para a Inglaterra e finalmente chegou a Paris em 1922. Aí fixou sua base até o fim de sua vida.

Com a ajuda financeira de patrocinadores ingleses, ele rapidamente estabeleceu o 'Instituto para o Desenvolvimento Harmonioso do Homem' localizado no Chateau du Prieuré des Basses Loges, perto de Fontainebleau. Lá ele conduzia experimentações contínuas de desenvolvimento espiritual que atraiam pessoas de todas as camadas sociais, vindas de todas as partes da Europa, o que lhe trouxe considerável notoriedade.

Os alunos só poderiam esperar o inesperado em Prieuré. Havia dias quando a ordem era viver com muito pouca ou nenhuma comida e isso poderia ser seguido de fartos banquetes. Ao contrário da teosofia, o trabalho físico era considerado uma virtude e aristocratas ingleses se viam às voltas com rachar lenha e fazer a sopa junto com todos os outros. Às vezes terminavam o trabalho do dia bem depois de meia-noite.

Em 1924, depois de um misterioso (e possivelmente forjado) desastre na estrada, Gurdjieff encerrou a maioria das atividades de Prieuré, conservando somente uma equipe essencial de manutenção. Dedicou-se a escrever e a fazer apresentações pelos Estados Unidos. Sua negligência forçou a venda de Prieuré em 1933 por causa de uma dívida pequena porém imperiosa a um comerciante de carvão.

De 1933 até 1935 Gurdjieff passou a maior parte do tempo nos Estados Unidos, mas retornou a Paris onde viveu num apartamento e ensinou a pequenos grupos de alunos até o início da segunda Guerra Mundial. Suas atividades nos seis anos seguintes, durante a ocupação alemã em Paris, são tipicamente obscuras. Apesar das evidentes ameaças dos nazistas, ele se saiu bem e até brincava que recebia suprimentos de um planeta distante.

O período de pós-guerra veio acompanhado de um renascimento para ele, mas esse veranico de boa sorte terminou com sua morte em Neully, em 1949.

Os ensinamentos de Gurdjieff foram também muito difundidos por seus discípulos P. D. Ouspensky e J. G. Bennett. Os grupos fundados por eles influenciaram um bom número de membros importantes da comunidade nos anos 70, porém parece que seus ensinamentos eram, em grande parte, uma extensão de sua própria personalidade fabulosa e, sendo assim, não poderiam perdurar indefinidamente.

Sri Aurobindo e a Mãe

Aurobindo Ghose nasceu na Índia, de pais indianos, no dia 15 de agosto de 1872, mas recebeu uma educação genuinamente ocidental. Com a idade de 7 anos foi enviado a Manchester e permaneceu na Inglaterra até pouco depois de concluir seus estudos no King's College em Cambridge, em 1892. Ao retornar à sua terra natal em 1893 começou uma carreira acadêmica como professor de inglês, porém, de 1900 até 1910, seu desejo de ver a Índia conquistar sua liberdade do jugo imperial atraiu-o para a atividade política. Inevitavelmente, isso levou a conflitos com as autoridades britânicas e ele foi preso, acusado de rebelião, em 1907. Mais tarde, ele passou um ano na prisão sob a acusação de conspiração, esperando o julgamento que o inocentou de qualquer culpa.

O tempo passado na prisão, todavia, provou ter sido de grande significado. Já em 1893 ele havia vivenciado um profundo estado místico e, logo depois de sua prisão, um encontro com o mestre Vishnu Bhasker Lele guiou-o na prática da meditação. Assim, os meses que passou em confinamento solitário na prisão de Alipore foram de grande utilidade, fazendo meditações baseadas no Gita e praticando yoga.

Por um curto período depois de sua libertação continuou sua atividade política, mas em 1910 deixou o norte da Índia e foi para Pondicherry resolvido a dedicar sua vida à renovação da espiritualidade indiana e à *karma yoga*, ou seja, à ação altruísta. Publicou a maioria de seus melhores livros nos sete anos que se seguiram. Em 1914, conheceu Mira Richard, uma pesquisadora espiritual, médium, e esposa de um diplomata francês. Instantaneamente reconheceram-se como irmãos espirituais. Logo depois, Aurobindo proclamou-a 'a Mãe' de seu *ashram* e, com o tempo, sua sucessora oficial.

Em 1926, Aurobindo completou sua grande obra-prima, *A Vida Divina*, e em 24 de novembro daquele mesmo ano ele se retirou para uma vida de reclusão depois de uma experiência mística que interpretou como a 'descida de Krishna ao plano físico'. Foi somente em 1938, depois de uma fratura do quadril, que ele se tornou disponível novamente a uns poucos discípulos mais chegados.

Em 1940, numa atitude que contrariava a opinião pública indiana, ele e a Mãe ficaram a favor das Forças Aliadas e mais tarde anunciaram sua aprovação à proposta britânica de maior autonomia do governo indiano em troca da cooperação indiana no conflito. Foi obviamente com grande satisfação para ele que a Índia conseguiu oficialmente sua independência no dia de seu aniversário, quando completou 75 anos.

Sri Aurobindo morreu em 1950, com a idade de 78 anos.

O próprio Aurobindo afirmava que as principais realizações de sua vida não podiam ser separadas de suas atividades externas e hoje ele é aclamado como um dos maiores yogues da Índia dos tempos modernos e, por alguns, como um avatar. Sua filosofia é bastante abrangente e, ao contrário de muitas escolas tradicionais da Índia, visa trazer a consciência do divino para a matéria e não a transcendência do material. Ele se opunha à idéia de que seus ensinamentos se tornassem uma outra espécie de religião, pois sempre enfatizou a necessidade de autodesenvolvimento individual.

A Mãe sempre percebeu que sua principal função seria levar aspirantes para Aurobindo, muito mais que dar importância à sua própria pessoa. Apesar dessa modéstia, ela anunciou que havia tido a experiência da 'descida da Mente Suprema' em 1956, como Aurobindo havia predito.

Pouco depois da morte de Aurobindo, a Mãe criou o Centro Internacional de Educação Sri Aurobindo em Pondicherry. Ela também predisse que "a consciência supramental entrará numa fase de poder atuante em 1967".[1]

Seu maior feito parece ter sido a fundação da comunidade independente Auroville Internacional como um meio de fixar essa nova consciência. A tarefa começou em 1968 e Auroville cresceu a ponto de se tornar uma comunidade espiritual internacional com mais de quinhentos membros, com o extraordinário templo de Matrimandir no centro. Espalhada num local de 11.000 acres, é formada por mais de quarenta aglomerações diferentes. As atividades incluem trabalho de reflorestamento, artesanato e a construção de sistemas de

[1] Ver também o Capítulo 2 "Construindo a Comunidade" para saber mais sobre os paralelos com a história de nossa própria comunidade.

energia renovável em pequena escala. As estruturas são bem descentralizadas, colocam uma grande ênfase na autogestão e são supervisionadas por uma cooperativa.

A Mãe deixou o mundo físico a 17 de novembro de 1973 com a idade de 95 anos.

Tem havido um intercâmbio e viagens regulares entre Auroville e a Fundação já há alguns anos e até houve, durante um certo tempo, uma ligação via informática entre os dois centros.

Sai Baba

A influência de Sri Sathia Sai Baba em nossa coletividade é um fenômeno mais recente do que dos outros mencionados neste capítulo. Antes de 1987 poucos membros tinham interesse em seus ensinamentos, porém, desde então, têm havido viagens anuais organizadas por grupos de membros e hóspedes ao seu *ashram* na Índia (geralmente incluindo uma passagem por Auroville também) e muitos têm empreendido essa viagem por conta própria. Em relação a essas visitas, Eileen recebeu uma mensagem que dizia:

> *Vá e faça o que ele está fazendo - propiciar às pessoas que se voltem para dentro de si mesmas e encontrem a divindade interior e aí viver e mover-se e ter seu ser a partir desse centro.*

Muitos membros da comunidade acreditam que o 'Deus' cujas palavras foram canalizadas por Eileen é um sinônimo de Sai Baba.

Sua história é certamente extraordinária. Nascido de pais pobres no dia 23 de novembro de 1926 em Puttaparti[2], no estado de Andhra Pradesh, sua infância foi povoada por estranhas histórias acerca de seus poderes e conhecimento. Com a idade de 13 anos, depois de uma enfermidade séria que durou dois meses, o jovem Sathya anunciou-se como 'Sai Baba'. Imediatamente começou a dar ensinamentos sobre os Vedas e a citar passagens das escrituras que aparentemente ele nunca havia lido. Ele só começou seus ensinamentos públicos em cidades indianas dezessete anos depois, porém, como discípulos o procuravam em sua casa longínqua, um *ashram* começou a se formar aí. Ele declara, sem a mínima sombra de dúvida, ser o avatar de nossa era e que sua vida atual é uma das três encarnações de Sai destinadas a liderar a humanidade de volta

[2] Coincidência ou não, este é o dia anterior ao início do período de retiro de Sri Aurobindo.

ao caminho espiritual do qual estivemos desviados. A primeira dessas vidas foi de Shirdi Sai Baba, um santo ou faquir que ensinava os devotos numa mesquita abandonada no estado de Bombaim e que faleceu em 1918. Ele predisse que retornaria como menino oito anos depois. Sathya Sai Baba prevê sua morte com a idade de 96 anos, porém diz que voltará dentro de um ano como Prema Sai, que nascerá no estado de Misore. Estes são pronunciamentos grandiosos e, embora já tenham havido precedentes infelizes de pessoas que se declaravam Avatares, seus seguidores são hoje mais de 50 milhões[3] no mundo todo e incluem líderes e políticos influentes, especialmente da Índia.

Seus ensinamentos não são fáceis de resumir. Frequentemente ele fala em parábolas que têm uma simplicidade bíblica, porém é igualmente capaz de produzir discursos eruditos sobre a natureza da realidade interior. Não obstante, ele mesmo disse: "É suficiente cultivar o amor que não conhece distinção entre si mesmo e o outro - pois todos são membros de um só corpo de Deus Todo Poderoso". Suas quatro palavras chaves são: Satya, Dharma, Shanti e Prema (Verdade, Dever, Paz e Amor). Essas são as palavras de um devoto:

> *Os três fundamentos principais dos ensinamentos de Sathya Sai Baba são, em primeiro lugar, a universalidade de todas as religiões; em segundo, que o atma, ou a centelha divina, habita o interior de todos os homens, o que é a base da Irmandade do Homem e a Paternidade de Deus; por último, que Deus é Amor e que o caminho mais rápido e direto para Ele é através do amor em ação, ou seja, serviço desinteressado.*

Ron Laing, em *The Embodiment of Love*
(A Incorporação do Amor)

Há, portanto, muitas semelhanças entre esses ensinamentos e o trabalho de nossa própria comunidade, como já foi explicado mi-

[3] Este é um número incrível, que faz com que o grupo de seus seguidores seja o quinto maior movimento espiritual do mundo. Há poucas razões para se duvidar da veracidade desta afirmação, mas ela torna difícil de se entender a quase total ausência de cobertura do trabalho deste homem pela mídia. Ele aparentemente mostrou que está deliberadamente retendo o crescimento do reconhecimento de seu papel na atualidade.

nuciosamente no livro de Carol Riddell *The Findhorn Community* (A Comunidade de Findhorn). A vida num ashram hindu é muito dura para ocidentais, pelo desconforto que apresenta, porém seus ensinamentos são muito ecumênicos e ele frequentemente aconselha àqueles que buscam a verdade espiritual, pesquisá-la dentro do formato religioso com o qual estão familiarizados. Sua alegação de ser uma reencarnação de Krishna não deve ser encarada superficialmente, porém quando questionado diretamente se era Deus, sua resposta foi aparentemente esta:

A única diferença entre nós é que eu sei que sou Deus.

As pessoas interessadas em saber mais sobre ele, encontrarão informações entre muitos companheiros na comunidade.

O Maharishi

O Iogue Maharishi Mahesh é provavelmente o mestre espiritual vivo mais famoso que existe; para muitos ele representa o arquétipo do guru.

Surpreendentemente, pouquíssimo foi publicado acerca de sua vida quando jovem, embora se saiba que ele foi discípulo de Guru Dev, um grande professor da tradição védica. O Maharishi passou treze anos com o Guru Dev e assim se referiu a esse período: "Desde o início o meu propósito era inspirar o ar que ele expirava. Este era meu ideal."

Em 1953 o Maharishi retirou-se para o 'Vale dos Santos', no alto do Himalaia. Dois anos depois, ele partiu para visitar a cidade sagrada de Rameshvaram, perto do extremo sul da Índia, e foi aí que começou a ministrar seus primeiros ensinamentos públicos. Esses eram, e são, baseados na premissa de que a aparente distância entre os ensinamentos védicos - que dizem que ananda, ou alegria, é a verdadeira natureza da vida - e o deplorável sofrimento das pessoas comuns pode ser transposta com muita simplicidade, isto é, através da prática daquilo que veio a se chamar Meditação Transcendental, ou MT.

No fim do ano de 1957, num 'Seminário de Luminares Espirituais', ele anunciou seu plano de regenerar o mundo espiritualmente. Seus primeiros centros eram localizados na Índia, porém ele logo começou sua primeira excursão mundial, viajando para o sudeste da Ásia e chegando aos Estados Unidos e Europa em 1959. Sua fama se espalhou rapidamente - em 1961, uma sessão da Assembléia Mundial, em Londres, aberta ao público, teve uma platéia de 5.000 pessoas.

O crescimento extraordinário desta organização, que hoje cobre o globo, tem sido, contudo, subestimado. Isto acontece principalmente porque sua figura está indelevelmente ligada na imaginação popular aos seus mais famosos seguidores, os Beatles, que brincaram com suas técnicas e idéias em meados dos anos 60, quando estavam no auge de sua fama.

O crescimento firme e sem alarde de seu trabalho tem continuado sempre igual. Até 1974, mais de um milhão de pessoas já tinham aprendido a MT e hoje sua ambição permanece, no mínimo, ousada. Em 1988 ele anunciou seu programa para o mundo para 'Criar o Céu na Terra', cuja ênfase reside em sua Ciência e Tecnologia Védica, que se empenha em fundir ciência e espírito. Por exemplo, dizem que 30 pesquisas científicas mostraram que, quando uma fração pequena da população pratica a Técnica Siddhi avançada da TM, ou 1% pratica TM com regularidade, os crimes, acidentes e doenças diminuem.

Na Grã-Bretanha, seu maior centro fica no Lancashire, em Skelmersdale, mas a mais conhecida contribuição da MT para a moderna cultura britânica foi o grotesco Natural Law Party, uma tentativa totalmente sem sucesso da ala política da MT de eleger candidatos adeptos da yoga numa eleição geral recente.

A genialidade de Maharishi foi ter criado uma introdução simples e acessível para as técnicas de meditação que atrai iniciantes, isso sustentado pela possibilidade de domínio da filosofia védica para aqueles que desejarem ir mais fundo nos mistérios. Há muito em comum entre a filosofia de Maharishi e o modo de pensar da Comunidade de Findhorn, particularmente no que se refere à ênfase dada à importância da meditação e do papel da humanidade em não renegar a matéria, mas sim infundi-la de espiritualidade.

Assim, não é nenhuma surpresa constatar-se que muitos membros da comunidade (inclusive Eileen) foram iniciados nas técnicas de MT, sendo que alguns tiveram papéis de destaque na MT em uma ou outra ocasião. Lamentavelmente, porém, ao menos na Grã-Bretanha, o movimento da MT tende a ser muito exclusivista, impedindo assim ligações formais entre nossas respectivas comunidades.

Outros Mestres

Seria impossível e desnecessário criar uma lista completa dè muitos outros mestres e ensinamentos que influenciaram os membros da comunidade. Tais influências incluem: Um Curso em Milagres, Ken Carey, Bhagwan Shree Rajneesh (Osho), Mãe Meera, Pak Subuh, Babagi, Yogananda, Dion Fortune, etc.

De tempos em tempos a comunidade sofre a influência de algumas obras de ficção. E o interessante é que, em geral, são os trabalhos de ficção científica ou de fantasia que tocam a todos mais profundamente. Até hoje os autores mais proeminentes nessa área foram Tolkien, Doris Lessing e Ursula Le Guin. Carlos Castañeda também tem sido muito lido - embora permaneça a questão se sua obra é fato ou ficção.

O Avatar da Síntese

Um Mito Esotérico sobre a Fundação da Comunidade

William Bloom

Há um mito esotérico sobre a fundação da Comunidade de Findhorn que eu particularmente aprecio. Não há uma fonte exata que eu possa citar sobre a origem do mito, mas sei que me lembro de tê-lo ouvido no início dos anos 70. (Havia na comunidade, àquele tempo, muitas pessoas que estudavam e praticavam o esoterismo ocidental, em especial a Teosofia, os Rosa-Cruzes, Alice Bailey e Steiner.)

Segundo o mito, no século XX o planeta Terra e um de seus mais importantes centros, a humanidade, tentavam superar um difícil período de mudanças. Isto, pelo nosso ponto de vista, significava passar de uma perspectiva e uma experiência do isolamento atômico para uma sinergia holística. O processo de mudança era tão difícil que a Terra e a humanidade estavam ressoando para o cosmos uma nota tensa de dor e esforço inusitado. (Isto não é surpresa, se considerarmos as tensões acarretadas pelas Guerras Mundiais, a Guerra Fria e a divisão entre norte e sul.)

Em algum ponto, do outro lado do universo, havia um sistema - planetário ou estelar - que reconheceu o som de angústia. Reconheceu porque eles também tinham passado por uma transformação igualmente difícil.

Em consulta à Grande Consciência Celeste o sistema pediu permissão para ajudar a Terra e a humanidade. A G. C. C. deu sua aprovação e o sistema enviou um aspecto de sua consciência para encarnar na Terra e na humanidade.

Este aspecto de sua consciência é conhecido, às vezes, como o Avatar da Síntese. O Avatar da Síntese traz à Terra e à humanidade o princípio da Sinergia. Não poderia, contudo, simplesmente descer à Terra como uma nuvem que permeasse tudo. Foi, então, concebido um plano pela Grande Fraternidade Branca de santos, adeptos e rishis (humanos que se liberaram do ciclo de encarnações, são 'perfeitos' e permanecem invisíveis na Terra para nos ajudar.) Eles planejaram construir alguns centros usando seres humanos, através dos quais o Avatar da Síntese poderia encarnar.

Também planejaram a recriação de certas escolas de mistério. Talvez um centro pudesse servir a ambos os propósitos. "A quem vamos usar para dar início ao plano?" perguntavam-se. Ah! Eles identificaram três discípulos de boa vontade e disciplinados que fariam o grupo-semente perfeito e que seriam capazes de levar o projeto até o fim.

E assim foi que Eileen ouviu a voz de Deus, Peter obedeceu e Dorothy trabalhou criativamente com o reino angélico. (Eu acredito que Auroville é um outro lugar onde isso aconteceu.) Então, Eileen, Dorothy e Peter estavam, na verdade, seguindo instruções bem claras quando deitaram as raízes para o centro de Findhorn. Considera-se que o Adepto ou Rishi que particularmente supervisionou a fundação foi o mestre ocidental conhecido pelos vários nomes de St. Germain, Ragoczi e Christian Rosencreutz. O Santuário Universal no Park Building sempre foi dedicado a ele e, até recentemente, havia um quadro dele na entrada.

Esta história é toda muito interessante pois sugere que as pessoas vêm à comunidade essencialmente para serem permeadas por esta nova qualidade de atitude sinergística - para permitir que o Avatar da Síntese possa encarnar mais completamente. Sinergia significa uma conexão cooperativa e criativa entre tudo - em todos os níveis e dimensões: emocional, físico, etérico, espiritual, mental, celular, cósmico, terreno, etc.

Os visitantes e alunos da Comunidade de Findhorn podem pensar que estão participando de um seminário, visitando uma comunidade ou flertando com a nova era - e os facilitadores podem até pensar que estão facilitando algo do gênero - porém, por trás de tudo, o que realmente acontece é que as pessoas estão sendo impregnadas pelo Avatar da Síntese. Assim, mesmo que o resultado do seminário pareça não ser o desejado, algo poderoso e esotérico está se passando. Os visitantes sempre são transformados.

É reconhecido mundialmente que a Fundação teve e tem um papel planetário preponderante, embora, com frequência, as pessoas não entendam realmente o porquê.

Talvez o Avatar da Síntese, ao atender às necessidades da Terra e da humanidade, seja parte da resposta.

BIBLIOGRAFIA

Sri Aurobindo - *The Life Divine*, Sri Aurobindo Ashram Trust, 1973. *Essays on the Gita*, Sri Aurobindo Ashram Trust, 1976. *Sri Aurobindo On Himself*, Sri Aurobindo Ashram Trust, 1985.

Alice Bailey - diversos, Lucis Trust. Há muitos volumes de material canalizado, dos quais os mais acessíveis são *Iniciação Humana e Solar* e *Cartas sobre Meditação Ocultista*. Neste último, a carta IX sobre 'Escolas Futuras de Meditação' é particularmente atormentadora. Também de interesse *The Unfinished Autobiography*, Lucis Trust, 1951. No Brasil, os livros de Alice Bailey são publicados pela Fundação Cultural Avatar, Niterói.

Michael Baigent & Richard Leigh - *The Temple and the Lodge*, Jonathan Cape, 1989. Uma sequência um tanto desapontadora ao ousado mas irresistível *The Holy Blood and the Holy Grail*; certamente interessante para os que querem saber mais a respeito da tradição de mistério ocidental em geral, e o papel da Escócia em particular.

Anne Bancroft - *Modern Mystics and Sages*, Paladin, 1978. Breves resumos das vidas e do trabalho de diversas pessoas proeminentes que influenciaram a Nova Era, incluindo Steiner, Gurdjief, Alan Watts, Pak Subuh e Krishnamurthi.

H. P. Blavatsky - *Isis Unveiled*, 2 volumes (Isis Sem Véus, 4 volumes, Ed. Pensamento); *The Secret Doctrine*, 3 volumes (A Doutrina Secreta, 6 volumes, Ed. Pensamento). A última é um tanto opaca, embora altamente recomendada por Steiner. A primeira é muito mais especulativa.

Um Curso em Milagres, Instituto de Educação Espiritual (Foundation for Inner Peace); Rio de Janeiro, 1994.

Ram Dass - *The Only Dance There Is*, Doubleday, 1970. *Journey and Awakening*, Bantam, 1990.

Dion Fortune - *The Mystical Qabalah*, Aquarian Press, 1987 (A Cabala Mística, Ed. Pensamento, 1994).

L. Francis Edmunds - *Rudolf Steiner Education*, Steiner Press, 1977.

Findhorn Foundation - 'The Story of the Tibetan Ring': uma fita em que Peter conta a história de uma iniciação sobre Ben Macdui.

G. I. Gurdjief - *Meetings with Remarkable Men*, Pan, 1978 (Encontros com Homens Notáveis, Ed. Pensamento, 1992). *Beelzebub's Tales to His Grandson*, Arkana, 1985.

Stuart Holroyd - *Krishnamurthi: The Man, the Mistery and the Message*, Element, 1991.

Satish Kumar - *No Destination: An Autobiography*, Green Books, 1992. Inclui uma narrativa breve mas deliciosa de uma visita às ilhas de Erraid e Iona.

Mary Lutyens (editora) - *The Krishnamurthi Reader*, Penguin, 1970.

Robert McDermott (editor) - *The Essential Aurobindo*, Lindisfarne Press, 1987. A citação referente à consciência supramental é desta fonte. O editor reconhece 'Mitra;The Liberator', pag. 279, como a fonte original da informação.

Maharishi Mahesh Yogi - *Thirty Years Around the World*, Volume 1, 1957-64. A citação sobre o Guru Dev é da página 37. *Maharishi's Programs to Create Heaven on Earth*, Global Video Productions, 1992. *On the Bhagavad-Gita: A New Translation*, Chapters 1-6; Penguin, 1986. Muitos consideram esta a obra prima de Maharishi.

Caitlin e John Matthews - *The Western Way*, Arkana, 1985.

Peggy Mason e Ron Laing - *Sathya Sai Baba: The Embodiment of Love*, Sawbridge Enterprises, 1982. A citação é da página 215.

James Moore - *Gurdjieff: The Anatomy of a Myth*, Element, 1991.

The Mother - *Collected Works of the Mother*, Sri Aurobindo Ashram Trust, 1979-91. No Brasil, A Mãe tem suas obras publicadas pela Editora Shakti, São Paulo.

Mother Meera - *Answers*, Rider, 1991.

Jacob Needleman - *The New Religions*, Doubleday, 1970. Inclui material sobre o Maharishi, Subud, influência tibetana no ocidente etc.

P. D. Ouspensky - *The Fourth Way*, Routledge and Kegan Paul, 1957 (O Quarto Caminho, Ed. Pensamento, 1988).

Wilf Parfitt - *The Qabalah*, Element, 1991.

Robert M. Pirsig - *Zen e a Arte da Manutenção da Motocicleta*, Ed. Paz e Terra, 1988.

Bhagwan Shree Rajneesh - *The Mustard Seed: Discourses on the Sayings of Jesus from the Gospel According to Thomas*, Rajneesh Foundation, 1975 (A Semente de Mostarda: Discursos sobre as Palavras de Jesus conforme o Evangelho Segundo São Tomás, 2 volumes, Ed. Pensamento).

Jane Roberts - *Seth Speaks*, Bantam, 1974.

Charles J. Ryan - *H. P. Blavatsky and the Theosophical Movement*, Theosophical University Press, 1975.

Bhagavan Sri Sathya Sai Baba - *Discourses on the Bhagavad Gita*, Sri Sathya Sai Books and Publications Trust, 1988.

Satprem - *Sri Aurobindo or the Adventure of Conciousness*, Sri Aurobindo Society, 1970.

A. P. Shepherd - *Rudolf Steiner: Scientist of the Invisible*, Floris Books, 1983.

Rudolf Steiner - diversos; há muitos volumes de seu trabalho cobrindo uma enorme gama de assuntos, incluindo, por exemplo, *The Restoration of Man*, Anthroposophic Press, 1971; *An Autobiography*, Steiner Publications,

1977. Este trabalho ficou inacabado na ocasião de sua morte. No Brasil as obras de Rudolf Steiner são publicadas pela Editora Antroposófica, São Paulo.

Peter Washington - *Madame Blavatsky's Baboon*, Secker, 1993. Uma áspera crítica, porém muito boa de se ler a respeito da influência da teosofia. A base cobre inclusive Gurdjieff, Steiner e Krishnamurthi, mas, por razões não explicadas, a Lucis Trust não é nem mencionada.

The Story of the White Eagle Lodge, White Eagle Publishing Trust, 1986.

Colin Wilson - *Rudolph Steiner: The Man and His Vision*, Acquarian Press, 1984 (Rudolf Steiner, o Homem e Sua Visão, Ed. Martins Fontes, 1988).

Paramahansa Yogananda - *Autobiography of a Yogi*, Rider, 1969 (Autobiografia de um Iogue, Summus Editorial, 1981).

FICÇÃO

Richard Bach - *Illusions: The Adventures of a Reluctant Messiah*, Pan, 1977 (Ilusões: As Aventuras de um Messias Indeciso, Distr. Record, 1995).

Carlos Castañeda - *The Teachings of Don Juan*, Penguin, 1970 (A Erva do Diabo - Os Ensinamentos de Don Juan, Distr. Record, Rio de Janeiro, 1995).

Alan Garner - *Elidor*, Macmillan, 1982. Um livro para crianças em que os protagonistas precisam ensinar um unicórnio chamado Findhorn a cantar para salvar o mundo. Publicado pela primeira vez em 1965.

Hermann Hesse - *The Glass Bead Game*, Picador, 1987 (O Jogo das Contas de Vidro, Ed. Record).

Nic Inman - *Canoeing Through Life*, Findhorn Press, 1985.

Jack Kerouac - *The Dharma Bums*, Granada, 1972.

Doris Lessing - *Canopus in Argos: Archives*, uma série de cinco livros compreendendo *Shikasta; The Marriages Between Zones Three, Four and Five; The Sirian Experiments; The Making of the Representative for Planet 8; e The Sentimental Agents in the Volyen Empire*; todos originalmente publicados por Jonathan Cape, 1979-83.

Ursula Le Guin - *A Wizard of Earthsea*, Penguin, 1992.

J. R. R. Tolkien - *The Lord of the Rings*, Harper Collins, 1993 (O Senhor dos Anéis, Ed. Martins Fontes, 1994).

Nove

A Grande Comunidade de Moray

Moray Ocidental é a área da Escócia onde estão situadas a cidade de Forres e a vila de Findhorn. Neste capítulo descrevemos o meio-ambiente de Moray, a história da Escócia e o papel de Moray nesta história, sua economia moderna e a geografia política do condado. Finalizamos com algumas sugestões para a melhoria da comunicação entre os membros da Fundação e associados da Comunidade de Findhorn com a população local.

Introdução

A Escócia é um país notável, famosa no mundo todo por suas montanhas e ravinas, seu *whisky*, sua história romântica, seus campos de *golf* e suas saias escocesas. Estas atrações são certamente uma das razões que levam muitas pessoas a empreender a longa viagem até Findhorn. Na verdade, há no imaginário popular uma forte associação da Escócia com a paranormalidade, mesmo antes de se ouvir falar da Fundação. Os castelos antigos lembram fantasmas, os mitos celtas relembram bardos misteriosos, druídas e deuses pagãos e poucos desconhecem o enigma de Loch Ness e seu fabuloso habitante.

Na verdade há um lado diferente da Escócia e que é mais real para seu povo do que o mostrado nos folhetos turísticos. Apesar de toda sua beleza, o país não tem um clima que permita grandes colheitas e os fazendeiros das terras altas e os arrendatários do oeste e do norte encontram dificuldades para sobreviver. Glasgow, embora tenha experimentado um certo renascimento de uns tempos para cá, ainda enfrenta dificuldades econômicas e sociais, principalmente com relação ao problema de moradia. Apesar da prosperidade econômica do setor financeiro de Edimburgo e da indústria do petróleo concentrada na região de Aberdeen, a Escócia ainda é um país com genuínos problemas de emigração.

Na realidade, uma das razões que fazem a fama mundial da Escócia e sua reputação de país inovador e com um engenharia avançada é o fato de que muitos de seus filhos talentosos partiram para buscar trabalho no exterior. A população do país, hoje, é de 5 milhões aproximadamente; metade desse número emigrou de sua terra natal no decorrer do século passado.

Além disso, assim como tem havido o êxodo dos escoceses, tem havido também um influxo de gente de fora, particularmente para as áreas rurais - os chamados 'colonizadores brancos'. A maioria dos escoceses é generosa e aberta aos estranhos, assim como são benvindos no estrangeiro, porém muitos suspeitam que sua cultura nativa está ameaçada.

Todavia, há mais que uma Escócia. As classes trabalhadoras de Glasgow, a classe média de Edimburgo e os moradores das Terras Altas, sejam de que origem forem, vivem em mundos muito distintos, porém unidos por sua paixão pela nação e, o que é menos louvável, uma terrível desconfiança de tudo que seja inglês.

Não devemos incorrer no erro da super-simplificação. Apesar de seus problemas, a Escócia não é, de forma alguma, um país pobre considerando-se a média do mundo e a vida é conduzida, para a maioria, dentro de um sistema que oferece tanto oportunidades como certa justiça. Vamos examinar agora, com um pouco mais de detalhes, sua natureza, história e cultura, com referência mais específica a Morayshire.

O Meio-ambiente

A Escócia tem um clima dominado pelo Oceano Atlântico. Os ventos constantes do oeste trazem um ar úmido aquecido pelas correntes do Golfo que fluem desde o Caribe até o oeste da Europa e Escandinávia. Forres está na mesma latitude norte de Juneau, no Alasca, e mais ao norte do que Moscou, porém estas influências marítimas trazem um inverno que é mais para fresco do que frio e um verão que é cálido e não quente. As latitudes mais ao norte apresentam noites longas de inverno mas dias quase sem fim no verão, com pouquíssima escuridão.

A oeste do país, o cenário acidentado das montanhas formadas pelos antigos levantamentos caledônicos ocorridos há cerca de 500 milhões de anos atrás, atrai nuvens como ímãs. A ilha de Skye e os maciços montanhosos da península têm uma média pluviométrica superior a 300 cm por ano. Nosso posto avançado na ilha de Erraid está relativamente mais abaixo e recebe 'só' 100 cm anualmente. Esse aguaceiro constante - não há nenhum mês em que se possa garantir que não vai chover - e a temperatura amena produzem um solo encharcado quase que em todas as áreas, exceto nas arenosas margens costeiras chamadas machair. O acúmulo de umidade no chão impede a decomposição de bactérias e assim, com o passar dos séculos, grandes depósitos de turfa foram se acumulando.

Não há mais florestas na região por culpa dos seres humanos, tanto do passado quanto contemporâneos. Há muito tempo atrás, todo o país era coberto por florestas.

A costa leste é muito mais seca pois está mais protegida da chuva. Forres tem um índice pluviométrico de cerca de 70 cm ao ano, Findhorn menos de 62 cm. Os ventos do oeste constantemente trazem um ar quente, porém as temperaturas no inverno são, em geral, mais baixas do que no oeste, já que os efeitos da Corrente do Golfo já não são tão sentidos aí e o Mar do Norte gera brizas frias vindas do leste. Tais condições são, contudo, benéficas à agricultura, sendo que o solo arenoso e cheio de dunas ao redor de Findhorn é bastante atípico.[1] Os férteis acres de terras baixas ao redor de Forres - conhecidas como Laigh of Moray - sempre foram um grande celeiro na história da Escócia. As colinas do interior são, contudo, bem menos produtivas. As condições climáticas se deterioram rapidamente à medida que a altitude aumenta e o solo acima dos 100 metros é mais semelhante ao da costa oeste do que ao das terras aráveis do Laigh.

Ainda mais alto estão as montanhas de granito Cairngorm. Qualquer monte na Escócia com altura de 3000 pés (914 metros) ou mais, é conhecido como 'Munro' e aqueles que tenham intenção de escalá-los devem fazê-lo com cuidado. Estas altitudes modestas escondem a possibilidade de tempestades de granizo em qualquer período do ano, tanto nos cumes como nos platôs.

Talvez seja surpreendente para muitos, mas a Escócia é grande exportadora de comida natural. Os mares abundantes e os métodos modernos de agricultura resultam numa boa produção de peixes, grãos, vegetais e frutas. Mesmo assim, há muitos desafios nessa área também. O problema de pescarias em excesso é um tema de sérios debates; os subsídios reduzidos pelo governo ameaçam muitas fazendas da região montanhosa que dependem de uma produção de lã e carne de cordeiro duas vezes por ano; um clima imprevisível é um motivo constante de preocupação para os horticultores. Tampouco podemos nos fiar no sucesso do século 20. Apesar das inerentes riquezas naturais, houve fome durante 20 anos não consecutivos no leste da Escócia no século 17.

[1] Apesar disso, existem muitas partes da costa leste que possuem extensos gramados. Estes lugares inspiraram o jogo de golfe.

A jardinagem é um passatempo muito apreciado pelos escoceses e muitas mansões abrem suas portas todos os anos para exibir seus arranjos florais. O grupo de jardineiros da Prefeitura de Forres é o melhor da Escócia. 'Flower of Scotland' (A Flor da Escócia, de co-autoria de Roy Williamson, que tinha fortes conexões com Moray) é o hino nacional oficioso do país.

A fauna da Escócia, ainda que contenha muita coisa interessante, está longe de sua glória do passado. O Ursus Caledonius, o urso marrom escocês, há muito foi extinto, sendo que o último lobo foi morto a tiros no século 18. A fascinação vitoriana pelas caçadas desnudou as ravinas de seus muitos animais selvagens e os montes solitários são hoje domínio do cervo vermelho, cujos hábitos alimentares impedem o crescimento da floresta.

Mesmo assim, águias douradas sobrevoam as montanhas onde têm seus ninhos e recentemente outras aves de rapina foram reintroduzidas com sucesso, inclusive a águia pescadora, o milhano vermelho, a águia marinha de cauda branca e o indômito tetraz-grande-da-serra. Tem havido também o ressurgimento do fugidio e indomável gato-do-mato escocês, um bando de renas criou-se com muito sucesso na área de Cairngorm e todo condado do país tem orgulho de seus 'segredinhos' em termos de vida selvagem.

O animal mais famoso de Morayshire é o felino Kellas. Ainda não se tem certeza se este animal extraordinário, que tem pernas longas e é preto como pixe, é o resultado de cruzamento entre o gato selvagem e o doméstico, ou a descoberta de uma espécie até então desconhecida. Ele tem sido visto frequentemente no interior de Forres e o mistério tem sido muito divulgado em programas de televisão; até um livro já foi escrito sobre ele.

A contribuição da comunidade para a compreensão do meio-ambiente da Escócia foi, entre outras, sediar o III Congresso Mundial da Natureza Selvagem em 1983 (que foi dedicado à memória de Sir Frank Fraser, que não só era residente em Forres mas também foi o naturalista escocês mais famoso de sua época) e tem sido o trabalho contínuo de 'Trees for Life' (Árvores para a Vida) (Ver cap. 2 para mais informação).

História

Tempos antigos

Não há evidência confiável de que povos do período paleolítico tenham habitado a Escócia. A primeira presença humana registrada foi de bandos de caçadores do período mesolítico que chegaram há cerca de 7.000 anos atrás e que deixaram sinais de sua passagem na área de Culbin. Um local de grande interesse do período neolítico é Clava Cairns em Strath Nairn, uma série de túmulos perto do campo de batalha de Culloden, mas sem conexão com o mesmo (mais informação abaixo). Mais adiante, nas Hébridas Exteriores, há as pedras verticais de Callanish que rivalizam com Stonehenge em mistério e dão à costa recortada do Atlântico um ar dramático. Embora não tenham o equilíbrio das pedras horizontais de Stonehenge, o lugar evoca imagens mais claras do passado do que a combinação de armadilha turística e recreio militar em que se tornou a planície de Salisbury.

Os arquitetos das pedras foram seguidos pelos primeiros usuários do metal. Foram os povos Beaker (Copos Altos), assim chamados pelo seu costume de deixar copos de beber nas tumbas de seus mortos. Eles construíram um círculo em **Quarry Wood**, adiante do restaurante Oakwood, a oeste de Elgin. Esses trabalhadores do cobre, bronze e chumbo foram seguidos pelas primeiras tribos celtas, que usavam o ferro, em cerca de 700 A. C.

Os Celtas

A cultura celta exerce uma curiosa fascinação sobre os ocidentais contemporâneos. De alguma forma, a própria palavra[2] parece evocar a idéia de uma Era de Ouro pré-industrial, quando a humanidade vivia em harmonia com a natureza e discussões sobre assuntos públicos que requeriam atenção eram consideradas tediosas. Talvez, de acordo com o mito, os celtas foram como índios americanos de pele branca.

Na verdade, até recentemente, o estilo de vida daquelas partes da Escócia que mais conservaram sua afinidade com a cultura celta era muito distanciado do estilo dos grandes centros urbanos europeus. O roubo de gado, ou 'conquista', era uma prática comum, particularmente entre jovens que queriam mostrar seu valor. Por outro lado, a hospitalidade nas Terras Altas era famosa.

Até o século 19, 'exploradores' de outras partes da Escócia podiam andar pelas trilhas das montanhas até o pôr-do-sol, simplesmente bater à porta da primeira cabana que encontrassem e pedir pousada; teriam, por certo, uma refeição e uma cama asseguradas.

Havia muitos outros paradoxos. Conhecemos os misteriosos

[2] A pronúncia correta em inglês é Keltic. Quando pronunciado como Seltic refere-se ao time de futebol de Glasgow.

druídas, cuja influência sabemos ter sido considerável, porém não fica claro porque foi tão fácil para o cristianismo suplantá-los. Em algumas sociedades a linhagem real vinha da linha materna e poetas e músicos eram altamente considerados. Por outro lado, essa atitude aparentemente iluminada era contrabalançada pelo costume de se lutar de peito nu, o que parece ser uma espetacular ausência de refinamento. Os romanos atribuíam este costume à crença deles na reencarnação.

Estes mesmos elementos de fidalguia e brutalidade existem na história de lutas de Dierdre, que foi exilada da Escócia, e assim lamenta sua perda:

> *Doce é a voz do veado de lombo respingado de castanho*
> *No bosque de carvalhos, acima das colinas nuas,*
> *Fêmeas meigas e tímidas se escondem nos vales frondosos.*
> *Vales de árvores carregadas de frutas escarlates*
> *Banquete de revoadas de pássaros;*
> *Paraíso sonolento de texugos - em suas tocas silenciosas, com seus filhotes.*
> *Vale de gaviões vigorosos com seus olhos azuis*
> *Vale abundante em qualquer colheita*
> *Vale de cumes e cristas*
> *Vale de amoras, abrunhos e maçãs.*[3]

Alguns aspectos do mito ainda vivem. Os roqueiros irlandeses debatem calorosamente acerca da influência do folclore tradicional no seu trabalho e descrições antigas das façanhas bélicas dos celtas poderiam ser aplicadas ao time de futebol escocês da atualidade que, em geral, proporciona uma dieta de gloriosos fracassos para seus torcedores. Sem subestimar a importância dessa influência, não podemos, no entanto, romantizar demais o passado celta da Escócia. As heranças culturais não são sempre aquilo que parecem; por exemplo, o *kilt* (saia escocesa), com seus tons particulares e associações com os clãs, é uma invenção do século 18, sendo que as mantas originais dos habitantes das Terras Altas eram feitas de

[3] A história original pode ser do séc. 9. Este extrato de *Dierdre Remembers a Scottish Glen* (Dierdre Relembra uma Ravina Escocesa), de um autor irlandês desconhecido do séc. 14, foi traduzido por T. F. O'Rahilly em *Measgra Danta*, Cork, 1927; e foi citada em *A Celtic Miscellany* (Uma Miscelânea Celta), K. H. Jackson, Penguin, 1971.

ESCÓCIA

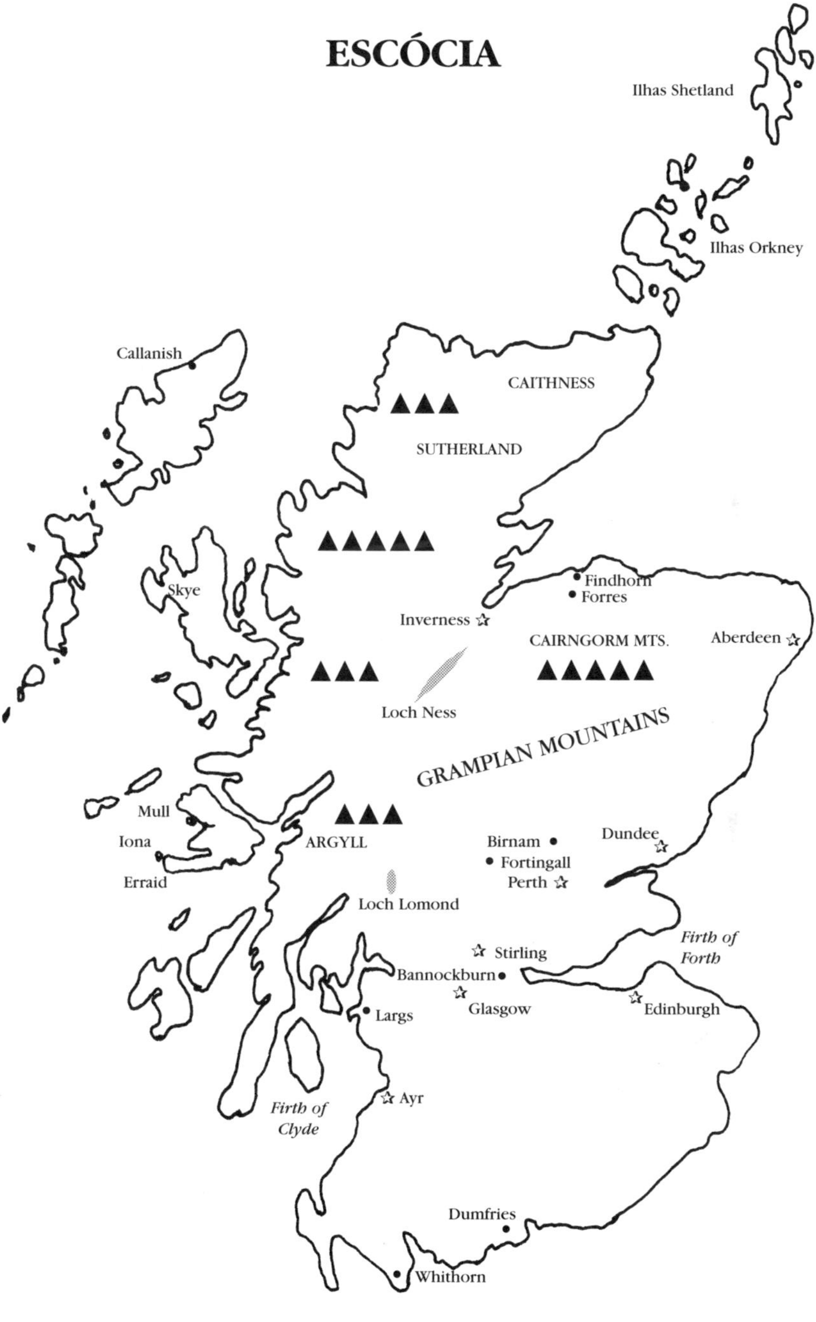
Ilhas Shetland
Ilhas Orkney
Callanish
CAITHNESS
SUTHERLAND
Skye
Findhorn
Forres
Inverness
CAIRNGORM MTS.
Aberdeen
Loch Ness
GRAMPIAN MOUNTAINS
Mull
Iona
Erraid
ARGYLL
Birnam
Fortingall
Perth
Dundee
Loch Lomond
Stirling
Bannockburn
Glasgow
Firth of Forth
Edinburgh
Largs
Ayr
Firth of Clyde
Dumfries
Whithorn

pano mais comprido e seu colorido era em discretos tons de vermelho e marrom.

Um outro ponto digno de nota é que a história antiga de Moray é grandemente dominada pelos celtas, porém ainda mais pelos pictos do que pelos escoceses. É uma pena que pouco se saiba sobre os pictos, pois eles não deixaram nenhum vestígio de sua linguagem, a não ser alguns nomes de lugares; menos ainda se sabe sobre seus costumes, filosofia ou religião. Até a origem de seu nome é obscura, embora se saiba que pode ter vindo do romano *picti*, que quer dizer 'os pintados', ou do irlandês *cicht*, 'gravador'.

A **Pedra de Sueno** nas cercanias de Forres é um dos monolitos mais impressionantes da Escócia, embora seu propósito não seja muito claro. Mostra uma batalha, porém resta até hoje saber se foi erigida pelos pictos para comemorar sua vitória sobre invasores vikings ou se são os escoceses celebrando sua vitória sobre os pictos.

Os Romanos

As legiões romanas deixaram uma marca menor na cultura escocesa do que no resto da Europa ocidental. Os romanos erigiram e permaneceram na muralha de Adriano, onde é hoje a fronteira com a Inglaterra, por um século, fizeram incursões ao norte onde construíram a bem mais frágil muralha de Antonina, entre os Firths de Clyde e Forth, onde ficaram por algumas décadas e tentaram subjugar o norte sem muito empenho. Construíram uma linha de fortes em Tayside e venceram uma batalha num local, não se sabe bem onde, chamado 'Mons Graupius' - mais tarde mal traduzido por Grampious, daí o nome de montanhas Grampian. Uma frota romana navegou pelas costas de Moray em 84 D. C. e a bandeira SPQR (Senatus Populusque Romanus N.T.) foi içada num pequeno acampamento perto de Moray Firth, próximo a Forres. Os ocupantes deram ao local o nome de 'Varis' e o atual nome da cidade pode ser uma corruptela do apelido romano.

Sua estada foi, no entanto, de curta duração e a Escócia tem poucas relíquias ou artefatos da época para exibir. O local romano mais evocativo no norte da Escócia fica em Fortingall, em Perthshire, onde um forte é dominado por um frondoso teixo, que se calcula ter 4.000 anos de idade, sendo renomadamente a árvore mais velha da Europa. É difícil não se emocionar com a idéia de que um ser ainda vivo na mais bonita ravina da Escócia foi testemunha das andanças dos emissários do antigo império.

A Chegada do Cristianismo

Embora o aparecimento do missionário Santo Columba em Iona em 563 seja o mais famoso na Escócia, não é o mais antigo. Santo Niniano estabeleceu-se em Whithorn, no sudoeste do país, 150 anos antes disso e Santo Brendan de Clonfert já estava ativo em Moray no início do século 6. O cristianismo celta vindo da Irlanda foi, assim, a forma dominante no início. Embora essa denominação lassa tivesse perdurado até o século 14, foi o rei picto Nechtan quem adotou o catolicismo romano em 710 D. C. e, no século 11 já havia bispos romanos no país. O primeiro bispo de Moray sediou-se em Birnie, porém os maiores legados em arquitetura eclesiástica desse período são o palácio episcopal em Spynie e as abadias de Kinloss, Pluscarden e Greyfriars, em Elgin. Conta a história que a abadia de Kinloss foi fundada no ano de 1150 pelo rei David I em agradecimento por ter sido conduzido para fora da floresta de Moray, onde estava perdido, por uma pomba. Há também um poço talhado na pedra em Burghead que dizem datar do início do cristianismo.

Os Escoceses

Os escoceses, como reza a tradição celta, são originários da Irlanda. Eles chegaram a Argyll no início do século 6 e rapidamente criaram um reino chamado Dalriada. A partir daí espalharam-se por todos os cantos, absorvendo os pictos em um estado escocês maior sob domínio do rei dos escoceses, Kenneth MacAlpin, no século 9. Os escoceses falavam uma língua celta chamada gaélico e esta suplantou a antiga língua falada pelos pictos. Contudo, o reino de Kenneth não incluía a maior parte do sul do país de hoje.

O primeiro rei a unir o território que hoje constitui a Escócia foi Malcolm Canmore (que quer dizer 'Grande Líder'), que reinou de 1057 a 1093. Sua dinastia durou mais de dois séculos, mas o nome mais famoso desse período histórico foi o do homem que Malcom derrotou em disputa pela coroa escota. MacBeth é provavelmente a figura mais maligna da história escocesa. Sua reivindicação ao trono era legítima e a derrota sofrida por Duncan, numa batalha perto de Elgin, foi a vitória sobre um usurpador, mais do que sobre um rei legítimo. MacBeth reinou 17 anos e todos os registros históricos dizem que foi um regente forte e autoconfiante e não o assassino atormentado encontrado pelas feiticeiras numa charneca perto de Forres, como na dramática ficção de Shakespeare. A vingança de Malcom numa batalha com o velho rei ocorreu perto de

Aberdeen; Dunsinane e a floresta de Birnam, que não fica muito distante de Perth, não tiveram nenhuma conexão com o caso.

Durante a dinastia de Canmore começou um longo processo de feudalização. Nos cinquenta anos que se sucederam ao rei David I, a partir de 1124, muitos expressivos nobres normandos e flamengos foram convidados a visitar o país para esse fim e o velho sistema celta de clãs ficou confinado às selvagens Terras Altas e às Ilhas. Durante grande parte desse período, Moray, então maior do que hoje, era de fato um reino independente.

Os escoceses trouxeram consigo da Irlanda fortes elementos de suas antigas práticas religiosas, embora já sincretizadas com interpretações cristãs. A base dessas tradições parece ter sido um 'culto aos espíritos da natureza, ou da vida como manifestada na matéria'[4], característica essa que ressurge muito forte no pensamento da Nova Era. O conhecimento dos deuses/heróis Fionn e Cuchualain e dos festivais trimestrais de Beltane, Lugnasadh, Samhain e Imbolc ainda perdura na memória do povo até hoje, ainda qué, até mesmo no Gaeltacht, eles, na realidade, representam ecos de um passado distante mais do que uma legítima observância religiosa.

Os Vikings

Do século 8 em diante, toda a Europa ocidental foi sujeita a incursões vindas da Escandinávia. Os nórdicos criaram para si mesmos cidadelas fortificadas em Shetland, Orkney, Caithness e Sutherland e exerceram pressão contínua sobre toda a costa do oeste. No reinado de Sigurd, o Poderoso, Moray caiu sob sua influência durante algum tempo. Hoje em dia eles são mais lembrados por seus feitos de pirataria; seus avanços no norte escassamente povoado não encontraram muita resistência, porém, devido ao gradual aumento desses ataques, as lutas foram ficando mais violentas. Os nórdicos não eram cristãos e as diferenças religiosas contribuíam para maior desordem. Porisso, Iona foi saqueada diversas vezes. No século 10, alguns monges em fuga foram mortos no litoral de Traigh Bhan e, numa ocasião, toda uma comunidade monástica foi abatida à espada na Baía dos Mártires (Martyr's Bay).

Vestígios de sua cultura permanecem, mais uma vez como nomes de lugares, embora as ilhas do norte ainda tivessem conservado a língua nórdica entre alguns de seus nativos até o século 18

[4] J.A. MacCulloch, OP. CIT. pag. 3.

e, ainda hoje, os habitantes de Shetland mantêm uma grande afinidade com a Escandinávia. A ameaça viking à integridade do reino dos escoceses só foi finalmente afastada após a decisiva batalha de Largs, em 1263.

As Guerras da Independência

O próximo evento de monta na história da Escócia foi a luta pelo poder ao norte da Grã-Gretanha. Foi uma época tempestuosa e as crueldades e tentativas de Eduardo I da Inglaterra para dominar os escoceses ainda vivem na memória das pessoas desta raça.[5] Antes do século 14, a Escócia e a Inglaterra coexistiam em relativa paz e muitos nobres tinham terras em ambos os lados da fronteira. Entretanto, as escaramuças dos vinte anos seguintes deixaram uma marca indelével nas relações anglo-escocesas. Explorando as fraquezas da dinastia, os exércitos de Eduardo rapidamente dominaram os nobres escoceses divididos. Primeiro William Wallace e depois Robert the Bruce lideraram guerrilhas contra o poderio da ocupação inglesa. Tais esforços finalmente culminaram na batalha de Bannockburn, perto de Stirling, decididamente vencida por Bruce e seu exército escocês em 1314.

Morayshire fez parte desses eventos. Eduardo da Inglaterra chegou até **Lochindorb**, no norte, em uma de suas expedições militares. Intimidado pela visão das montanhas mais além, ele se voltou para as terras baixas à sua frente e queimou Forres, Kinloss, Elgin e Aberdeen antes de retornar para o sul.

Andrew de Moray era o braço direito de Wallace, contudo, seu papel foi de curta duração. Ele morreu de ferimentos recebidos numa outra importante vitória militar dos escoceses, nesse mesmo período, em Stirling Brig.

Embora fosse um grande herói nacional, Bruce não era nenhum santo. Ele assassinou seu grande rival John Comyn num incidente confuso na igreja de Greyfriars, em Dumfries, em 1306. Durante o mesmo incidente, Gordon Comyn de **Altyre**, um ances-

5 Edward Plantaganet era por certo de origem normanda e descendente de William, o Conquistador, que se apoderou da coroa inglesa em 1066. O fato que normalmente não é conhecido é a grande influência dos dinamarqueses no ducado da Normandia que, no passado, havia sido anexado por eles, assim como todo o norte da França. Assim, a invasão da Inglaterra foi, num certo sentido, uma extensão dos ataques Vikings em toda Bretanha. Felizmente para os escoceses, eles também absorveram um pouco desse temperamento normando, através de uma postura consciente, mais do que por conquista. Robert the Bruce também era um descendente direto de um nobre normando que tinha vindo com William.

tral da atual família Gordon-Cumming, que ainda possui a propriedade de Altyre nas cercanias de Forres, foi morto pelas mãos de Roger Kirkpatrick, um cúmplice de Bruce.

Os acontecimentos no erroneamente chamado 'Salto de Randolph' **(Randolph's Leap)**, no rio Findhorn, também são dessa época. Thomas Randolph foi feito conde de Moray, com direito a terras antes controladas pelos Cumming, que, para vingar-se, planejaram atacar o castelo de Darnaway. Randolph foi avisado a tempo e armou uma emboscada num desfiladeiro profundo em Whitemire.

Derrotados na batalha que se seguiu, os homens de Alistair Cumming fugiram e ele escapou pulando a barroca estreita.

Uma consequência interessante dessas lutas foi que a influência inglesa alcançou Robert Bruce e, por extensão, todo o povo escocês, que foi excomungado pelo Papa por um certo tempo. O resultado desse fato foi a chegada de um bom número de templários, que desembarcaram nas costas escocesas em busca de refúgio contra a perseguição papal na Europa. Alguns túmulos de templários foram encontrados em Argyllshire.

Ao término das guerras, os nobres escoceses se encontraram para assinar a Declaração de Arbroath. Seu objetivo principal era afirmar: "Enquanto cem de nós estivermos vivos, nunca, de modo algum, nos sujeitaremos aos ingleses. Não é por glória, riquezas ou honra que lutamos, mas por pura liberdade, que nenhum homem de bem pode perder a não ser com a própria vida."

O conhecimento destes fatos não é um mero exercício acadêmico, pois os acontecimentos dessa época longínqua ainda fazem parte da psique escocesa. A noção de uma nação pequena amante da liberdade, lutando e vencendo, contra todas as expectativas, expulsando um agressor forte e bárbaro, tanto pode ser um romance como a verdade e tem pouco a ver com o mundo político moderno, porém os mitos e lendas se tornaram, no mínimo, tão poderosos como a própria história. Pode ser surpreendente, para aqueles que vêm de países de memórias mais recentes, encontrar flâmulas ou bandeiras hasteadas nas ruas e campos esportivos da Escócia que, simples e proeminentemente, ostentam a data '1314'.

A Casa dos Stewart

Assim, apesar das mudanças generalizadas na organização da sociedade, diferentemente do resto da Europa ocidental, a cultura emergente escocesa esta enraizada no seu passado celta e somente influenciada, não dominada, pelos invasores romanos, nórdicos e germânicos. Na realidade, é provável que sua característica nacional tenha sido forjada em função da oposição defensiva às ameaças externas. Manter a independência da Escócia na Europa seria a tarefa dos descendentes de Bruce pelos próximos 300 anos.

Marjory, filha de Robert Bruce, casou-se com Walter, o sexto herdeiro na sucessão dos Stewart. Seu filho, com o tempo, tornou-se o rei Robert II e assim começou o reinado da casa de Stewart. Contudo, na maior parte do tempo, Morayshire ficou sensatamente à parte daquilo que tem sido maliciosamente descrito como 'A Longa Briga' na história da Escócia. Não obstante, os tempos não foram sempre tão pacíficos quanto a população teria, sem dúvida, preferido.

Em 1390, o infame 'Lobo de Badenoch', injuriado por ataques à sua vida particular feitos pelo bispo de Moray, saiu de sua libertinagem em Lochindorb para atacar as planícies onde, primeiro, pôs fogo em Forres, depois, em Elgin. Seu apelido subentende um marginal, porém ele era, de fato, um conde de linhagem real. Tais conflitos religiosos viriam a denegrir a dinastia dos Stewart.

Em meados do século 16, quando a jovem rainha Mary retornou à sua terra natal vinda da França, onde se casara com o infortunado delfim, encontrou o país em tumulto. John Knox pregava a doutrina calvinista e o povo dava-lhe ouvidos, cansado que estava de bispos e prelados corruptos. O reinado dramático de Mary teve curta duração, em parte por ela não ter conseguido controlar esta situação explosiva.

O velho ditado que diz que a dinastia Stewart 'começou com uma moça e terminou com uma moça' é muito conhecido mas pouco verdadeiro. O exílio posterior de Mary e sua morte nas mãos de sua prima Elizabeth I da Inglaterra foi simplesmente o prenúncio do fim dos Stewart como uma linhagem real escocesa.

A União

Quando Elizabeth morreu em 1603, seu sucessor foi James VI da Escócia, filho de Mary Stuart, que se tornou também rei da Inglaterra - a 'União das Coroas'. James imediatamente mudou sua corte para Londres e, assim, simbolizou a anglicização da cultura escocesa, que começava a deixar sua marca no país. Segundo se alega, James dizia que Nairn era a maior cidade da Europa, já que as pessoas, numa extremidade da rua principal, (os pescadores anglicizados), falavam uma língua diferente daqueles da outra extremidade (fazendeiros que falavam o gaélico). O gaélico ainda podia ser ouvido nos campos de Moray e Nairn até o século 19, porém hoje está confinado à costa oeste.

Com o passar dos anos esta união trouxe uma paz duradoura entre as duas nações, porém não foi assim a princípio. Pouco depois, a Escócia estava enredada na guerra civil inglesa e em suas consequências. Este período é de grande complexidade; muitos personagens principais mudavam de lado e fidelidades ambíguas à Igreja, ao país e ao rei dividiam a nação. O papel principal de Moray em tudo isso foi ser testemunha de uma batalha no vilarejo de Auldearn, vencida pelo grande general Monrose e, em 1650, ter recebido o rei Charles II, exilado no continente, que retornou para Kingston, perto de Garmouth. Esta foi também uma época de grande intolerância religiosa e muitas mulheres escocesas inocentes foram queimadas como bruxas.

Quase sessenta anos mais tarde, em 1707, os parlamentos da Inglaterra e da Escócia se fundiram em meio a controvérsias que persistem até hoje. Entretanto, pelos estatutos, a Escócia continua a ter seu próprio sistema legal, educacional e uma Igreja diferenciada.

Jacobitas, Escritores e Filósofos

O século 18 não foi menos bélico. Em 1688, James VII foi deposto por suas convicções católicas num golpe sem derramamento de sangue, que passou o trono para sua filha Mary e seu marido, um nobre holandês, William de Orange. O filho e o neto de James revidaram. As rebeliões jacobitas de 1715 e 1745 com frequência são retratadas como um levante nacional dos escoceses, mas o apoio ao 'Bonnie' príncipe Charles era, na sua grande maioria, restrito às minorias católicas e aos habitantes das Terras Altas. O povo de Forres e de Elgin torciam pela sua derrota. Embora tenha prosseguido triunfantemente até as terras centrais na Inglaterra, seu exército, composto de soldados das Terras Altas, logo se dissolveu para cuidar da colheita. O príncipe passou um mês em Elgin, na primavera de 1746, antes de liderar seus homens no massacre de Culloden. Era o fim das reivindicações dos Stuart[6] ao trono escocês e o começo do fim do tradicional sistema de clãs das Terras Altas. O ar desse lúgubre campo de batalha permanece estranhamente carregado, como se uma nuvem negra continuasse a pairar sobre o local onde tantos homens foram massacrados.

[6] Esta ortografia do nome Stewart foi assumida pela família real na época de Mary.

Moray e Nairn

(Fora de escala)

Com um final mais feliz, a baía de Findhorn foi palco de um incidente dramático pouco antes daquele massacre. Richard Warren, ajudante de campo do príncipe, tinha combinado com amigos franceses de ser levado no veleiro chamado *Le Bien Trouvé*, e, embora o veleiro tivesse sido cercado pelas patrulhas britânicas, os navios maiores não conseguiram adentrar as águas rasas da baía para concluir sua captura. Numa noite de nevoeiro, a fragata francesa livrou-se deste controle e navegou a salvo de volta a Dunquerque.

Esse século também viu o nascimento de Robert Burns, o grande poeta nacional, (cuja memória é brindada todo dia 25 de janeiro, onde quer que haja escoceses reunidos), assim como o nascimento de Walter Scott. A estrela de Scott há muito passou de seu zênite, porém ele foi o maior romancista europeu de sua época. Foi também o tempo do 'Iluminismo Escocês' que trouxe destaque a uma infinidade de pensadores. As obras do economista Adam Smith e do filósofo David Hume e seus contemporâneos deram início a esse florescer da sociedade cultural e intelectual escocesa, chamando para lá a atenção de toda a Europa e dando o tom para as reformas políticas e educacionais do século seguinte.

O Passado Recente

Quatro grandes acontecimentos do século 19 merecem nossa menção. Primeiro, as desapropriações nas Terras Altas, que expulsaram muitos dos gaélicos remanescentes para dar lugar às fazendas de ovelhas. Foi o prego final no caixão que enterrou a antiga cultura celta no continente escocês. Em segundo lugar, a religião - quando se deu o 'Grande Cisma' da Igreja da Escócia, dividindo muitas paróquias das Terras Altas entre os ortodoxos Kirk (Igreja da Escócia - N.T.) e os da 'Igreja Livre', que ousavam se opor aos grandes latifundiários e exigir que ministros fossem eleitos pelo povo, direito esse que só mais tarde foi concedido aos Kirk, em 1874.

Em terceiro lugar, a Revolução Industrial trouxe as estradas de ferro e a nova era comercial. A Escócia e os escoceses desenvolveram uma reputação no campo da invenção que poucos países podem igualar; trouxeram, por exemplo, a energia a vapor, o telefone, a televisão e a penicilina para o mundo. Os efeitos da industrialização foram mais dramáticos nas grandes cidades do sul e Moray foi mais feliz pois absorveu seus métodos sem cair nos seus excessos. Em outro campo, os exploradores Munro Park e David

Livingstone cravaram seus nomes na história do florescente império britânico. Donald Smith, nascido em Forres, mais tarde tornado nobre com o título de Lord Strathcona, fez sua parte como dirigente da Hudson Bay Company e como força motriz na construção da estrada de ferro Canadian-Pacific.

Mais perto de casa, um ramal da estrada de ferro do norte foi construído entre Kinloss e Findhorn. Embora tivesse sido uma experiência de curta duração, os engenheiros da construção deixaram sua marca indelével na península e seus esforços são uma prova da importância comercial que o pequeno porto viveu durante algum tempo. A esse tempo a distilação de *whisky*[7] tornou-se uma indústria organizada em Moray e as primeiras rodovias modernas foram construídas com cruzamentos em Spey e Findhorn. Os 'Stuart Sobieski', que se diziam poloneses descendentes de linhagem real[8], estaleleceram-se por um breve período em Logie, perto de Forres, em 1829. Este também foi o ano da grande inundação do rio Findhorn, que, após um dia de chuvas torrenciais, subiu mais de doze metros na ponte de Dulsie e inundou mais de vinte milhas quadradas da planície de Forres.

Não cabe discutir aqui, em profundidade, a história do século 20, porém alguns acontecimentos são dignos de nota. O acontecimento mais importante dos primeiros anos do século foi, evidentemente, a Primeira Guerra Mundial. Vale a pena dar um espiada na longa lista de nomes no memorial da guerra em Findhorn e pensar sobre os efeitos desse massacre numa comunidade pequena e unida. Nos anos de pós-guerra Forres viveu uma relativa prosperidade, representada por uma série de 'Semana de Gala' que acontecia todos os verões e atraía 6.000 visitantes regularmente; em 1926, o time australiano de críquete jogou a partida inaugural no novo campo de Grant Park. Em 1934 foi inaugurada a escola que viria a ensinar membros da família real, Gordonstoun School, perto de Elgin. A Segunda Guerra Mundial trouxe mais perdas e os campos de aviação de Kinloss e Lossiemouth. Os grandes blocos de concreto na praia entre Findhorn e Burghead são um outro legado desse período, sendo que sua construção teve o propósito de impedir uma invasão pelo mar.

Vejamos agora o papel de Moray na moderna Escócia.

[7] Do gaélico *uisge beatha* - 'água da vida'.

[8] Estes terríveis charlatães eram, na realidade, dois irmãos ingleses de sobrenome Allan. Antes de serem descobertos, eles armaram um tribunal jacobita em Eilean Aigas, perto de Beauly, onde permaneceram por algum tempo.

A Região de Moray Atualmente

A Situação Política

Resumidamente, há uma hierarquia do poder político cujo topo está no parlamento em Westminster e que se estende como um braço para o Scottish Office em Edimburgo. Moray tem um só representante como Member of Parliament em Westminster. Não há nenhum governo escocês eleito pelo povo embora tenha havido tentativas constantes de reestabelecê-lo desde os tempos da União. Este debate pode ser ouvido nas eleições parlamentares em Moray. Em anos recentes, o apoio tem balançado entre os partidos conservador e unionista e o SNP - Scottish National Party, que, evidentemente, é anti-unionista.

O nível mais alto de governo local é o da Região. Forres fica na Região Grampian, que tem sede em Aberdeen. Um segundo nível de administração local é o Moray District, com sede em Elgin. O governo britânico atual quer abolir o Conselho Regional e criar uma só autoridade para Moray, que proveria todos os serviços locais.

Na base da hierarquia estão os Conselhos da Comunidade, que são úteis fontes de informação para as deliberações do Conselho Distrital e Regional, mas que têm pouca autonomia. Há um para Forres e outro para Findhorn e Kinloss.

Do outro lado do espectro está a Comunidade Comum Européia, ou CE, que se torna cada vez mais importante como forma de governo supra-nacional. Ao inverso de muitos de seus vizinhos do continente, os britânicos relutam em abrir mão de sua independência política em favor dessa corporação. Entretanto, a atual MP (Membro do Parlamento) das Terras Altas e das ilhas é a senhora Winnie Ewing, do partido SNP (nacionalista escocês N.T.) - 'Madame Ecosse'- e a visão nacionalista é de que seria melhor para a Escócia buscar seu lugar como parceiro independente na Europa e totalmente ignorar Westminster.

A Vida Religiosa

A Igreja da Escócia, ou Kirk, tem uma assembléia geral anual em Edimburgo, onde os assuntos do momento são supervisionados por um Moderador eleito. O influente comitê da Igreja e Nação é também um contribuinte regular para o debate público e a famosa Comunidade de Iona também participa em diversas atividades, inclusive do trabalho missionário internacional dos Kirk. A 'Igreja Livre' é menor porém ainda importante em muitas paróquias das

Terras Altas e em qualquer lugar onde haja um vago não-conformismo religioso. A Igreja Episcopal é a presença anglicana na Escócia. A Igreja Católica Romana também é muito difundida, principalmente no cinturão central, onde seus adeptos são mais numerosos. Muitos católicos são descendentes de imigrantes irlandeses, mas há ainda hoje algumas ilhas das Hébridas onde a reforma calvinista de Knox nunca penetrou. Existem outras crenças religiosas na Escócia, mas nenhuma de destaque em Moray.

O santo padroeiro dos escoceses é Santo André, que é comemorado a 30 de novembro. A bandeira azul e branca, ou Saltire, tremula em diversos lugares nesse dia. O X branco representa a cruz na qual o santo foi martirizado.

A Economia Local

A economia tradicional de Moray é dominada pela pesca, por fazendas, fermentação e florestamento; a essas atividades acrescentam-se o turismo e o Ministério da Defesa.

Várias cidades costeiras ainda dependem da pesca embora já tenha havido um declínio destas atividades em anos recentes. As fazendas continuam a ser o forte da economia rural, sendo que 60% das terras ainda são de florestas, fazendo de Moray o condado mais verde de todo o Reino Unido. A 'fermentação' se refere, é claro, à indústria de *whisky*. Apesar de ambas as distilarias de Forres estarem fechadas atualmente, elas continuam a ter grande importância em muitas áreas, principalmente pelos lados da região de Spey.

O turismo escocês driblou bem a recente recessão econômica, porém, na área de Moray, ele é incipiente. Quando a Forres Hydro[9], como era conhecido o Cluny Hill College, era a jóia da coroa da rede de hotéis West Moray, a região era chamada, sem muita ironia, de 'Riviera Escocesa'. O barateamento das viagens ao exterior mudou tudo. A não ser pela 'trilha do *whisky*', não há muitas atrações turísticas no condado. Apesar de não ser muito do agrado dos hoteleiros, a relativa quietude convém a muitos moradores.

Na verdade, a economia local é dominada pela presença militar. As bases aéreas de Kinloss e Lossiemouth dão emprego a pouco menos de 5.000 homens e mulheres, num condado onde a população total é de apenas 83.000. Os 'dividendos da paz' não trarão

[9] Abreviação de hidropático. Ainda hoje existem hotéis como esse na Escócia, que oferecem um balneário para curas. O tanque de captação de Cluny fica na colina atrás do que hoje é a sauna, porém a fonte supridora é o rio e não uma fonte natural.

benefícios diretos para a área e rumores de um possível fechamento das instalações militares põem os habitantes locais em pânico. É muito fácil para os liberais aceitar os benefícios da presença militar e ao mesmo tempo desprezá-la. A RAF (Real Força Aérea - N.T.) de Kinloss dá apoio à pesca e presta serviços de resgate tanto no mar quanto nas montanhas, além de fazer seu papel tradicional, e muitos do pessoal de serviço levam a cabo tarefas verdadeiramente perigosas. O papel do guerreiro pode não ser apropriado a todos, porém é um legítimo caminho espiritual em muitas tradições religiosas. Vocês podem se lembrar de que o longo treinamento de Peter no serviço militar muito contribuiu para sua capacidade de liderança e suas qualidades de organização.

Os benefícios econômicos trazidos pela indústria do petróleo, embora reais, não são tão fundamentais como nas áreas do leste e oeste de Moray. O desemprego em Forres, particularmente entre os jovens, está atualmente em níveis muito altos.

O papel de nossa comunidade na economia é pequeno, porém certamente de alguma monta. Estima-se que a Fundação e a NFD juntas contribuam com mais de 800.000 libras anualmente em rendimentos diretos para a área de Moray Firth e o impacto indireto e global na comunidade pode ser três ou quatro vezes essa quantia.

As Relações Locais

O relacionamento da Fundação com seus vizinhos pode parecer aos leitores meio irrelevante aqui, pois só é de interesse das pessoas diretamente envolvidas. No que tange a detalhes específicos, isso realmente é verdade, porém as dificuldades para se criar um diálogo significativo e um relacionamento harmonioso entre comunidades muito díspares merecem nossa consideração. É possível discernir, nessas particularidades, algumas verdades que podem ser úteis em outros contextos.

O assunto pode ser dividido em quatro partes, a saber:

1) Findhorn e Kinloss
2) Forres
3) a área de Moray Firth
4) o resto da Escócia

Vamos tratar das partes em ordem inversa. Como veremos, isto nos permitirá entender o assunto em seus níveis de intensidade crescente. Vale notar que as sugestões aqui oferecidas se aplicam em toda e qualquer circunstância, não só no contexto em que aparecem.

A Escócia

A narrativa acima da história e da cultura escocesas, junto com uma pitada de bom senso, seriam suficientes para que uma pessoa vivendo na comunidade evitasse muitas gafes. Nós somos uns felizardos por morarmos neste lugar do mundo tão calmo e hospitaleiro. Existem comunidades alternativas em outros lugares do mundo ocidental que precisam de cercas e portões com guardas para poderem conduzir suas vidas a salvo. Entretanto, alguns lembretes são de interesse de todos:

1) Evite usar a palavra Inglaterra quando se referir à Grã-Bretanha e mais ainda quando se referir à Escócia.
2) A maioria dos escoceses não gosta de estardalhaço, principalmente os da zona rural. Se você é proveniente de uma nação que tenha fama de barulhenta ou de cheia de pompa, seja cauteloso neste aspecto.
3) Comece sempre uma conversa falando sobre o tempo. Isto é considerado de bom tom.
4) Se você precisar de ajuda, peça. O sotaque local de Moray do oeste é de fácil compreensão. Se você se encontrar com alguém do oeste[10] ou da área rural de Aberdeen, não finja que entendeu. Quase todos na Escócia são capazes de se fazer entender mesmo por aqueles que não tenham um bom comando do inglês. Se você não entender, é preferível pedir que repita mais devagar do que fingir que entendeu e não fazer o que foi dito.

A Área do Estuário de Moray

Poucas pessoas num diâmetro de 50 milhas de Forres ainda não ouviram falar da Fundação - à qual, possivelmente, vão se referir como 'Findhorn'. Para a maioria este conhecimento é superficial - algo a ver com a demissão da Forres Hydro por causa de algumas colheres que desapareceram[11], fadas e duendes no jardim e um bando de *hippies* surpreendentemente tenazes.

[10] O oeste se refere à área metropolitana de Glasgow. A costa do Atlântico é conhecida como a 'costa oeste'.

[11] Peter, Eileen e Dorothy foram demitidos do Hotel Trossachs, não de Cluny Hill, e nunca se soube o porquê - ver cap. 2.

1) Entretanto, muitos habitantes locais ainda se lembram de histórias de 30 anos atrás que contêm uma pontinha de verdade. Se alguém se referir a 'aquele cara que cortava as árvores para os discos voadores poderem descer', não o contradiga de frente. Tais comentários são uma forma disfarçada de descobrir se você é tão ingênuo quanto ele imagina. Se você se mostrar lúcido e inteligente, a conversa num instante passará a tratar de acontecimentos recentes (o que, na realidade, é muito mais acessível às pessoas comuns) e seu conhecimento enciclopédico de como fazer uma moradia de barris de *whisky* pode ser de grande proveito na conversa.
2) Não pense que as relações com as localidades próximas a Moray do oeste são sempre um primor de comunicação clara e amistosa. Tem sempre alguém conhecido que lê a Gazeta de Forres!
3) Não presuma que seu interlocutor é um montanhês das Terras Altas ou mesmo um escocês. Há uma boa probabilidade de que não seja e, a menos que você seja muito bom em distinguir sotaques, o simples fato de alguém viver em Inverness não lhe confere um bom guia de seu passado cultural.
4) Leia um jornal local de vez em quando. E não acredite em tudo que ler.

Moray Ocidental

Todos em Moray Ocidental conhecem a Fundação; ainda assim, poucos são os que têm ou desejam ter mais que um conhecimento superficial. A maioria toma uma postura de deixar-nos viver para que eles também possam tocar a vida. Um pequeno número deles dá apoio concreto a nosso trabalho, porém o fato é que, se a comunidade deve ter relevância para uma audiência internacional, ela tem que diferir da cultura vigente. E inevitavelmente isso leva a uma certa suspeita.

1) Uma queixa comum se relaciona com o fato da Fundação ser uma sociedade beneficente. Justificativas baseadas na natureza espiritual de nosso trabalho não vão conquistar a estima dos habitantes locais comuns. Nem o argumento de que a escola Gordonstoun, que goza do mesmo privilégio, não sofre este tipo de crítica. Admita que é uma grande generosidade do governo britânico nos isentar de impostos, mas não deixe de mencionar os negócios dentro da Fundação que contribuem com impostos como tanta

gente. Isto vai surpreender a muitos e, na verdade, poucos vão acreditar, porém é sempre bom tentar.

Você também deve analisar sua própria postura em relação à 'caridade'. A Fundação e a Comunidade ainda são grandemente dominadas por elementos da classe média que têm os benefícios de uma educação de terceiro grau. O fato da Fundação fazer um trabalho excelente que merece apoio não significa que deva se eximir de suas responsabilidades sociais em relação àqueles menos afortunados. Para este fim a Fundação mantém uma política de dízimo e porisso pode direcionar uma quantia pequena para causas caritativas do local. Você também pode considerar a idéia de contribuir pessoalmente com tempo ou dinheiro para um destes projetos.

2) Muitos moradores da região tem um grande trabalho para entender o que fazem a Fundação e a Comunidade. Para eles a Fundação não parece produzir nada, nem mesmo conferir um diploma. Você pode aproveitar e explicar o papel da Fundação em trazer pessoas de culturas e religiões diferentes que convivem em harmonia. Os acontecimentos recentes na antiga Iugoslávia tornam este propósito mais óbvio. Refira-se, se quiser, aos esforços feitos no leste europeu e na África do Sul. Não se preocupe em enfatizar o valor de uma 'comunidade'. Muitos dos genuínos moradores locais sempre viveram em comunidade e têm pouca empatia com indivíduos de culturas urbanas alheias. Se você se vir envolvido numa discussão acalorada (o que é muito improvável - ver o ítem dois sobre a Escócia), peça ajuda. "O que você faria para melhorar nossas relações?" é uma pergunta perfeitamente adequada.

3) Seja você mesmo. Não faz sentido fazer uma encenação, ou, ao contrário fingir-se de muito comum. O simples fato de você ter viajado centenas, senão, milhares de quilômetros para estar aqui, sem ser por razões militares, faz de você uma pessoa diferenciada.

4) Acima de tudo, não seja presunçoso. Membros novos na comunidade às vezes imaginam ter embarcado num projeto de transformação de si mesmo e do mundo imensamente importante. E até que é, mas lembre-se de que este processo demanda mudanças em você, não em todo o resto e, com certeza, não foi elaborado para ajudá-lo na promoção

ou na propaganda da comunidade. É simplesmente enfurecedor ouvir-se uma palestra sobre os brilhantes sucessos da Fundação quando tudo que se quer é uma comunicação simples baseada no cotidiano. Um pouco de humildade não faz mal a ninguém.

5) A comunidade é famosa no mundo todo por seu trabalho com o reino da natureza. Isto não faz de você como indivíduo uma autoridade no assunto. As pessoas locais, que conviveram sempre com as mudanças de estação, não se interessam em ouvir que todo pôr-do-sol glorifica a Deus e que as flores da primavera são um milagre de beleza e desenho. Independente do seu ponto de vista pessoal, lembre-se de que, ao contrário dos irlandeses, poucos escoceses acreditam nos 'elementais'. A propósito, os gansos voam para a Escócia no inverno e rumam para o norte no verão e não o oposto.
6) Mostre um certo interesse. As pessoas têm orgulho de sua cultura e de suas raízes. Não aborreça as pessoas com longas discussões sobre a comunidade, a menos que lhe peçam para fazê-lo. Pergunte a seu interlocutor sobre seu trabalho e sua vida, seus medos e ambições, sucessos e arrependimentos. Você poderá aprender alguma coisa que valha a pena.

A Península de Findhorn

É um erro imaginar que a comunidade é uma ilha isolada num mar de uniformidade à sua volta. No vilarejo de Findhorn há quatro grupos distintos de residentes.

a) O pessoal da RAF, tanto da ativa quanto reformado.
b) Os chamados 'Colonizadores Brancos', pessoas que não são originárias do nordeste da Escócia mas que ali escolheram viver. Muitos são aposentados.
c) Os legítimos nativos, que nasceram e cresceram nessa área.
d) Membros da Fundação e sua comunidade associada.

Além destes temos:

e) Visitantes em férias. Muitas casas na vila de Findhorn hoje são casas de praia e algumas são alugadas para temporada.

Nunca foi feito um recenseamento, porém os grupos se apresentam mais ou menos em número decrescente. Você poderá perceber que um número significativo de habitantes 'locais' são na verdade forasteiros. A grande proximidade de tão diversas comunidades leva a tensões complexas e, em alguns casos, à mais pura hostilidade. Isto não está restrito somente ao relacionamento da nossa comunidade com os outros grupos, mas a Fundação é o alvo preferido.

Pode ser que esta situação seja exacerbada pelo fato de que o vilarejo de hoje é o terceiro a ter o nome de Findhorn, sendo que os dois primeiros foram varridos pelo tempo e as marés. A pesca, que no passado era a mais importante atividade econômica da vila, é hoje um lazer ao invés de ser uma atividade econômica séria, sendo que as últimas redes comerciais de pesca de salmão foram fechadas recentemente. Talvez subconscientemente, o saber da relativa impermanência de certas tradições na península torne as pessoas mais temerosas de um 'domínio da Fundação'.

Além disso, a grande rotatividade dos funcionários da Fundação - a duração média de estada é de quatro anos - torna mais difícil o relacionamento com uma organização que está sempre mudando seus representantes. Num meio tão complexo, o simples fato de ser simpático é insuficiente para qualificar-se como socialmente aceitável.

1) nunca use a palavra 'Findhorn' quando estiver se referindo à Comunidade ou à Fundação.
2) Se você é parte da Comunidade mas não da Fundação, é possível que façam confusão e considerem seu trabalho como parte da Fundação. Se sentir que é apropriado dirimir a dúvida, faça-o, mas sem insistir muito no assunto. Esta distinção é irrelevante para a maioria das pessoas.
3) Evite abraçar e beijar em público, pois é embaraçoso. E nunca tome banho sem roupas em lugares públicos.
4) Sucessivos Conselhos da Comunidade de Findhorn têm procurado preservar (e com razão, a meu ver) as características de arquitetura da vila. Se você adquirir ou alugar uma moradia na vila, obedeça as regras locais de planejamento.
5) Não remova pedrinhas da praia, ou do 'litoral do fundo' como frequentemente dizem. A Fundação usou pedras da praia para decorar o teto do Universal Hall nos idos de 70. Embora isso tivesse sido feito com a permissão dos proprietários locais, houve muito falatório e controvérsia a res-

peito. Nos anos 80 foram investidas grande somas do dinheiro público para proteger a vila dos efeitos da erosão na costa. Mesmo imaginando que um punhado de pedrinhas não fará qualquer diferença, ainda assim evite fazê-lo, já que é uma atitude insensata e desnecessária.

6) Interesse-se pelos assuntos da vila, porém sem interferir. Alguns se queixam de que a Fundação não contribui o suficiente para as atividades da vila. Outros se queixam quando membros da comunidade tomam parte nelas. Algumas das dificuldades que a população local tem com a comunidade parecem vir dos velhos tempos, particularmente em relação à personalidade de Peter Caddy. Quando perguntado sobre o relacionamento da comunidade com seus vizinhos, Peter respondeu:

> *'Em primeiro lugar, eu gostaria de ressaltar a importância de se obedecer as leis e os costumes da terra onde você está. Assim, não saia por aí desconcertando as pessoas e não fique nu na praia. Flua com eles. Como diziam as mensagens de Eileen, adapte-se, ajuste-se, acomode-se.*
>
> *Alguns acham que é bom escandalizar as pessoas para dar uma sacudida na mente. Eu não concordo porque não acho que ajude. Dessa maneira, não se indisponha contra as pessoas usando roupas extravagantes e se comportando de forma a chamar a atenção para si e despertar comentários desairosos.'*[12]

Como um ex-gerente de um grande hotel na localidade, ele certamente era cônscio das sensibilidades do povo. Apesar disso, muitos dos comentários de Peter, principalmente sobre 'a grande cidade de luz' que estavam construindo, prevista nas mensagens recebidas por Eileen, ainda hoje envenenam a memória local.

[12] Estas palavras foram ditas há vinte anos. Embora o princípio continue o mesmo, muitas coisas certamente mudaram desde então e não há razão para se supor que a juventude de Forres de hoje seja mais ou menos culta que a da metrópole. Em 1960 os Beatles (ou Silver Beatles como se chamavam então) fizeram uma excursão pela Escócia, incluindo uma festa popular na Prefeitura de Forres. De acordo com o jornal 'The Scotsman' do dia 12.03.1994, 'pagou-se a eles uma ninharia e suas finanças estavam tão precárias que eles tiveram que sair escondidos do Royal Hotel.'

Sob as perspectivas de hoje, os desafios da criação de uma bela amostra ecológica num parque de trailers de 22 acres são tão assustadores, que a visão de uma 'grande cidade' parece mais uma ambição inatingível e desnecessária. Um crescimento modesto e contínuo no número de membros da comunidade, contudo, não impele a Fundação para grandes planos de compra de terras na península de Findhorn ou em qualquer outro lugar. Será que Deus, falando através de Eileen, realmente planejava um influxo de dezenas ou centenas de milhares de buscadores espirituais para este canto da Escócia? Muito improvável.

Talvez a idéia se referisse a grandes grupos de ajudantes invisíveis. Também é verdade que a atual comunidade ocupa uma área geográfica relativamente grande, porém com uma população muito espalhada. Além disso, os modernos métodos de comunicação oferecem algumas opções surpreendentes; assim, pode ser que a conexão da Fundação com a super via de comunicação da Internet, com seu potencial de aprendizado à distância, levará, no futuro, milhares de pessoas a participar do trabalho da comunidade, sem causar grandes danos à infraestrutura física de Moray Ocidental. Talvez possamos antecipar uma metrópole 'virtual'.

O que quer que o futuro nos reserve, todo este episódio da história da comunidade ressalta a dificuldade de se discernir entre metáfora e verdade literal quando analisamos material canalizado desta natureza.

A Fundação também tem sido acusada de apropriação indébita do nome 'Findhorn' que, alegam eles, deveria se referir tão somente à vila. É bem verdade que, até os idos de 70, a comunidade se referia a si própria pelo nome de 'Findhorn', porém a ordem tem sido, há mais de uma década, de se evitar isto tanto quanto possível. Às vezes incorremos no erro e, sem dúvida, deve haver alguns mesmo aqui nestas páginas, porém a coisa não é tão simples de ser evitada.

Assim como a RAF se refere a 'Kinloss' quando querem se referir à base, acadêmicos se referem à 'Cambridge' quando na verdade estão falando da Universidade, ninguém tem o monopólio de um nome. Na verdade, a origem da palavra 'Findhorn' não é absolutamente clara. Pode ser derivada de Invererne que significa 'na foz do rio Erne' ou Fionn-Dearn, 'o branco rio Dearn'. De qualquer modo, embora 'Findhorn' não pertença à Fundação, o fato é que sua sede está localizada na baía de Findhorn, na região eleitoral do Conselho de Findhorn, adjacente à histórica vila de Findhorn. É inevitável que alguma confusão possa surgir.

Não há dúvida que é extremamente desagradável ser um residente em Moray Ocidental, mais específicamente em Findhorn, e ser confundido com indivíduos cujo estilo de vida não é de seu agrado, mas há muito pouco que a Comunidade e a Fundação possam fazer, a não ser estar sempre atentas a esta sensibilidade e esperar que um dia a Escócia e os escoceses possam sentir orgulho de terem sido berço de um experimento duradouro e extraordinário em termos de valores humanos mais positivos. Nesse meio tempo, tudo que se pode sugerir é continuar com as tentativas de se encontrar meios para um mútuo entendimento.

E para finalizar, aqui talvez seja a oportunidade de retificar uma injustiça cometida pela Nova Era contra a Escócia. Tornou-se comum encontrar-se esta citação tão inspiradora atribuída a um senhor alemão chamado Goethe.

> *Até que alguém se comprometa existe hesitação, a possibilidade de se voltar atrás, eterna ineficiência. Em relação a atos de iniciativa e criação há uma verdade elementar cuja ignorância mata idéias sem conta e esplêndidos planos. No exato momento em que o compromisso é assumido, a Providência também se movimenta. Todo tipo de auxílio, que não aconteceria de outro modo, ocorre. Toda uma corrente de eventos emana da decisão, brotando em seu favor toda forma de eventualidades imprevistas, encontros e assistência material, que nenhum homem teria sonhado ser possível.*

Na verdade, estas palavras foram escritas por W. H. Murray, um escritor escocês de destaque e também um alpinista. A apropriação indébita deste pensamento só pode exacerbar o habitual senso de injustiça sentido pelo escocês, cuja fantástica contribuição para o empreendimento humano merece melhor fama.

Uma Meditação na Cidade da Luz

Imagine-se no Santuário do Parque numa noite de inverno. Baseando-se em mais de três décadas de meditação, é fácil visualizar-se banhado no brilho místico da inspiração divina que circunda este local e na verdade paira sobre todos os prédios da comunidade no Parque dos Trailers. Visualize a luz que brilha no Centro da

Comunidade, no Chalé de Hóspedes, no Salão Universal e em todas a moradias, onde os membros da comunidade meditam e pedem orientação espiritual.

Aumentando nosso campo de visão, podemos ver esta luz se espalhando até alcançar a radiância que circunda as propriedades próximas como Cullerne, Minton, Station House e um punhado de outras propriedades na vila próxima. É fácil ver esta formação subindo para o céu noturno e indo cumprimentar o grande Anjo de Cluny e seus parceiros que iluminam Newbold House, Drumdruan e outros locais da cidade de Forres.

Este fulcro de luminosidade está ligado tanto metaforicamente acima em direção aos céus e à inspiração de seres divinos ainda maiores, quanto horizontalmente, em direção às florestas que circundam a cidade, onde as atividades da comunidade acrescentam sua contribuição única para a dança da luz.

Esta constelação tem anéis que a ligam mais adiante à escuridão da noite de Glen Affric, onde os sonhos dos plantadores de árvores acrescentam seu fulgor até a costa do Atlântico, onde estão Erraid e Iona.

Estamos agora além do conceito de uma cidade humana, mas viajando pela estrada nacional e internacional, buscando a cintilação de outros pequenos centros nas cidades do sul que estão muito próximas na linha do horizonte. Além deles estão Glastonbury, Londres, Europa, as Américas, Ásia e Austrália - A Rede Planetária da Nova Era.

Estas imagens são familiares a vocês, porém vamos agora voltar nossa consciência para a escala menor de Morayshire. Com uma pequena mudança de foco poderemos perceber que a contribuição da comunidade para a centelha de inspiração angélica nada mais é que um simples tom numa paisagem interior multicolorida e multidimensional. Em todas as cidades e vilas há igrejas, boas ações feitas em silêncio e as preces simples das crianças. Em todo lugar existe a compaixão daqueles que trabalham nas profissões médicas, a esperança dos professores, a força dos envolvidos no cumprimento da lei, a construção em família de sólidas virtudes e as práticas religiosas de centenas de religiões e crenças diferentes. Vista sob esta perspectiva, a Cidade de Luz não é apenas uma trama de meros fios de esperança num oceano de escuridão, mas uma grande e complexa rede de inspiração que dá conforto e oferece a visão aos que lutam para achar a saída dos pontos escuros que ainda persistem.

Nem todos podem usar as mesmas metáforas que usamos,

porém todas essas atividades são certamente parte da Cidade de Luz. Se nossa tarefa às vezes atrai mais atenção da mídia global, isto não pode ser encarado como medida de nossa qualidade. Ao voltarmos nossa consciência para a humilde habitação de madeira que é o coração do trabalho da Fundação, vamos procurar conservar na memória que, nem como indivíduos nem como Comunidade, estamos sozinhos em nossa esperança de um mundo melhor e que há muitas pessoas nessa área da vizinhança que estão dispostas a ouvir o que temos a dizer, desde que nós também estejamos dispostos a escutá-las.

BIBLIOGRAFIA

George Bain - *The River Findhorn From Source to Sea*, Nairnshire Telegraph, 1911.

Robert Burns - *Poems*, selecionado e editado por Beattie e Meikle, Penguin, 1977. Há outras coleções de igual qualidade.

Nora Chadwick - *The Celts*, Pelican, 1970.

Martin Cook - *The Birds of Moray and Nairn*, Mercat Press, 1992. Um guia abrangente das espécies de aves encontradas nestes condados. No início dos anos 80 observei uma gralha empoleirada em uma cerca entre Pineridge e a fazenda dos Bichans. Não há registros autênticos deste colorido membro da família dos corvos em Moray, portanto vocês podem imaginar como me senti.

Frank Fraser Darling & J. Morton Boyd - *The Highlands and the Islands*, Fontana, 1969.

Ian K. Dawson - *The Findhorn Railway*, Oakwood Press, não datado.

Findhorn: *A Scottish Village*, Findhorn Press, 1981. Um resumo da história e um guia do tradicional estabelecimento.

Di Francis - *My Highland Kellas Cats*, Jonathan Cape, 1993.

Alasdair Gray - *Lanark: A Life in Four Books*, Picador, 1991. Se você considera o estilo de Scott inacessível, precisa conhecer esta obra-prima do surrealismo.

Neil Gunn - *The Silver Darlings*, Faber, 1969. Um conto sobre os pescadores de arenque que viviam nas costas do norte, visíveis da praia de Findhorn.

Christopher Harvie - *No Gods and Precious Few Heroes: Scotland 1914-80*, Edward Arnold, 1981.

Michael Havers, Edward Grayson e Peter Shankland - *The Royal Baccarat Scandal*, Souvenir, 1988. Pobre família Gordon-Cumming, cuja má sorte ressurgiu em 1980, quando Sir William foi acusado de trapacear no jogo de baralho na presença do Príncipe de Gales. Um verdadeiro escândalo na sociedade vitoriana.

T. D. Lauder - *An Account of The Great Floods of August 1829*, J. McGillivary, 1873.

Fionn Mac Colla - *And the Cock Crew*, Souvenir, 1977. Embora abismado pelo tratamento de seus colonos e de suas mulheres nas Concessões, Neil Gunn era essencialmente um otimista. O sombrio conto de Mac Colla tem um enfoque bastante diferente.

Hugh Mac Diarmid - *Selected Poems*, selecionado e editado por Craig e Manson, Penguin, 1970. Discute-se que seja o melhor poeta escocês do século XX. Como Burns, escolheu um estilo deliberadamente arcaico que torna seu trabalho muito difícil para os que não são nativos da região.

Charles McKean - *The District of Moray: An Illustrated Architectural Guide*, Scottish Academic Press, 1987. Um fascinante compêndio de herança arquitetônica, temas musicais e curiosidades. O castelo Brodie, o Crown and Anchor, Drumduan, Universal Hall e a Academia de Forres, todos têm seu destaque. O Colégio Cluny Hill é descrito como bastante exótico.

Caitlin Matthews - *The Elements of the Celtic Tradition*, Element, 1991.

J. A. Mac Culloch - *The Religion of the Ancient Celts*, Constable, 1991. Publicado pela primeira vez em 1911.

W. H. Murray - *The Islands of Western Scotland*, Eyre Methuen, 1973; *The Scottish Himalayan Expedition*, J. M. Dent, 1951. Citação das páginas 6 - 7.

Donald Omand - *The Moray Book*, Paul Harris, 1976.

Stuart Piggott - *The Druids*, Pelican, 1974.

John Prebble - *The Lion in the North*, Penguin, 1973. Provavelmente a história escocesa mais procurada para leitura. Prebble produziu uma boa selecão das histórias mais específicas, incluindo: *Glen Coe*, Penguin, 1966; *Culloden*, Penguin, 1967; *The Highland Clearances*, Penguin, 1963.

Sinclair Ross - *The Culbin Sands: Fact and Fiction*, Universidade de Aberdeen, 1992.

Sir Walter Scott - *Ivanhoe*, Everyman, 1983.

W. D. H. Sellar (editor) - *Moray: Province and People*, Sociedade Escocesa de Estudos da Região Norte, 1993.

Andrew Sinclair - *The Sword and the Grail*, Century, 1993. Embora um tanto elitista no estilo, vale a pena perseverar na leitura deste livro.Trata de dois mistérios fascinantes da história da Escócia - a descoberta de uma colônia escocesa na Nova Escócia 90 anos antes de Colombo ter viajado para a América e o papel dos cavaleiros templários como um elo crucial entre as tradições gnósticas mais antigas e a emergência da Maçonaria escocesa. Atente para a breve participação da ex-membro da Comunidade Marianna Lines, que desempenhou um papel nessa história de detetive.

Robert Louis Stevenson - *Treasure Island*, Canongate, 1988; *Kidnapped*, Canongate, 1988. David Balfour, o herói deste último livro, ficou perdido por um certo tempo na ilha de Erraid. O pai de Stevenson esteve envolvido na construção dos faróis das pro-ximidades e o jovem Robert Louis conheceu bem a ilha. Ele chegou a se tornar o maior novelista escocês do século XIX.

Elizabeth Sutherland - *Ravens and Black Rain: The Story of Second Sight*, Constable, 1985.

Kenny Taylor - *Local Heroes*, BBC Wildlife Magazine, maio de 1992. Um artigo a respeito dos golfinhos de Moray Firth.

Nigel Tranter - *Robert the Bruce* (três volumes), Coronet, 1972; *Montrose*,

Coronet, 1972. Este prolífico autor produziu novelas cobrindo os mais importantes aspectos da história da Escócia. Seu estilo romanceado não tem nenhum apelo, porém sua pesquisa dos fatos parece ser bastante meticulosa.

Dez

Estruturas de Tomada de Decisões

> *Numa comunidade genuína não há partidos. Nem sempre é fácil, porém, quando alguém chega ao ponto de se juntar a uma comunidade, é porque já aprendeu a deixar para trás as 'panelinhas' e as facções. Já aprendeu a escutar os outros e a não se rejeitar. Às vezes, o consenso na comunidade é conseguido com uma rapidez milagrosa. Porém, em outras ocasiões, só se chega a ele depois de uma longa disputa. Só por ser um local a salvo não significa necessariamente que a comunidade seja um local sem conflitos. É, no entanto, um lugar onde os conflitos podem ser resolvidos sem um banho de sangue físico ou emocional e com sabedoria tanto quanto dignidade. Comunidade é um grupo que guerreia com cortesia.*
>
> M. Scott Peck, *The Different Drum*
> *(O Tambor Diferente)*

Este capítulo é diferente de todos os outros nesta coletânea, pois pretende ser uma solução para um problema, não simplesmente uma descrição ou afirmações sobre filosofias existentes, sua história ou prática. Antes de continuar a descrever a natureza do problema e como ele apareceu, começamos com um apanhado geral de como se toma decisões na Comunidade de Findhorn.

Apresentamos um extrato de um artigo de David Spangler sobre 'Crescimento, Autoridade e Poder' que forneceu muito da estrutura filosófica para lidar com esses assuntos durante os anos 70 e 80. Por dois anos este artigo foi a base de seminários periódicos onde a maioria dos membros trabalhou em cima de seus problemas de autoridade. As lições aprendidas nessas discussões acaloradas tiveram o efeito de levar a comunidade adiante por muito tempo, mesmo depois dos seminários terem deixado de existir.

O próximo artigo é a história dos procedimentos de tomada de decisão como aconteceram na Fundação antes de 1994, escrito por Gordon Cutler. Gordon é membro da comunidade há quase 20 anos e frequentemente dá palestras sobre sua história. Este artigo cobre parte do período discutido no capítulo 2, porém dá uma ênfase especial à 'política da Comunidade'.

Temos a seguir um artigo curto sobre tomada de decisão individual extraído de 'Centro para a Força de Viver'. Este é um outro artigo dos anos 70, porém com um tom bem diferente do artigo de David Spangler. Alguns acham que seu tom beira a condescendência, porém sua sabedoria simples foi de notável inspiração para a conclusão do artigo final deste capítulo.

A parte subsequente, 'O Problema do Poder Individual Versus a Responsabilidade para com o Coletivo', identifica as razões pelas quais mesmo existindo uma boa compreensão dos conceitos acima, houve tanta confusão ao se tomar decisões importantes na comunidade nos anos 90. Durante a primavera de 1994, a Fundação realizou práticas extensivas designadas a elucidar todos os maiores sistemas de tomada de decisão. Este artigo também faz um breve apanhado das tentativas de se encontrar respostas para os desafios do período e contém um comentário sobre os procedimentos que foram decididos de comum acordo. Seguem-se então os detalhes dos procedimentos que foram adotados. Ainda é muito cedo para se dizer se o acordo irá resolver todas as dificuldades previstas. Não há dúvida que muitas emendas deverão ser feitas no futuro. Com certeza, pessoas familiarizadas com instituições menos experimentais vão sacudir a cabeça em descrença de algumas das proposições. Entretanto, acho que sua simples existência já é um testemunho do alto nível de boa vontade e dedicação existente em relação à criação de um estilo de vida coletivo que realmente funcione, e isso existe de fato na Fundação.

Visão Geral da Experiência da Comunidade

Alex Walker

"Como se toma decisões por aqui?" Esta é uma das perguntas mais frequentes feitas por hóspedes durante seus programas introdutórios. Talvez porque a vida em comunidade pareça relativamente harmoniosa e ordeira aos olhos do observador. É um enorme contraste com a pressa e a agressividade da vida comercial, o embotamento de uma existência burocrática, as dificuldades encontradas nas interações sociais bem como nas atuais disputas políticas. A verdade, de fato, é que a comunidade encontrou meios de criar harmonia entre indivíduos das mais variadas origens culturais.

Por baixo dessa aparente tranquilidade há, por certo, problemas complexos e espinhosos que têm que ser atacados, muitos dos quais se referem a poder e controle. No entanto, antes de examinarmos as dificuldades que existem, vamos primeiro ver algumas práticas e qualidades positivas que já conseguimos conquistar.

Uma resposta à pergunta acima poderia incluir algumas destas idéias:

1) Serviço - Antes de tudo e principalmente, todos os membros da comunidade juntaram-se a nós por querer servir a Deus antes de servir às suas preferências e desejos. (Pelo menos, esse é o ideal). Portanto, todas as discussões partem do pressuposto que, no fundo de seus corações, todos estão comprometidos com o todo. Em tal contexto, nada se ganha a longo prazo ao se colocar interesses pessoais, departamentais ou de facção na frente do ideal utilitário.
2) Sintonização - Como já explicado no capítulo 5, todas as atividades são realizadas em um clima que estimula mais do que um mero apego filosófico ao ideal de serviço. Uma grande gama de práticas específicas são realizadas com regularidade para atingir este ideal.
3) Estruturas de Gerenciamento - Encoraja-se uma atitude de

esforço coletivo pois a estrutura hierárquica é quase inexistente. Existem somente três níveis identificáveis: o de membro[1], o de focalisador ou gerente de departamento e o de Comitê de Gerenciamento - veja o diagrama da Estrutura Administrativa. Além disso, pelas atividades na comunidade terem um objetivo mais abrangente do que em negócios, o indivíduo verifica que seu focalisador de departamento pela manhã pode ser o 'soldado raso' da equipe de limpeza à tarde. Tais mudanças tendem a desencorajar ares e gestos de chefia.

4) A focalização em si não tem a intenção de ser uma função gerencial de linha no sentido comum do termo. Um focalizador carrega elementos de autoridade, porém o ideal é que o indivíduo incorpore qualidades de liderança e não que a burocracia propicie a ele uma posição de poder. (Ver cap. 5)
5) Flexibilidade - É necessário tomar-se um grande número de decisões no dia-a-dia da comunidade. O primeiro princípio é assegurar-se de que todos os que devem estar envolvidos estejam efetivamente. Há um alto grau de colaboração entre departamentos. Além disso, muitas decisões que em outras organizações poderiam ser simplesmente impostas, aqui são levadas para outros grupos maiores, ou é concedido mais tempo para se pensar e chegar a um consenso.
6) Compromisso - Leva tempo e trabalho para se criar um autêntico sentido de comunidade. Nem a Fundação nem seus associados estão interessados em maximizar os lucros, embora as práticas da comunidade possam ser em geral lucrativas; há sempre uma tensão entre participação efetiva, que é priorizada na comunidade, e eficiência nos negócios.

Talvez esta tensão possa diminuir no mundo quando se tornar claro que 'a prática eficiente em negócios' é, quase sempre, um

[1] É muito importante que se entenda o conceito de 'membro da Fundação', que descrevia adequada e claramente um certo grupo de pessoas. Entretanto, como a Fundação é um Trust sem fins lucrativos, o termo não se aplica legalmente, isto é, manter uma relação com uma cooperativa ou instituição semelhante. A confusão entre estas duas idéias é um caso clássico da inabilidade de se distinguir entre os reinos legais e administrativos - ver adiante. Neste momento o conceito de 'membro da Fundação' está sendo revisto; talvez esta categoria seja substituída por administração e alunos. Se, e é bem provável que aconteça, o termo deixar de existir, algumas pequenas emendas terão que ser feitas nos procedimentos descritos mais adiante.

eufemismo para produzir ganhos a curto prazo às expensas de uma sustentação econômica e social de longo prazo. Note-se também, que a vida na comunidade não está livre de limitações econômicas comuns e que todas as organizações lutam para encontrar o equilíbrio apropriado entre as duas necessidades.

Crescimento, Autoridade e Poder

David Spangler

O que se segue é um resumo, com interpolações, da transcrição de uma palestra de David Spangler dada à comunidade no fim de novembro ou começo de dezembro de 1973. Esta versão foi editada por Gordon Cutler. No original é parte do The Seventh Ray (O Sétimo Raio), na primeira série de Artigos de Estudo.

Uma das lições oferecidas pela Comunidade é de como conciliar as energias de 'autoridade' e 'poder' e de como relacioná-las com o crescimento, tanto individual quanto da própria Comunidade.

A pergunta que temos diante de nós é a seguinte: "Como podemos servir melhor a fonte-Deus interna e a fonte-Deus do todo na qual podemos ter que operar a qualquer momento?" Ao buscar respostas, precisamos considerar os seguintes pontos.

Liberdade e ação disciplinada em harmonia com o todo são termos correlatos. Por exemplo: eu tenho mais liberdade, quando meu ser é elevado através da energia da sinergia que é invocada pelo trabalho cooperativo com outros do que conseguiria sozinho. Movimento (ou ação) nunca acontece no isolamento. Mesmo sozinhos num aposento ou numa floresta, movemo-nos em relação às paredes ou às árvores ao redor. Muito da alegria do movimento surge através da conscientização desta relação.

A dança ilustra isto muito bem. Tenho certeza de que muitos de vocês já vivenciaram a alegria de dançar com alguém, misturando não só seus movimentos mas também os do parceiro, num entrelaçar do todo que você não conseguiria sozinho. A vida é uma dança e sua exaltação, sua glória e maior liberdade vêm através tanto dos relacionamentos conosco mesmo quanto das relações com nossos eus 'maiores', que são representados pelas pessoas e os outros reinos da vida que compõem nosso ambiente.

Para atingir esta liberdade, preciso estar consciente. Preciso saber como me harmonizar e como mover-me em harmonia. Se alguém mais forte e mais gracioso entra na dança, devo buscar uma forma de fundir aquilo que sou e com respeito amoroso entender no que me tornei como resultado desta força mais poderosa que penetrou meu ambiente. Talvez eu me sinta ameaçado, busque alterar a dança, diminuir os passos do dançarino mais forte ou até abandonar a dança. Porém nenhuma destas opções soluciona o desafio principal de como me relacionar com uma força maior, por um lado, ou mais fraca, por outro. Como me relacionar de modo a não me tornar um satélite orbitando ao redor da força maior? Como me relacionar de maneira a não ter satélites orbitando ao meu redor?

O conceito de liberdade pessoal é um conceito divino, porém se o sofisticamos, pode tornar-se uma mera ilusão, impedindo o caminho para a verdadeira liberdade. Entretanto, a liberdade é um ideal muito forte, porisso lutamos por ele. Lutamos contra o que percebemos como autoridade e aqueles que parecem nos dizer o que fazer. Às vezes nos empolgamos tanto com a luta que vivemos para ela; e se a perdemos, perdemos também a razão de ser. Assim, antes de uma pessoa perceber com clareza o novo ciclo e as possibilidades que ele representa, deve estar bem cônscia acerca destes conceitos de força, identidade, poder e autoridade.

Minha resposta ao dançarino mais forte seria mover-me na força desta pessoa, procurar crescer nesta força e reconhecer as capacidades maiores que me fariam dançar melhor. Porém, posso sentir-me ameaçado e então me esquivar do dançarino; ou posso sentir-me submisso e, submetendo-me, deixo de contribuir com uma direção criativa que obrigaria o dançarino a reagir.

Quando negamos a autoridade do outro, estamos na realidade negando a autoridade em nosso próprio ser. Não podemos ter autoridade e negá-la ao mesmo tempo. Minha autoridade só aparece quando reconhecemos a força do outro que atrai a nossa própria força. Do contrário não tenho autoridade mas sim ilusão, a fascinação da separação, de ser diferente, melhor e mais forte que outros. Assim, não se pode lidar com a autoridade ou resolvê-la no nível de reação à forma.

Já que o poder, assim como o dinheiro, tende a ter uma conotação ruim em vários aspectos, é tempo de examinarmos em profundidade o que exatamente ele representa para nós. A humanidade tem direito ao poder e em algum ponto de nossa evolução teremos que aprender a incorporá-lo com sabedoria. Há uma certa divergência quanto à forma de expressão usada nos 'textos-alma' de Aureolis[2], porém o que é dito é muito verdadeiro na essência. Eu sou poder; e quanto antes eu me der conta disso, mais depressa eu

[2] Aureolis foi o nome espiritual do primeiro mestre de Peter Caddy . Seus ensinamentos traziam tanto pensamento positivo que se poderia temer que sua prática resultasse em megalomania em último estágio! Por exemplo: "EU SOU O PODER. Todo poder de que necessito já é meu." é uma das primeiras afirmações da série.

poderei mover-me em harmonia com o poder que reside nos outros. Pensamos em poder como uma força dominadora, mas ele também é uma força de serviço, sem a qual não temos capacidade de servir. Tem que haver poder em mim antes que eu possa crescer, uma espécie de vitalidade, um surto de vida para que eu possa chegar a conseguir algo. Se eu me intimido com o poder, então não poderei cumprir minha parte na dança. Se me deixo fascinar pelo poder e assumo que é a coisa mais importante que existe e me deleito em exercê-lo sobre os outros, então não estou expressando o verdadeiro poder. Estou expressando minha ignorância e estou preso numa armadilha. Muitas pessoas se recusam a invocar esta energia divina, a não ser que seja para seu conforto ou de seu ambiente... mas Deus nunca disse que estamos aqui para nos sentirmos confortáveis; disse sim que aqui estamos para expressar o sagrado em nós.

Deus está no infinitamente pequeno e no infinitamente grande; onde quer que Ele esteja, Ele é poder. E é porisso que esta comunidade não foi fundada sob a direção de St. Germain ou de um anjo, mas sob a direção de Deus. Isto nos traz face a face com um conceito que deve ser resolvido, pois cada ciclo novo gira em torno de uma mudança de percepção da humanidade em relação a Deus. Peter e Eileen têm uma responsabilidade em nos ajudar nessa mudança de percepção, assim como a comunidade também tem. Já notei algumas vezes que esta mudança é encarada como um aspecto versus outro, isto é, "Como posso livrar-me da dominação ou da presença de mensagens ou da sintonização de outra pessoa?" Mas o desafio maior não é livrar-se da sintonização de Eileen ou de Peter ou de qualquer pessoa: sentir-se forte, consciente, centrado e lúcido é estar em equilíbrio e cheio de poder, amoroso e sábio na sua própria sintonização, é descobrir sua própria autoridade. Com a autoridade vem a responsabilidade, que nada mais é que responder com poder, sensibilidade, consciência e uma apreciação do todo que é a dança da qual se participa.

O conceito de liberdade não é libertar-se de algo, mas libertar-se para ser. Se você acha que alguma coisa no seu ambiente o impede de ser, você está agindo sob o efeito da ilusão, a ilusão de que sua essência é impotente e sem divindade. A vida espiritual impõe uma disciplina incrível, porém leva à liberdade, a liberdade que Deus expressa. Esta é a liberdade que a maioria das pessoas ainda está por apreender, porque pensa em termos de autoliberdade pessoal e separada, liberdade daquilo que a limita, quando, na verdade, limita a si mesmo.

O direito que tenho é o direito de invocar e ser Divino. Isto não quer dizer que devemos ter os mesmos pensamentos e os mesmos sentimentos, sermos os mesmos, pois não somos todos iguais. Somos manifestações individuais da divindade e temos uma singularidade a ser respeitada e manifestada. Onde nos leva esta liberdade? Não pode haver liberdade sem consciência. Se sou parte de um grupo, se sou nutrido pelo ritual comum a todos, então devo ao grupo minha consciência. Devo-lhe sensibilidade e a responsabilidade de preenchê-lo e de preencher a mim mesmo. Ao preenchê-lo, preencho a mim mesmo. Isto significa viver em equilíbrio delicado, com a percepção sutil. Tenho certeza de que, ao buscar esta linha, ao buscar a incorporação deste princípio, a comunidade encontrará muitos desafios.

Pede-se às pessoas aqui que incorporem algo que nunca pensaram poder concretizar ou que nunca tiveram a vontade de personificar. Para serem focalizadores, precisam aprender a expressar autoridade e responsabilidade. Quando não estão servindo como focalizadores, têm que crescer em autoridade e responsabilidade pessoais, de maneira a poderem tornar-se parceiros da dança e não marchadores em formação militar ou trabalhadores numa fábrica. A solução para isso só virá através de conscientização, amor e compreensão.

Com muita frequência, acontece que as pessoas que chegam a ser focalizadores, não desejavam o cargo, mas, como é uma forma de crescimento, elas aceitam enfrentá-lo. Pode ser que sintam desconforto com o aprendizado de como expressar autoridade, por não quererem ser chefes. Pode ser que ainda não tenham descoberto o significado real da focalização; de como refletir as energias para torná-las mais luminosas e mais fáceis de se trabalhar, de maneira a tornar a música mais clara para que possamos dançá-la com grande harmonia. Assim, neste processo os extremos podem ser manifestados; momentos difíceis podem acontecer, porém eles fazem parte do crescimento e este é um organismo em crescimento.

Como tal, a comunidade sempre incorpora padrões que depois terá que rejeitar por não mais poderem ser incorporados. Ontem eu falei sobre a necessidade de se aprender a não julgar, porém também precisamos aprender a discriminar. Julgar significa colocar um rótulo numa situação ou pessoa que se torna absoluto, que indica que isto é parte de sua natureza de alguma forma. Porém discriminar é simplesmente dizer que essa pessoa, ou acontecimento, algo enfim, não está no lugar correto na dança; e porisso está pisando nos pés de todo mundo e também está sendo pisada. Isto, além de desconfortável, é também insatisfatório, portanto vamos encontrar a dança certa para esta pessoa. Em qualquer comunidade que seja orgânica tem que haver este processo de sintonização, empatia, ressonância e discriminação, de maneira que todo o ritual seja cumprido, não se buscando só o bem estar da comunidade, mas o bem estar de toda a operação. Isto pode exigir uma certa habilidade para perceber que o verdadeiro lugar, o mais apropriado, pode ser outro. É possível trabalhar-se com criatividade quando este processo é bem assimilado.

Claro que discriminar pode facilmente resvalar para o julgamento, ou assim parecer, a não ser que haja consciência e compreensão e que aqueles que tenham a responsabilidade da dança da comunidade possam perceber além do nível da personalidade e sintonizar a própria essência de cada um que busca realização.

É fácil observar formas específicas de expressão e dizer que alguém não está satisfazendo às exigências da Nova Era ou da comunidade; é fácil para os vegetarianos dizerem que os carnívoros estão por fora; é fácil para os carnívoros olharem para os vegetarianos e dizerem que parecem famélicos. Estas dualidades acontecem; todos estes conflitos acontecem, se assim o permitirmos. Porém não é nesse nível que encontraremos nosso poder, nossa autoridade e nosso crescimento. Estas energias são encontradas no nível onde é possível reconhecer que se está cumprindo a dança, que se é parte dela. Se você não for parte, tente achar o seu lugar certo. Se um vegetariano tiver que dançar com um carnívoro e conseguir isso de forma harmoniosa, não interessa nada qual a sua dieta.

Precisamos olhar para a essência e não ficar presos nos níveis onde tradicionalmente as pessoas se degladiam por liberdade, poder e autoridade. Se você nega e resiste à autoridade de outro, você nega e resiste à sua própria, pois não será através do conflito que você descobrirá quem você realmente é; você começa esta grande epopéia de autodescoberta afirmando-se e não confirmando a autoridade de outros sobre você. Isto significa que, no organismo do qual faz parte, você tem a responsabilidade de torná-lo um todo; sem o todo não pode haver o crescimento exigido.

Se você encontrar negatividade ou lacunas no todo, pode achar fácil encontrar em si atributos para preenchê-lo. Não o faça. Seja fiel àquilo que você perceba como sua responsabilidade para com o todo, ao invés de usar suas emoções. Isto significa que, se eu quiser achar o negativo na comunidade, vou conseguir com relativa facilidade, pois nem tudo é perfeito. Entretanto, isto não vai ser mudado da noite para o dia, pois estamos lutando contra as imperfeições que levamos séculos desenvolvendo e a Comunidade é um organismo vivo em processo de mudança. Preciso antes encontrar um modo de me fundir a ela antes de poder mudá-la e dar-lhe uma vivacidade e vitalidade novas. Não posso fazer isto se estiver separado dela. Quer dizer que nunca devo criticar? Não; não vamos exagerar no positivismo; não vamos exagerar em nada, vamos agir com consciência. Esteja preparado para ouvir e para falar; cresceremos juntos através da comunicação.

Ajude o organismo a crescer pois só assim suas habilidades crescerão. Você poderá experimentar a responsabilidade, que traz autoridade, a consciência, que traz o verdadeiro poder, e o amor, que torna tudo isto possível e sem o qual não há poder nem autoridade. Esta não é meramente uma comunidade, nunca foi. Vai muito além. Este não é um lugar onde as pessoas vêm com a espe-rança de viver melhor do que nos subúrbios que deixaram para trás. É um orgão onde se trabalha, buscando atingir aquilo que nenhum outro grupo jamais conseguiu na história da raça humana. Perceba em profundidade o esplendor e a magnificência disto no qual você está envolvido. Apreenda com consciência, sabedoria e amor, que não é solidário só, mas cheio de rítmo, harmonia, sintonizado com a dança, que deseja a todos a liberdade e alegria que advém de estar no ritmo certo, no momento certo e na capacidade de crescer junto com a dança.

O Desenvolvimento das Estruturas de Tomada de Decisões

Gordon Cutler

Teocracia

Desde o primeiro dia da chegada de Peter, Eileen e Dorothy a 'The Hollow'[3], a comunidade funcionou como uma teocracia. As mensagens, em forma das visões proféticas de Eileen e de sua liderança prática no cotidiano, os conselhos dévicos de Dorothy e a intuição de Peter estavam intimamente unidos no fluxo da vida do dia-a-dia. Dorothy e Eileen escreviam o que recebiam e Peter executava. Peter também dividia com elas a criação do jardim. Nem sempre as mensagens detalhavam as instruções mas, ainda assim, uma vez que Peter "tivesse fincado a pá no solo... saberia o que fazer a seguir". Muitos projetos, na verdade, se originaram dele, que logo a seguir recebia confirmação de Eileen. Nenhuma atividade maior ou decisão mais importante era tomada sem a aprovação do guia de Eileen. Este padrão continuou sem mudanças na sua essência pelos doze anos que se seguiram e ainda hoje é visível em todos os graus de tomada de decisão, ainda que, com grandes variações, nos níveis de capacidade e sintonização. Peter funcionava, na essência, como patriarca de uma família.

Uma Teocracia Aprendida

A chegada de David Spangler em junho de 1970 marcou o início de um período extenso de crescimento da população e de desenvolvimento que duraria nove anos. Nos primeiros seis meses de sua estada, o número de membros cresceu em 300%, seguido de um aumento de 100% em 1971. Rapidamente ele começou a dividir com Peter o papel de dirigente e facilitador, e com Eileen, o papel de provedor de mensagens.

Seu entendimento humorado e intuitivo da teoria se combinava bem com a espiritualidade pragmática de Peter. Sua colaboração não só resultou numa teocracia onde a conscientização, principal priori-

[3] O canto que fica a nordeste de Findhorn Bay Caravan Park onde o *trailer* que deu origem a tudo foi estacionado.

dade, era aprendida, seja via sintonização, ou trabalhando na gráfica, ou estudando princípios e conceitos espirituais (tais como sinergia e consciência de grupo), mas também numa comunidade onde a espontaneidade, a criatividade e o humor eram altamente apreciados. Este clima seria o pilar da comunidade por vários anos que se seguiram e, embora tenha havido um grande crescimento no número de membros, o sucesso alcançado diminuiu bastante a necessidade de mudança das estruturas de direção e de tomada de decisão.

Assim, a estrutura patriarcal estabelecida no início continuou até a primavera de 1973 quando David e um grande grupo de membros partiram para os Estados Unidos. Apesar da complexidade crescente da comunidade (a emergência de departamentos de trabalho regulares que desenvolviam tarefas mais complexas, etc.) Peter ainda conservava uma consciência clara do cotidiano (embora ele permitisse àqueles que fizessem bem seu trabalho que o tocassem sem sua interferência) e a estratégia de trabalho era feita dentro de uma estrutura pré-determinada. Não havia organogramas pois não havia realmente uma organização. Peter baseava-se em conselheiros quando precisava: além dos Curadores que se encontravam uma vez por ano, havia somente um comitê financeiro - todo o resto era feito *ad hoc*. A maior mudança desse período foi, por certo, Eileen parar de dar orientação à comunidade diariamente, o que aconteceu em 1971. Ela havia recebido uma mensagem de que muitos membros estavam se tornando dependentes de sua orientação e que era tempo deles se voltarem para si mesmos para receber suas próprias mensagens. Entretanto, ela continuou a dar orientação nos assuntos mais importantes e nas decisões.

O Grupo de Focalizadores foi criado no fim do inverno de 1973. Peter se encontrava com eles duas vezes por semana, na maior parte das vezes para explicar os planos de ação e coordenar as atividades e algumas vezes para decidir onde um novo membro iria trabalhar. A retirada de Eileen de suas tarefas anteriores deixou Peter numa posição de frente, mais do que nunca um modelo para muitos membros. Assim, os focalizadores, até mesmo os da 'limpeza da cozinha', funcionavam essencialmente como pequenos Peter. Seus encontros eram fechados e como regra não tomavam notas nem faziam minutas.

Uma Oligarquia mais Abrangente - O Grupo Central

Em dezembro de 1973, Eileen recebeu uma mensagem para criar o Grupo Central e que também especificava quem deveria pertencer a ele. Isto antecipou as viagens, ou o 'trabalho planetário' que Peter e Eileen deveriam realizar. O grupo se encontrava em média cinco dias por semana e no início era mais uma aula de ensinamentos que Peter dava do que propriamente um grupo para tomadas de decisão. No ano seguinte, quando as oportunidades de viagem surgiram para Eileen e Peter, o grupo se firmou. Eles se concentravam em conscientização espiritual e estratégica e funcionavam como um comitê dirigente. Era também contínuo, pois os que permaneciam escolhiam os substitutos daqueles que partiam.

Lá pelo início de 1975, Peter não mais se encontrava com os grupos de focalizadores com a antiga regularidade, pois o Grupo Central tomava a maior parte de sua atenção. O começo da construção do 'Universal Hall' requeria um planejamento e uma administração mais sofisticados, o que levou diversas pessoas a ocuparem papéis que até então tinham sido desenvolvidos por Peter e alguns outros poucos. A. D. 'Dick' Barton havia entrado em junho de 1974 como Secretário Geral para ajudar a comunidade a lidar bem com seu crescimento e prepará-la para futuras expansões. As informações que dois anos antes tinham sido restritas a poucos, agora fluiam com mais facilidade. As deliberações do Grupo Central ainda eram tomadas em segredo, porém as anotações e discussões dos focalizadores não, circulando nos departamentos de trabalho e na comunidade na forma de um jornalzinho, o precursor do atual 'Rainbow Bridge'.

De meados de 1974 a meados de 1975 foram criados vários comitês, inclusive o Escritório Geral e o Ramo da Educação, e o Departamento Pessoal ficou firmemente estabelecido. O Comitê de Finanças se encontrava semanalmente como antes. Para ajudar na transição para uma organização mais complexa, Dick começou a fazer os primeiros organogramas da comunidade. Esses tinham a função dupla de ilustrar tanto a estrutura da organização quanto seu contexto cosmológico e para isso usavam o simbolismo da Escola Arcana e de sua própria experiência transpessoal.[4] Assim, cada um sabia seu próprio lugar na comunidade e também o lugar da comunidade no esquema da criação. Apesar da complexidade

[4] Alinhada à cultura de educação da comunidade, Dick criou um grupo de estudos na área da administração, conhecido como o Grupo Vermelho. Ainda que tivesse durado só seis meses, o grupo conduziu discussões de planejamento e de fundamentos essenciais para se gerir Cluny Hill no caso da compra ser efetuada. Os membros do grupo compartilhavam suas deliberações com amigos e nos departamentos, conseguindo assim apoio da comunidade para a compra de Cluny.

crescente e do desdobramento da responsabilidade por um número maior de pessoas, a comunidade conseguiu conservar a coesão e um sentido de unidade. A existência de um programa educacional interno forte e o fato de que a liderança fluia da habilidade de ensinar (tanto pelo exemplo, quanto pela aplicação dos princípios espirituais na vida do dia-a-dia) ajudaram a criar um clima de organização que era mais educacional que administrativo. Se as decisões se revelavam erradas, a atitude era 'Vamos aprender com isso'; não se gastava energia procurando culpados.

A estrutura da comunidade era então bem visível. E não iria mudar em nada pelos 14 anos seguintes, apesar dos aumentos e quedas no número de hóspedes. Foi só no fim do verão de 1975 que as primeiras reuniões de comunidade aconteceram para se discutir a possibilidade de expansão com a compra do hotel de Cluny Hill. Eram simplesmente forums de discussão, já que a decisão final ficaria nas mãos do Grupo Central. Embora as reuniões comunitárias fossem se tornar uma característica ocasional na vida da comunidade, com encontros a cada dois ou três meses, elas serviam para discussões e ratificação dos projetos. (Houve exceções importantes como a decisão de ser sede do 3º Congresso de Regiões Selvagens do Mundo e de comprar o Parque dos Trailers). De modo geral este padrão continuou até 1987.

Expansão

A compra subsequente de Cluny, a chegada de, em média, 7.000 hóspedes por ano durante os quatro anos seguintes e a duplicação do número de membros, que chegou a mais de 300, resultaram num inchaço da estrutura administrativa e gerencial. Os problemas eram ainda agravados pela alta rotatividade de administradores - característica esta que perdura até hoje. Peter ficava fora a maioria do tempo e começou a perder o pé nos detalhes da organização da comunidade. Embora sua intenção fosse de passar adiante as responsabilidades para o Grupo Central, na prática, ele achava difícil fazê-lo. Frequentemente, ao voltar de suas viagens, ele se deparava com pessoas desconhecidas ocupando posições chaves e tomando decisões que ele não aprovava. A tentação de confrontação ou de se dirigir somente às pessoas conhecidas era muito grande. Um bom exemplo disso foram suas incursões pelos departamentos recrutando pessoal para a reforma de Drumduan, quando o Grupo Central já havia deliberado que a restauração de Cluny e o término da construção do Universal Hall deveriam ter prioridade. Pela sua atitude, ele solapava tanto a autoridade quanto o moral das pessoas que ele queria que tomassem conta da comunidade.

O sistema antiquado de contabilidade não conseguia acompanhar a expansão e o resultado inevitável era um atrazo de doze a vinte semanas na prestação mensal de contas; isto significava que não se podia controlar as despesas a tempo e, frequentemente, decisões tinham que ser tomadas sem se saber a exata situação financeira. A criação de um Comitê de Gerenciamento no lugar do antigo Comitê de Finanças no fim de 1976 foi uma tentativa de sair da situação de prejuízo assim como também o foi a criação em 1978 do Departamento Financeiro/Gerencial. O máximo que se pode dizer desse departamento é que ele gerenciou o prejuízo e, na verdade, postergou os cálculos. Era muito difícil lidar com as dívidas, pois Peter as considerava um mero detalhe temporário que poderia ser resolvido com a compra de uma nova propriedade para ser usada como um centro para novos cursos. Em outras palavras, consolidação através de expansão. Ele não aceitava o fato de que, em 1979, houve, pela primeira vez, um pequeno, porém palpável declínio no número de alunos. Alguns, como o focalizador do departamento pessoal, queriam reduzir o número de membros, na época de 320, para 240 e revitalizar os cursos internos. Outros achavam que tudo que se precisava para resolver ambos os problemas seria reorganizar a estrutura, de maneira que passaram a primavera e o verão daquele ano engajados em uma série de discussões para escolher uma proposta de reorganização entre várias concorrentes. Nenhuma jamais foi adotada. No fim da primavera de 1979, quando Peter convocou todos os membros do departamento pessoal, da gerência, o Grupo Central, o setor de educação, os conselheiros internos e os focalizadores para uma reunião em Drumduan para apresentar François Duquesne como seu sucessor, havia ali perto de 60 pessoas, ou seja, mais de 20% da população adulta, presente na sala. O superdimensionamento da administração não poderia ser mais óbvio.

No final do ano fiscal de 1979, a realidade da crise financeira bateu à porta. O número de membros e hóspedes caiu drasticamente em seguida à partida de Peter e por dois anos a Fundação ficou à beira da falência. Uma vantagem disso é que o peso administrativo ficou mais leve. Os comitês, tais como o Grupo Central e a gerência, agora 40% menores começaram a funcionar com mais presteza e eficiência. Apesar das circunstâncias financeiras desfavoráveis e grandemente ajudados pelo 'Conselho da Vila'[5], o sentido de comunidade permaneceu forte; as tomadas de decisão permaneceram apolíticas e sem a incumbência de processos exaustivos para se chegar a um consenso. Assim os problemas financeiros foram sendo gradualmente resolvidos e, em 1983, a comunidade conseguiu completar o Universal Hall, ser sede do 3º Congresso de Regiões Selvagens do Mundo e dar o grande passo de se comprometer a comprar o parque dos trailers. Estas decisões foram tomadas rapidamente e com unanimidade de propósito.

O Envolvimento da Coletividade

Em 1983, Jay Jerman substituiu François na focalização da Fundação. Durante seus três anos no posto, muito pouco mudou em termos de tomadas de decisão e gerenciamento. Dois grupos foram acrescentados: os comissários da terra, que supervisionavam o uso correto das propriedades da Fundação, e os ambientalistas da vila (agora chamados de grupo de planejamento do Park), para agir como o equivalente aos comitês de planejamento encontrados em todos governos locais do mundo ocidental. Enquanto François tivera que devotar todo seu tempo ao saneamento das finanças da Fundação e às tratativas de compra do parque dos trailers, Jay pôde priorizar os membros que, após a bem sucedida campanha de levantar fundos, sentiram-se mais fortes em seu senso comunitário e seu propósito comum. As reuniões da comunidade não ocorriam com muita frequência e eram sempre descontraídas; os encontros de família no prédio do Park estavam mais para uma acontecimento social com chá e bolinhos do que reuniões formais.

As inovações começadas em meados da década de 80, tais como o estúdio de desenho se tornando um negócio particular e a mudança nos departamentos que eram orientados para o lucro financeiro, como a loja Phoenix se separando como entidade independente com o nome de New Findhorn Directions Ltda., tiveram continuidade.[6] À medida que essas mudanças se multipli-

[5] Cuja maioria de membros não fazia parte da estrutura administrativa. Criado em parte em resposta aos fracassos administrativos de fins dos anos 70, serviu como foro de debates e foi uma fonte de sugestões para François e o Grupo Central. Durou praticamente todo o ano de 1980 e se dissolveu em meados de 1981.

[6] As causas disto são complexas. Variavam do 'zeitgeist' (o auge de privatização no Reino Unido), à rigidez das leis escocesas que regem as sociedades beneficentes e às exigências do Ministério do Interior, pelas quais somente os cidadãos pertencentes ao Mercado Comum Europeu teriam permissão de ter emprego.

cavam, aumentava muito a complexidade social e da organização. Já não era mais possível a qualquer membro conhecer a fundo todas as áreas da comunidade. Além disso, os antigos membros que passaram para a iniciativa privada gostariam de manter um vínculo com a Fundação, o que frequentemente era simbolizado pelo querer continuar fazendo as refeições no Centro Comunitário. Havia também um número crescente de indivíduos se mudando para as redondezas e que queriam associar-se à Fundação sem que isso implicasse numa participação de tempo integral. Estes dois grupos formaram a essência do que viriam a ser os Associados da Fundação.

Em 1986, Jay deixou a focalização da Fundação, que foi assumida por Craig Gibsone. Craig, a princípio, não teve o mesmo apoio que François e Jay haviam tido e, parte como um experimento, ele convidou outros a dividir com ele suas funções. E assim, Craig, Roger Benson e Joan Jerman criaram uma focalização a três que durou um certo tempo. Embora a idéia tivesse dado certo, pela primeira vez na história da comunidade as decisões tinham um caráter ostensivamente mais político. Havia dois fatores sociais que contribuiam para isso.

1) alguns membros de longa data que aí tinham estado desde o início da década de 70 e que davam estabilidade e continuidade retornaram aos Estados Unidos;
2) os programas educacionais internos da Fundação progressivamente deixaram de enfocar sua própria história (particularmente sua organização e seus conceitos próprios), permitindo a entrada de novos membros de diferentes gerações que não tinham nenhum, nem os mais rudimentares conhecimentos sobre o trabalho realizado por longos quinze anos, no campo da autoridade.

As decisões já não eram oportunidades de aprendizado, mas sim uma questão de vida ou morte. Desde então, até 1993, uma reunião de comunidade descontraída tornou-se um evento raro.

Neste período difícil, a longa associação de Craig com a comunidade deu-lhe a autoconfiança necessária para experimentar. Ele dissolveu parte dos limites impostos à Fundação, permitindo assim que a comunidade se expandisse para além desses limites.

Em 1989, o Grupo Central foi escolhido, pela primeira vez, pelos próprios membros e suas responsabilidades e seus poderes executivos foram transferidos para o Comitê Gerencial. O grupo passaria a ser mais de meditação, responsável pela sustentação da visão espiritual da comunidade. Deste processo surgiu a idéia de 'mandato'; o que quer dizer que candidatos a posições importantes - tais como Focalizador da Fundação e da educação, da administração e do pessoal - deveriam ter aprovação total da comunidade antes de poder assumir qualquer posição. O vácuo de experiência e conhecimento resultara numa forma de democracia participativa que não necessariamente conferia autoridade. Mais e mais membros em posição de liderança reclamavam do excesso de responsabilidade e falta de autoridade para levar a cabo suas funções. Em consequência, o número de reuniões explodiu e os escalonamentos de reuniões da comunidade passaram a ser feitos com um ano de antecedência.

A Fundação e a Comunidade

Por volta de 1990, a identidade da 'Comunidade' tinha crescido mais do que a da Fundação: esta tinha ficado muito pequena para conter aquela. Esta 'comunidade aberta' compreendia muitos aspectos diferentes, tais como a NFD (New Findhorn Directions), empresas privadas, indivíduos trabalhando em parceria com a Fundação e a Fundação em si. Quando os negócios passaram para a NFD, os membros se tornaram empregados e o número deles na Fundação declinou gradualmente para 120 (às vezes era necessário contratar empregados para preencher vagas que não podiam ser ocupadas por membros) e as tensões de um sistema misto de emprego eclodiram. No fim de 1990 e durante todo o ano de 1991, a situação ficou insustentável, com muitos membros reclamando de perda de privilégios (na média, um novo membro pagava £ 4.000 pelos primeiros dois anos) para empregados e associados que, ou eram pagos por seu trabalho, ou pagavam muito pouco para serem membros da comunidade.

A criação da Ala de Desenvolvimento e do Departamento de Construção, com suas taxas e acordos especiais, colocou mais lenha na fogueira. Indícios da resolução do problema apareceram durante o jogo Planetário realizado no Hall em dezembro de 1991. Jogando juntos, associados, membros e empregados da Fundação e da NFD, pela primeira vez tiveram um senso de identidade coletiva na essência. Dois anos depois disso, este debate parece ter virtualmente cessado de existir e associados de longa data, empregados e frequentadores antigos dos programas da Comunidade Aberta foram integrados ao 'Selecionado', grupo de membros da comunidade que escolhe o focalizador da Fundação e ratifica decisões importantes.[7]

No início de 1991, com base no sucesso da Ala de Desenvolvimento[8] e na necessidade de reativar a difusa organização que andava atravancada e cheia de politicagem, decidiu-se reorganizar a Fundação e para isso dividí-la em três 'alas': Educação, Desenvolvimento e NFD. O focalizador de cada uma delas, mais o focalizador da Fundação e o Secretário Geral se encontrariam quinzenalmente como Grupo Administrativo. Um fator adicional foi que Craig Gibsone deixou a focalização da Fundação no começo do ano. Judith Bone assumiu interinamente, já que era focalizadora do Grupo Central. Pela primeira vez na história da Comunidade havia uma liderança de grupo sem uma mão forte na direção. A próxima focalizadora da Fundação foi Judy Buhler-McAllister que assumiu no fim da primavera de 1992, depois de retornar de uma longa licença.

A Administração se reuniu por dois anos e seus membros, ou sua maior parte, estabeleceram um bom relacionamento de trabalho. Entretanto, a tendência era de que a comunicação entre os vários setores da organização só se fazia a nível superior. Deste modo, se houvesse um problema entre o departamento de construção e o comitê de educação, os respectivos focalizadores não se falavam diretamente, mas, ao invés, levavam o assunto para os focalizadores das alas que por sua vez o levavam para a administração. Esta comunicação tortuosa era muito frustrante pois havia ocasiões em que um focalizador só vinha a saber de um problema depois dele já ter chegado à administração.

No início de 1993, já havia uma sensação generalizada de que o 'Sistema de Alas' estava funcionando bem, porém ainda era necessária uma reorganização mais profunda para incentivar um desenvolvimento contínuo dos programas educacionais. Na drástica mudança resultante a Administração (Pessoal, Financeiro e Contabilidade, Gerência de Bens, Construção, Relações Públicas etc.) foi separada da Educação de maneira que o corpo docente pudesse se concentrar na sua própria administração (brochuras, cordenação

[7] A lista das pessoas do 'Selecionado' é sempre renovada para uso futuro na escolha do Grupo Central e também serve como guia para se saber quem está qualificado para frequentar certas reuniões da comunidade. Ela é basicamente composta de membros da Fundação e mais alguns membros da comunidade que vivem no local.

[8] Seu focalizador, Patrick Nash, tinha transformado o departamento, tornando-o operante com um mínimo de estrutura, de maneira que se esperava que o mesmo pudesse ser feito com o mecanismo da educação incluindo todos os departamentos operativos da Fundação.

dos programas, logística, etc.), programas rentáveis (Departamento de Hóspedes, oficinas, treinamentos, etc.) e seus 'campus' (Cluny, Park, Hall, Erraid, etc.). A Administração foi substituída por um novo Comitê de Gerenciamento que consistia na Fundação, Administração, focalizadores da Educação, o diretor executivo da NFD e os focalizadores de Cluny e do Park.

À medida que o ano avançava, Patrick Nash, seu primeiro focalizador, conseguiu organizar a Administração e dar a ela coesão e foco. A Educação, no entanto, mostrou-se mais intratável quando ficou evidente que, embora a velha estrutura tivesse sido dissolvida, ali nada havia realmente mudado.[9] As pessoas que continuaram a trabalhar lá ainda tinham a 'organização na cabeça' de modo semelhante ao que os cidadãos da Alemanha reunificada têm que enfrentar naquilo que eles chamam de 'muro na mente'. O exemplo mais claro disso foi o novo Grupo de Docentes, que logo se tornou um clone do velho Comitê do Ramo da Educação, assídua e laboriosamente cumprindo sua agenda e sistematicamente ignorando seus propósitos de revitalização dos programas educacionais internos e externos da Fundação.

Um pouco mais de ânimo foi dado por David Spangler numa palestra realizada para a comunidade no fim de julho, quando ele avisou dos perigos da institucionalização e da passividade e de se tornar um lugar de retiro da Nova Era. Seus comentários deram força aos críticos do *status quo* da Fundação na época, particularmente na área da educação. Em cinco semanas, Loren Stewart, o focalizador da Educação, convocou um grupo de membros, na maioria de fora da área (embora houvesse alguns participantes dela) para se dedicar ao assunto. Este grupo se reuniu desde setembro e durante todo o inverno recompondo a organização, dando-lhe mais flexibilidade e maior prioridade à educação interna, tanto no que tange ao aspecto formal (palestras, aulas) quanto à vida diária (departamentos de trabalho). No momento em que escrevo, as mudanças já estão sendo implementadas, restando saber quem irá ocupar quais cargos. Veremos que efeitos estas mudanças terão a longo prazo.

Termino este artigo em fins de março de 1994 com as

[9] A maior parte de sua estrutura e de seu sistema operacional é de meados da década de 70. Em cerca de vinte anos, houve quase que dez trocas completas de pessoal. Esta mudança regular de gerações resultou em um mecanismo altamente institucionalizado que carecia de flexibilidade para perceber e responder às necessidades dos membros, priorizando, ao contrário, basicamente a educação de visitantes.

mudanças no ar, sendo que a futura direção da Fundação está bem equilibrada. A morte de Peter Caddy num acidente de automóvel perto de sua residência, na Alemanha, há um mês, marca o fim de uma era. A Conferência Interna em fevereiro foi das mais harmoniosas em vários anos: as tomadas de decisão parecem estar perdendo as conotações políticas. Ainda um novo mini-êxodo parece estar ocorrendo, mudando a fisionomia dos membros, fato este já ocorrido tantas vezes no passado. O crescimento vital da Grande Comunidade, o fortalecimento da NFD, a evolução dos antigos departamentos da Fundação tais como Árvores para a Vida e o Centro Holístico de Saúde em organizações separadas, os contínuos desafios de prover a excelência em educação e as relações nem sempre fáceis com muitos residentes da vila de Findhorn nos mostram que muitas das velhas estruturas e costumes da Fundação estão fora de moda. A era dos Fundadores está chegando ao fim. Os membros de hoje enfrentam a tarefa de redefinir, rearticular e, da maior importância, de incorporar a visão e o propósito da Fundação.

Decisões Pessoais

Centro da Força Vital

Este material foi intitulado originalmente 'Tomada de Decisão; Palestra no 32; Centro da Força Vital'. Acreditamos que este material foi canalizado por Eva Pierrakos em meados da década de 70 como parte de uma série de palestras que ela e seu marido John deram para os membros da Fundação, porém não nos foi possível traçar a origem certa da autoria.

DECISÃO é um assunto extremamente importante na vida de uma pessoa, pois tudo depende de uma decisão. Isto não só é verdadeiro em relação ao que se faz, às escolhas óbvias e materiais, como também às *atitudes emocionais* envolvidas numa decisão. A grande maioria dos seres humanos é incapaz de tomar decisões objetivas e maduras. É porisso que suas almas ficam doentes e sofrem. É porisso que uma grande desordem é criada na alma, que obviamente leva à confusão e aos conflitos. Para você que está neste caminho, seria benéfico começar a ver sua vida, particularmente seus conflitos, sob este ponto de vista. Você realmente tomou uma decisão acertada? Você tem decidido por isto ou por aquilo sem maiores considerações, sem pesar as consequências, sem encarar de frente aquilo em que está envolvido e, então, como resultado, as coisas não saem exatamente como você esperava e você se sente frustrado? Você se revolta contra si mesmo, contra tudo que o rodeia e contra a vida em geral?

Enquanto você viver nesta esfera da matéria, toda decisão oferecerá duas ou mais alternativas. Em algumas decisões e alguns casos há muitos caminhos errados e só um certo. Somente uma busca responsável e madura mostrará a você qual o caminho certo. Entretanto, em muitas ocasiões, não vai importar realmente que caminho foi escolhido desde que tenha sido escolhido com entusiasmo, consciência e responsabilidade, não se esquivando de nenhum assunto ou de possíveis resultados. Mesmo nos casos em que um caminho seria mais correto ou melhor para você do que as outras alternativas, é infinitamente mais saudável para sua alma, por mais estranho que possa parecer, que você escolha o caminho errado, porém com a atitude certa. Bem, mas qual é a atitude correta e amadurecida para se tomar uma decisão? A resposta é simplesmente saber o que se quer; saber qual o preço pedido; estar ciente de que não se pode ter tudo nesta esfera terrestre pois há sempre um preço a ser pago ou uma desvantagem em qualquer alternativa escolhida; estar totalmente preparado para se pagar o preço, mesmo antes de se ter certeza de que a desvantagem vai se concretizar. Por outro lado, vamos pensar na hipótese de você escolher a alternativa certa por acaso. (Quando digo 'por acaso', quero dizer que você escolheu imaturamente, de olhos fechados, sem aceitar previamente o lado negativo da questão.) Deste modo, você causa mais danos à sua alma do que se estivesse a braços com uma alternativa desnecessariamente muito mais difícil porque, no momento, ela simplesmente lhe pareceu a melhor por alguma razão.

Fazendo isso com a atitude correta, você aceita com responsabilidade o preço a ser pago. Porisso, tome cuidado para não tomar atitudes como uma criança, sem pensar, entrando de olhos fechados e fazendo figa para fugir do preço. Em qualquer alternativa existe o lado positivo e o lado negativo, e assim será enquanto se viver no mundo da matéria.

Nas esferas e reinos mais altos, este lado negativo já não mais existe. Por outro lado, nas esferas inferiores de sombras, não há alternativas vantajosas. Na sua esfera há sempre uma vantagem e uma desvantagem, a não ser que você eleve seu desenvolvimento espiritual até o ponto onde, mesmo vivendo em um corpo no mundo da matéria, você consiga transcender às esferas mais altas, onde nenhuma desvantagem possa atingi-lo. Porém, para atingir este ponto, você precisa transpor as leis que governam esta esfera inferior, que é sua por direito neste momento; você precisa aceitar estas leis e cumpri-las de boa vontade, sem permitir que a vida force sua aceitação. Aí então, e só então, você irá atingir esse ponto e não quando tentar evitar as leis do seu mundo, independentemente das acrobacias espirituais que possa experimentar. Pela mesma razão, um ser humano preso no mundo das trevas terá as mesmas condições que governam este mundo, nesta esfera; tanto neste assunto que discutimos quanto em inúmeros outros.

Amar a Deus significa, naturalmente, entre várias outras coisas, obedecer a essas leis - e não só obedecê-las, mas também aceitá-las de boa vontade. Assim, uma dessas leis é que o lado negativo de uma alternativa ou decisão deve ser encarado e aceito. Para se fazer uma opção amadurecida é preciso, portanto, considerar-se cada alternativa na sua totalidade; encarar não só o lado positivo de todas as alternativas quando se faz uma opção, mas também as desvantagens em igualdade de consideração. Quando tiver feito isto, sabedor de que qualquer alternativa encerra um preço, pergunte-se que preço você prefere pagar. Leve algum tempo para se decidir, se você achar que o risco da desvantagem é mais alto do que as vantagens e que, nesse caso, perderia valor em comparação com o preço. Assim você terá aceito uma nova regra da vida na terra: a incerteza que também tem que ser aceita. Esta inclui os riscos, as carências e a certeza de que tudo é incerto. Isto também é saúde emocional, meus amigos. Desta forma você estará agindo como um ser amadurecido e sua alma se beneficiará disso.

Ninguém que tome uma decisão desta forma virá a sofrer como consequência dela. Nem terá conflitos que resultem de falhas ao tomar decisões. Os conflitos não são criados por decisões possivelmente erradas ou menos vantajosas, mas por se entrar em situações às cegas, sem maiores considerações e sem se estar preparado para arcar com as consequências. Isto, meus amigos, acontece com cada um de vocês, aqui e em qualquer outro lugar. Algumas pessoas aprenderam, até um certo ponto, pelo menos nas camadas mais superficiais da vida, a tomar decisões de maneira apropriada. Entretanto não vejo ninguém que tenha tomado ou esteja tomando decisões baseadas na emoção desta forma. Repito, estou lhes dando material substancioso para caminhar bem. Pensem novamente sobre todos os seus conflitos e problemas. Onde quer que eles estejam, significam que vocês não fizeram suas escolhas de maneira apropriada. Não permaneçam na superfície; vocês terão que cavoucar profundamente suas emoções para encontrar as respostas.

Mergulhado nas suas emoções, cedo ou tarde você deve perceber - *desde que você tenha buscado com honestidade* - que em algum ponto você deixou de tomar uma decisão abrangente; pode ser que você tenha esperado só pela vantagem sem querer pagar pela desvantagem. E, com frequência, você espera - inconscientemente, é claro - ganhar o positivo de toda alternativa e ser salvo do negativo! Isto corresponde a ludibriar a vida e o resultado invariavelmente será que a vida vai lhe dar uma lição e você terá que colher as desvantagens de todos os lados que você queria evitar. Se você analisar bem esta corrente emocional, e na maior parte inconsciente, qual será a conclusão? A conclusão é uma só: ambição.

Nesta esfera a maioria das pessoas é ambiciosa, não necessariamente no campo material, mas no emocional. E quando digo ambiciosa, quero dizer que você deseja acumular vantagens sem arcar com o ônus delas. Isto, na verdade, seria até desnecessário dizer, é uma violação de uma lei espiritual. Pensem nessas palavras que acabei de lhes dizer, meus amigos. Aquilo que eu disse aqui pode ser acrescentado ao material que você necessita para seu progresso; assimile e trabalhe com ele de forma bem personalizada.

O Problema entre Autoridade Individual e Responsabilidade Coletiva

Alex Walker

Resumo Histórico

Partindo do panorama apresentado anteriormente, é possível ter uma visão do lento porém sistemático movimento de recuo de uma teocracia rígida que existiu nos primórdios da comunidade. Isto involveu uma série de passos em direção a uma maior participação e inclusão de todos, como a publicação das minutas do Grupo Central e a nomeação de alguns focalizadores através de consultas com o todo, ao invés de diretamente através da gerência. Entretanto, muito raramente havia uma estrutura de procedimento para tomadas de decisão claramente enunciada que substituísse as precedentes.

Tudo dava certo quando a transferência de poder era, digamos, de Peter para o Grupo Central, já que havia poucos indivíduos envolvidos e todos tinham um entendimento claro do processo. Entretanto, a situação tornou-se muito confusa quando isto continuou com uma série de acontecimentos ocorridos durante vinte anos, ou mais, sem que houvesse uma documentação oficial, e que estavam sujeitos a interpretações variadas.

Até isso dava para resolver bem quando o impulso principal de desenvolvimento era sair de uma autocracia para um envolvimento comunitário maior. Entretanto, em algum ponto durante a década de 80, a Fundação chegou ao nível que o compreensível desejo do todo de ter uma maior participação nas decisões conflitava com um gerenciamento eficiente do dia-a-dia. Paradoxalmente, começou a crescer entre os 'gerentes' a percepção de que decisões demais estavam sendo tomadas de uma forma que envolvia um mínimo denominador comum ao invés de um máximo fator comum, mas simultaneamente começou a emergir do todo um sentimento de que os gerentes estavam se tornando uma oligarquia que não respondia ao todo.

Esta é a parcela inevitável do conflito entre eficiência e participação, porém o problema se tornou quase insolúvel por não haver uma 'constituição' na qual se apoiar. À medida que a Fundação e a Comunidade se diversificavam, o único meio de se decidir, por exemplo, que grupos seriam permitidos em algumas reuniões para tomadas de decisão era através de conclusões arbitrárias do Comitê de Gerenciamento. Desnecessário dizer que este estado de coisas não agradava virtualmente a ninguém.

Assuntos Específicos

Para resolver esse impasse concordamos em esmiuçar alguns assuntos específicos em questão. Esses pareciam ser:

- Confusão acerca dos 'reinos' legais, espirituais e administrativos.
- Procedimentos para tomadas de decisão em geral.
- Gerenciamento de linha.
- Indicações e avaliações.
- O papel das reuniões gerais da Fundação.

Vamos discorrer em detalhes sobre cada um destes ítens, porém antes seria útil examinarmos os princípios gerais que o próprio processo de exploração desses assuntos trouxe à tona.

Alguns Princípios Importantes

Simplicidade

Como Scott Peck, com muita propriedade, já disse, existe uma diferença gritante entre uma organização e uma comunidade genuína. Por um lado precisamos nos organizar para sobreviver, mas se quisermos manter o espírito de comunidade que nos confere a maior fonte de inspiração aqui, temos que evitar a todo custo qualquer semelhança com excesso de burocracia. Assim, mesmo os membros da comunidade com forte propensão à análise lógica, veriam com absoluto horror a possibilidade de acontecer de uma pessoa, numa reunião, fazer uma proposta sensata e agradável e ser interrompida drasticamente por alguém brandindo um pedacinho de papel e citando um obscuro ítem de nosso regulamento que proibisse tal ato, precipitando a reunião em angústia e caos. Assim foi dito de um outro documento dessa ordem:

> *"Os Curadores não captaram a essência deste lugar. A sociedade beneficente foi criada para receber doações. O regulamento especificou aquilo que poderia ser feito legalmente. Contudo, o*

Espírito de Findhorn não poderia ser limitado pela Curadoria (assim disseram os curadores na época!). Não podemos nos apegar aos estatutos como nosso único recurso, o melhor a fazer é alargar nossa visão e perceber o que realmente está acontecendo aqui."

David Spangler para o Grupo de Educação em 1993

Portanto, o primeiro princípio a ser acatado em todas as discussões era de que qualquer solução que adotássemos deveria ser **tão simples na sua essência que fosse fácil de se lembrar**, ao invés de se compor uma abrangente constituição por escrito.

Consenso

Há uma grande variedade de definições para esta palavra e a que escolhemos pode não ser do agrado de todos. Entretanto, desde o início ficou claro que era de suma importância estabelecer-se um consenso. Na realidade, a forma como se chegava a esses acordos já era um exemplo vigoroso do funcionamento do processo para se chegar a um consenso.

Isto não equivale a dizer que a maioria das decisões da Fundação no passado não era consensual, porém a criação de um meio explícito e claramente definido para se conseguir isso aumentou o nível de autoconfiança em nossa capacidade de tomar decisões claras em assuntos complicados, pelo menos por ora.

Equilíbrio

Nós concordamos implicitamente que a tensão entre participação efetiva e gerenciamento eficiente requeria uma solução equilibrada ao invés de uma extremada. Por exemplo, como veremos, alguns gerentes da Fundação são indicados de uma forma essencialmente democrática, enquanto outros, cujas funções são de natureza mais técnica, são selecionados pelo próprio Comitê de Gerenciamento.

Boa Vontade

Esses procedimentos são voltados para uma organização que gasta um esforço considerável em construir uma comunidade e cuja grande maioria de membros recebeu um treinamento significativo. É difícil imaginá-los trabalhando em situações onde o nível de boa vontade seja baixo, como na maioria dos modernos fóruns políticos.

Vamos voltar agora para os problemas específicos arrolados acima. Para cada assunto haverá uma descrição sucinta do problema, seguida da solução escolhida e um breve comentário sobre como se chegou a ela e sua significância.

A Confusão entre os 'Reinos' Legal, Espiritual e Administrativo

O desafio aqui é a necessidade de se levar em conta três mundos distintos porém superpostos e com aplicação de procedimentos diferentes. É importante ter-se um entendimento dos papéis dos corpos principais que os habitam e que existem para se cumprir nossos objetivos.

O Reino Legal

Este é o de mais longa duração e o mais rígido dos três reinos. A situação aqui é muito clara. Como uma sociedade sem fins lucrativos, a Fundação é controlada, por lei, pelos curadores, que devem agir dentro dos termos da lei que rege o regulamento do Trust. Os curadores são legalmente responsáveis pela administração da Fundação. O regulamento especifica os objetivos da Fundação e os curadores devem observar que suas atividades não passem dos limites estipulados nesse documento ou dos limites financeiros prudentes e da propriedade legal.

Os curadores aceitam que a Fundação seja altamente autogovernada, mas **nenhum regulamento interno pode contradizer o princípio de que qualquer decisão sobre qualquer assunto que envolva a Fundação pode ser tomada por uma maioria dos curadores. Ponto final.**

Existem normalmente 10 curadores, alguns vivendo na Fundação. Os curadores 'internos' se reunem em Findhorn regularmente; o grupo todo se reune duas vezes por ano. Todos eles têm uma conexão de longa data com a Fundação e a maioria aqui viveu durante vários anos. Quando um curador deixa a Diretoria, os remanescentes decidem através de debates e meditação quem, e se alguém, deveria ser convidado para a Diretoria.

O regulamento também permite a criação de um Comitê de Gerenciamento para tomar conta da administração do dia-a-dia da Fundação e especifica suas funções. Note-se que as forças laboriosas não podem opinar em qualquer coisa relativa à direção da Fundação, embora a realidade seja muito mais complexa e inclusiva do que isso.

Na prática, os curadores tendem a agir como uma instância maior para dirimir dúvidas e não como um grupo gerencial do cotidiano. Não obstante, no reino legal, que é o mais claro e o mais fixo dos estados, a situação é e sempre foi cristalina.

O Reino Espiritual

Este está no extremo oposto do legal. É o reino mais intangível dos três. O Grupo Central é o corpo da comunidade encarregado de supervisionar nossos assuntos espirituais. Ele tem uma participação importante em assegurar a integridade espiritual da comunidade (em oposição à integridade legal da Fundação) e que ela permaneça nos mais altos níveis. Aqui somos todos irmãos e irmãs na Luz Única com total liberdade. Como em:

> *Ele não me ofereceu solução para nenhum dos meus problemas e não me disse o que deveria fazer. Os Mestres nunca o fazem. Eles nunca dizem a um discípulo o que fazer, aonde ir ou como lidar com uma situação, apesar de tudo que já foi dito por devotos bem intencionados.*
>
> Alice Bailey, A Autobiografia Inacabada.

O reino espiritual é, por certo, a realidade escondida atrás de todas as fachadas de nossa vida, porém o conjunto de temas em consideração aqui não está ligado ao funcionamento de uma 'comunidade espiritual' neste sentido. Na realidade, está mais ligado ao terceiro reino.

O Reino Administrativo

Este fica em algum ponto entre os outros dois. Tem um certo grau de estrutura, mas isso é para conveniência interna e os órgãos e as personalidades que o compõem não têm uma definição legal na sua maior parte. Este reino inclue elementos de compaixão, de cuidados e trabalho espiritual, mas também demanda clareza e uma linha reconhecida de autoridade para solucionar problemas.

O corpo que coordena o reino administrativo é o Comitê de Gerenciamento referido acima. São três os propósitos do Comitê:

a) coordenar discussões de negócios ligados a mais de um aspecto da Fundação/NFD;
b) tomar decisões que abrangem o todo, em conjunto com os

respectivos gerentes/focalizadores de diferentes áreas (embora reconheçamos a sabedoria do adágio que diz que decisões devem ser tomadas a partir do nível mais baixo da estrutura administrativa);

c) cumprir certas obrigações em nome dos curadores como, por exemplo, aprovação de orçamentos e despesas extras fora do orçamento. Aliás, de acordo com a política interna, dois curadores devem estar presentes em qualquer reunião onde tais decisões vão ser tomadas.

Os membros desse grupo geralmente incluem: o focalizador da Fundação; os focalizadores do Park e de Cluny Hill College; os focalizadores do Pessoal, Finanças e Educação; o diretor executivo da NFD Ltd.

Solução

Temos esperanças de que simplesmente mostrando o potencial que leva à confusão causada pelas percepções inexatas desses reinos, as dificuldades surgidas possam ser remediadas e a maioria dos problemas solucionados pela apresentação destas questões apócrifas:

Associado Neófito - "Eu vim aqui para entrar para uma comunidade espiritual, por que não posso ter um trailer e uma ajuda de custo como todos os outros membros?"
Membro da Fundação - "Que direito têm os curadores de discutir isto ou aquilo? Os membros que lidam com esse assunto é que deveriam fazer isso."
Curador - "Eu não entendo desses assuntos financeiros. Não deveria ser a comunidade encarregada dessa decisão?"

Procedimentos Gerais para Tomadas de Decisão

Este problema está essencialmente ligado às falhas de educação interna. Durante o transcorrer dos anos 80, a maioria dos membros da comunidade em geral acreditava que a maioria das decisões deveria ser decidida por 'consenso', sem nem bem se saber qual a definição correta da palavra ou sem se ter um conjunto de circunstâncias identificáveis quando mesmo sem um consenso poderia se chegar a uma decisão clara.

Depois de muita discussão, ficou finalmente acertado que as decisões em todas as reuniões deveriam ser, de forma ideal, baseadas em unanimidade e, na falta desta, pelo consenso. Se não se conseguisse consenso, o que se segue seria aplicado:

Reuniões da Fundação e da Grande Comunidade

Se o presidente da reunião assim o decidir, a decisão pode ser tomada com 90% dos votos em uma reunião subsequente.

O presidente da reunião que invoque uma decisão majoritária deverá colocar um anúncio no 'Rainbow Bridge'[10] (ou seu sucessor) explicando o panorama geral, as razões e a decisão. Isto deve ser feito tanto antes da segunda reunião quanto depois da mesma.

Todas as Outras Reuniões

Se o presidente da reunião assim o decidir, a decisão pode ser tomada com uma maioria de dois terços dos votos. O presidente também aqui precisa colocar um anúncio com o pano de fundo, razões e decisão.

Além disso ficou acertado que esses procedimentos poderiam ser retificados numa reunião do 'Selecionado', porém com uma maioria de dois terços, e não 90% , se assim for requerido.

'Consenso' ficou definido como adesão de todos ou admissão de 'fidelidade de minoria'. Uma 'minoria leal' ficou definida como aqueles que, embora não concordando com a decisão, se comprometem a apoiar sua soberania. Ficou bastante claro que esta minoria não poderia agir subversivamente depois, solapando a decisão.

Comentário

Muito da discussão sobre esses assuntos ficou revolvendo em torno de como se conseguiria uma decisão majoritária no caso do consenso não ser alcançado. A princípio parecia que uma maioria simples de dois terços prevaleceria em todas as circunstâncias. Contudo, foi também requerido que nas reuniões da Grande Fundação a maioria deveria ser de 90%. Isto criava o fantasma de 85% querendo mudar as regras sem conseguir. Assim, a 'Emenda de Pierce' - uma solução de permitir que excepcionalmente pudesse ser feita uma mudança por um percentual menor do que o estabelecido para um determinado item de negócio - foi proposta e aceita como um acordo para possibilitar que se efetuassem mudanças quando se considerasse 90% um percentual muito alto de ser atingido.

É interessante se notar que muito tempo foi gasto com circuns-

[10] O jornal semanal interno da Fundação.

tâncias que todos concordaram que eram extremadas. São muito raros os exemplos de voto formal em reuniões de qualquer espécie na Fundação e posso me recordar de dois ou três de algum significado nesses doze anos ou mais em que estive envolvido ativamente na comunidade.

As pessoas familiarizadas com organizações vão estranhar a ausência da necessidade de quorum. Isto foi considerado desnecessário, sugerindo um alto grau de confiança nas pessoas responsáveis por organizar a reunião (veja abaixo), e um baixo nível de tolerância com os ausentes que decidissem reclamar das decisões tomadas.

Finalmente, vale a pena notar que o voto majoritário, geralmente considerado o pináculo do processo político no ocidente e a salvaguarda dos direitos humanos, aqui é visto comumente como um fracasso.

Gerenciamento de Linha

Um princípio precisa ser claramente demonstrado antes de procedermos a um exame cuidadoso deste tópico. Liderança e Gerenciamento são funções totalmente diferentes. Liderança numa comunidade espiritual pode ser exercida por qualquer um que, por demonstrar certas qualidades, possa ser fonte de inspiração e entusiasmo para os outros.Trata-se de uma presença pessoal inteiramente independente de cargo.

A gerência, por outro lado, só pode ser confiada a uns poucos indivíduos de cada vez. Não é possível para todos nós termos controle das finanças, das necessidades do pessoal, da qualidade dos programas educacionais e do estado da rede elétrica do Universal Hall. Portanto, precisamos de um sistema integrado, de maneira que cada indivíduo saiba como suas tarefas e responsabilidades se encaixam no todo.

Como em toda organização, há indivíduos que suspeitam das necessidades de gerenciamento. Aqui acontece o mesmo com algumas pessoas da Fundação e até da comunidade. Porisso é necessário ressaltar que uma das características mais importantes da consciência da nova era é sua ênfase no poder pessoal, na co-criação e na síntese. Quando se vivencia isso, as percepções de estruturas hierárquicas rígidas impondo sua vontade de cima para baixo tendem a diminuir.

Essencialmente, o problema a ser resolvido nesse contexto não era de falta de clareza, mas de falta de comunicação. O diagrama

ESTRUTURA ADMINISTRATIVA DA FUNDAÇÃO FINDHORN

CURADORES

GRUPO DE GERENCIAMENTO DA FUNDAÇÃO

Focalizadores da Fundação, da Educação, da Administração, de Relações Humanas, da NFD, de Cluny e do Park e outros, conforme necessário.

RELAÇÕES HUMANAS	ADMINISTRAÇÃO	EDUCAÇÃO	CAMPUS CLUNY	CAMPUS PARK	OUTROS
Admissões	Finanças e Contabilidade	Educação Formal: inclusive Depto. de Hóspedes	Cuidado Caseiro	Cuidado Caseiro	ERRAID
Membros	Adm. dos Bens: inclusive Seguros, Aluguéis	Oficinas e Treinamentos LCGs e Programas mais longos	Manutenção	Manutenção	IONA
Associados e Comunidade Aberta	Taxas, Impostos	Conferências e Eventos Educação Externa	Jardim	Jardim	NFD (NFD oferece algumas oportunidades educacionais para membros e hóspedes. Isto não é uma descrição do gerenciamento de linha da NFD).
Auto-Avaliação	Manutenção dos Bens: inclusive Manutenção, Saúde e Segurança		Recepção	Recepção	
Educação ao Vivo	Grupo Ambiental do Park	Educação Interna: inclusive CAP/COP Treinamento Interno	Refeitório	CC	
Administração: Impostos Passaportes DHSS Banco de Dados Saúde dos membros	Departamento de Construção	Crianças e Famílias Tranporte	Cozinha	Cozinha	
	Universal Hall	Outros: inclusive Centro de Visitantes Ecologia	Cullerne	Santuário	
	Comunicações: inclusive Relações Públicas Relações Locais Levantamento de Fundos Marketing Mala Direta Recursos Humanos Camareiros Visuais	Administração: Coordenação de Programas Acomodações Tesouraria Contratos Logística Produção de Brochuras	Santuário	Estação	
	Tarefas Diversas: inclusive Secretaria Geral Planejamento Estratégico Editorial e Computação		Drumduan		

Nota: O Universal Hall pode também ser considerado parte integrante do Campus do Park.

incluído aqui representa a estrutura da comunidade como reconhecida em uma reunião da Grande Fundação na primavera de 1993 e mais tarde retificada pelo Comitê de Gerenciamento. Há mais emendas propostas que são descritas na seção mais adiante, O Papel das Reuniões Gerais da Fundação.

Indicações e Avaliações

A maioria dos postos na Fundação são preenchidos por um processo ligado ao Departamento de Relações Públicas (conhecido como DRP ou Pessoal), o respectivo focalizador da área e o próprio candidato ou candidata. Não há necessidade de se esmiuçar o processo aqui. O DRP recentemente introduziu a prática de avaliações para todos os funcionários da Fundação. Alguns postos demandam uma concordância maior. Antes destas propostas terem sido aceitas, nunca tinha havido diretrizes claras para cobrir este assunto. A essência deste capítulo é que há certas posições de proeminência que necessitam de uma avaliação mais pública se a gerência quiser continuar a receber a aprovação e bênçãos dos membros em geral. A seguir teremos um apanhado geral de como o sistema está operando no momento, conforme reconhecido por todos.

Indicação e Avaliação do Focalizador da Fundação

O Selecionado indica o Focalizador da Fundação, que também busca a aprovação dos Curadores.

A cada dois anos o Selecionado avalia o Focalizador da Fundação. Se a pessoa receber menos que dois terços de apoio deve entregar o posto.

Indicação para o Grupo Central

Um Grupo Central é indicado pelo Selecionado a cada dois anos por método a ser anunciado previamente pelo Focalizador da Fundação.

Indicações para a Gerência

Os Focalizadores do Park e de Cluny são indicados pelas suas respectivas famílias11 com a aprovação do Focalizador da Fundação.

O Focalizador da Educação é indicado pelo Focalizador da Fundação com a aprovação do Grupo da Educação.

[11] A família de Cluny compreende os membros da Fundação que moram em Cluny Hill. A família do Park tem uma composição semelhante, embora as condições sociais aí, sendo mais complexas, tenham levado a várias interpretações mais precisas.

Os Focalizadores da Administração e do DRP são indicados pelo Focalizador da Fundação com o consentimento do Comitê de Gerenciamento.

Avaliações de Gerência

O Comitê de Gerenciamento, como grupo, organiza uma reunião anual do Selecionado com o propósito de avaliação, sugestões e diálogo. Se uma pessoa receber menos de dois terços de aprovação, o grupo que a indicou deve reavaliar a indicação.

Comentário

O princípio básico operando aqui é que o focalizador da Fundação é indicado por um grande e determinado grupo (o Selecionado) que incorpora não só a força de trabalho da Fundação, mas também outros que agem no papel de conselheiros. Parte do mandato do focalizador da Fundação é conseguir criar uma equipe de gerentes apropriados que são selecionados em cooperação com o grupo de pessoas a quem devem gerir e pelos quais são responsáveis. Estas indicações são feitas com a cooperação dos envolvidos para dar ao responsável o necessário respaldo para continuar seu trabalho.

Os procedimentos são, assim, uma mistura de envolvimento coletivo (focalizadores da Fundação, do Park e de Cluny) e indicações pelos colegas e pares (Educação, Administração, DRP). A importância do envolvimento coletivo é óbvia. Entretanto, foi acertado que seria indesejável usar-se o processo coletivo de escolha para todo tipo de preenchimento de cargo por ser notório o fato de que o processo democrático muitas vezes privilegia a popularidade de curto prazo às custas das necessidades de longo prazo. Estes dois procedimentos, assim, buscam o objetivo de equilíbrio entre participação e organização.

Só para finalizar, o focalizador de Erraid há muito tempo já vem sendo escolhido por sua família de Erraid, mediante a aprovação do Comitê de Gerenciamento.

O Papel das Reuniões Gerais da Fundação

Este é um assunto bastante complexo e indubitavelmente era o ponto nevrálgico do passado. A principal questão era dirigir-se às pessoas nessa reunião coletiva e determinar:

a) algumas sugestões para sua administração;

b) uma descrição clara de quem ou que grupos têm o poder de

tomar quais decisões;

c) uma lista decidida em comum acordo de assuntos a serem levados para a decisão do forum.

A Organização das Reuniões Gerais da Fundação

Há basicamente quatro propósitos em qualquer reunião, ou, com mais exatidão, em qualquer ítem na pauta de uma reunião.

1) Prover interação social e espiritual.
2) Passar informações.
3) Receber pareceres sobre propostas ou idéias.
4) Tomar decisões.

O primeiro ítem é direto e fácil de perceber. As reuniões, em geral, começam com uma meditação e terminam com uma socialização especial e, muitas vezes, estas são mais úteis do que as discussões própriamente ditas. Durante as reuniões são usados exercícios de aquecimento cujo valor não deve ser subestimado. Com toda franqueza, algumas vezes organizamos reuniões só para estarmos juntos - e por que não, se essa é a essência de uma comunidade?

O segundo propósito, de partilhar informações, fala por si só.

O terceiro propósito, de 'testar a temperatura', também é bastante óbvio, embora, de tempos em tempos, os resultados cheguem muito próximos das vias de fato.

O quarto propósito é o assunto principal desta seção, porém antes de examiná-lo, é importante notar que os propósitos são frequentemente confundidos. **É portanto, de suma importância que o focalizador das tarefas da reunião deixe muito claro para todos os envolvidos em que categoria se enquadra o evento e em que fase dos trabalhos se encontra**, tanto na reunião em si como nos anúncios anteriores à reunião. É muito frustrante para os gerentes e para os patrocinadores do evento quando há mal entendidos.

Também é vital que o máximo de informação circule de antemão. Do mesmo modo, às vezes ocorrem falhas de comunicação terríveis por não se ter acesso a minutas ou boletins posteriores.

Frequência

Como a comunidade, no seu todo, ficou mais pluralizada, a seleção dos convidados pertinentes tornou-se um aprendizado por si só. Por exemplo, convidar 'membros' é uma garantia de confusão - membros da Fundação, grupo de Associados, a Comunidade, o público, etc.?

É de suma importância que os organizadores de uma reunião deixem bem claro de antemão quem deve comparecer quem pode ter a palavra e quem pode participar do processo de decisão.

Depois de muita argumentação, ficou finalmente acertado que: o comparecimento às reuniões da Fundação com o propósito de tomada de decisão será aberto a:

Para ter a Palavra e Decidir: Membros da Fundação[12]; supervisores e empregados da Fundação que tiverem terminado o programa de orientação.

Ouvintes Silenciosos: Convidados esporádicos do presidente da reunião.

Também ficou acertado que:

a) o presidente da reunião seria, via de regra, indicado pelo Comitê de Gerenciamento;
b) o presidente poderia convidar pessoas para ajudar na facilitação das reuniões;
c) a posição dos Associados em relação a essas reuniões seria revista em data posterior.

Assuntos Apropriados para Tomadas de Decisão

A função desta seção é identificar os assuntos que devem ser levados para reuniões de tomada de decisão da Grande Fundação. Dado que quase todas essas decisões seriam tomadas pelo Comitê Gerencial, fica a questão: 'Qual é a responsabilidade da gerência pelo todo?'

Havia um claro desejo de que as reuniões comunitárias fossem usadas, de forma estruturada, para tomar mais decisões. Se fossem poucas demais iriam frustrar e alienar a congregação, se fossem em demasia colocariam um empecilho à eficiência da organização. Acima de tudo, a confusão reinante neste campo confundia a todos.

[12] Novamente, esta terminologia tem sido superada pelos eventos e deve presumivelmente ser corrigida para 'Pessoal e estudantes da Fundação' ou outra expressão semelhante.

Em tempo decidiu-se que: o Comitê de Gerenciamento seria responsável pela organização das reuniões da Fundação para decidir sobre uma variedade de assuntos, incluindo orçamento anual, venda de bens de valor superior a 25.000 Libras, um acordo anual sobre as prioridades para o ano seguinte e planejamento do uso da terra (texto completo abaixo).

Alguns destes tópicos são cobertos durante a 'conferência interna' anual, quando o pessoal da Fundação tira uns dias para estarem juntos, para rever o ano que passou e traçar objetivos para o futuro. Algumas sessões são somente para os funcionários e alunos e outras são abertas aos associados e hóspedes antigos, dependendo dos assuntos ou temas da pauta.

Considerações Finais

Existem alguns assuntos correlatos que precisam ser abordados se quisermos chegar a decisões maduras e sólidas em qualquer organização. Alguns perigos a se evitar são:

1) Em primeiro lugar, **liderança** oposta a gerência já foi mencionada brevemente acima. Se os indivíduos na organização não se sentem fortes, o único resultado possível é um enfraquecimento coletivo. É vital que se enfatize novamente a importância da responsabilidade individual pelas decisões e suas consequências. Esta é a chave para se entender a vida em comunidade. Parafraseando o capítulo 5, se acreditamos em um Universo criado pelo Amor de Deus, que nos ofereceu o livre arbítrio e a capacidade de determinar nossas vidas dentro de certas restrições auto-impostas pelo carma, então, assumir a responsabilidade total de nossas vidas tem que ser nosso objetivo maior.

Por outro lado, quando as coisas ficam difíceis e os gerentes agem sob pressão, a tendência é culparem a oposição da comunidade, descartando-a como se ela existisse meramente por razões pessoais. Às vezes, aqueles indivíduos que causam um rebuliço sobre alguma coisa, estão na verdade funcionando como um fusível que estoura para impedir danos maiores. Uma vez, quando perguntado sobre a dissidência interna na OLP, Yasser Arafat respondeu: "Eu não sou líder de ovelhas, sou líder de combatentes pela liberdade. Eu tenho orgulho da oposição!"[13]

2) Em segundo lugar, as idéias acima acarretam um certo ônus

[13] Entrevista na televisão em 1993, logo após a acordo de paz na Casa Branca.

para a **presidência**. Creio que deve ser assim mesmo. Quem busca a responsabilidade deve receber o crédito da autoridade para poder desempenhar suas tarefas. Por outro lado, uma boa presidência não é um dom inato. Pode ser aprendida, mas se for exercida sem eficácia, não haverá constituição, não importa se simples ou elaborada, capaz de ajudar.

3) Terceiro: procedimentos para boas tomadas de decisão não se destinam a evitar **conflitos**. Pelo contrário, são urdidos para instigar conflitos ocultos e fazê-los sair para fora da cobertura onde pessoas de boa vontade possam ouvir-se mutuamente e encontrar a solução apropriada.[14] Em outras palavras, eles canalizam o conflito de forma apropriada, ao invés de ignorá-lo ou escondê-lo.

4) Nós precisamos sempre nos lembrar de que nosso trabalho é parte de um experimento social e espiritual; não somos engrenagens do Plano Divino do Mestre que não toleraria desvios. Um pouco de **humor** não faz mal a ninguém.

5) Ao invés de dizermos 'Não', o que poderia ser ofensivo, algumas vezes '**transformamos a coisa em um processo**' sem nos definirmos ou resolvermos nada. Se um indivíduo ou grupo não quiser que alguma coisa aconteça, é melhor que se esteja às claras desde o início.

6) Da mesma forma, às vezes uma decisão difícil se esconde por trás de '**Sintonização**'. Por um lado, costumamos usar a sintonização antes de tomar uma decisão. Isto é bom e uma ótima prática para se chegar a uma harmonia individual e grupal que cria espaço para boas decisões. Por outro lado, é profundamente desencorajante ouvir-se que o grupo não concorda com sua proposta simplesmente porque eles 'sintonizaram'. É melhor evitar esta prática como razão única para a rejeição.

7) A **tirania da minoria**. Se estamos engajados em um exercício importante de construção de uma comunidade, então a contribuição de todos é benvinda. Temos que levar em consideração as idéias do machucado, do ferido e do tímido. Por outro lado, se cem pessoas estão discutindo o novo horário do ônibus e você, só você, não aprova a sugestão, tente fluir com o grupo e veja o que acontece.

[14] A prática na comunidade recentemente descobriu um fundamento teórico eficaz para dar crédito ao trabalho de Psicologia Orientada para o Processo, que encoraja a expressão de todas as vozes, mesmo daquelas que normalmente se suprimem ou se omitem, de tal forma que um organismo ou grupo possa descobrir a verdadeira natureza do 'campo de consciência' em que estão operando.

8) Finalmente, uma organização sem um **propósito** firme pode sobreviver mas não florescer. Todas as descrições de um bom trabalho e as responsabilidades inerentes a ele deveriam correlacionar-se com uma visão primordial de alguma espécie.

Resumo dos Procedimentos Reconhecidos para Tomadas de Decisão

Esta é uma lista completa dos procedimentos para uso como referência. Foram todos reconhecidos ou por consenso ou por unanimidade em: reuniões do Selecionado em 24 e 31 de maio de 1994 para seções 1 a 3, e reuniões da Grande Fundação em 31 de maio, 7 de junho, 14 de junho e 20 de julho de 1994 para as seções 4 a 7.

1. Procedimentos para Tomadas Gerais de Decisão

Procedimentos para Todas as Reuniões

1) Meditação e sintonização são partes integrantes do processo pelo qual assuntos importantes são discutidos e decisões importantes são tomadas.

2) Decisões serão tomadas por unanimidade, se isso não for possível, usa-se o consenso.

3) Se o consenso não puder ser alcançado, aplica-se o seguinte:

Reuniões da Fundação e da Grande Comunidade

4) Se o presidente da reunião assim determinar, a decisão pode ser tomada com 90 % dos votos, numa reunião posterior.

5) O presidente de uma reunião que convocar uma decisão de maioria deverá anunciar no 'Rainbow Bridge' (ou seu sucessor) a decisão, as razões e uma explicação geral da situação. Isto deve ser feito antes e depois da segunda reunião.

Todas as Outras Reuniões

6) Se o presidente da reunião assim o decidir, a decisão pode ser tomada na mesma reunião por uma maioria de dois terços dos votos.

7) O presidente da reunião que convocar uma decisão de maioria deve anunciar no 'Rainbow Bridge' (ou seu sucessor) explicando a decisão, razões e o pano de fundo da situação.

Reavaliações

8) Estes procedimentos podem ser retificados em reunião do

Selecionado, usando-se os procedimentos para as reuniões da Fundação e da Grande Comunidade, porém com uma maioria de dois terços, ao invés de 90%, se assim for requerido.

Definições

a) 'Consenso' significa o envolvimento de todos reconhecendo a decisão ou aceitando ser uma 'minoria leal'.

b) Uma 'minoria leal' é composta daqueles que não concordam com a decisão mas que se comprometem a apoiar a concretização da decisão. Não é composta de indivíduos que concordem em aceitar a decisão porém depois agem de forma subversiva.

c) A 'maioria' será calculada sem os votos daqueles que se abstenham ou que estejam indecisos.

2. Indicação e Reavaliação de Focalizador da Fundação

O Selecionado indicará o Focalizador da Fundação que também deverá buscar a aprovação dos Curadores.

O Focalizador da Fundação será reavaliado pelo Selecionado a cada dois anos. O indivíduo que receber menos de dois terços de aprovação deverá entregar o cargo.

3. Indicações para o Grupo Central

Um Grupo Central será indicado pelo Selecionado a cada dois anos por método a ser anunciado de antemão pelo Focalizador da Fundação.

4. Indicações e Reavaliações da Gerência

Preâmbulo

O ônus de colher informação e sugestões recairá sobre quem estiver indicando.

Indicações

1) O Focalizador do Park será indicado pela Família do Park com a aprovação do Focalizador da Fundação.

2) o Focalizador de Cluny será indicado pela Família de Cluny com a aprovação do Focalizador da Fundação.

3) O Focalizador da Educação será indicado pelo Focalizador da Fundação com a aprovação do Grupo da Educação (ou seu sucessor).

4) O Focalizador da Administração será indicado pelo Focaliza-

dor da Fundação com o consentimento do Comitê de Gerenciamento.

5) O Focalizador do **DRH** será indicado pelo Focalizador da Fundação com o consentimento do Comitê de Gerenciamento.
Nota: É prática corrente que novos membros do DRH compareçam às reuniões das Famílias do Park ou de Cluny para avaliações e sugestões.

Definições

a) A Família do Park será definida, de tempos em tempos, pelo Focalizador do Park. Para a finalidade de selecionar um Focalizador do Park considera-se 'todos que trabalhem para a Fundação no Park e que não morem em Cluny'.

b) 'Com o consentimento de' e 'com a aprovação de' significam que ambas as partes têm direito a veto.

Reavaliações

O Comitê de Gerenciamento, em conjunto, organizará uma reunião anual com o Selecionado com o objetivo de sugestões, avaliações e diálogo. Qualquer indivíduo que receber menos de dois terços de apoio, deverá ter sua indicação revista pelo grupo que o indicou.

5. Reuniões da Grande Fundação

5.1 Preâmbulo

É uma parte importante das tarefas de um focalizador de uma reunião identificar com clareza os ítens da pauta que envolvam tomada de decisão. Também é vital que o máximo de informações possível sobre o tópico circulem de antemão, que fique bem claro de antemão quem deve comparecer, quem pode tomar a palavra e quem tem o direito de participar dos procedimentos de tomada de decisão.

5.2 Comparecimento a Reuniões de Tomada de Decisão

O comparecimento às reuniões para tomada de decisão será facultado a:
Para tomar a palavra e decidir: membros, supervisores e empregados da Fundação que tenham terminado o programa de orientação.
Somente como ouvintes: convidados ocasionais do presidente da reunião.

Notas:

1) O presidente da reunião também poderá convidar pessoas para ajudar na facilitação da reunião.

2) A posição dos Associados em relação a essas reuniões será revisada na próxima reunião da Fundação sobre as características que regem os membros.

5.3 O Presidente

O presidente de uma reunião da grande Fundação para tomada de decisão será nomeado pelo Comitê da Gerenciamento ou pelo Grupo Central, dependendo de qual dos dois tenha convocado a reunião.

5.4 Assuntos de Tomada de Decisão

O Comitê de Gerenciamento fica responsável pela organização das Reuniões da Fundação para decidir sobre os seguintes ítens:

Financeiro

Orçamento anual;

Qualquer despesa fora do orçamento maior do que 10.000 Libras;

Qualquer venda de bens de valor maior do que 25.000 Libras.

Revisão Anual

De afirmação de propósito;

Determinação geral de prioridades para o ano à frente;

De estruturas administrativas e gerenciamento de linha (de preferência depois do ítem acima);

Opiniões e avaliações (mas não re-indicações) do Comitê de Gerenciamento.

Outros Ítens

Mudança de regra no regulamento dos membros;[15]

Decisões de planejamento do uso da terra.

Nota: 'planejamento do uso da terra' pode incluir, por exemplo, apreciação de uma proposta para um conjunto de casas, mas dificilmente se referiria a uma casa isoladamente.

---

[15] Só há duas - ver cap. 5

5.5 Reuniões Adicionais

Além dos tópicos acima, as reuniões da Grande Fundação para tomada de decisão podem ser convocadas pelo Comitê de Gerenciamento ou pelo Grupo Central.

6. Reuniões de Família

1) O procedimento para tomada de decisão será o mesmo que para todas as reuniões referidas acima, isto é, ter a unanimidade como objetivo, aceitar o consenso e, se absolutamente necessário, votar pela maioria de dois terços.

2) Além das indicações referidas acima, tópicos para discussão podem ser introduzidos pelo focalizador do grupo ou seu representante indicado.

3) Se não houver um focalizador oficial, a responsabilidade por estas reuniões será assumida pelo Focalizador da Fundação.

7. Reuniões da Grande Comunidade

As reuniões da grande Comunidade para tomar decisões que abrangem toda a comunidade serão convocadas pelo Grupo Central que também indicará o presidente de tais reuniões.

BIBLIOGRAFIA

Roger Benson (editor) - *From Organisation... to Organism:A New View of Business and Management*, Findhorn Foundation, 1988. Continuação da conferência de 1987 de mesmo nome. Ver particularmente o artigo de Gerard Endenburg sobre "Um modelo de Sociocracia".

Roger Benson - *Leadership and Community*, fita da Fundação da palestra dada em 2.6.94.

Stephen R. Covey e A. Roger Merrill - *First Things First*, Simon e Schuster, 1994.

Jim Maynard - *New Age Governance at Findhorn*, dos primeiros artigos de estudo da Fundação, mais ou menos de 1975.

Corinne Mc Laughlin & Gordon Davidson - *Spiritual Politics*, Findhorn Press, 1994.

M. Scott Peck - *The Different Drum: Community Making and Peace*, Arrow, 1990. Citação da página 71.

Anne Wilson Chaeff and Diane Fassel - *The Addictive Organisation*, Harper and Row, 1990.

Peter Senge - *The Fifth Discipline*, Century Business, 1992.

David Spangler - *The Politics of Sinergy*, artigo de estudo da série original. "Em um grupo, a síntese da consciência não significa o mesmo que democracia... temos grupos que se misturam. Têm vontade de se tornarem um só, não de descobrir o que os outros pensam." *Evolution of Government*; artigo de estudo da série original - "O conceito de uma elite espiritual governando o mundo é um dos sonhos da humanidade, mas não é a realidade. O conceito de educadores espirituais melhorando o mundo é a realidade." *Growth, Authority and Power* - The GAP, artigo para estudo da série original.

David Spangler e William Irwin Thompson - *Re-Imagination of the World*, Bear and Co, 1991. Este volume, que também aparece na Bibliografia do capítulo 1 deste livro, tem alguns fortes comentários sobre as dinâmicas psico-sociais das comunidades espirituais. Ver particularmente *Sixteen Years of the New Age*, por William Irwin Thompson.

Chogyam Trungpa - *Cutting Through Spiritual Materialism*, Shambhala, 1973.

Dick Anthony, Bruce Ecker & Ken Wilber (editores) - *Spiritual Choices: The Problem of Recognizing Authentic Paths to Inner Transformation*, Paragon House, 1987. Este trabalho contém uma vasta gama de artigos que tratam das dificuldades do confronto daqueles que buscam o espírito tentando distinguir cultos não satisfatórios de autênticas tradições espirituais. Particularmente útil (embora um tanto pesado e de tom acadêmico) é o capítulo de Ken Wilber sobre *The Spectrum Model* (O Modelo do Espectro), que fornece alguns fundamentos para a avaliação dos procedimentos de tomada de decisão. Ele identifica três armadilhas principais a serem evitadas, a saber, a supressão de questionamento livre e racional dos ensinamentos oferecidos, a existência de dados de autoridade permanente e a perpetuação de legitimidade isolada sem referência a quaisquer critérios externos ou históricos.

Onze

Considerações sobre o Futuro

Nunca sinta medo das mudanças,
Nunca sinta medo da expansão
Simplesmente deixe fluir
E permita que tudo aconteça naturalmente.

Abra seus olhos e veja as mudanças
Que acontecem na natureza,
Como uma flor desabrocha naturalmente
sem resistência,
Como uma árvore muda de galhos nus para
folhas verdes,
Crescendo, estica seus ramos em todas as direções, em toda sua glória.

Eileen Caddy, *As Bases de um Comunidade Espiritual*

Este capítulo não versará sobre projetos de construções, iniciativas ecológicas, novos negócios, organizações ou profecias acerca de acontecimentos internacionais. Tratará, sim, de crescimento espiritual, pois o aspecto mais importante na vida é a mudança interna, não externa.

A verdade sobre esses assuntos não pode ser reduzida a uns poucos aforismos. Se pudesse, já se teria um tratado escrito há muito sobre orientação espiritual. Felizmente, a vida é um processo muito mais complexo e interessante, que envolve crescimento e evolução sem fim e a possibilidade de se expressar simples verdades em uma infinidade de novos meios.

Antes de prosseguirmos na exploração da cooperação com o espírito através das considerações finais de David Spangler, seria bom reiterar um dos preceitos mais básicos. Afinal, você está próximo da conclusão destes artigos introdutórios e deve estar questionando a validade da leitura e se ela o aproximou mais de uma compreensão dos mundos, visíveis e invisíveis, nos quais você vive.

Peter Caddy gostava muito de dizer que grande parte de seu

treinamento inicial constava de instilar em si próprio a necessidade de 'gostar de onde se está; gostar do que se faz; gostar de quem está junto de você'. Muitas das mensagens de Eileen reforçam esta noção: creia que 'tudo vai muito, muito bem', - mesmo que você tenha sérias dúvidas! A despeito de seu longo treino em meditação, o amor de Dorothy pela natureza foi o fator mais importante no desenvolvimento de seu contato com os devas.

Você sempre encontrará valor neste conselho. A comunidade está no seu auge quando expressa amor e cuidados - e na pior fase quando os desafios do dia se tornam desculpas para a apatia e partidarismo. Seja honesto consigo mesmo, pois a autenticidade é altamente valorizada em todas as tradições espirituais que se prezem, porém lembre-se que, para qualquer problema, o amor é sempre a melhor solução.

O FUTURO DA FUNDAÇÃO FINDHORN

David Spangler

O futuro da Fundação Findhorn é um reflexo de seu passado. Ela nasceu como um centro de experimentação. Ela, desde a origem, propôs-se a demonstrar três coisas:

- o poder de descobrir Deus dentro de si e viver em contato com seu próprio centro sagrado que, por sua vez, é uno com o centro de toda a criação;
- a cooperação criativa entre humanos e não humanos, entre os mundos visíveis e invisíveis e entre a humanidade e a natureza;
- uma nova visão - um ideal novo - da realidade e do papel da humanidade com poder de contribuir para uma transformação que fará emergir um mundo novo.

Esta experimentação tomou forma com a presença de Deus e Suas mensagens, a cooperação com os anjos, os espíritos da natureza e outros aliados espirituais, não físicos, e com a idéia da Nova Era.

A forma destas experiências tem mudado através dos anos, acompanhando o crescimento da Fundação, que cada vez atrai mais e mais gente, e pela própria mudança dos tempos.

A princípio era um grupo, depois uma comunidade, depois uma escola e, agora, talvez uma cidadezinha.

No futuro, a Fundação pode assumir outras formas de atingir seu propósito. Por exemplo, eu pessoalmente penso que o desenvolvimento da energia eólica, a vila ecológica e assim por diante, sejam um maneira importante de apresentar uma visão social e ecológica para o futuro. A Fundação pode até precisar reavaliar e redefinir seus propósitos, porém deve fazê-lo com cautela. Deixar de ser um lugar de experimentação - o que implica em ser aberta ao público e prestar-se ao escrutínio e observação do mesmo - pode significar deixar de ser a Fundação Findhorn.

Este centro é também um lugar de presença. Essencialmente a presença do sagrado - do amor e sabedoria - mediado pelas pessoas que participam da vida e das atividades do centro. Contudo, podemos também falar da presença das energias espirituais ou qualidades que representam a Nova Era ou ainda, da presença dos mundos elemental, angélico e mágico. Estas e outras são as experiências que uma pessoa pode ter na Comunidade de Findhorn.

Esta presença, em todas as suas facetas, representa um dos fatores que atraem as pessoas à Fundação e que fazem da experiência uma coisa diversa de simplesmente se estar em um centro de estudos, um lugar de retiro ou uma comunidade qualquer. Se esta presença mudar, então a experiência no centro de Findhorn também mudará.

Manter sua política de abertura ao público como um local de demonstração e nutrição da presença espiritual, que está entranhada no seu tecido, continuará, provavelmente, definindo o trabalho da Comunidade no futuro. Entretanto, a Fundação também precisa adaptar-se às mudanças do mundo e às necessidades daqueles a quem ela deseja servir. Os membros da Comunidade são pessoas criativas, capazes de novas visões e novas percepções.

Embora o passado deste centro não possa ser descartado - e mudanças de diretrizes e de identidade devem ser feitas com cuidado - a história da Comunidade não deve ser uma restrição para o futuro. Tudo que tem vida, cresce e muda, ajusta-se e amadurece e a Fundação Findhorn não poderia ser diferente.

Por esta razão, não posso predizer como será a Comunidade no futuro. Só posso confiar que o mesmo espírito que lhe deu vida continue a iluminá-la. Esta é a grande responsabilidade de cada membro, isto é, discernir e sustentar o espírito de luz encarnado e criativo deste lugar e não se segurar servilmente no passado ou no hábito de como se costumava fazer se houver a necessidade de mudança, assim como também não ser escravo de mudanças por novidade ou por modismos.

Se a transmissão da essência da Comunidade for bem feita, creio que o futuro se desenrolará organicamente e cheio de bênçãos, por tudo que já foi feito e por aquilo que vocês estão criando neste momento.

Cooperação com o Espírito

David Spangler

Extratos de uma transmissão entitulada 'Cooperação com o Espírito - Mais Conversas com John'

Estratégias de Cooperação

Você me pergunta em que áreas mais precisamos de cooperação. Que estratégias devem ser seguidas? Novamente, enfatizo que me fazem perguntas partindo de uma perspectiva humana, com uma noção bem humana de prioridade e diferenças na escala. Esta não é nossa perspectiva, embora, ao dizer isso, eu não pretenda insinuar que a sua esteja errada. É somente para explicar que minha resposta pode não ser a esperada. Saiba que, para nós, todas as ações humanas que incorporam as qualidades do amor e do espírito abrem portas para nós e para nosso potencial, sem falar no mais importante atributo que é invocar o Bem-Amado. A escala de ação é bem menos importante para nós. Um ato de síntese entre duas pessoas e a criação de um relacionamento familiar saudável não é menos significativo e de impacto do que um ato de paz entre nações. Compreendo que isso possa ser difícil de entender, porém não trabalhamos no reino da quantidade. O amor de uma pessoa por outra é igual, para nós, ao amor de uma pessoa por mil, se a qualidade de amor for a mesma. Aí é que se estabelece a diferença, pois, na verdade, é mais fácil amar uma pessoa de uma forma específica do que amar mil de forma abstrata. Neste caso, o amor pessoal tem mais qualidade e força do que o sentimento abstrato e impessoal que carece de enfoque.

Ao nos perguntarem em que áreas devem se empenhar para melhor servir ou cooperar conosco, percebam que não consideramos uma área, não importa quão vital ou vasta possa ser, como sendo de valor intrínsico maior que outra, não importa quão pequena ou insignificante. Não pediríamos que vocês se engajassem em uma causa em detrimento da qualidade de cuidado e carinho que vocês dão aos assuntos imediatos de suas vidas privadas, seu trabalho, suas relações com amigos e familiares e até com aparentes estranhos, suas realizações criativas e assim por diante.

O que é importante para nós, por afetar a qualidade de energia que vocês liberam, é a habilidade de suas ações. Quando vocês fazem algo que está dentro de seu campo de capacidades e talentos no momento, vocês têm mais probabilidade de agir com habilidade e criar qualidade. Quando tentam ir muito longe, vocês se tornam abstratos demais e a habilidade e a qualidade ficam perdidas.

Neste momento, na história da humanidade, vocês já chegaram a uma estágio de se relacionar bem como indivíduos; porém falham ainda em habilidade e, portanto, em qualidade, ao se relacionarem como grupos. Porisso, o desenvolvimento da habilidade em expressar síntese a nível de grupo e no coletivo é a área à qual damos a maior importância e estimularíamos vocês a fazerem um esforço nessa direção como um meio de cooperação conosco. Quanto a honrar esta energia coletiva a nível planetário, damos grande importância às Nações Unidas. Embora tenha suas falhas, ainda é o maior centro através do qual a energia da humanidade como um todo pode ser focalizada e na qual o encontro de todos vocês como espécie humana pode se concretizar. Por todos os seus conflitos internos, é uma fonte importante de serviço em seu mundo. É, no momento, seu único ponto focal verdadeiro de síntese planetária. Vocês não podem simplesmente ignorá-la ou descartá-la, para sua própria salvaguarda. Só podem substituí-la por alguma coisa melhor. Até que isto aconteça, ela permanece sendo um foco de grande energia e atenção de meu mundo em particular. Dar-lhe poderes para fazer seu trabalho com mais qualidade e efetividade é seguramente cooperar conosco.

Entretanto, também estamos interessados no desenvolvimento de uma vida em grupo que seja menos centralizada. Todos os grupos estão sob pressão neste momento, particularmente aqueles que se identificam com um enfoque mais espiritual ou que se orientam para a emergência de uma nova época. A pressão é para aumentar sua capacidade de incorporar a síntese. Isto afeta os líderes e os estilos de liderança, pois as energias dos mundos espirituais não podem se manifestar onde as pessoas são usadas como ferramentas para os objetivos de um ou de uns poucos indivíduos e afeta também os membros de um grupo, demandando uma grande honestidade, clareza e reconhecimento mútuo. Nem todos os grupos irão sobreviver à mudança rápida. Também entendam que grupos englobam empreendimentos coletivos tais como comunidades, bairros, vilarejos e cidades. Se quiserem cooperar conosco, então restaurem o senso de comunhão e comunidade em suas organizações. Nos dias que virão, sua passagem serena para um mundo novo vai depender de sua habilidade em compartilhar e cooperar uns com os outros. Suas vidas são muito fragmentadas, muito isoladas. Reconstruam as conexões humanas que possam fortalecê-los e elevá-los, permitindo-se fortalecer e elevar outros.

Nosso interesse em seu mundo não é só com os humanos, porém com a integração e plenitude de toda a vida na face da terra. Assim, os reinos da natureza e seu bem-estar são importantes para nós. Observamos, em especial, que, até que descubram como honrar esses reinos e trabalhar com eles de maneira mais cooperativa, vocês não poderão vivenciar sua própria condição humana. Ainda mais nestes tempos de apressamento do planeta, a desarmonia entre a humanidade e a natureza impede uma encarnação mais profunda da divindade no mundo.

Portanto, vocês cooperam conosco ao apoiar todos os esforços de estabelecer uma relação mais carinhosa e interdependente com a natureza. Não estamos recomendando um simples retorno à terra. Trata-se de descobrir um meio de expressar sua condição humana e sua civilização honrando a terra. Com este objetivo em mente, também recomendamos que vocês aprendam com as antigas culturas, como a cultura dos índios americanos, que vivenciava esse tipo de relação. Não se pede que vocês as recriem, porém juntos podem dar nascimento a uma nova cultura que os ensinará a estender o espírito de harmonia e equilíbrio a um ponto jamais alcançado por qualquer civilização.

É de nosso interesse que cada homem e mulher seja elevado ao papel de importante partícipe no espetáculo da evolução. Cada um de vocês é único e insubstituível. Em cada um de vocês cresce o espírito de síntese e cada um de vocês aumenta a expressão deste espírito no mundo. Por esta razão, vocês estão cooperando conosco todas as vezes em que souberem discernir e apoiar qualquer atividade, seja ela educacional, política, econômica ou artística, que reconheça e honre o desenvolvimento da individualidade criativa. Reprimir este dom em si ou em outros é negar o espírito que busca a encarnação na terra. Assim, aprendam a dar a cada um a liberdade de descobrir sua contribuição única para o todo.

Isto significa trazer ao seu mundo a liberação de tudo que possa reprimir ou limitar, seja fome, medo, descaso, falta de amor ou falta de relacionamentos. Entretanto, ao fazer isso, tenha em mente que nem todos crescem e florescem no mesmo meio-ambiente. As maiores formas de repressão não são sempre derivadas de sistemas econômicos ou políticos, mas sim de atitudes distantes, de uma incapacidade de compartilhar, uma incapacidade de repartir o pão com alguém, dentro do significado mais básico deste ritual, como um ato de fortalecimento mútuo.

Nós ficamos fortemente conectados com seu mundo através dos atos de cura. Não restrinjam estes atos à simples prática da medicina, mas entendam que há muitas formas de processar curas. Tanto quanto um ato de remover a doença, deve ser um ato de respeito e reconhecimento.

Descubram o poder de cura que cada pessoa tem em si e o pratiquem em silêncio. Cada um de vocês pode ser um conforto e uma fonte de paz para os outros, desde que tenha a vontade de mostrar compaixão e amor. Entendam também que o dom da paz é, em si, a mais frequente maneira de cura. Nestes tempos, quando tantos temem a eclosão de uma guerra nuclear, para sanar as causas do conflito, quer seja em uma pessoa, entre pessoas ou entre nações, é necessário prestar os serviços devidos. Curar é remover toda a ameaça que possa impedir a vida e seu potencial de crescimento. Ser um curador é ser um pacificador em todas as ocasiões. Para nos ajudar e ajudar a si mesmos, pratiquem a distribuição da paz e a cura das raízes do conflito em todos os níveis da atividade humana.

Vocês cooperam conosco quando, através da doçura e habilidade de suas ações, preenchem o mundo com beleza e harmonia e estimulam o espírito de criatividade. Esta afirmação está muito generalizada? Muito abstrata? É a atitude humana de passar por cima daquilo que é simples, buscando o glamour e o poder, que frequentemente esvazia as ações, tirando-lhes a habilidade e qualidade e fechando suas portas para nosso mundo.

Uma vez eu falei que vocês não precisam de mim para lhes dizer o que devem fazer em seu mundo. Há sofrimento nele; ajam no sentido de diminuir esse sofrimento. Há fome; sejam uma fonte de nutrição. Há pobreza entre os homens e mulheres; sejam uma fonte de abundância e provisão. Eu falei sobre um novo espírito da divindade que está penetrando em seu mundo e do apressamento deste fato. Elaborem esta visão. Abram seus olhos e suas mentes para entender as possibilidades de ação transformadora que os envolvem. Sua cultura está mudando. Não tenham medo de nada.

Acima de tudo, não tenham medo de nada nem sejam uma fonte de temor para os outros, pois o medo é o maior obstáculo que enfrentamos para compartilhar nossa energia com seu mundo. Muitas pessoas em sua sociedade estão estudando o formato que essa nova cultura pode tomar e desenvolvendo estratégias para fazê-la nascer. A informação e a visão crescem à sua volta; dirijam-se ao encontro delas. Façam suas tarefas para se tornarem agentes conscientes da evolução neste planeta. Nós não podemos fazer isso por vocês. Nenhum poder espiritual conseguiria. Este é o seu papel, sua única razão de estar na terra. É seu desafio descobrir, nas profundezas do seu ser, o espírito e a capacidade de síntese e amor. Conscientizem-se deste espírito e explorem essas capacidades. Aí poderemos ajudar. Aí seu mundo se transformará.

Os Desafios da Cooperação

Vocês me perguntam sobre os desafios da cooperação e o que podem fazer. Eu gostaria de mencionar cinco desafios.

O primeiro é confundir os mundos invisíveis com os mundos espirituais. Há muitas dimensões de vida que normalmente não estão abertas aos sentidos físicos. Tenho falado, por exemplo, sobre os mundos da forma e os reinos psicológicos dos assim chamados planos astral e mental inferior. Nem todos esses têm a sabedoria ou o conhecimento para interagir para o bem da evolução humana. O fato de uma pessoa entrar em contato com uma entidade ou região além do mundo físico através de meios paranormais, não significa necessariamente que ela tenha feito um contato verdadeiro com os reinos espirituais.

O segundo desafio é o glamour. Este pode ser entendido como a substituição do real pelo irreal, da substância pela imagem. Aceita a forma porém ignora o espírito. Representa uma perda de perspectiva e de equilíbrio. Ofusca o indivíduo com visões de poder, de superioridade, de sentir-se diferente e especial. Infla o ego mas não nutre o desenvolvimento da síntese. Buscar contato com o espírito só pela magia da idéia, ou porque possa oferecer percepções de mistérios ocultos e poderes secretos, é entender mal a natureza dos mundos espirituais e a responsabilidade que eles exigem. Pode-se ter também a fascinação de ser um servo humilde das alturas. Em ambos os casos, a pessoa estaria em contato com uma imagem de suas necessidades mentais e emocionais e estaria agindo em seu interesse próprio e não verdadeiramente no interesse do todo maior.

O terceiro desafio é a simples confusão de interpretação. Os mundos espirituais são diferentes do seu. O tempo e o espaço são vivenciados de uma maneira diversa e a comunicação geralmente é feita usando-se imagens e uma emanação que são difíceis de traduzir diretamente em palavras. A mensagem ou o contato podem ser mal entendidos. Isto acontece, com frequência, nos casos de profecia. A tendência dos humanos é interpretá-las como acontecimentos e eventos concretos, quando a mensagem pode estar se referindo a mudanças psicológicas ou míticas.

O desafio número quatro é mais sério. Representa a perda da integridade pessoal. Um indivíduo pode sintonizar uma fonte de energia psicológica ou mesmo espiritual que está além de sua capacidade de integração pela estrutura de sua personalidade. O resultado é uma perda de equilíbrio interior e de perspectiva, até mesmo uma desintegração da estrutura psicológica, permitindo assim que mais material do inconsciente invada o consciente. A consequência é o que vocês chamam de colapso mental ou emocional. Quando se usam drogas para o contato com o mundo interior, este resultado é ainda mais provável de acontecer.

O quinto desafio é, do nosso ponto de vista, o mais sério de todos. É a perda da vontade e da integridade do indivíduo. A forma mais simples dessa perda é quando o indivíduo se torna dependente da orientação proveniente de fontes imateriais. A pessoa pode ainda ter a vontade que a impele à ação seguindo a direção, porém perde a capacidade de ponderação e de fazer escolhas acertadas. Na realidade, a pessoa pode se tornar inteiramente passiva e à mercê das influências de uma força invisível, como é o caso da maioria dos médiuns. Houve uma época em que tal abordagem tinha seu valor e mesmo agora pode ser valiosa para um ou outro indivíduo; entretanto não é essa a melhor forma de se comunicar com o espírito; o que está emergindo exige do indivíduo total consciência, integridade e vontade para uma co-criação com o espírito. Por vontade, eu me refiro aqui não à força de vontade que pode surgir de um ego desintegrado, porém à capacidade de dirigir as energias para sua própria identidade através de uma escolha ética e compreensão de sua realidade interior.

Para lidar com esses desafios, recomendo o seguinte. Em primeiro lugar, discernimento. Não dê muita importância a qualquer mensagem que venha de fontes imateriais só por causa de sua origem. Examine a vida da personalidade humana através da qual o contato foi feito. A pessoa tem uma vida equilibrada? O comportamento dessa pessoa está em harmonia com o propagado espírito provedor da mensagem? Nós encorajamos dúvidas salutares: não a dúvida que fecha qualquer possibilidade de existência do espírito, mas a dúvida que lhe pede um exame cuidadoso e que você considere a comunicação à luz de sua própria ética e integridade, sem falar na sua inteligência.

Sobre este aspecto, lembre-se de tudo que eu disse acerca dos mundos espirituais. Eles estão tanto a nível da consciência quanto, e o mais importante, a nível de relacionamento que reconhece o indivíduo, liberando-o, elucidando e abençoando-o. Este relacionamento não é privilégio só dos mundos invisíveis. Você pode expressá-lo tão intensamente quanto eu.

Há projetos espirituais nos reinos psicológicos, tanto quanto nos reinos espirituais, que podem se beneficiar da cooperação humana, e há seres que buscam essa cooperação. Uma pessoa que se torne parte de tal projeto pode muito bem receber direções específicas. Entretanto, lembre-se que os dons mais preciosos que você possui são sua inteligência e seu livre arbítrio, sua capacidade de pensar por si mesmo, de ser autêntico e crescer como expressão única da divindade. Nenhum verdadeiro batalhador pelo espírito, em qualquer nível, tentará desconsiderar esses dons.

Nossa responsabilidade é nutrir seu direito ao uso da vontade em todos os níveis. Por esse motivo, você deve suspeitar de qualquer pessoa ou força, em qualquer nível, que lhe peça para renunciar à sua vontade íntima. Você pode render-se a alguém como um ato de comunhão, mas não pode ser coagido sem que isso viole a própria intenção de Deus, que quer o crescimento de seu ser. Desafortunadamente, há os que vivem nos mundos invisíveis, particularmente naquilo que chamo de reino psicológico, que agem como intrusos, vibrantes e cheios de paixão para formar esquemas e comandar as ações dos outros. Esteja prevenido. Qualquer orientação deve fortalecer sua capacidade de ação sensata, sem a necessidade de mensagens constantes e sem torná-lo dependente em nome de um plano sagrado.

Honre seu estado de ser humano e seus talentos. Você não é menos espiritual por habitar um corpo físico, nem somos nós automaticamente melhores por não o ter. Desenvolva seus talentos criativos e capacidades; desenvolva seu espírito em alegria e expansão. Rejubile-se com sua capacidade de realização. Nunca faça do contato com os reinos espirituais uma razão de viver, nem sua única habilidade. Você é um ser humano, uma encarnação da divindade, feito à imagem de Deus, capaz de amar e de fazer nascer o poder do espírito de síntese. Aja de acordo com isso e honre a espiritualidade de sua natureza terrena, assim como sua encarnação especial e única. Assim fazendo, você estará desenvolvendo uma postura interior e uma força que não podem ser iludidas. Aí você será um todo como pessoa, que atrairá o nosso todo e fará de nossa comunhão e cooperação um fato inevitável e amoroso.

Cooperação é um ato comunitário. Ela requer mais de uma pessoa. Se você busca cooperação conosco, busque-a ainda mais com outros seres humanos. E também, ao trabalhar com os reinos invisíveis, tenha outras pessoas com quem compartilhar suas experiências, pessoas cujas percepções e pontos de vista você respeite para ajudá-lo a evitar o deslumbramento e a confusão, conservando-o honestamente humano.

E, para finalizar, ao buscar os mundos espirituais, lembre-se de que o que você, na verdade, está buscando é sua unidade com Deus. Nós não somos substitutos da divindade. Somos, por assim dizer, colegas empenhados na evolução da terra; queremos ser amigos. Contudo, o contato conosco é menor do que poderia ser se ocupar o lugar do caminho espiritual para o Bem Amado. Ponha Deus em primeiro lugar, assim poderemos nos encontrar no abraço mútuo de Seu espírito.

BIBLIOGRAFIA

Eileen Caddy e David Earl Platts - *Bringing More Love into Your Life, The Choice is Yours*, Findhorn Press, 1992; *Choosing to Love*, Findhorn Press, 1993 (O Amor como Escolha, Ed.TRIOM, 1995).

Há também uma vasta gama de material escrito sobre a Nova Era, geralmente canalizado, que tenta prever possíveis mudanças na cultura humana. Um indicador de sua autenticidade é a extensão em que atingem o processo de transformação interior, mais do que a sua ligação com previsão de fenômenos e de cataclismas. Em complemento aos trabalhos de David Spangler e Eileen Caddy, alguns dos mais populares são:

Ken Carey - *The Starseed Transmissions*, Harper Collins, 1991 (Transmissões da Estrela-Semente, Ed. Cultrix/Pensamento, 1991).

Chris Griscom - *Time is an Illusion*, Simon & Schuster, 1988 (O Tempo é uma Ilusão, Ed. Siciliano, 1989).

Barbara Marciniak - *Bringers of the Dawn*, Bear and Co, 1992 (Mensageiros do Amanhecer, Ed. Ground, 1996).

James Redfield - *The Celestine Prophecy*, Warner, 1993 (A Profecia Celestina, Ed. Objetiva, 1994). Este livro é uma metáfora brilhante representada como um drama da vida real, no verdadeiro estilo de Castañeda.

Julie Soskin - *Winds of Change*, Ashgrove, 1994. Embora corretamente concentrada nas dinâmicas internas, algumas das sugestões a respeito das mudanças na qualidade da luz em nossos céus são muito válidas.

Doze

Apêndice

Notas Sobre o Texto

Há um total de onze *capítulos* neste volume, mais este Apêndice.

Cada capítulo é composto de *artigos* individuais.

As *bibliografias* estão divididas em três partes, que, para efeito de referência, não são exclusivas.

I) Ao fim de cada capítulo, material extra de leitura pertinente ao texto é apresentado. Procurou-se identificar, sempre que possível, materiais constantes das bibliotecas do Park e de Cluny.
II) A segunda é um índice completo da *Série Original de Artigos de Estudo* conforme descritos no capítulo 2.
III) A terceira parte é uma lista dos *Primeiros Artigos de Estudo* que, embora usados de tempos em tempos como material de educação interna, nunca tinham sido compilados formalmente. A maioria deles é precursora da Série Original.

Cópias tanto da série original quanto dos primeiros artigos são conservadas no Park e em Cluny, ainda que nenhuma das coleções estivesse completa no momento desta edição.

O uso dos termos coletivos 'Série Original' e 'Primeiros Artigos de Estudo' é conveniente como resumo, porém não é inteiramente satisfatório. As coleções se fundem, de uma certa forma, já que muitos artigos apareceram em mais de uma publicação ou artigo de estudo. Alguns foram primeiramente publicados para uso interno e depois editados, compilados e publicados em livro.

Estou em dívida com Chris Power, cujo índice dos artigos de estudo, datado de março de 1990, é a base para esta nova classificação.

Muitos dos artigos originais ou primeiros de estudo usam o termo 'Findhorn' quando se referem à Fundação ou sua Comunidade associada. Esta era uma prática corrente até o início da década de 80 quando, em deferência às opiniões da população local, a Fundação concordou em evitar seu uso. Todas as vezes em que isso ocorreu procurou-se mudar o termo para refletir a nova política. Há ainda algumas referências a 'Findhorn' significando a área geográfica ou quando está incluído no título de um documento.

Os textos que estão entre parênteses são inserções no texto original.

O autor sou eu mesmo, a não ser quando outro for citado. O material também foi especialmente criado para este livro, caso contrário, sua autoria é citada.

Documentos de Estudo

Série Original de Artigos de Estudo

Muitos dos artigos nestas séries foram publicados separadamente e alguns apareceram em outras publicações.Todos são palestras de David Spangler, com algumas exceções registradas. A abreviação 'tr' denota uma transmissão de um ser imaterial via David Spangler. Por exemplo: 'tr John;' indica que, durante a meditação, David Spangler fez contato e falou por um ser conhecido como 'John', e o artigo é uma transcrição dessa comunicação.'tr: IAV' indica uma transmissão de 'Infinito Amor e Verdade'. Elixir e Divina foram pseudônimos usados, por uns tempos, por Eileen Caddy e Dorothy Maclean para indicar a fonte das mensagens que ambas recebiam.

A Série da Fraternidade

I - Aspectos da Visão Universal
II - O Sacerdócio de Melquizedeque (1)
(tr: John; 5 de maio de 1971)
III - O Sacerdócio de Melquizedeque (2)
(tr: John; 5 de junho de 1971)
IV - Rokoczi e a Fraternidade
(tr: St. Germain; 8 de novembro de 1971)
V - O Sentido da Fraternidade
(tr: Eu Superior; 9 de novembro de 1971)
VI - O Colégio e a Fraternidade
(tr: John; 22 de novembro de 1971)
VII - Conceitos Espirituais para os que vão de Findhorn para Outros Países
(tr: John; 4 de junho de 1972)

A Série de Cristo

I - De Krishna a Cristo
(Palestra em julho de 1972)
II - O Cristo
(Palestra em julho de 1972)
III - O Padrão Crístico
(Palestra em setembro de 1970)
IV - O Papel de Lúcifer na Evolução Humana
(tr: Eu Superior, em 18.5.1971)

V - Cristo - Gênesis
(tr: John; 17 de agosto de 1969)
VI - O Cristo: Transmutações na Comunidade
(tr: o Cristo; 21.5.1971)
VII - Karma como Forma-pensamento
(tr: John; 10.7.1970)
VIII - Sessões com o Cristo
(tr: o Cristo; 26.6.1971)
IX - Carta a Graham, agosto de 1972
(Carta de 22 de setembro de 1972)

A Visão da Nova Era

I - Édipo e Aquário
II - Os Quatro Cavaleiros de Aquário
III - O Criador da Visão
IV - O Novo Homem (Homem, A Criatura da Definição)
V - O Movimento da Nova Era
VI - Arquiteto de Aquário
VII - Além da Aurora
VIII - As Ânforas de Aquário
IX - Do Éden para o Eu Sou
X - A Busca Real da Alma
XI - A Nova Era e o Homem
XII - Uma Visão Pessoal

A Nova Cultura e Civilização

I - Arte, Civilização e as Energias da Nova Era
(tr: Eu Superior, 29.8.1970)
II - A Nova Cultura
(tr: St. Germain, 26.8.1970)
III - A Cibernética e a Sociedade na Nova Era
(Discussão, 27.9.1970)
IV - Economia
(Discussão, abril de 1970)
V - Organização
(tr: Eu Superior, 23.8.1970)
VI - Drogas
(Palestra, setembro de 1970)
VII - As Energias da Nova Era e o Conceito do Átomo Semente
VIII - Evolução de Governo
(Palestra, dezembro de 1971)

IX - Negócios na Nova Era
(tr: Eu Superior, 28.7.1971)
X - A Cidade
(tr: John; 15.8.1969)

O Homem, a Natureza e a Nova Era

I - O Homem, a Natureza e a Nova Era
II - O Relacionamento do Homem com a Natureza
(tr: IAV, 7.8.1970)
III - Cooperação com Pan e com os Espíritos da Natureza
(tr: John, 4.8.1970)
IV - O Relacionamento do Homem com os Reinos da Natureza: I
(R. Ogilvie Crombie)
V - O Relacionamento do Homem com os Reinos da Natureza: II
(R. Ogilvie Crombie)
VI - A Consciência do Deva
(Divina: Dorothy McLean)
VII - Os Devas
(Divina: Dorothy McLean)
VIII - Comunicação de Origem Angélica
(tr: Elouai; 21.6.1970)

O Plano da Luz

I - Palestra sobre Pontos de Energia
(R. Ogilvie Crombie)
II - Relatório sobre Iona - Reconsagração do Santuário de Traigh Bhan
III - Viagem pelos Pontos de Energia da Inglaterra
(David, Peter, Eileen e Myrtle)
IV - A Inglaterra e o Mercado Comum Europeu
(tr: John, 28.6.1971)
V - O Anjo da América
(tr: 14.5.1971)
VI - Sir Francis Bacon para os Americanos
(tr: Francis Bacon; 16.5.1972)
VII - Cristo na China
(tr: John, 26.6.1971)
VIII - Desenvolvimento de Futuros Centros da Luz

Série 1 - Explorando a Nova Era

1 - A Nova Era Atualmente
2 - O Indivíduo na Nova Era
3 - A Família da Nova Era
4 - O Homem e o Senhor Amado
5 - O Espectro do Homem
6 - A Nova Era
7 - Totalidade
8 - Conceitos de Evolução
9 - O Homem, a Natureza e a Nova Era
10 - Fora com a Nova Era

Série 2, Parte 1: Vivendo na Nova Era

1 - A Nova Era - Terceiro Nascimento
2 - Revelação: Parte I
3 - Revelação: Parte II
4 - Meditação: Partes I e II
5 - Meditação: Partes III e IV
6 - Meditação: Parte V
7 - Sintonização: o regresso ao lar

Série 2, Parte 2: Vivendo na Nova Era

8 - Educação na Nova Era
9 - Lúcifer, Cristo e Deus
10 - Materialismo Vivo
11 - Os Rítmos da Evolução

O Sétimo Raio

1 - As Bases do Ritual
2 - O Sétimo Raio
3 - Separando o Joio do Trigo
4 - O Poder do Nome
5 - A Política do Misticismo
6 - A Política da Sinergia
7 - Crescimento, Autoridade e Força - o CAF

Sexo e Identidade

1 - Pureza
2 - Energia e Direção
3 - Sexo e Identidade
4 - A Moralidade do Amor

5 - Criatividade e Casamento
6 - Consciência de Grupo

Sexo e Identidade (Complemento)

1 - O Padrão Sexual
2 - Casamento Grupal
3 - Extratos de Transmissões
(tr: John; David)
4 - O Papel do Sexo na Nova Era
(tr: John; David)
5 - Sessões com o Grupo Lorian
(tr: John; David)

Artigos de Estudo Sobre Conscientização

1 - Disciplina, Conscientização, Liberdade - autor desconhecido da Comunidade
2 - Desenvolvendo a Concientização na Comunidade
3 - Conscientização
(R. Ogilvie Crombie)

Primeiros Artigos de Estudo

Esta série é em duas partes:

- Artigos de David Spangler, além dos que já existem na série original.
- Artigos de outros autores.

Alguns destes artigos estão incluídos em parte ou totalmente neste livro.

Outros Artigos de Estudo por David Spangler

Manifestação

Um Artigo sobre Manifestação
As Novas Leis da Manifestação (tr: St. Germain; 9.6.1971)
As Leis da Manifestação: Manual de Estudo
Cumprindo a Lei

Contato com o Espaço

Contato com Nossos Irmãos do Espaço - OVNIs
Contato Espacial na Nova Era (tr: John; 21.8.1970)
Ligações com o Espaço (tr: Senhor Maitreya; 19.6.1970)

Outros Artigos

Reino Animal e Findhorn (tr: John; 2.10.1976)
Criatividade e Excelência (Discussão sobre Educação, 19.6.1978) (com introdução de Michael Lindfield, 23.9.1978)
Consciência de Grupo (não são os mesmos artigos das séries de Sexo e Identidade - parte 6)
Cura: Bem e Mal
Identidade em Ação; o poder de saber quem você é
Artigo sobre Karma (tr: John; 11.1.1975)
Transmissões do Infinito Amor e Verdade em 1975 (tr: John; 1.1.1975)
Mais Infinito Amor e Verdade; Introdução por Peter Caddy
Festival de Verão (tr: John, do Anjo de Findhorn, de St. Germain; 13.6.1971)
A Nova Era é agora (tr: Eu Superior)
As Pressões Internas
Carta Aberta de David Spangler (Carta à Comunidade, 21.8.1974). Nesta, David tenta distanciar-se da noção de que ele foi, de certa forma, quem canalizou as energias de Cristo para a Comunidade e continua a discutir o encantamento (o maior desafio para nós atualmente) e a explicar suas idéias sobre a natureza do Cristo e sobre o valor da vida em família.
Sessão com Peter, Lois, Myrtle, Lark e David (tr: John; 10.5.1971)
Transição na Comunidade: O Princípio de Maria (tr: novembro 1974)
Aspectos Universais da Visão da Nova Era (transmissão condensada)
A Visão de Findhorn na Transformação do Mundo (1971)
A Importância de Findhorn (1971)
Cooperação com o Espírito
Manifestação (folheto)
Sintonização (folheto)
A Nova Era (folheto)
Sinergia (folheto)
Discipulado Holístico (apostila)
Findhorn: Um Lugar de Visão (folheto)
O Infinito Amor e Verdade: Revelação Contínua. (Publicado em quatro partes e como um todo. Inclui uma introdução por Peter Caddy, redações de David Spangler e transmissões do Infinito Amor e Verdade através de David Spangler).

Artigos Variados de Outros Autores

Eileen Caddy

Deus Falou Comigo (Elixir - publicado em quatro partes).

Por que meditar? (Seleção de Elixir compilada por David Earl Platts)

Peter Caddy

As Leis da Manifestação: As Velhas Leis em Funcionamento (15 de abril de 1971)

Se É Certo para Um, É Certo para Todos (28.4.1975)

R. Ogilvie Crombie

Sintonização (Roc no Encontro de Focalizadores, setembro de 1974)

Conversas com Pan (páginas 49-71, O Jardim de Findhorn)

Roger Doudna

Vivendo na Corda Bamba: Uma Reflexão Pessoal sobre Findhorn

François Duquesne

Comunidade, Colégio, Universidade: Em Direção à Universidade da Luz

Myrtle Glines

Findhorn: Jardim ou Selva?

Michael Lindfield

Findhorn: Uma Experiência de Aprendizado (1984/5)

Dorothy Maclean

A Palavra de Deus através de Divina

A Alma do Canadá: Uma Visão da Identidade Nacional (1977)

Jim Maynard

O Governo da Nova Era em Findhorn

Nicholas Rose

Findhorn e a Tradição de Mistério do Ocidente

A Fundação Universal

Luz sobre o Plano Cósmico (novembro de 1968)

Para Meditação (junho de 1969)

Sintonização (outono de 1970)

O Problema e a Solução (1970)

Diversos Autores

Findhorn: Concordância em Servir (Grupo Central; outubro de 1977)

O Jardim de Findhorn; Um Experimento na Cooperação entre os Três Reinos (com contribuições de Sir George Trevelyan, Peter Caddy, Dorothy Maclean e outros).

Caminhando na Nova Era: Misturando Gerações (também publicado como Caminhando na Nova Era: Misturando Juventude e Pessoas Maduras) (com contribuições de Peter Caddy, Eileen Caddy, John Michel, Anthony Brooke, Sir George Trevelyan; setembro de 1969).

A Transformação de Findhorn (1972)

Folheto do Santuário

Agradecimentos

Além dos autores e editores dos materiais citados agradeço a Patrícia Andersson, Katherine Bischoff, William Bloom, Karin e Thierry Bogliolo, Eileen Caddy, Richard Coates, Gordon Cutler, Aziz Dikeulias, Roger Doudna, Dianne Falasca, Eric e Angela Franciscus, Ben Fuchs, Craig Gibsone, Linda Hall, Alan Harfield, Mari Hollander, Mary Inglis, Ike Isaksen, Tony Judge, Sandra Kramer, Robbie Laing, Vidura Le Feuvre, Muriel MacVicar, Bill Metcalf, Judith Meynell, Patrick Nash, Chris Power, Christina Rindt, Nick Rose, Mike Scott, Andrew Shorrock, Susan Tulloch, Kathy Tyler, David Spangler, Vita de Waal, Frank Whaling, Stephan Wik, Carol Williamson e o pessoal da Biblioteca de Forres por sua ajuda e atenção durante o trabalho.

Muito obrigado a Alan Watson pelo uso de uma de suas fotografias para a capa deste livro.

Agradeço particularmente o apoio de minha esposa Pauline e a John Brierley por sua eficaz ajuda com assuntos diversos.

São minhas todas as deficiências que restarem.

Alex Walker, setembro de 1994

E quando os fariseus Lhe perguntaram quando viria o Reino de Deus, Ele lhes respondeu: "O Reino de Deus virá sem se anunciar. Não chamará a atenção, pois, atenção, o Reino de Deus está dentro de vocês."

Evangelho segundo São Lucas 17:20

Impresso nas oficinas da
Gráfica Palas Athena